オールカラー

＼ 2025年版 ／

図解でスッキリ!

介護福祉士テキスト

著 秋草学園福祉教育専門学校
介護福祉士テキスト作成委員会

ナツメ社

本書の使い方

ねらい
この項目を学習することによって、身につく知識や考え方を説明しています。学ぶための目的を理解することで、より実践的に考え、学習することができます。

学習のコツ！
学習するにあたって、おさえておきたいポイントや理解しておきたいことを取り上げています。

出た！
過去の試験で出題された項目を取り上げています。その項目で、なにが問われるのか参考にしてください。

用語PICK！
本文や図版中に出てきた重要な言葉を解説しています。

関連づけよう！
介護福祉士国家試験は範囲がそれなりに広いのですが、多くの項目は領域を超えて他の項目と関連づいています。せっかくなので１項目を単独で学ぶのではなく、ここであげた他の項目と併せて学びましょう。

---

96 尊厳を支える介護について

ねらい

- さまざまな法制度に「尊厳」が規定されています。尊厳を理解することで、尊厳の保持を支えるケアを行えるようになります。
- 利用者主体の考え方を理解することで、利用者の自己決定権を尊重した介護が提供できるようになります。

学習のコツ！
介護実践をするときには、利用者の尊厳・QOL・ノーマライゼーションが重要です。ひとつひとつの意味をしっかりと覚えておきましょう。

出た！
第34回で「**利用者主体の考えに基づいた介護福祉職の対応**」、第32回で「**ノーマライゼーションの考え方**」について出題されました。

用語 PICK！

人権擁護
人が幸福に暮らすために必要な、社会によって認められている権利（自由・行動・地位など）が侵害されないように守ること。

幸福追求権
日本国憲法第13条に規定される「生命・自由及び幸福追求に対する国民の権利」のこと。

関連づけよう！
P.222「利用者の人権擁護」の具体的事例と併せて学習すると、より理解が深まります。

出題頻度 ★

■ 介護の理念と法律

- 尊厳の保持を支える介護とは、高齢や心身の障害などのため日常生活に支障がある人も個人として尊重され、幸福に（日本国憲法第13条より）自立した生活を営み、自己実現ができるように支援することである。
- **介護福祉士としての実践①**
  ……利用者の心身の状況に応じて（社会福祉士及び介護福祉士法第２条第２項）、自立やQOLの向上に繋がる介護を実践する。
- **介護福祉士としての実践②**
  ……利用者の個人の尊厳を保持し、自立した生活が営めるよう、誠実にその業務を行わなければならない（社会福祉士及び介護福祉士法）。
- 日本介護福祉士会倫理綱領（P.219）では、上記①②のふたつの実践を行うために、「介護福祉士は専門職として専門的な知識や技術、人権擁護※や尊厳の保持、倫理観をもって介護を行うことが必要である」と明記している。

出題頻度 ★★

■ QOL（Quality Of Life）とノーマライゼーション

- QOL……日本語に訳すと「生活の質」「生命の質」「生存の質」など。福祉領域では、利用者の幸福追求権※を尊重することととらえている。
- **ノーマライゼーション（バンク・ミケルセンが提唱）**
  ………障害がある人も、ない人と同じように社会生活をおくる権利があるという考え方。現在の社会福祉の基本理念となっている。
- **ノーマライゼーションの実現（ニィリエが定義）**
  ………高齢者や障害者が尊厳を持って地域の中で生活できるように支援していくということ。日本介護福祉士会倫理綱領の前文においても明記。
- **ノーマライゼーションの発展（ヴォルフェンスベルガーの体系化から発展）**
  ………障害者などの価値を下げられた人々自身が価値がある役割を獲得することにより、社会的イメージを高める。

出題頻度 ★★★

■ 利用者主体の考え方（利用者本位・自立支援）

- 利用者の主体性を尊重するためには、利用者が自己選択、自己決定ができる環境を介護福祉職が整えることが大切である。

214

出題頻度
長年にわたって講師を務める本書執筆陣は、過去問題にも精通しています。どのジャンルが出題されやすいのか、★→★★→★★★の３段階でわかりやすく示しています。

本書に付属する赤シートを使うことで、覚えておきたい重要単語が隠せます！暗記が苦手な人も、シートを使って一問一答形式で楽しく覚えましょう。

まる覚え！

ちょっと大変でも、まるごと覚えておくと試験対策に有効なところに「まる覚え！」マークがついています。

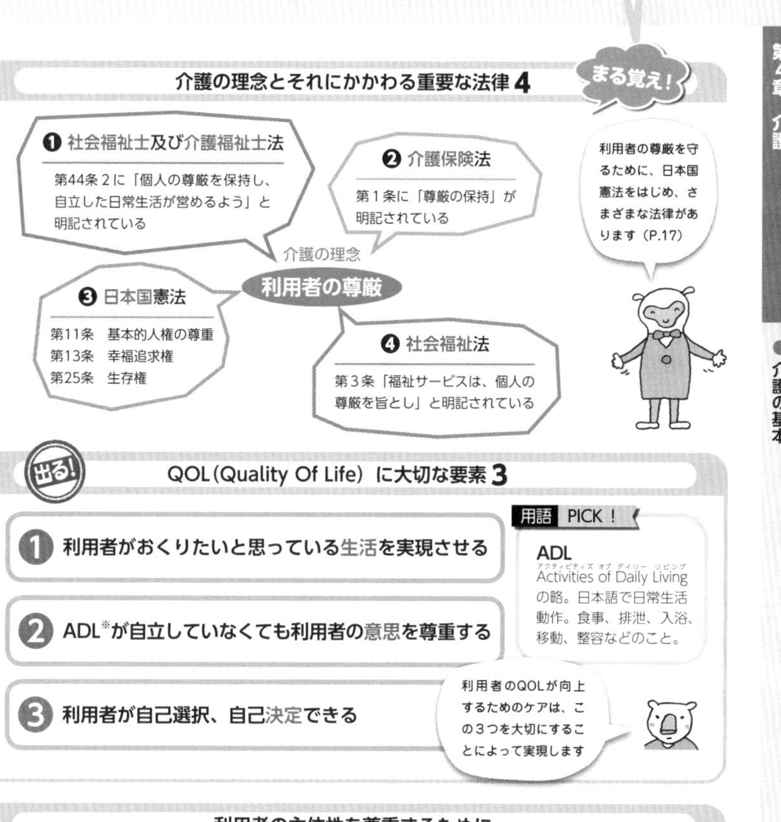

利用者の主体性を尊重するために

介護福祉職は利用者とともに考えながら介護サービスを提案

利用者が自己選択、自己決定

心身の自立支援 ＋ 人権の尊重

・私は、毎朝7時に起きたいわ
・いつまでも元気で暮らしたい

利用者

関連 過去問題 第34回 問題18より出題 正解 1人で衣服を選ぶことが難しい利用者に対し、毎日の衣服を自分で選べるように声かけをすることは、介護福祉職として利用者主体の考えに基づいている。

覚えるべき言葉や項目に関して、イラストと図をふんだんに使って見やすくまとめています。

関連過去問題

各項目に関連した過去問題の問題番号と正解をのせています。本文にプラスして、掲載されている問題を解きながらさらに知識を深めてください。試験での問われ方の参考にもなるでしょう。

僕たちもセリフを使って、みなさんが間違えやすいポイントや試験に出やすい部分などを積極的に解説しているよ！

CONTENTS

2025年版 **オールカラー　図解でスッキリ！　介護福祉士テキスト**

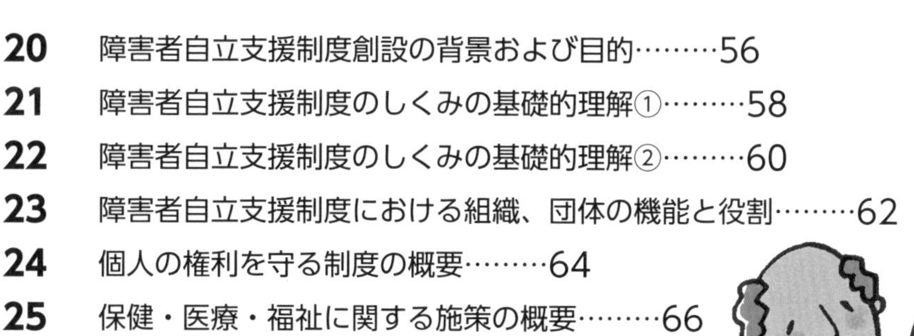

第2章 こころとからだのしくみ

●こころとからだのしくみ

●発達と老化の理解

●認知症の理解

●障害の理解

第3章 医療的ケア

●医療的ケア

第4章 介護

●介護の基本

●コミュニケーション技術

●生活支援技術

●介護過程

受験ガイダンス

●介護福祉士になるためのルート

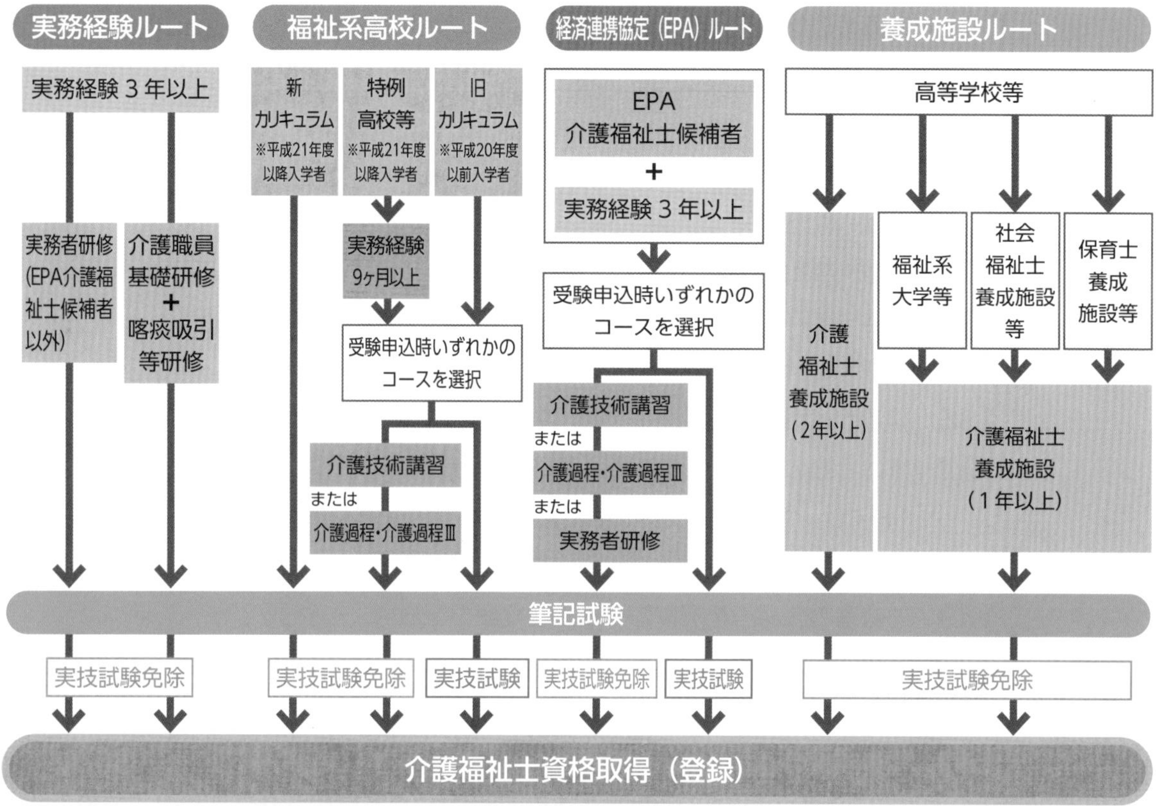

実務経験ルート

- 実務経験３年以上
  - 実務者研修（EPA介護福祉士候補者以外）→ 筆記試験 → 実技試験免除 → 介護福祉士資格取得（登録）
  - 介護職員基礎研修 ＋ 喀痰吸引等研修 → 筆記試験 → 実技試験免除 → 介護福祉士資格取得（登録）

福祉系高校ルート

- 新カリキュラム（※平成21年度以降入学者）→ 筆記試験 → 実技試験免除 → 介護福祉士資格取得（登録）
- 特例高校等（※平成21年度以降入学者）→ 実務経験9ヶ月以上 → 受験申込時いずれかのコースを選択
  - 介護技術講習 または 介護過程・介護過程Ⅲ → 筆記試験 → 実技試験免除 → 介護福祉士資格取得（登録）
  - → 筆記試験 → 実技試験 → 介護福祉士資格取得（登録）
- 旧カリキュラム（※平成20年度以前入学者）→ 受験申込時いずれかのコースを選択

経済連携協定（EPA）ルート

- EPA介護福祉士候補者 ＋ 実務経験３年以上 → 受験申込時いずれかのコースを選択
  - 介護技術講習 または 介護過程・介護過程Ⅲ または 実務者研修 → 筆記試験 → 実技試験免除 → 介護福祉士資格取得（登録）
  - → 筆記試験 → 実技試験 → 介護福祉士資格取得（登録）

養成施設ルート

- 高等学校等
  - → 介護福祉士養成施設（2年以上）→ 筆記試験 → 実技試験免除 → 介護福祉士資格取得（登録）
  - → 福祉系大学等 / 社会福祉士養成施設等 / 保育士養成施設等 → 介護福祉士養成施設（1年以上）→ 筆記試験 → 実技試験免除 → 介護福祉士資格取得（登録）

●試験概要

筆記試験は５肢択一式を基本としたマークシート方式です。筆記試験に合格した人は、次に実技試験を受けることになります（実技試験免除者は除く）。

（参考：第36回介護福祉士国家試験）

筆記試験

	試験時間	領域	科目	出題数
午前	10：00 ～11：40 (100分)	人間と社会	人間の尊厳と自立	2問
			人間関係とコミュニケーション	4問
			社会の理解	12問
		こころとからだのしくみ	こころとからだのしくみ	12問
			発達と老化の理解	8問
			認知症の理解	10問
			障害の理解	10問
		医療的ケア	医療的ケア	5問
午後	13：35 ～15：35 (120分)	介護	介護の基本	10問
			コミュニケーション技術	6問
			生活支援技術	26問
			介護過程	8問
		総合問題		12問
	合計　220分			125問

第35回から出題順が変更になりました

実技試験　介護等に関する専門技能：受験者１人、「５分間以内」です。

合格基準

筆記試験

（1）問題の総得点の60％程度を得点した者（問題の難易度で割合は補正される）。

※配点は、1問1点。総得点は125点（第28回までは120点）です。

（2）（1）を満たした者のうち、以下の試験科目11科目群すべてにおいて得点があった者。

①人間の尊厳と自立、介護の基本
②人間関係とコミュニケーション、コミュニケーション技術
③社会の理解
④生活支援技術
⑤介護過程
⑥こころとからだのしくみ
⑦発達と老化の理解
⑧認知症の理解
⑨障害の理解
⑩医療的ケア
⑪総合問題

実技試験

筆記試験合格者のうち、課題の総得点の60％程度を得点した者（課題の難易度で割合は補正される）。

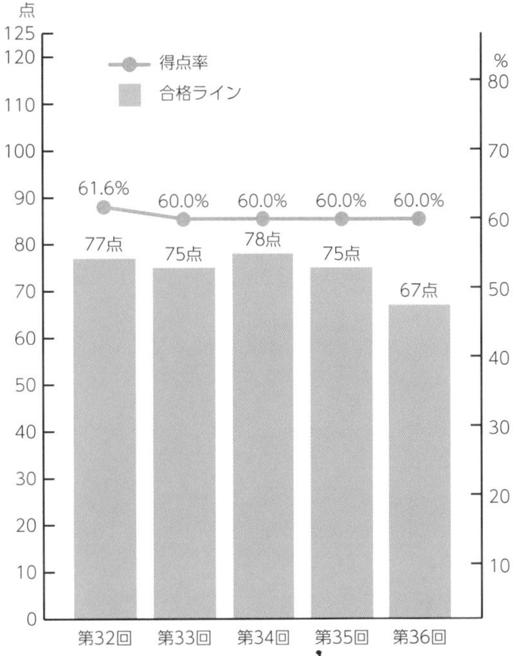

受験申し込みから合格までのスケジュール

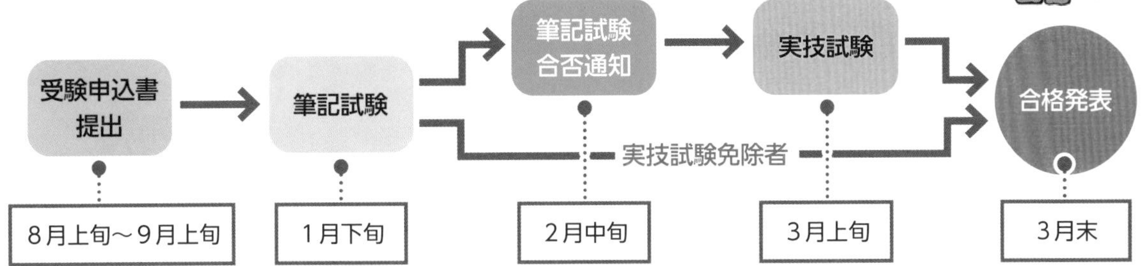

受験の手続き

公益財団法人　社会福祉振興・試験センターから介護福祉士国家試験『受験の手引き』を取り寄せ、受験申込書と必要な書類をそろえたうえで、受付期間内に同センターに郵送します。

※第37回（令和６年度）の『受験の手引き』は令和６年７月下旬頃に公開される予定です。

公益財団法人　社会福祉振興・試験センター

〒150-0002 東京都渋谷区渋谷1-5-6 SEMPOS(センポス) ビル
電話番号：03-3486-7559（試験案内専用電話）
URL：http://www.sssc.or.jp/

試験の詳しい情報を知るためにも、公益財団法人社会福祉振興・試験センターのHPをチェックしておきましょう

効率的な学習の進め方

「領域」について

介護福祉士国家試験は以下の４つの領域で成り立っています。

第35回から試験の出題順が変更になり、カリキュラムとは異なった順番になっています。それにともない、本書も試験の出題順に領域を掲載しています。

それぞれの領域の関係性を考えると、下の図のようになります。

領域　人間と社会
領域　介護
領域　こころとからだのしくみ
領域　医療的ケア

この４つの領域はさらに「科目」にわかれます。

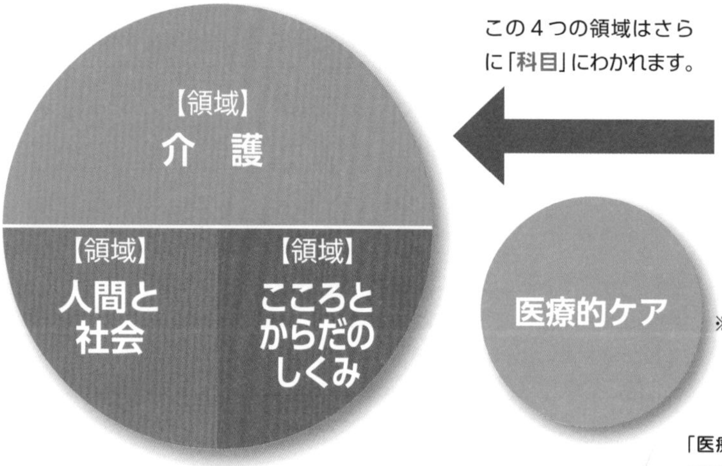

【領域】介　護

【領域】人間と社会

【領域】こころとからだのしくみ

医療的ケア

※「医療的ケア」の科目は医療的ケアのみで構成されています。

「人間と社会」「こころとからだのしくみ」は、それ自体が独立していますが、「介護」の理解を深めるための基礎的な役割をしています

「医療的ケア」は第29回から国家試験に加わり、独立した領域です。しかし、実際には「医療的ケアの法的根拠」「口腔の構造」「感染症、リスクへの留意点」「観察のポイント」など、他の３領域と関連性の高い領域でもあります

関連性のある科目をいっしょに学ぶことで、より効果的な学習へと繋がります。

人間と社会	科目：人間の尊厳と自立

介　護	科目：介護の基本

この２つの科目は、出題としては独立していますが、「人間の尊厳と自立」は「介護の基本」に繋がる関連科目です

実際の国家試験でも両科目合わせて得点なしは不合格となります

あなたはどのタイプ？
A・B・C・D 4つの学習の進め方

では、「領域」と「科目の関連性」を念頭におきながら、自分に合った勉強方法を下の４つのタイプを参考に考えてみてください。

実際の問題は、科目順に出題されます。そのため、このタイプの人は過去問題と並行して取り組むと、さらに理解が深まるかもしれません

A　とにかくコツコツ！　最初からタイプ

国家試験の出題順に合わせて、学習していきたい人向きです。
もっとも多くの人が、この方法で学習すると思います。

【領域】人間と社会 ▶ 【領域】こころとからだのしくみ ▶ 医療的ケア ▶ 【領域】介　護

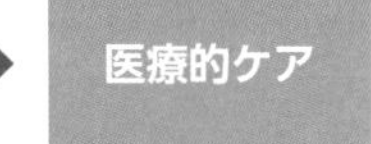

B　徹底的に！　基礎固め重視タイプ

「介護」につながる基礎固めとして、「人間と社会」「こころとからだのしくみ」を最初に学習します。
「介護」は大きな得点源となるため、この領域の理解を深めるための効率的な勉強方法です。

［【領域】人間と社会　【領域】こころとからだのしくみ］ ▶ 【領域】介　護 ▶ 医療的ケア

C　現場は任せて！　実践重視タイプ

実践に生かせる領域から学習していきます。実際に介護の職についている人向きです。
技術の裏づけになる知識をあとから学ぶことで、新たな発見に繋がります。

［【領域】介　護　医療的ケア］ ▶ 【領域】こころとからだのしくみ ▶ 【領域】人間と社会

D　なんでも関連づけちゃう！　関連性重視タイプ

領域にこだわらず、関連性重視の学習の進め方です。関連性のある科目ごとにまとめて学習していきます。
知識、技術の集大成として「介護過程」を最後に学習します。

［【科目】人間の尊厳と自立　【領域】こころとからだのしくみ
【科目】社会の理解　【科目】介護の基本
【科目】人間関係とコミュニケーション　【科目】コミュニケーション技術
【科目】生活支援技術］ ▶ 医療的ケア ▶ 【科目】介護過程

本書の各項目にある「関連づけよう！」を活用しながら、学習を進めることを推奨します

第1章 人間と社会

人間と社会　1　人間の尊厳と自立
2　人間関係とコミュニケーション
3　社会の理解

領域の概要とPOINT！

「人間と社会」は**3つの科目で構成**されています。「人間の尊厳と自立」が**2問**、「人間関係とコミュニケーション」が**4問**（出題数は第35回より**新カリキュラムから2問、チームマネジメントについての問題**が増えた）、「社会の理解」が**12問**の**合計18問**です。この領域では、介護サービスを提供するときの基本的な考え方、適切なコミュニケーションおよびチームマネジメント方法、社会生活のしくみ、施策や制度について理解を深めることを目的としています。

出題傾向と対策

1 人間の尊厳と自立

この科目は「人間の尊厳と人権・福祉理念」を基礎に、福祉に関する人物や思想、現在における社会の課題、人権擁護の支援方法などが、また「自立の概念」を基礎に、尊厳の保持と自立を支援するための具体的な支援方法などが出題されます。このことから、人物や思想を学ぶとともに、具体的な支援方法をイメージしておくことが必要です。

第36回では、介護福祉職が、**生活不安がある利用者に利用者主体の考え方をもって支援方法を問う問題、介護福祉職の自立支援の考え方を問う問題**が出題されました。

第35回では、**QOLを高めるための具体的な介護実践の展開についてと、自立と意思決定を促すためにはどのような支援が適切かを問う問題**が出題されました。

第34回では、**人間の尊厳とケアについての思想が問われた問題**と、**高齢者虐待という問題に対して訪問介護員がどのように対応するべきかという権利擁護に関する問題**が出題されました。

2 人間関係とコミュニケーション

この科目は「人間関係とコミュニケーションの基礎」についての基礎知識や技術について、そして第35回からは「チームマネジメント」における組織・チーム運営管理や人材の育成や管理について出題されるようになりました。このことから、コミュニケーションの基本や技法、組織運営の方法と人材育成のための技術や具体的手法を学んでおくことが必要です。

第36回では、チームで質の高い介護を提供するためには、**メンバーが高いモチベーションを保ち、団結して共通の目標へ進むための方法を問う問題、介護福祉職の準言語の活用について問う問題、組織での介護福祉職の健康管理方法、組織図について問う問題**が出題されました。

第35回では、**コミュニケーションにおける自己開示の具体的事例と、人材育成のための手法について説明する問題**が出題されました。

第34回は、**人間関係の形成から利用者の家族に対するコミュニケーションについての問題**と、**利用者・家族との信頼関係を築くためのコミュニケーションについての問題**が出題されました。

3 社会の理解

我が国が目指している**「地域共生社会」**について、その概念や構成要素、関連法令などに目を通しておく必要があります。また、人口や世帯をはじめ、統計資料からの問題も出題頻度が高いので、**「人口動態統計」「高齢社会白書」「国民生活基礎調査」**など公的な資料を各省庁のホームページ等を利用し、目を通しておきましょう。

「社会保障制度」では、各社会保障関係法令・制度のみでなく、財源にも学習を広げておくといいでしょう。

「介護保険制度」「障害者総合支援制度」では、基本的な事項が必ず出題されます。サービスの利用までの手続きや、それぞれのサービスの内容、関係する専門職の役割や業務などは確実に学習しておきたい事柄です。

基本事項に加えて、法令の改正内容も出題頻度が高いので、最新情報に必ず目を通しておきましょう。これは、他の介護を取り巻く法令についても同様です。

法令や制度が苦手という人は、自分自身の仕事に関する分野から学習を広げるのがおすすめです。

● 重要語句PICK UP ●

試験対策に重要と思われる語句をピックアップしました。試験までに、それぞれの語句を説明できるようにしておきましょう（科目別に、五十音順）。

1 人間の尊厳と自立

□アドボカシー　□QOL　□権利擁護　□自己決定・自己選択　□自立
□人権尊重　□尊厳　□ノーマライゼーション　□利用者主体

2 人間関係とコミュニケーション

□OJT　□共感　□傾聴　□言語コミュニケーション　□コーチング
□コンプライアンス　□自己覚知　□受容　□スーパービジョン　□組織
□対人認知　□チームマネジメント　□パーソナルスペース
□非言語コミュニケーション　□リーダーシップ

3 社会の理解

□育児休業制度　□一億総活躍社会　□応益負担　□応能負担
□介護休暇制度　□介護休業制度　□介護給付　□介護サービス情報の公表
□介護認定審査会　□介護保険審査会　□介護保険の保険者　□訓練等給付
□現物給付　□合計特殊出生率　□個人情報保護法　□５類感染症
□自助・互助・共助・公助　□社会福祉法人　□社会保険　□就労移行支援
□主任介護支援専門員　□障害支援区分　□障害者基本法
□生活困窮者自立支援法　□生活保護の原理・原則　□世帯の推移
□組織の３要素　□措置制度と契約制度　□第２次健康日本21
□地域医療支援病院　□地域共生社会
□地域生活支援事業　□地域包括支援センター
□定期巡回・随時対応型訪問介護看護
□日常生活自立支援事業　□任意後見制度
□福祉六法　□法定後見制度

1 人間の尊厳と利用者主体のために

- 「人間の尊厳」がどのように変遷したのか、またどのように法や制度に反映されているのかを学びます。
- 介護を提供するにあたり、利用者ひとり一人を人間として、また生命や生活を尊いものとして対応する考えが基本となることを学びます。

学習のコツ！

利用者主体を考えるときに基本となるのが、「人間の尊厳と個人の生き方の尊重」の理念です。この理念について理解を深めておきましょう。

出た！

第36回で「**利用者主体**」、第34回で「**自己実現**」、第33回で「**人権と福祉**」について出題されました。

用語 PICK！

赤十字

アンリー・デュナンは「戦場で傷ついた兵士はもはや兵士ではなく、人間である。人間同士としてその尊い生命は救われなければならない」と考え、負傷者の救護活動にあたった。のちに大反響を呼び、1864年にはジュネーブ条約が調印され、国際赤十字組織が誕生した。

関連づけよう！

「人間の尊厳」と「利用者主体」は、介護サービスを提供するときの基本的な考え方です。第４章「介護」を学ぶ際にはこの考え方を基本とし、実践をします。

出題頻度 ★★★

■ 人間の尊厳と個人の尊重

- **人間の尊厳**……人間の**生命**や生活は尊い（かけがえのない）存在であり、厳か（重々しい）なものである。それは、**個別性**に配慮することであり、個人の尊重につながる。尊厳は侵してはならない**価値**がある。
- **個別性**…………人間は年齢や**性別**、人種などによってさまざまに異なっている。同じ年代であっても、過去の**経験**や性格、健康状態などによって違う。介護においては、この**個別性**への配慮が**重要**となる。
- **価値観**…………物事に対して何を**大事**にするかという、価値判断基準のこと。国や民族、歴史などによって**共通**した部分はあるが、**地域**や育った環境、教育、性格、**経験**にも影響される。そのため、充実感、**幸福感**も人それぞれで違う。
- **自己実現**………人間は、その環境や条件（障害や病気があって、恵まれていない環境下であっても、など）の中で**幸福**を求め、充実した**人生**に向かって生きていく。
- **利用者主体**……その人の生き方を**尊重**し、個別性を認める（尊厳）。介護者は、その人とともに暮らし方を組み立て、**支援**していくこと。

出題頻度 ★★★

■ 人権と福祉

- **基本的人権**……人間が人間らしい**生活**をするうえで、生まれながらにしてもっている権利。**侵す**ことができない永久の**権利**のこと。
- **人道主義と歴史**
  ……国、民族、風習を超えて人の心の中には、**他者**も自分と同じように**大切**にしたいという気持ちが共通してあるということ。しかし、人類の歴史は多くの争い、戦争、暴力が正当化されてきた。それでも、その悲惨な状況、苦しみを見て**助けよう**とする人道主義（ヒューマニズム）や善意が存在し、人は**発展**してきた。赤十字※の活動も、そのひとつといえる。
- **社会福祉の理念**
  ……社会福祉とは、個人の幸福だけを追求するのではなく、**幸福**を個人から家族、地域そして**社会**に広げ、実現すること。それには、その人の尊厳を尊重し、**人権**を認めることが重要。

人間の尊厳に関する法律

まる覚え！

●日本国憲法

第13条
すべて国民は、個人として尊重される。生命、自由及び幸福追求に対する国民の権利については、公共の福祉に反しない限り、立法その他の国政の上で、最大の尊重を必要とする。（幸福追求権）

第14条
すべて国民は、**法の下に平等**であって、人種、信条、性別、社会的身分又は門地（もんち）により、政治的、経済的又は社会的関係において、差別されない。

第25条
第1項　すべて国民は、**健康で文化的な最低限度の生活を営む権利**を有する。（生存権）
第2項　国は、すべての生活部面について、社会福祉、社会保障及び公衆衛生の向上及び増進に努めなければならない。

●社会福祉法

第3条
福祉サービスは、個人の尊厳の保持を旨とし、その内容は、福祉サービスの利用者が心身ともに健やかに育成され、又はその有する能力に応じ自立した日常生活を営むことができるように支援するものとして、良質かつ適切なものでなければならない。

●介護保険法

第1条
この法律は、（中略）要介護状態となり、（中略）介護（中略）を要する者等について、これらの者が尊厳を保持し、その有する能力に応じ自立した日常生活を営むことができるよう、（中略）介護保険制度を設け、（中略）福祉の増進を図ることを目的とする。

●障害者基本法

第1条
（前略）全ての国民が、障害の有無にかかわらず、等しく基本的人権を享有するかけがえのない個人として尊重されるものであるとの理念にのっとり（後略）。

第3条
（前略）全ての障害者が、障害でない者と等しく、基本的人権を享有する個人として尊厳が重んぜられ、その尊厳にふさわしい生活を保障される権利を有することを前提とし（後略）。

●障害者総合支援法

第1条
この法律は、（中略）障害者及び障害児が基本的人権を享有する個人としての尊厳にふさわしい日常生活又は社会生活を営むことができるよう、（中略）支援を総合的に行い、（中略）障害の有無にかかわらず国民が相互に人格と個性を尊重し安心して暮らすことのできる地域社会の実現に寄与することを目的とする。

第3条
すべての国民は、その障害の有無にかかわらず、障害者等が自立した日常生活又は社会生活を営めるような地域社会の実現に協力するよう努めなければならない。

●世界人権宣言

第1条
すべての人間は、生まれながらにして自由であり、かつ、尊厳と権利とについて平等である。人間は、理性と良心とを授けられており、互いに同胞の精神をもって行動しなければならない。

朝日訴訟（あさひそしょう）
朝日茂さんと国とで、日本国憲法第25条で国が定めた生存権と生活保護法の内容について争った。

ワイマール憲法（1919年）は、世界で最初に生存権の保障を憲法に掲げました

基本的人権のおもな規定6

❶ 自由権
思想の自由／表現の自由／信教の自由など

❷ 社会権（生存権）
生存権／教育を受ける権利／勤労権など

❸ 参政権
選挙権と被選挙権など

日本国憲法

❹ 平等権
個人の尊重／法の下の平等／男女の平等など

❺ 幸福追求権
プライバシー権／自己決定権など

❻ 国務請求権（こくむせいきゅうけん）
請願権（せいがんけん）／国家賠償請求権（こっかばいしょうせいきゅうけん）など

基本的人権は、自由権と社会権、参政権という3つに加え、平等権、幸福追求権、国務請求権の合計6つに分類されています

関連 過去問題
第34回 問題1より出題

正解　著書『ケアの本質―生きることの意味』の中で、「一人の人格ケアをするとは、もっとも深い意味で、その人が成長すること、自己実現することである」とミルトン・メイヤロフは述べた。

2 尊厳の保持と自立支援

- 介護福祉職が利用者の自立支援を実践するためには、自立をどのように捉えればよいかを学びます。
- 利用者の尊厳を保持するためには、介護福祉職がどのように利用者の権利を守ればよいかを学びます。

出題頻度 ★★★

■ 自立の考え方

- **自律**……………………自分の行動を自分自身の**規律**にしたがい、律すること。自律した精神により**自立**した行動が取れるようになるため、**自立**の前提条件にあたる。
- **自立（一般的）**………他者の支援がなくても、自分のことを**自分自身**でできるようになること。
- **４つの自立**……………①**身体的**自立（基本的な身体的動作を自分で行うことができる状態）、②**経済的**自立（**就労**などにより収入を得て自立的に生活している状態）、③**社会的**自立（**社会**の中で周囲と関係を持ちながら、社会活動などに参加している状態）、④**精神的**自立（自分の**生活**や人生をどう生きるのかを、自分が**主体**となって行動する状態）。
- **自立（福祉分野）**……人権や**ノーマライゼーション**などの思想を背景とし、他者からの**支援**を受けながら、自分の望んでいる生活が送れるようになること。「自己選択・**自己決定**に基づいて主体的な生活を営む」「障害を持っていても、その能力を活用して**社会参加**する」こと。

出題頻度 ★★★

■ 自立支援と尊厳の保持

- **自立支援とは**……「介護を必要とする人の意思で、**自分**で行動できる」ように支援すること。介護福祉職は、利用者の残存機能を最大限に活用し、利用者の意思や力でできるように支援する。そのために介護が必要な人の**心身状態**を把握し、その人の機能に適した福祉用具や環境を整えることで、その人自身で行えることが増え、活動や参加が活発になる。これがQOLの向上に繋がる。
- **尊厳の保持**………介護を必要とする人の①**主体性**を尊重する、②**意思**を尊重する、③**プライバシー**を守る、④**価値観**を尊重すること。
- **アドボカシー**……自分の権利を**主張**することが困難な利用者の権利を守り、利用者の立場に立って**代弁**すること。
- **ストレングス**……人間がもっている**プラス面**の強み。なにかをできる能力。

学習のコツ！

尊厳の保持と自立支援を理解し、具体的にはどのような支援をすればよいか、事例を学んでおきましょう。

出た！

第36回で「**自立**」の考え方、第35回で「**自立**」の支援について、第34回で「**人権侵害**」の虐待について、第32回、第31回、第30回で「**アドボカシー**」について出題されました。第31回、第30回で「**アドボカシーの視点からの支援**」を問う問題が事例で出題されました。

用語 PICK！

権利擁護

認知症や知的障害、精神障害など認知機能の低下などのため、自分で判断する能力が不十分であったり、権利を主張することが難しい人たちのために、代理人が権利の主張や自己決定を支援したり、代弁すること。

関連づけよう！

P.214「尊厳を支える介護について」と併せて学習すると、尊厳を保持した介護を提供するには、どのようにすればよいかの理解が深まります。

身体拘束の禁止と緊急、やむを得ない場合の対応

緊急時、またやむを得ない場合、例外的に拘束が認められるのは、次の３つの要件すべてを満たした場合に限られる。

❶ 切迫性
利用者本人、または他の利用者の**生命**および**身体**が危険にさらされる可能性が著しく高いこと

❷ 非代替性
身体拘束、およびその他の行動を制限する以外に、**代替**する介護方法がないこと

❸ 一時性
身体拘束、およびその他の行動制限が**一時的**なものであること

身体拘束禁止の対象となる具体的な行為

ベッドに体幹や四肢をひもなどで縛る。

手指の機能を制限するミトン型の手袋をつける。つなぎを着せる。

行動を落ち着かせるために、向精神薬を過剰に服用させる。

３つの要件をすべて満たすこと、「身体拘束廃止委員会」などチームで検討すること、身体拘束に関する記録が必要です

緊急やむを得ない身体拘束をする場合は、利用者や家族に説明し、確認書に名前を書いてもらいます。そして経過観察記録を作成し、利用者や家族に報告します。この書類は保管しておき、監査の際には提示できるようにしておきます

人権侵害がもたらす悪循環

人権侵害  **さまざまな弊害** → **悪影響**

（人間的尊厳を侵す）

人権侵害
- **身体拘束**
- **虐待**
- **差別など**

さまざまな弊害
- **精神的弊害**
  不安や怒り、屈辱、あきらめなどの精神的苦痛
- **社会的弊害**
  社会的な不信、偏見を引き起こす
- **身体的弊害**
  日常生活動作の低下

悪影響
- **QOLの低下**
- **医療的処置の発生**

介護福祉職は人権侵害による「悪影響」を認識する必要があります。介護福祉職は利用者の権利擁護※をし、利用者の生活の質を守ることも役割のひとつです

関連 過去問題
第36回 問題２より出題

正解 精神的自立は、生活の目標をもち、自らが主体となって物事を進めていくことである。

3 人間関係（対人関係）とコミュニケーション

- ☑ 介護を提供するには、安心できる関係が必要です。それには、信頼できる人間関係が基本となります。そのための心理と対人関係の手法を学びます。
- ☑ コミュニケーションの特性や構造について学びます。

学習のコツ！

介護サービスの提供は、基本的に人間関係の形成から始まります。利用者を理解するには、また利用者との信頼を築くためには、どのようにコミュニケーションを取るべきか具体的に学んでおきましょう。

出た！

第36回で「**人間関係と集団**」、第35回、第34回で「**自己開示**」について出題されました。第35回、第34回で「**人間関係の形成に必要なコミュニケーション**」、第32回で「**自己覚知**」について出題されました。

関連づけよう！

P.246～253の第４章介護「コミュニケーション技術」といっしょに学ぶことにより、人間関係としてのコミュニケーションの基本から、介護福祉職としてのコミュニケーションまで学ぶことができます。

出題頻度 ★★★

■ 人間関係の形成に必要なこと

- 対人援助には先入観を持たない自己覚知と、信頼関係を築く自己開示が重要。
- **自己覚知**……自分のことを深く**理解**すること。自分はどのような**価値観**を持ち、物事をどのように考えるのかなど自分のことを**客観的**に理解する。
- **自己開示**……**自分**の**情報**を**特定**の**相手**にありのままに**言葉**で**伝える**こと。

出題頻度 ★★

■ 対人関係とコミュニケーション

- **コミュニケーションの意義と目的**
……言葉や**文字**、身ぶりなどを活用して意思や**感情**、情報などをお互いに伝えること。お互いに情報や認識などを**共有**し、共通するものをつくり上げていくこと。一方的ではなく**双方向性**（発信と受信）のものである。
- **対人認知**……………人に対する認知。人間は他者に対して、自分の**認知**という**フィルター**を通して理解する。そして、その理解に基づき、相手への接し方を決める。
- **対人感情**……………対人認知は、相手に対しての「好き」「嫌い」などの**感情**に大きく**影響**される。
- **対人認知留意点**……**初頭効果**とは、最初に与えられた情報がその後の情報にも影響をおよぼすという現象、または効果のこと。 つまり、第一印象が重要である。**親近効果**とは、最後に与えられた情報によって、全体の印象が決定される効果のこと。
- **ハロー効果**…………人や物などを評価するときに、**特徴的**な部分（ハロー）に引きずられて、その他の事柄についての評価が歪められる（バイアスがかかる）**現象**のこと。
- **ステレオタイプ**……多くの人に浸透している固定観念や**先入観**、思い込み、認識などの類型化された観念のこと。

出題頻度 ★

■ 人関係と集団

- **同調行動**……他のメンバーに、自分の考えや**意見**などを合わせること。人は、集団圧力があると、**自己防衛**的行動として同調行動を取る。
- **集団圧力**……グループの中の少数派が、**多数派**に圧力を感じること。

言語コミュニケーションと非言語コミュニケーション

言語コミュニケーション（言語的伝達媒体）

言語を用いたコミュニケーション。対面で話す、電話で会話する、手紙やメールなどでやり取りするなど。手話も言語的伝達媒体に含まれる。

電話

手話

非言語コミュニケーション（非言語的伝達媒体）

言語以外のコミュニケーション。表情、動作、声の高さ、におい、身なりなど。

表情（怒り・笑い・泣く、など）

身ぶり

外見（服装）

物理的距離と心理的距離

コミュニケーションにおいては、物理的距離と心理的距離は同じではない。

遠距離恋愛

物理的距離は遠いが、**心理**的距離は近い。

満員電車

物理的距離は近いが、**心理**的距離は遠い。

関連 過去問題
第35回 問題4より出題

正解 C介護福祉職は、初対面のBさんとの信頼関係の形成に取り組んだ。C介護福祉職のBさんへの対応として自分から進んで自己紹介をした。

4 コミュニケーション技法の基礎

- 人間関係を構築しながら、円滑なコミュニケーションを図るときの配慮について学びます。
- 支援をする際に活用できる、さまざまなコミュニケーション技術を学びます。

学習のコツ!

専門職として、利用者とのコミュニケーションを図るときの基礎となる技術です。どのような場面で技術を活用するのか、学んでおきましょう。

出た!

第35回で「**対面法と直角法**」、第32回で「**コミュニケーションにおける配慮すること**」について出題されました。

関連づけよう!

この項目で人間関係における基本的なコミュニケーションについて学ぶことで、P.246～253「コミュニケーション技術」での介護におけるコミュニケーションに繋がります。

出題頻度 ★★

■ コミュニケーション

- **対人距離**……他者に近づかれると、**不快**に感じる**空間**のこと。パーソナルエリア、個体距離、対人距離とも呼ばれている。個人の性格や、その相手との**関係性**などによっても差がある。
- **対人距離の種類**
  ……①**密接**距離とは、**ごく親しい人**だけに許される距離。相手の身体に容易に触れることができる距離。②**個人的**距離とは、親しい友人・**恋人**・家族などと**普通**に会話するときに取る距離。相手の**表情**が読み取れる距離。③**社会的**距離とは、**知らない相手**や公的な改まった場面で相手と会話する距離。④**公共**距離とは、**講演会**のような、自分と相手との関係が「公的な関係」であるときの距離。

出題頻度 ★

■ 人間関係とコミュニケーションの配慮

- **ポライトネス**……「人間関係を円滑にするための言語ストラテジー（戦略）」と定義される。人間関係の**距離**を調整するための**言語的配慮**。
- **フェイス**…………人と人とのかかわりに関する人間の**基本的欲求**の概念のひとつ。他者に理解されたい、ほめられたいという**プラス**方向の欲求は「**ポジティブ・**フェイス」。他者に立ち入られたくない、距離を取りたいといった**マイナス**方向の欲求は「**ネガティブ・**フェイス」。これらふたつの**フェイス**を脅かさないよう、配慮するのがポライトネス。

出題頻度 ★★★

■ 人間関係の形成に必要なこと

- **受容**……相手の言葉や**感情**などを自分の価値観で批判したり、評価、判断したり、排除したりせずそのまま、**ありのまま**受け止めること。相手の言動や考え方、そのことによる状況などが正しいと認めることではない。
- **傾聴**……相手の言葉を聴くだけでなく、その人の**全身**から**発信**していることを聴くこと。
- **共感**……相手の目で見るとどう見えるのかを感じ取ること。相手との**共通点**を見つけることではない。

対面法と直角法

対面法（面接者と利用者が直線上に向かい合って座る）

目の前に相手がいるため、緊張が高まる。視線を向けることのできる花瓶などを机の上に置くとよい。

直角法（面接者と利用者が直角に位置する形で座る）

自然なアイコンタクトが可能となるため、会話もはずみやすくなる。

カウンセリングの技法4

❶ 非指示的雰囲気づくり

利用者の言葉に合わせて、うなずく、やさしい目で見るなどして、「あなたの話をよく聴いていますよ」と伝えるのが基本的な方法。

❷ 感情の反射

相手の言葉を繰り返していうこと。中でも「感情の反射」とは、利用者の言葉の中に含まれている感情を言葉にして利用者に伝えること。

❸ 感情の明確化

利用者の言葉、表情、声の調子などから、利用者の気持ちを理解し、利用者自身が気づいていない本人の気持ちに気づくようにすること。

❹ 生活場面面接

面接室で面接するのではなく、日常生活の場（食堂、居室など）で介助をしながら声かけや話をする。利用者の生活の問題点がよくわかる。

関連 過去問題
第32回 問題4より出題

正解 高齢者とのコミュニケーションにおける配慮として適切なのは、相手と視線が合わせられる位置で話すことである。

5 介護実践における チームマネジメント

- 介護福祉職がチームマネジメントを実践することが、質の高い介護サービスの提供につながることを学びます。
- チームの力を最大限発揮するためのチーム運営と人材育成、管理について学びます。

出題頻度 ★★★

■ 介護サービスの特性と組織および運営管理

- **介護サービスとは**……ヒューマンサービス（人が人に対して行うサービス）である。特性として、①**形**がない、②わけることができない、③**品質**が変わる、④ためることができない、の4つがあげられる。
- **組織とは**………………ある目的を達成するために、「分化した役割をもつ個人や下位集団から構成される集団」。①**目的達成**のための集団（公式集団）、②**役割分担**が明確、③**地位**によって位置関係が存在、④相互作用、**相互依存**が存在する。
- **介護実践におけるチームマネジメント**
  ……効果的、**効率的**な介護を提供し、介護サービスの質を高めるために、チームメンバー全員で介護に取り組む必要がある。その際に、介護福祉士が「介護福祉職チームのリーダー」となることが期待されている。
- **福祉サービス提供組織**
  ……質の高いサービスを提供することが社会的使命である。そのためには、①経営基盤の安定と法令順守※・健全な**組織運営**、②理念や運営方針※と事業計画※の作成・共有、③教育・**研修体制**づくりと人材育成、④介護福祉職の実践力の向上が必要。

出題頻度 ★★★

■ チーム運営と人材育成

- **OJT**………………On The Job Trainingの略称。実際の**業務**を体験しながら仕事を覚えてもらう**育成方法**。新人、中途採用者などに効果的な方法。
- **Off-JT**……………Off The Job Trainingの略称。**現場**から離れたセミナーや研修などの座学。実践の前に**体系的**に学ぶ。
- **コーチング**………相手の**自主性**を促し、能力や可能性を最大限に引き出しながら、**目標達成**に向けてモチベーションを高めるコミュニケーション手法のこと。
- **ティーチング**……経験豊富な人が相手に、自分の持っている知識や**技術**などを伝授する方法。決まったルールや、共通の認識などの**伝授**に適している。

学習のコツ！

介護サービスを提供するためには、チームが必要です。介護実践におけるチームマネジメントのあり方（リーダーシップ、人材育成、自己研鑽）などを学んでおきましょう。

第36回で「**福祉サービス提供組織**」について出題されました。

用語 PICK！

法令順守（コンプライアンス）
社会で定められたルールや法律を守り業務を行うこと。福祉サービス提供組織は特に確立すべき内容です。

運営方針
事業を運営するにあたって、これから目指していこうとするおおよその方向性。

事業計画
事業を運営するにあたっての事業の達成目的と、達成するための計画やその過程を示すこと。

スーパービジョン
対人援助職が指導者（スーパーバイザー）から教育を受ける過程。指導者（スーパーバイザー）や新人職員、サポートが必要な介護福祉職員（スーパーバイジー）がいて成立する。

スーパービジョン※の教育

❶ 教育的機能

（援助者を）
育てるために

介護福祉職が介護実践で必要になる知識や技術に不安がある場合には、その不安を解消していく方法をともに考えていく。

❷ 管理的機能

（組織環境や援助者を）
管理するために

介護福祉職自身が介護実践をする中で、管理していくことを支援する。介護計画作成等の支援、介護実践の進ちょくの確認などを行う。

❸ 支持的機能

（援助者を）
支えるために

介護福祉職が抱く不安やおそれをスーパーバイザーが共有することで、介護福祉職の精神的な安定を図ると同時に、介護福祉職が不安やおそれに対峙していこうとする気持ちを引き出していく。

チームリーダーが担うべき役割と求められる能力

	高度な技術をもつ介護者としての役割	介護技術の指導者としての役割	介護職チーム内のサービスをマネジメントする役割
チームリーダーが担うべき役割	・認知症の症状に応じた対応 ・医療の必要性が高い人への対応 ・人生の最終段階にある人に対する看取りを含めた対応 ・障害を持つ方への対応	・チーム内の介護職に対する、自らが持っている介護技術の指導・伝達	・介護過程の展開における、介護実践の管理 ・チーム内の介護職のフォロー ・さまざまな職種や機関からの、利用者に関する情報収集と情報共有
求められる能力	・利用者の心身の状況などにかかる観察力 ・利用者の状態に応じて、適切な対応ができる判断力 ・認知症の症状や病状などに応じた介護などを提供できる業務遂行力 ・さまざまな職種と連携して業務を遂行できる多職種連携力	・エビデンスに基づいた介護技術の指導・伝達により、後進を育成することができる指導力	・介護計画などに沿った介護が提供されているかの管理や、チーム内の介護職に対するフォローなどのマネジメント力 ・多職種と情報共有できる多職種連携力 ・チーム内のサービスの質の改善力

関連 過去問題
第36回 問題6より出題

正解 介護老人福祉施設における全体の指揮命令系統を把握するために必要なものとして、組織図がある。

6 ライフスタイルの変化

- 私たちを取り巻く社会や労働環境の変化を学ぶことで、現在のライフスタイルを支えるための制度や「生活」に対する理解が深まります。
- 社会の変化は、介護を取り巻く環境の変化と密接に関係しています。ライフスタイルの変化を学ぶことで、介護の方向性を考えることができます。

学習のコツ！

ライフスタイルの変化や社会構造の変容は、介護をする環境の変化とも繋がっています。また、誰もがはたらきやすい環境整備が社会の課題ということもあり、ニュースなどで話題になっていることや、社会の課題に関連して問題が作成されることが予測されますので、アンテナを張っておきましょう。

出た！

第32回で「**働き方改革**」について、第31回で「**育児・介護休業法**」について、第30回で「**現在の日本の雇用**」について、第29回で「**医療保険制度から支給されるもの**」について、第26回で「**育児休業制度**」について出題されました。

出題頻度 ★★

■ 社会構造の変化

- **少子化**…………出生率が低下し、子どもの数が減少すること。
- **高齢化**…………総人口に対して高齢者の割合が大きくなること。高齢化率が**7**％を超えると高齢化社会、**14**％を超えると高齢社会、**21**％を超えると超高齢社会となる。

出題頻度 ★★

■ 労働環境の変化とそれにともなう制度の概要

- **出産育児一時金**……妊娠・出産に必要な費用をサポートするため、1児を出産するごとに**42**万円が健康保険から支給される。
- **出産手当金**…………勤務先の健康保険から標準報酬日額の**3分の2**を支給。
- **育児休業制度**………原則として子が1歳の誕生日を迎える前日までに、1回に限り育児休業を取得することができる。
- **育児休業給付金**……育児休業期間中、賃金が支払われないなど一定の要件を満たす場合に支給される。
- **介護休業制度**………対象家族1人につき通算**93**日まで、**3**回を上限として、介護休業を分割して取得可能。
- **介護休暇制度**………家族の通院の付き添いや買い物などのために取る休暇。1日または時間単位で休暇の取得が可能。
- **休業補償給付金**……労働者災害補償保険法を根拠に、労働者が業務上または通勤でのけがや病気ではたらくことができず、収入を得られなくなったときに給付される。

■働き方改革

- 「はたらきすぎ」を防ぎながら、「**ワーク・ライフ・バランス**」と「**多様で柔軟なはたらき方**」を実現する。同一企業内における正社員と非正規社員との間の不合理な待遇の差をなくす。
- **ワーク・ライフ・バランス**
  ………各自の希望に応じて、「仕事」と子育てや介護、地域活動などの「仕事以外の生活」との調和が取れる状態。現代は賃金や昇進よりも、自分に合った暮らし方を優先する志向が高まっている。

介護休業・休暇制度と育児休業・休暇制度

介護

休業の上限は？
要介護者1人につき、通算93日まで。3回を上限として分割して取得可能。

休暇制度は？
要介護者1人につき、年間5日まで。2人以上なら年間10日まで。

短時間勤務などは？
介護休業と合わせて通算93日まで。介護休業とは別に、利用開始から3年の間で2回以上の利用が可能。

休業給付については？
通常賃金の67%を支給。

育児

休業の上限は？
原則、子どもが1歳まで(最長2歳まで)。

休暇制度は？
小学校就学前の子ども1人につき、年間5日まで。2人以上なら年間10日まで。

短時間勤務などは？
子どもが3歳になるまで。

産後パパ育休
子の出生後8週間以内に4週間(2回に分割可)。令和4年10月より。

休業給付については？
通常賃金の67〜50%を支給。

「高齢化社会」から「高齢社会」へ

	日本	フランス	スウェーデン	アメリカ
高齢化社会（高齢化率7%）	**1970年**	1864年	1887年	1942年
高齢社会（高齢化率14%）	**1994年**	1979年	1972年	2015年
所要年数	**24年**	115年	85年	73年

2005年度版「厚生労働白書」より

高齢化率が7%から14%へと倍化した年数は、西欧諸国が70年から100年以上かかったのに対し、日本では24年と短期間で高齢化が進みました

少子化も進行しています。生産労働者の減少と社会保障費の増大に歯止めがきかず、政策も追いついていないというのが現状です

関連 過去問題
第32回 問題6より出題

正解 「働き方改革」の考え方は、はたらく人々のニーズに応じた、多様なはたらき方を選択できる社会の実現を図ることである。

7 家族について

- 家族の定義、家族のさまざまな形態による分類、家族に課された扶養義務について理解しましょう。
- あまり意識したことはないと思いますが、家族も機能と役割を持った集団のひとつです。どのような機能と役割があるのか覚えておきましょう。

学習のコツ！

家族は、もっとも基本的な社会の単位。家庭とは、家族が生活する場のことです。

出題頻度 ★

■ 家族の形態による分類

［制度としての家族］

- **直系家族制**……いわゆる昔の「家制度」。家長に家督を継がせ、その家系の存続を目的とする。
- **夫婦家族制**……夫婦の結婚とともに家族が誕生する。しかし、亡くなればその家族は一代限りで消滅するという考え方。親の遺産などは子どもに相続される。
- **複合家族制**……子どもが結婚しても親と同居し続ける家族形態。親の死を機に財産分与して、子どもたち家族それぞれが分裂するのが特徴的。

［集団としての家族］

- **核家族**………夫婦のみ、または夫婦と未婚の子どもたちなどで構成される関係。
- **拡大家族**……結婚した子どもたちが親と同居、もしくは同敷地内に住んでいる関係。
- **世帯**…………住居と家計をともにする人々の集まり。国税調査や家計調査、住民登録などで用いられる行政上の概念。

第34回、第33回、第30回で「**世帯の状況**」について、第31回で「**家族の機能**」について、第24回で「**核家族**」について出題されました。

出題頻度 ★

■ 家族の機能・役割

- **生命維持機能**……………………個人の生存にかかわる食欲や性欲の充足、安全を求める機能。
- **生活維持機能**……………………衣食住などの生活水準を維持しようとする機能。
- **パーソナリティの形成機能**……子育てにより子どもを社会化する機能。
- **パーソナリティの安定化機能**…家族だけが共有するくつろぎの機能。
- **ケア機能**…………………………介護が必要な構成員を家族で支える機能。
- **家族機能縮小論**
  ……核家族化の増加、女性の社会進出、家族成員の減少などで、育児や親の扶養、介護などが困難になり、その結果、家族機能が他の機能や集団に委託され、縮小していくという考え方のこと。
- **性別役割分業**
  ……夫は外ではたらいて収入を得、妻は家事・育児を中心に空いた時間をパートにあてるなど、男女によっての役割が社会的につくられていること。このような社会的な性差を**ジェンダー**と呼ぶ。

核家族と拡大家族

・『ドラえもん』に登場するのび太君の家族構成は**核家族**といえる。一方で、国民的アニメ『サザエさん』一家は**拡大家族**の代表といえる。

・現代ははたらき方も多様化し、３世代で同居することが少なくなった。家族は解体され縮小し、**核家族**化が進んでいる。

家族の機能

❶ 生命維持**機能**

❷ 生活維持**機能**

❸ パーソナリティの形成**機能**
パーソナリティの安定化**機能**

❹ ケア**機能**

65歳以上の者のいる世帯の状況

	単独世帯	夫婦のみの世帯	親と未婚の子のみの世帯	３世代世帯	その他の世帯
2001（平成 13）年	19.4	27.8	15.7	25.5	11.6
2004（平成 16）年	20.9	29.4	16.4	21.9	11.4
2007（平成 19）年	22.5	29.8	17.7	18.3	11.7
2010（平成 22）年	24.2	29.9	18.5	16.2	11.2
2013（平成 25）年	25.6	31.1	19.8	13.2	10.4
2017（平成 29）年	26.4	32.5	19.9	11.0	10.2
2018（平成 30）年	27.4	32.3	20.5	10.0	9.8
2019（令和 元）年	28.8	32.3	20.0	9.4	9.5
2021（令和 ３）年	28.8	32.0	20.5	9.3	9.5
2022（令和 ４）年	31.8	32.1	20.1	7.1	9.0

0　20　40　60　80　100%

資料：2022年国民生活基礎調査（厚生労働省）より

単独世帯の増加と３世代世帯の減少が顕著なことがわかります

関連 過去問題
第31回 問題5より出題

正解 家族の機能として、介護が必要な構成員を家族で支える機能は、ケア機能である。

8 社会・組織について

ねらい

- 個人が社会という集団に適合することを社会化といいます。個人と集団、そして集団も家族から組織まで、その目的によって構成も変わります。
- 不自由さと自由さなど、それぞれ組織の特徴を学び、目には見えない社会をどうとらえるか考えてみましょう。

出題頻度 ★

■ 集団と組織の体系

- **基礎集団**……親しい人間関係を基礎として、身近に存在している集団。

- **機能集団**……企業・学校など、特定の目標達成のために人為的に構成された集団。

- **組織**…………特定の共同目標を達成するために、人々の諸活動の役割などを調整するシステムのこと。

- **官僚制**※ ……上からの指示系統が迅速に末端に伝わり、末端の情報が速やかにトップに吸い上げられるという合理的に業務を遂行できるしくみ。
- **特定非営利活動法人（NPO法人）制度**
  ……特定非営利活動促進法は、特定非営利活動を行う団体に法人格を付与することなどにより、ボランティア活動をはじめとする市民の自由な社会貢献活動としての特定非営利活動の、健全な発展を促進することを目的としている制度。

出た！

第36回、第31回で「**特定非営利活動法人（NPO法人）**」について出題されました。

用語 PICK！

官僚制

普段はあまり意識しないが、家族なども含めて私たちは社会の中で「集団」の一員として生活している。その集団を「基礎集団」と「機能集団」に分けて考え、その中で組織をつくり仕事をしていくとき、より業務が効率的かつ合理的に運ぶ方法を考える必要がある。そのためにできたしくみが官僚制といえる。

関連づけよう！

介護保険制度の運営などには、市町村や都道府県、国などの組織がかかわります。P.52「介護保険制度における組織、団体の役割」、P.62「障害者自立支援制度における組織、団体の機能と役割」と併せて勉強しましょう。関連づけて覚えることで理解も深まります。

一番多い活動は「保健、医療または福祉の増進を図る活動」です

特定非営利活動の種類

1	保健、**医療**または福祉の増進を図る活動	11	国際協力の活動
2	社会教育の推進を図る活動	12	男女共同参画社会の形成の促進を図る活動
3	まちづくりの推進を図る活動	13	子どもの健全育成を図る活動
4	観光の振興を図る活動	14	情報化社会の発展を図る活動
5	農山漁村または中山間地域の振興を図る活動	15	科学技術の振興を図る活動
6	学術、文化、芸術またはスポーツの振興を図る活動	16	経済活動の活性化を図る活動
7	環境の保全を図る活動	17	職業能力の開発または雇用機会の拡充を支援する活動
8	災害救援活動	18	消費者の保護を図る活動
9	地域安全活動	19	前各号に掲げる活動を行う団体の運営または活動に関する連絡、助言または援助の活動
10	人権の擁護または平和の推進を図る活動	20	前各号に掲げる活動に準ずる活動として都道府県または指定都市の条例で定める活動

ポイント

認定特定非営利活動法人制度(認定NPO法人制度)は、NPO法人への寄付を促すことにより、NPO法人の活動を支援するために税制上の優遇措置として設けられた制度である。

組織の3要素

共通目的

組織全体が同じ**目的意識**を持って、同じ目標に向かい、何かに取り組むこと。

貢献意欲

組織全体だけでなく、チームや**仲間**に対しても、お互いに助け合い、組織に貢献したいという意欲を持っていること。

伝達（コミュニケーション）

組織全体の**意思の伝達**や、情報交換などのコミュニケーションが取れていること。

アメリカの経営学者のチェスター・バーナードが提唱した、組織が成立するための3つの要素です

関連 過去問題
第36回 問題8より出題

正解 非営利活動法人は、保健、医療または福祉の増進を図る活動がもっとも多い。

地域・地域社会について

介護の分野でも、生活基盤としての地域社会がクローズアップされています。地域の移り変わりや現状を理解することで、地域生活の中で求められる介護の方向性が理解できるようになります。

出題頻度 ★

■ コミュニティとは

- **コミュニティ**…………共同生活体のことであり、端的に地域社会のことをさす。
- **アソシエーション**……学校や会社のように意図的につくられた機能的・結社的集団。家族・企業・学校などさまざまなものが含まれる。

出題頻度 ★

■地域の生活を支える社会資源

- **民生委員**……都道府県知事の推薦により、厚生労働大臣が委嘱。**地域住民**の立場に立って相談に応じ、必要な援助を行う。児童福祉法第16条第2項により「児童委員」も同時に兼ねる。任期は**3**年。再任も可。
- **パブリックコメント**
  ……公的な機関が政令や省令等を定めようとする際、事前に広く一般から意見を募り、国民の権利、利益の保護に役立てることを目的としたもの。

出題頻度 ★

■ 都市化

- **都市化**………………大きい町に住む人口の割合（%）が増加し、都市型の生活様式がつくられて、そのスタイルがまわりの農村などに広がっていくこと。
- **過剰都市化現象**……人口が多すぎる、交通渋滞があるといった環境でストレスが多くなる一方、**匿名化社会**※となりやすくなること。
- **限界集落**……………65歳以上の人口比率が**50%**以上であり、共同体機能の維持が困難な集落のこと。

出題頻度 ★★★

■ 地域共生社会

- **地域共生社会**……地域住民や多様な主体が参加し、人と人、人と社会が世代や**分野**を超えて繋がることで、住民ひとり一人の暮らしと**生きがい**、ともに地域をつくっていく社会。「**我が事**、丸ごと」の地域社会の創生。

学習のコツ！

限界集落は、高齢化社会を象徴するものです。高齢者の人口比率が50%以上で、社会的共同生活の維持が困難という定義を覚えておきましょう。

出た！

第35回、第31回で「**地域共生社会**」について、第28回で「**地方自治法に基づく法的な権利**」について、第27回で「**民生委員の委嘱**」について、第25回で「**限界集落の定義**」について出題されました。

用語 PICK！

匿名化社会
個人個人が特定できないままでコミュニケーションが成立する社会。

コミュニティとアソシエーション

コミュニティ（地域社会など）

アソシエーション（企業・学校など）

地域共生社会の実現に必要な4つのポイント

❶ 地域の課題を解決する力

・住民同士の支え合いを強化し、公的支援と力を合わせることで課題の解決に向けた体制を整える

❷ 地域を基盤とする包括的支援の強化

・高齢者だけでなく、生活上の困難を抱える人への包括的支援体制を構築する

地域共生社会の実現に必要な 4 つのポイント

❸ 地域一帯の繋がりの強化

・多様な担い手の育成・参画、民間資金の活用、多様な就労・社会参加の場の整備

❹ 専門人材の機能強化および最大活用

・対人支援を行う専門資格に共通の基礎課題創設の検討
・福祉系国家資格を持つ場合の保育士養成課程・試験科目の一部免除の検討

関連 過去問題
第35回 問題8より出題

正解 人と人、人と社会資源が繋がり、包括的なコミュニティ、地域や社会をつくるという考え方をあらわすものとして地域共生社会が正しい。

10 地域社会における生活支援

地域社会での生活を支える法律や機関、さらには現在、地域連携の理念として「自助」「互助」「共助」「公助」の内容や関連性を理解することが重要です。地域社会の中での、介護専門職としての立ち位置が理解できるようになります。

学習のコツ！

戦後の困窮した日本に一番大切だったのは国民の貧困を救うことで、その次には子どもの貧困にスポットがあてられました。法律は必要な順番でつくられています。

出た！

第33回で「**福祉六法**」について、第32回、第31回で「**自助・互助・共助・公助**」について、第35回、第30回で地域包括ケアシステムにおける「**互助**」について、第26回で「**市町村における社会福祉に関する計画**」について出題されました。

用語 PICK！

ウェッブ夫妻

夫婦共同で多面的な社会研究を行い、多数の政策提言を行った。代表的著書『産業民主制論』(1897) の中で、ナショナルミニマム論を展開した。

出題頻度 ★★

■ 社会的支援策

- **福祉六法**……①旧生活保護法（現・**生活保護法**）、②**児童福祉法**、③**身体障害者福祉法**、④精神薄弱者福祉法（現・**知的障害者福祉法**）、⑤**老人福祉法**、⑥母子福祉法（現・**母子及び父子並びに寡婦福祉法**）
- **福祉事務所**
  ……福祉六法に定める援護、育成または更生の措置に関する事務を行う市（特別区含む）町村。都道府県の福祉事務所は、生活保護法、児童福祉法、母子及び父子並びに寡婦福祉法に関する事務をつかさどっている。都道府県、市（特別区を含む）は、条例で福祉事務所を**必ず設置**しなければならないが、町村は**任意設置**とされている（社会福祉法第14条）。
- **ナショナルミニマム**
  ……政府と自治体が、社会保障その他の公共政策によって国民の最低限度の生活を保障すること。イギリスの**ウェッブ夫妻**※によって提唱された。「社会保障」の考え方は、イギリスで誕生。
- **社会保険**……公的機関が保険者となり、保険料を財源として保険給付を行うしくみ。
- **社会扶助**……租税を財源として、国や地方自治体が現金またはサービスの提供を行うしくみ。

出題頻度 ★★

■ 自助などの理解

- **自助**……………**市場サービス**の購入なども含め、自分のことは、自分自身で助けること。
- **互助**……………家族、友人など関係性を持つ人同士が助け合うこと。隣組、自治会やボランティアなど、**費用負担**が制度的に規定されていない**自発的**な支え合い。
- **共助**……………年金、医療、介護などの社会保険制度に代表される**制度化**された相互扶助。費用負担などの定めがある。
- **公助**……………公による負担（**租税**）で成り立っている制度による支援。**生活保護**、人権擁護、虐待対策などに代表される。
- **福祉多元主義**……福祉サービスの供給主体を、国だけでなく民間も含め多元化する考え方。

福祉六法と福祉三法の成立年

まる覚え！

		法律名	成立年
福祉六法	福祉三法	①**旧生活保護**法（現・**生活保護**法）	1946（昭和21）年
		②**児童**福祉法	1947（昭和22）年
		③**身体障害者**福祉法	1949（昭和24）年
	④**精神薄弱者**福祉法（現・**知的障害者**福祉法）		1960（昭和35）年
	⑤**老人**福祉法		1963（昭和38）年
	⑥**母子**福祉法（現・**母子**及び**父子**並びに**寡婦**福祉法）		1964（昭和39）年

※寡婦：夫が死んだあと結婚しないでいる人。

第二次世界大戦後の困窮した日本の社会で、福祉六法は必要に迫られてできた法律です。終戦の翌年には生活保護法ができました。それだけ日本全体が困窮状態だったのですね

自助、互助、共助、公助の関係

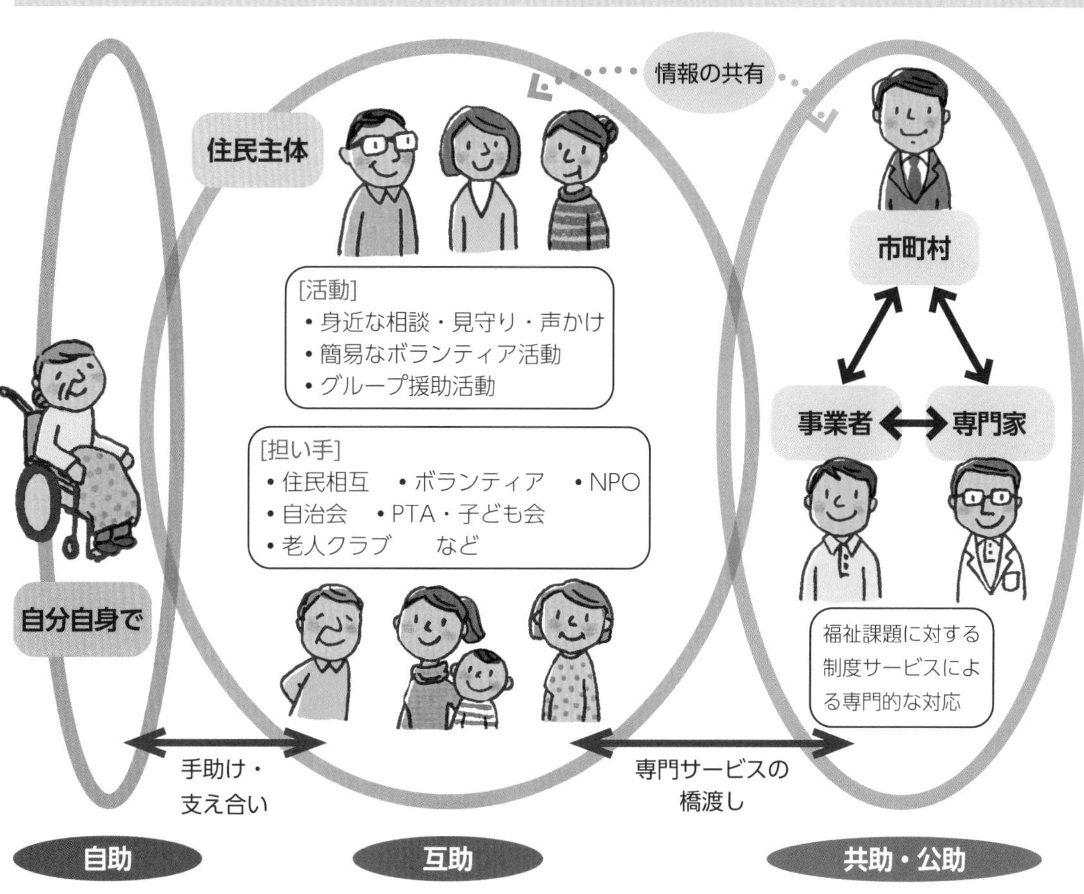

資料：厚生労働省「これからの地域福祉のあり方に関する研究報告書」（平成20年）より

関連 過去問題
第35回 問題115より出題

正解 雪かきができないAさんに対して、近所の人が雪かきをしてくれるのは、地域包括ケアシステムにおける互助である。

11 社会保障の基本的な考え方

社会保障制度とは、国民の生活の安定が損なわれた場合に、国民にすこやかで安心できる生活を保障することを目的として、国などが生活を支える給付を行うことです。社会保障の機能は相互に重なり合っていることが多いので、それぞれの機能を理解しましょう。

社会保障のしくみは複雑で難しく感じるかもしれませんが、自分の生活に引き寄せて考えてみると理解しやすくなります。

出題頻度 ★★

■ 日本の社会保障制度

- **社会保険**……①**医療**保険、②**年金**保険、③**雇用**保険、④**労働者災害補償**保険（労災保険）、⑤**介護**保険の5つ。
- **社会福祉**……高齢者、障害のある人、母子・父子家庭など、社会生活上のハンディキャップを負っている国民が安心して社会生活を営めるように、公的な支援を行う制度。
- **公的扶助**……**国家責任**として、生活に困窮する国民に対して、最低限度の生活を保障するとともに、**自立**を助ける制度。日本国憲法**第25条**の実現のためにつくられた**生活保護法**。
- **社会手当（児童福祉、障害者福祉など）**
……社会保険と生活保護の中間的な制度。一般的な環境の家庭よりも社会的、精神的、経済的に困窮した家庭に対する支援を目的にしている。**児童手当**などがこれに含まれる。
- **公衆衛生および医療**
……国民が健康に生活できるように行う予防・衛生のための制度。地域社会を基盤として推進される。母子保健、**伝染病予防**、生活習慣病対策、精神衛生、**食品衛生**、上下水道など多岐。

出た!

第32回で「**生活困窮の相談場所**」について出題されました。解答は福祉事務所ですが、生活が困窮している人への最低限度の生活保障は、日本においては「公的扶助」です。

出題頻度 ★

■ 社会保障のおもな4つの機能

①**生活安定・向上機能**
……生活の安定を図り、安心をもたらす機能。たとえば、病気や負傷の場合には、医療保険により負担可能な程度の自己負担で必要な医療を受けることができる。

②**所得再分配機能**……生活保護や医療保険など。生活保護は高所得者から低所得者に対して行われる**垂直的再分配**にあたり、医療保険は同一所得階層の中で行われる**水平的再分配**にあたる。

③**経済安定機能**……公的年金制度のような社会保障給付のこと。安定的な消費支出を生み出し、景気を安定させる役割を果たす。

④**家族支援の機能**……育児や介護、老人扶養などの家族機能を外側から支援することで、家庭や家族の絆を支えていく機能。

国民生活を生涯にわたって支えるさまざまな社会保障制度

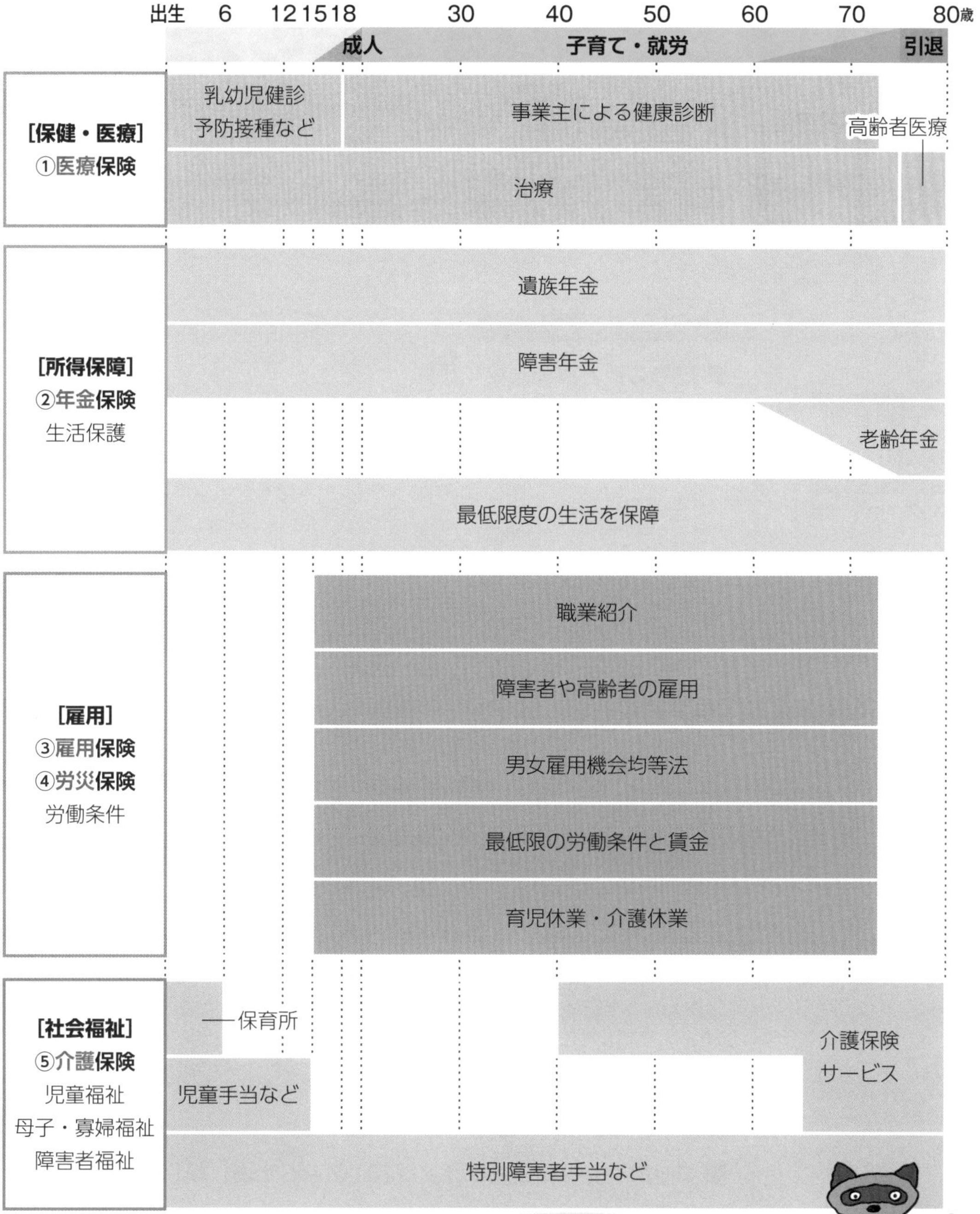

	出生 6 12 15 18 30 40 50 60 70 80歳
	成人　子育て・就労　引退
[保健・医療] ①医療保険	乳幼児健診 予防接種など 事業主による健康診断 高齢者医療 治療
[所得保障] ②年金保険 生活保護	遺族年金 障害年金 老齢年金 最低限度の生活を保障
[雇用] ③雇用保険 ④労災保険 労働条件	職業紹介 障害者や高齢者の雇用 男女雇用機会均等法 最低限の労働条件と賃金 育児休業・介護休業
[社会福祉] ⑤介護保険 児童福祉 母子・寡婦福祉 障害者福祉	保育所 児童手当など 介護保険サービス 特別障害者手当など

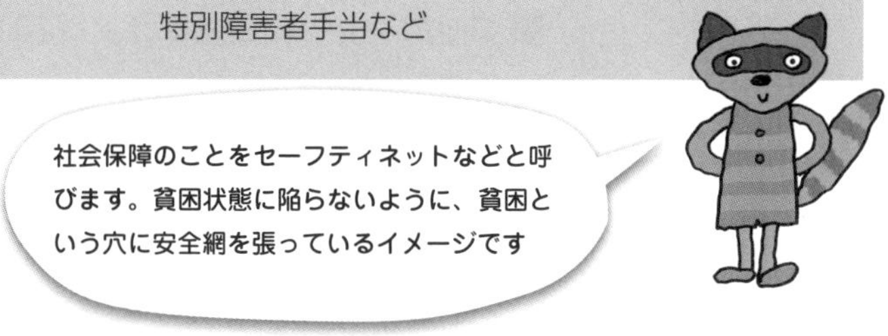

社会保障のことをセーフティネットなどと呼びます。貧困状態に陥らないように、貧困という穴に安全網を張っているイメージです

資料：厚生労働省「日本の社会保障制度」より

関連 過去問題
第32回 問題7より出題

正解 利用者から生活困窮の相談があった場合の生活相談員のもっとも適切な対応は、福祉事務所に相談するように助言することである。

12 日本の社会保障制度の発達

第二次世界大戦以前から行われていた社会保障制度は、いくつかの段階を経て現在のようなしくみになりました。その発達の歴史を知ることで、社会保障は私たちの必要最低限の生活を保障しているものだということを理解することができます。

出た！

第30回で「**日本国憲法第25条**」について、第27回で「**国際障害者年**」について、第26回で「**国民健康保険法改正**」について出題されました。

用語 PICK！

法定受託事務

本来、国や都道府県が果たすべき事務のうち、適正な処理を確保するため、法令によって、国の場合は都道府県、市町村、特別区に、都道府県の場合は市町村と特別区に、処理を委任する事務。

関連づけよう！

P.34「地域社会における生活支援」でナショナルミニマム、P.214「尊厳を支える介護について」でノーマライゼーションというキーワードが出てきます。関連づけて覚えましょう。

出題頻度 ★★★

■ 日本の社会保障制度の展開

- **日本国憲法第25条**……第25条は生存権保障に関する条文。**国家責任**としての健康で文化的な最低限度の生活保障は、**ナショナルミニマム**（P.34）の理念を反映したものである。
- **国民皆保険・皆年金**……1961（昭和36）年、すべての国民がなんらかの医療保険制度に加入（**国民皆保険**）し、所得補償としての年金制度に加入（**国民皆年金**）することで、福祉国家としての体制が整えられた。
- **社会福祉構造基礎改革（2000（平成12）年）**
…………社会福祉ニーズの**多様化**と拡大に対応するため、社会福祉に関する共通基盤を大幅に見直した一連の改革。「自立」および「**自立支援**」を基本理念に、「利用者の立場に立った社会福祉制度」「**福祉サービスの充実**」を柱としてさまざまな制度・施策が打ち出された。
- **社会保障と税の一体改革**
……「少子高齢化」「**雇用環境**の変化」「**家族**のあり方の変容」「経済成長の停滞」といった社会経済情勢の変化に対応し、社会保障の充実・安定化と財政健全化の同時達成を目指す。2013（平成25）年に、社会保障制度改革国民会議がとりまとめた報告書を受け、「持続可能な社会保障制度の確立を図るための改革推進に関する法律（社会保障制度改革プログラム法）」が成立した。

出題頻度 ★★★

■ ニッポン一億総活躍プラン（2016（平成28）年）

- 一億総活躍社会実現のために策定された。新たなる三本の矢の実現のために、「成長と**分配**の好循環」を図りながら、誰もが**生きがい**をもって、その能力を存分に発揮できる社会の実現を目指している。
- **一億総活躍社会**……女性も男性も、お年寄りも若者も、一度失敗を経験した人も、障害や**難病**のある人も、あらゆる場で活躍できる**全員参加型**の社会。
- **新たなる三本の矢**………「希望を生み出す強い経済」「夢をつむぐ子育て支援」「安心につながる**社会保障**」の3つ。

戦後日本の社会保障の歩み

年	おもな法律と制度名
1945（昭和20）	終戦
1946（昭和21）	**日本国憲法**公布／（旧）**生活保護**法
1947（昭和22）	**児童**福祉法 労働基準法、労働者災害補償保険法、失業保険法
1949（昭和24）	**身体障害者**福祉法
1950（昭和25）	社会保障制度審議会勧告／（現）生活保護法
1958（昭和33）	国民健康保険法が全面改正
1959（昭和34）	国民年金法
1960（昭和35）	**知的障害者**福祉法
1963（昭和38）	**老人**福祉法
1964（昭和39）	**母子**及び**父子**並びに**寡婦**福祉法
1973（昭和48）	老人医療費支給制度
1981（昭和56）	国際**障害者**年
1982（昭和57）	老人保健法
1986（昭和61）	基礎年金制度
2000（平成12）	介護保険法 社会福祉事業法が社会福祉法へ改正
2005（平成17）	障害者自立支援法
2006（平成18）	高齢者虐待防止法
2008（平成20）	高齢者の医療の確保に関する法律
2012（平成24）	社会保障・税一体改革大綱
2013（平成25）	障害者総合支援法 障害者差別解消法
2014（平成26）	医療介護総合確保推進法 難病法
2018（平成30）	障害者総合支援法改正 （**就労定着支援**・自立生活援助の創設）

キーポイント（1946） GHQから日本政府に、「社会救済に関する覚書（SCAPIN775）」が示される

キーポイント（1958） 国民皆保険への足がかり

キーポイント（1959） 国民皆年金への足がかり

キーポイント（1964） 福祉六法の成立

キーポイント（1981） このときのスローガンは「完全参加と平等」。ノーマライゼーションの考え方が広く知れ渡る

表の右上にコメントしている「社会救済に関する覚書（SCAPIN775）」とは、日本国憲法第25条の生存権保障のもとになったものです

関連 過去問題
第30回 問題8より出題

正解 日本国憲法第25条で定められている権利は、生存権である。

13 日本の社会保障制度のしくみの基礎的理解

私たちの「安心」や「安全」を支えるセーフティネットである社会保障制度の中でも、「社会保険」と「社会扶助」は生活支援においてとくに身近な制度といえます。制度についての理解を深めておくことで、相談支援の場面でも役に立ちます。

学習のコツ！

社会保険は、貧困に陥ることを防ぐ「防貧制度」であり、公的扶助（生活保護）は「救貧制度」です。他の法律の制度が、生活保護より優先され、適用されることを覚えておきましょう。

出題頻度 ★★★

■ 社会保険・社会扶助

- **社会保険**……国民が生活を困難にする各種の事故にあったときに、一定の給付を行い、生活の安定を図ることを目的にした強制加入の保険制度。①**医療**保険、②**年金**保険、③**雇用**保険、④**労働者災害補償**保険、⑤**介護**保険の５つ。
- **社会扶助**……租税を財源として、国や地方自治体が、国民や住民に対して現金またはサービスの提供を行うしくみ。公的扶助と社会手当がある。公的扶助は**生活保護**のことをさし、社会手当には**児童手当**などが含まれる。

出題頻度 ★★

■ 社会福祉法人

- 社会福祉事業を行うことを目的として、社会福祉法の定めるところにより設立された法人。
- 社会福祉法人は、設立の際に必要な資産の保有や組織運営などについて一定の要件が課されている。国や地方公共団体による助成、税制上の優遇措置がある。
- 社会福祉法人は、その経営する社会福祉事業に支障がない限り、社会福祉事業の他に、公益事業と収益事業を行うことができる。

出題頻度 ★★

■ 介護保険以外の各種保険の特徴

医療保険	病気やけがなどで入院治療、通院治療、手術などを受けた場合、医療費の給付を受けることができる。
年金保険	老齢・障害・死亡で所得がなくなったとき、生活を保障するために、定期的に金銭が給付される制度。 2022（令和４）年４月より、**繰り下げ受給**の上限年齢が70歳から**75歳**に引き上げられ、年金の受給開始期間を75歳まで自由に選択できるようになった。
雇用保険	失業したとき、次の雇用までの生活維持のために金銭が給付される制度。
労働者災害補償保険	通勤中の事故やけがが、死亡などの場合に、労働者や遺族の生活を安定させるために給付される制度。療養補償給付・休業給付・介護補償給付がある。

出た！

第31回で**「労働者災害補償保険制度」「社会福祉法人」**について、第30回で**「医療費の支払いと社会保険」**について、第29回で**「社会保険制度」**について、第28回で**「国民健康保険の被保険者」**について出題されました。

社会保険と社会扶助のしくみ

社会保険の場合　例）医療保険

❶誰もが健康を害するおそれがあるため、保険料を支払うか、もしくは**給料**から**天引き**される。

❷皆から**保険料**としてお金を集める。

❸医療行為が必要な人に**分配**。

保険料を払っている人が受け取ることができます

社会扶助の場合　例）生活保護

❶所得税や消費税など**税金**を納める。

❷皆から**税金**としてお金を集める。

❸保護が必要な人に**分配**。

これらは税金でまかなわれています

医療保険制度の体系

後期高齢者医療制度は、深刻な医療費の増加を背景に、75歳以上の高齢者だけを対象として独立させ、医療給付を集中管理する目的で発足しました

75歳以上：
後期高齢者医療制度
75歳（寝たきり等の場合は65歳）以上の人が加入する独立した医療制度

65歳〜75歳：
前期高齢者財政調整制度
65～74歳の人を対象とした、
健康保険組合等と国民健康保険との医療費負担を調整するための制度

65歳未満：

国民健康保険	協会けんぽ	健康保険組合	共済組合
自営業者、年金生活者、非正規雇用労働者など	中小企業のサラリーマン	大企業のサラリーマン	公務員など

関連 過去問題
第31回 問題10より出題

正解 労働者災害補償保険は、パートやアルバイトも保険給付の対象である。

14 現代社会における社会保障制度

☑ 少子高齢化により、社会連帯のしくみである社会保障制度の運用が厳しいものになっていくことが予測されます。少子高齢化という社会問題が、社会保障制度にどのような影響をおよぼすか学びましょう。

人口が減少してきていることや、「2025年問題」など、これから日本が抱える社会問題にも目を向けましょう。

出た！

第36回で「**健康寿命**」について、第32回で「**一般会計予算における社会保障関係費の割合**」について、第29回で「**社会保障給付費**」について、第28回で「**日本の人口**」について、第26回で「**高齢化率**」について出題されました。

用語 PICK！

団塊の世代

日本において、第二次世界大戦直後に起きた第1次ベビーブーム（1947～1949年）に生まれた世代のこと。

出題頻度 ★

■ 人口動態の変化

日本の人口（2023（令和5）年8月確定値　総務省統計局より）

総人口	1億2443万6千人	前年同月比　64万3千人減
年少人口（0～14歳）	1424万人	前年同月比　32万4千人減
生産年齢人口（15～64歳）	7397万2千人	前年同月比　29万1千人減
65歳以上人口	3622万8千人	前年同月比　2万8千人減

※ただし、75歳以上は1997万人で、前年同月比73万7千人増。

■ 日本の高齢化率（全人口中の65歳以上の人の割合）

年	高齢化率	年	高齢化率
1970（昭和45）年	7.1%	2020（令和2）年	28.7%
1994（平成6）年	14.0%	2021（令和3）年	29.1%
2007（平成19）年	21.0%	2022（令和4）年	29.1%
2019（令和元）年	28.4%	2023（令和5）年	29.1%

（2023（令和5）年　総務省統計局より）

- **合計特殊出生率**……1人の女性が一生の間に産む子どもの数をあらわしたもの。2022（令和4）年は、1.26である。
- **平均余命**……………ある年齢の人が、あと何年生きられるかという期待値。各年齢ごとに推計されている。
- **平均寿命**……………0歳の人の平均余命。日本では、男性81.05歳、女性87.57歳（令和4年度簡易生命表）。
- **健康寿命**……………健康上の問題で日常生活が**制限**されることなく生活できる期間のこと。日本は、男性は72.68歳、女性は75.38歳（2021年厚生労働省）。

出題頻度 ★

■ 社会保障の給付と負担

- **社会保障給付費**……2020（令和2）年の一般会計歳出は**102.7兆**円である。そのうち、社会保障関係費は**35.9兆**円（**34.9%**）となっている。
- **国民負担率**…………日本の国民負担率（国民所得に対する税金と社会保障負担率の合計）は、2020（令和2）年度で**44.6%**である。

出生数および合計特殊出生率の年次推移

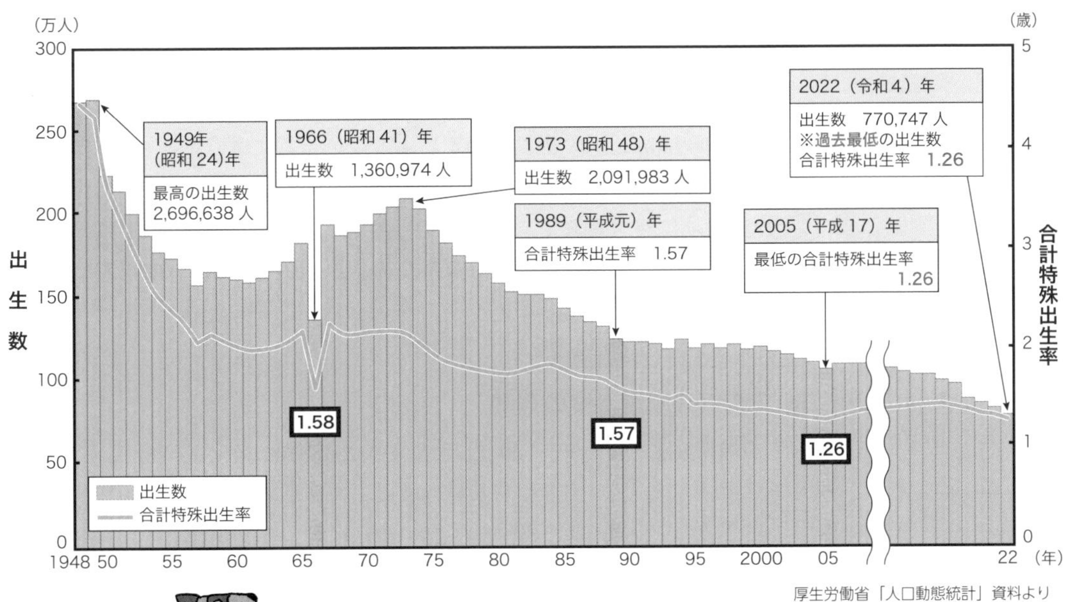

厚生労働省「人口動態統計」資料より

日本の総人口は減少してきているのがわかりますね。2015(平成27)年には、「団塊の世代※」が65歳以上になりました

国民負担率の国別の比較

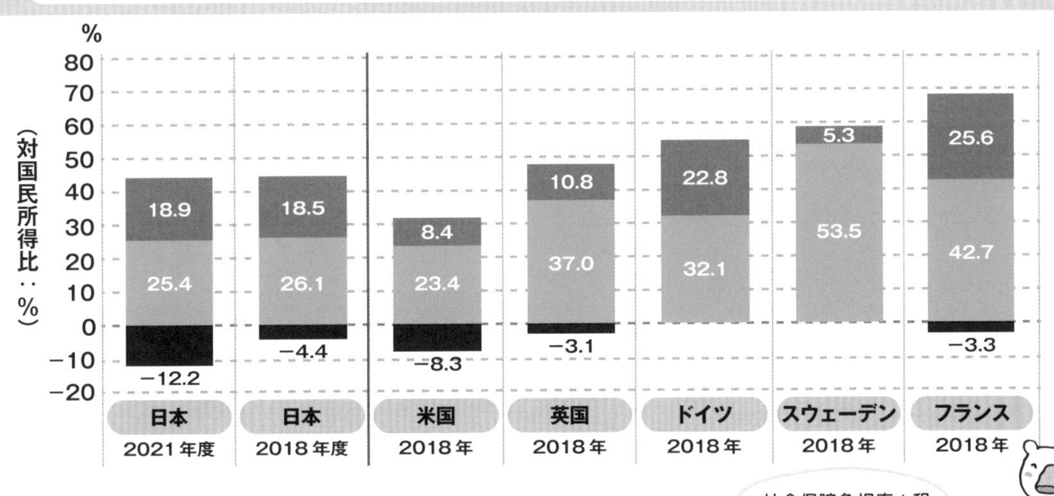

参考:財務省「国民負担率の国際比較」より

社会保障負担率+租税負担率+財政赤字対国民所得比=潜在的な国民負担率です

関連 過去問題
第36回 問題36より出題

正解 健康寿命の説明として、健康上の問題で日常生活が制限されることなく生活できる期間、は適切である。

15 介護保険制度創設の背景および目的

- 介護保険はなぜ創設されたのでしょうか。そこには介護が社会問題化したという背景があります。その背景を理解しましょう。
- 介護保険は社会保険です。従来の租税をもとにした措置制度※の運用では財政を圧迫する事態が予測されたため、2000年から施行されています。

出題頻度 ★

■ 介護保険制度創設の背景

- **介護保険法**………少子高齢化にともなう家族形態の変化（P.28）などから、在宅介護や家族介護の限界に近い状況を受け、**1997**年に成立、**2000**年に施行された。
- **介護保険制度の特徴**
  ……①社会全体で支えるしくみづくりとして**社会保険方式**を導入
  ②措置制度から**契約制度**※への転換
  ③保健・医療・福祉にわかれていたサービスを統一（**一元化**）
  ④**ケアマネジメント**を導入
- **社会的入院**………入院治療の必要がないのに、本人や家族の都合で入院を継続していること。このため、国の財政が圧迫されていた。
- **措置制度から契約制度へ**
  ……介護保険制度以前の措置制度では、利用者にサービスの決定権はなかった。しかし介護保険制度では**契約制度**が導入され、利用者はサービスを自由に選択できるようになった。

コラム

介護保険法第１条（目的）

この法律は、加齢に伴って生ずる心身の変化に起因する疾病等により要介護状態となり、入浴、排泄、食事等の介護、機能訓練並びに看護及び療養上の管理その他の医療を要する者等について、これらの者が尊厳を保持し、その有する能力に応じ自立した日常生活を営むことができるよう、必要な保健医療サービス及び福祉サービスに係る給付を行うため、**国民の共同連帯**の理念に基づき介護保険制度を設け、その行う保険給付等に関して必要な事項を定め、もって国民の保健医療の向上及び福祉の増進を図ることを目的とする。

［解説］
- 国民の共同連帯の理念とは、「国民皆で助け合おう」という意味。つまり、介護保険の目的は、介護の社会化（社会全体で介護を支える）です。
- その他にも、多様なサービス提供主体を参入させることで、競争原理をはたらかせ、サービスの質の向上を目的としました。

学習のコツ！

介護保険の問題は必ず出題されるので、しっかりと押さえておきましょう。

出た！

第30回で「**介護保険法第１条**」について出題されました。

用語 PICK！

措置制度
行政措置（行政からの命令）のことをいい、行政の権限でサービスを決定する制度。

契約制度
利用者がサービス事業者と契約を交わすことで、サービスを自己選択・自己決定できるようにする制度。

関連づけよう！

P.38「日本の社会保障制度の発達」で学んだ歴史的な背景も関連させながら学びましょう。

介護保険制度創設の背景 4

❶ 社会的入院が横行していた

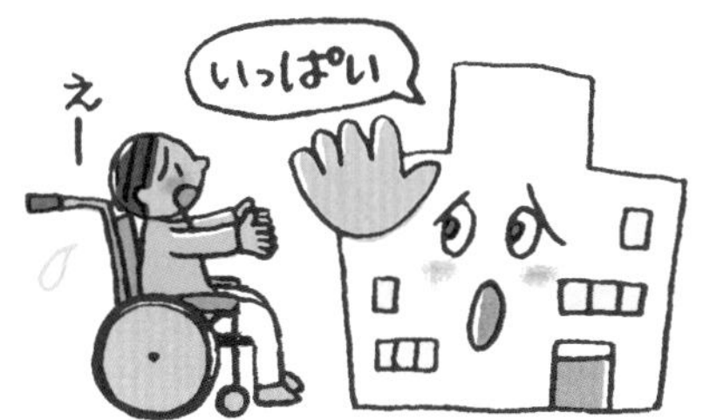

❷ サービスが一元化されていなかった

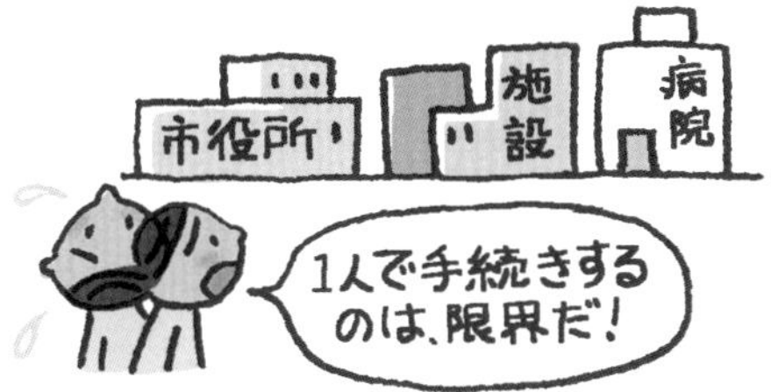

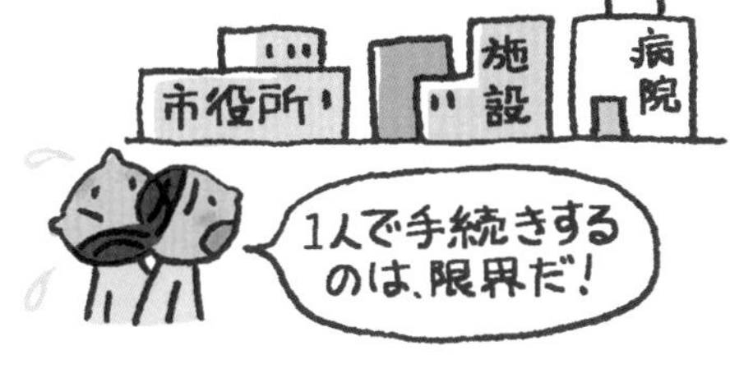

❸ 介護の負担感が大きかった

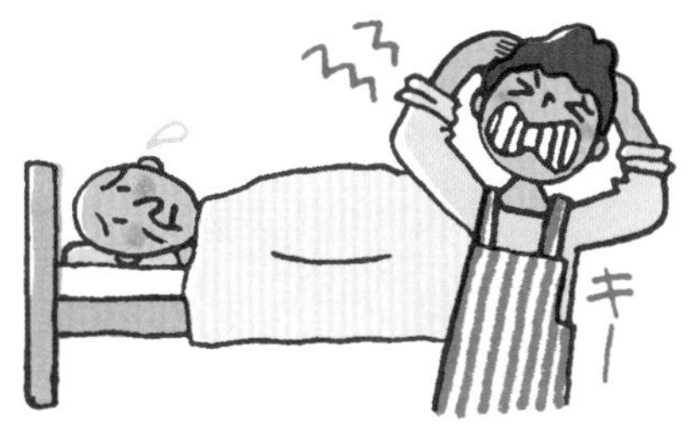

❹ 国の財政を圧迫していた

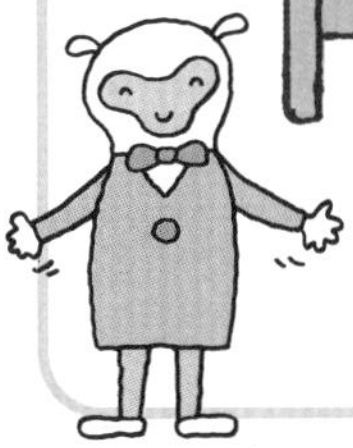

このような背景から、介護保険が創設されました。介護はもはや家庭内でまかなうものではなく、社会全体で支え合っていこうという考え方になったのです

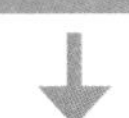

出る！ 措置制度と契約制度との違い

措置制度

介護が必要な状態

↓ 利用したい場合

行政

↓

行政処分
特別養護老人ホームに入所

措置制度では、行政にサービスの決定権があり、利用者の自己選択や自己決定権はなかった。

契約制度

介護が必要な状態

申請 ↓ 行政 → 要介護認定

選択 ↓ 在宅サービス　施設サービス

↓ 契約

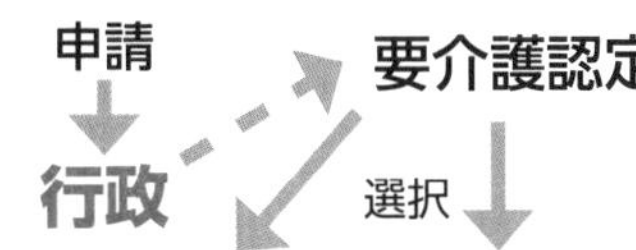

契約制度では、サービスを自己選択・自己決定できるというメリットがある。

関連 過去問題
第30回 問題10より出題

正解 介護保険法第１条には、介護が必要となった者等が尊厳を保持し、その有する能力に応じ自立した日常生活を営めるよう、保険給付を行うと規定されている。

16 介護保険制度の動向

介護保険制度が創設以来、どのような改正が行われて現在に至るのかを学びます。社会情勢や社会の介護に対するニーズの移り変わりが理解できるとともに、現状の介護保険制度をより深く理解することや今後の介護保険の方向性を理解することが可能になります。

出題頻度 ★★★

■ 介護保険法改正の概要

[2005年の改正ポイント]

- **介護予防の重視**

  ……要支援者への給付を介護予防給付にするとともに、包括的**地域マネジメント推進**のため、地域包括支援センターや地域支援事業を創設。

- **地域密着型サービスの創設**

  ……**小規模多機能型居宅介護**※など、住み慣れた地域での生活を継続するためのサービスが創設された。

[2011年の改正ポイント]

- **地域包括ケアの推進**

  ……**日常生活圏域**において、医療・介護・生活支援サービスが切れ目なく一体的に提供される体制整備を推進。24時間対応型のサービスの創設。

- **医療的ケアの制度化**

  ……介護職員による喀痰吸引等が可能となった。

[2014年の改正ポイント]

- **地域支援事業の充実**

  ……予防給付の一部を地域支援事業に移行。在宅医療・介護連携、認知症施策の推進など、**地域包括ケアシステム**の構築に向けた取り組み。

- **負担費用の公平化、施設入所対象者の見直し**

  ……介護老人福祉施設の入所を原則**要介護３以上**へ。一定の所得のある利用者の自己負担を２割とした。

[2017年の改正ポイント]

- **地域共生社会の実現に向けた取り組み**

  ……介護保険と障害者福祉制度に**共生型サービス**※を創設。

- **介護保険の持続可能性の確保**

  ……２割負担者の中でも、とくに所得の高い者の負担を３割とする。

[2020年の改正]

- **感染症や災害への対応力強化**

  ……すべてのサービスで、感染症**まん延時**や災害発生時も継続してサービスが提供できるための、**事業継続計画**（BCP）の策定を義務化。

- **医療・介護のデータ基盤の整備の推進**

  ……医療保険と介護保険の**レセプト情報**などのデータベースの連結精度向上。

学習のコツ！

2020年に介護保険制度が改正されました。改正された箇所が試験問題として出題されることが多いので、ポイントを押さえておきましょう。

出た！

第31回に、2017年度に改正され2018年に施行された「**介護医療院**」「**高所得層の３割負担**」について出題されました。

用語 PICK！

小規模多機能型居宅介護

利用者の居宅（訪問）でのサービス、利用者がサービス拠点に通って行われるサービス（通所）、短期間の宿泊（宿泊）、入浴、排泄、食事などの介護、その他、日常生活上の世話および機能訓練を提供するサービスのこと。

共生型サービス

ホームヘルプサービス、デイサービス、ショートステイを「共生型サービス」と位置づけ、障害福祉事業所が介護保険事業所の指定を受けやすくする（逆も同じ）。

2011年の介護保険法改正のポイント5

❶ 定期巡回・随時対応型訪問介護看護の創設
24時間いつでも対応できる訪問サービス。

❷ 複合型サービスの創設（2015年4月から「看護小規模多機能型居宅介護」に変更）
小規模多機能型居宅介護に**訪問**看護を組み合わせたサービス。

❸ 介護予防・日常生活支援総合事業の導入
市町村の判断で行われる、要支援者・介護予防が必要な人のためのサービス。地域支援事業に加えられた。

❹ サービス付き高齢者向け住宅
日常生活に不安がある「高齢者単身世帯・夫婦だけの世帯」が、施設に入所しないで住み慣れた地域で安心して暮らせるようにすることが目的。

❺ 喀痰吸引・経管栄養の実施
施設内での医療ニーズが高まる中、条件つきで介護福祉職が喀痰吸引などを行えるようにした。

2014年の介護保険法改正のポイント4

❶ 予防給付の中の「予防訪問介護・予防通所介護」が地域支援事業に移行
要支援者が対象の予防訪問介護、予防通所介護が、地域支援事業の「介護予防・日常生活支援総合事業」に入った。

❷ 特別養護老人ホームの入所者は原則要介護3以上
2015年４月から、特別養護老人ホームに新しく入所できるのは原則、要介護**3**以上の利用者と決めた。

❸ 一定以上所得者の自己負担が２割に
2015年８月から、第１号被保険者で合計所得が160万円以上の利用者の自己負担が**2**割になった（収入が年金だけの人は280万円以上）。

❹ 地域密着型通所介護の創設
生活機能訓練などを日帰りで提供するサービスで、利用者の機能維持・向上と家族負担の軽減を図った。

2017年の介護保険法改正のポイント4

❶ 自立支援・重度化防止に向けた保険者機能の強化等の取り組みの推進
介護予防・重度化防止等に取り組む。都道府県による市町村に対する支援事業の創設や、**財政**的インセンティブの付与の規定を整備した。

❷ 医療・介護の連携の推進等
「日常的な医学管理」や「看取り・ターミナル」等の機能と、「生活施設」としての機能とを兼ね備えた、新たな施設として「**介護医療院**」を創設。介護療養病床の経過措置期間について6年間延長した。

❸ 地域共生社会の実現に向けた取り組みの推進等
高齢者と障害児・者が同一事業所でサービスを受けやすくするため、介護保険と障害福祉制度に新たな**共生**型サービスを位置づける。

❹ 介護保険制度の持続可能性の確保
２割負担者のうち、とくに所得の高い層（年金収入＋その他の所得の合計が、単身世帯で340万円以上、２人以上世帯で463万円以上）の負担割合を**3**割とした。平成30年８月１日施行。

2020年の介護保険法改正のポイント5

❶ 感染症や災害への対応力強化
感染症や災害が発生した場合であっても、利用者に必要なサービスが**安定的**・継続的に提供されるよう、日頃からの備えと業務継続に向けた取り組みを推進。

❷ 地域包括支援ケアシステムの推進
住み慣れた地域において、利用者の**尊厳**を確保しつつ、必要なサービスが切れ目なく提供されるような取り組みを推進。**看取り**への対応充実、ケアマネジメントの質の向上など。

❸ 自立支援・重度化防止の取り組みの推進
データの活用を行いながら、**科学的**に裏づけされた質の高いサービスの提供を推進。医療と介護のデータベースの統合（LIFE）など。

❹ 介護人材の確保、介護現場の革新
介護職員の**処遇改善**や職場環境の改善に向けた取り組みを推進。テクノロジーの活用などで、**業務効率化**・業務負担軽減の推進など。

❺ 制度の安定化・持続可能性の確保
必要なサービスを確保しつつ、適正化・重点化を図るための、加算の整理、評価の**適正化**の推進など。

関連 過去問題
第31回 問題11より出題

正解 2018（平成30）年に施行された介護保険制度の改正内容として、介護医療院が創設された。

17 介護保険制度のしくみの基礎的理解

- 制度のしくみや内容はとても複雑です。細かく理解しないまでも、おおまかに理解しておけば他の項目の理解も深まります。
- 介護保険サービス利用の流れや、そこで使用される用語などを理解することで、障害サービスの利用の流れなども理解しやすくなります。

保険者や被保険者など、なじみのない用語が出てくるので、混乱しないように整理して覚えましょう。

学習のコツ！

都道府県に設置される不服申し立て受付窓口の「介護保険審査会」と、「介護認定審査会」は間違えやすいので、混同しないように学習しましょう。

出題頻度 ★★★

■ 保険者と被保険者

- **保険者**……介護保険の保険者は、市町村および特別区とされている。
- **被保険者**

  ……①第１号被保険者：市町村の区域内に住所を有する**65**歳以上の者。

  ②第２号被保険者：市町村の区域内に住所を有する**40**歳以上**65**歳未満の医療保険加入者。要介護認定を受ける際は、国が定める16の特定疾病（右下の表）に該当している必要がある。
- **区分支給限度基準額**

  ……介護保険でそれぞれのサービスを利用するにあたって、要介護度によって決められている限度額のこと。**区分支給限度基準額**を超えて利用した介護サービスの分は全額自己負担になる。
- **住所地特例**

  ……介護保険施設などに入所することで、その施設所在地に住所変更したと認められる被保険者は、**住所変更前の住所地**の被保険者とする特例措置。

出題頻度 ★★★

■ 介護サービス利用までの流れ

- **要介護認定**…………新規認定の場合は、市町村から認定調査員（職員）が被保険者を訪問し、本人や家族から**74**項目にわたる調査票により聞き取りを行う。ここで一度コンピューターによる一次判定がでる。
- **介護認定審査会**

  ……市町村は、調査票と主治医意見書のデータをもとに、介護認定審査会に審査と判定を求める（二次判定）。その結果は、原則として申請のあった日から**30**日以内に書面で通知しなければならない。

第35回、第33回、第28回で「**保険者**」について、第33回で「**サービス利用の流れ**」について、第32回、第27回で「**被保険者**」について、第28回で「**利用契約**」について出題されました。介護保険制度の基本的事項に関する問題は頻繁に出題されるので、しっかりと学習しておきましょう。

出題頻度 ★

■ 保険料の徴収

- **特別徴収**……年額18万円以上の年金などを受給している人を対象に、それらの支給時に保険者である**市町村が天引きし、納付する**方法。
- **普通徴収**……年金が年額18万円に満たない人や年金がない人などが対象となり、**市町村が納付書を発行して直接納付**してもらう方法。

介護保険サービス利用の流れ

特定疾病　16		
①**がん末期**	②**関節**リウマチ	③筋萎縮性側索硬化症（ALS）
④後縦靭帯骨化症	⑤**骨折**をともなう骨粗鬆症	⑥初老期における認知症
⑦パーキンソン病関連疾患	⑧脊髄小脳変性症	⑨脊柱管狭窄症
⑩早老症	⑪多系統萎縮症	⑫糖尿病性神経障害・腎症・網膜症
⑬**脳血管疾患**	⑭閉塞性動脈硬化症	⑮慢性閉塞性肺疾患（COPD）
⑯両側の膝関節又は股関節に著しい変形をともなう変形性関節症		

関連 過去問題
第35回 問題10より出題

正解 区分変更するときの申請先として正しいのは、介護保険の保険者である。

学習のコツ！

介護保険のサービスは、介護給付と予防給付の2種類と思われがちですが、市町村特別給付を入れて3種類です。試験にも出やすいので覚えておきましょう。

出た！

第36回で「**都道府県・政令市・中核市が指定・監査を行うサービス**」について、第30回で「**サービス付き高齢者向け住宅**」について出題されました。

用語 PICK！

地域密着型サービス

要介護高齢者などが、住み慣れた地域でできる限り生活を継続できるよう創設されたサービス。市町村が事業者の指定や監督を行う(P.46)。

介護医療院

介護保険法上の介護保険施設だが、医療法上は、「医療提供施設」として位置づけられている。開設主体は、地方公共団体、医療法人、社会福祉法人や非営利法人等。

出題頻度 ★★

■ 介護サービスの種類

- 介護保険のサービス（保険給付）は、大きく下の３つにわけられる。

[①**介護給付**]

- **要介護**１～５と認定された人が受けるサービス。
- **居宅サービス**
  ……**訪問介護**や**通所介護**など。施設やサービスを利用する際にかかる費用の９割（または８割か７割）が給付される。
- **地域密着型サービス**※
  ……その市町村に住んでいる人が対象。９割（または８割か７割）が給付される。
- **居宅介護支援**
  ……要介護者が居宅サービス、地域密着型サービスなどを適切に利用できるようにする支援。
- **施設サービス**
  ……施設サービスは、①**指定介護老人福祉施設**（特別養護老人ホーム）、②**介護老人保健施設**、③**介護医療院**※の３種類。

[②**予防給付**]

- **要支援**１・２と認定された人が受けるサービス。利用者が、要介護状態にならないようにするのが目的のサービス。９割（または８割か７割）が給付される。
- **介護予防サービス**
  ……介護予防訪問介護や介護予防通所介護など。
- **介護予防支援**
  ……要支援者が介護予防サービスを使う際は、地域包括支援センター等の**介護予防支援事業**が計画書の策定を行う。

[③**市町村特別給付**]

- 介護給付・予防給付以外に市町村が条例により独自に定める給付。紙おむつの支給、移送サービス、**寝具乾燥**などが一例。

出題頻度 ★

■ その他のサービス

- **福祉用具貸与（13品目）**
  ……利用者の日常生活をしやすくする用具や介護をする人の負担を軽くするための用具を借りることができる（右の図）。
- **特定福祉用具販売**
  ……排泄、入浴の用具を購入することができる（右の図）。１年間で**10**万円まで。

＊令和６年４月より、①**固定用**スロープ、②歩行車を除く歩行器、③松葉杖を除く単点杖、④**多点杖**は貸与か販売かを選択できるようになった。

- **住宅改修**……利用者が生活しやすくて、介護をする人が介護しやすくなるように、住宅の不便なところの改修ができる。支給は**20**万円まで（同一住宅に対して）。

介護保険制度の介護サービスの種類

	都道府県・政令市・中核市が指定・監査を行うサービス	市町村が指定・監査を行うサービス	その他
介護給付	◎居宅サービス 【訪問サービス】 ①訪問介護 ②訪問入浴介護 ③訪問看護 ④訪問リハビリテーション ⑤居宅療養管理指導 【通所サービス】 ⑥通所介護 ⑦通所リハビリテーション 【短期入所サービス】 ⑧短期入所生活介護 ⑨短期入所療養介護 ⑩特定施設入居者生活介護 ⑪福祉用具貸与 ⑫特定福祉用具販売 ◎施設サービス ①介護老人福祉施設　②介護老人保健施設 ③介護医療院	◎地域密着型サービス ①定期巡回・随時対応型訪問介護看護 ②夜間対応型訪問介護 ③地域密着型通所介護 ④認知症対応型通所介護 ⑤小規模多機能型居宅介護 ⑥認知症対応型共同生活介護 ⑦地域密着型特定施設入居者生活介護 ⑧地域密着型介護老人福祉施設入所者生活介護 ⑨複合型サービス （看護小規模多機能型居宅介護） ◎居宅介護支援	住宅改修
予防給付	◎介護予防サービス 【訪問サービス】 ①介護予防訪問入浴介護 ②介護予防訪問看護 ③介護予防訪問リハビリテーション ④介護予防居宅療養管理指導 【通所サービス】 ⑤介護予防通所リハビリテーション 【短期入所サービス】 ⑥介護予防短期入所生活介護 ⑦介護予防短期入所療養介護 ⑧介護予防特定施設入居者生活介護 ⑨介護予防福祉用具貸与 ⑩特定介護予防福祉用具販売	◎地域密着型介護予防サービス ①介護予防認知症対応型通所介護 ②介護予防小規模多機能型居宅介護 ③介護予防認知症対応型共同生活介護 ◎介護予防支援	住宅改修
地域支援事業		◎特定介護予防・日常生活支援総合事業 ①第1号訪問事業　③第1号生活支援事業 ②第1号通所事業	

地域密着型サービスは、その市町村の住民が対象です

資料：「公的介護保険制度の現状と今後の役割」厚生労働省資料（一部改変）

福祉用具貸与されるもの＆購入の対象となるもの

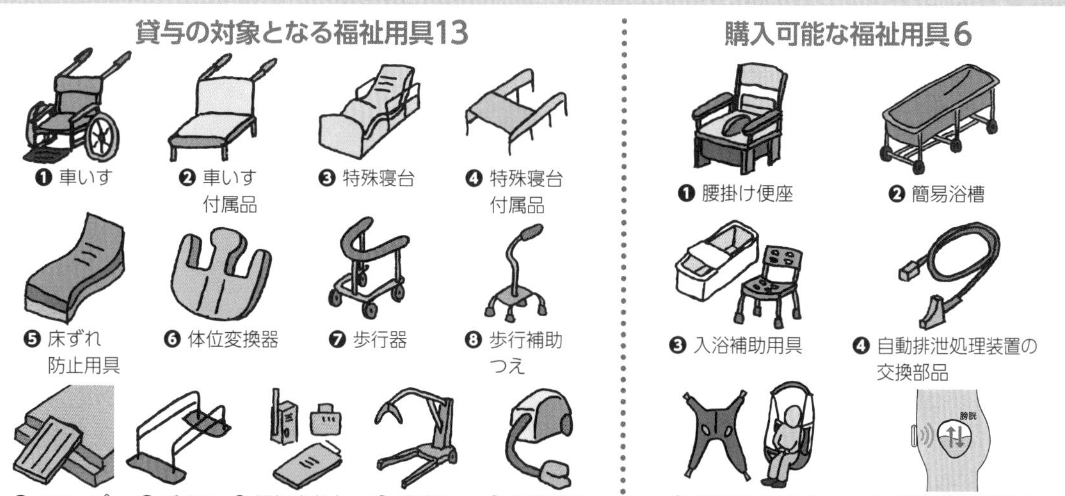

関連 過去問題
第36回 問題12より出題

正解 介護保険法に基づき、都道府県・指定都市・中核市が指定（許可）、監督を行うサービスは施設サービスである。

18 介護保険制度における組織、団体の役割

社会保険のひとつである介護保険を運用しているのは国です。その他、都道府県、市町村および特別区の役割もあります。それぞれの役割や仕事を理解しましょう。また指定サービス事業所、国民健康保険団体連合会についても確認しておきましょう。

出た！

第34回で「**介護保険の財源構成**」について、第29回で「**保険者の役割**」について、第26回では、国の役割として「**認定の審査判定基準を定める**」という問題が出題されています。

出題頻度 ★★

■ 国、都道府県、市町村および特別区の役割

［国のおもな役割］

- 保険給付に対する定率の国庫負担などの財政支援。
- 市町村介護保険事業計画などのもととなる基本指針の策定。

［都道府県のおもな役割］

- **財政安定化基金の設置**……市町村の介護保険財政の安定化を図る。
- **介護保険審査会の設置**……要介護認定・要支援認定の結果や、保険料の決定などに不服がある場合の審査請求機関を設置する。
- **都道府県介護保険事業支援計画の策定**
……３年を１期として、保険給付の実施の支援に関する計画を策定。厚生労働大臣が定めた基本指針に基づき、設備整備や人材確保の面などについて都道府県老人福祉計画と一体のものとして作成する。
- **介護支援専門員の登録事務等**
……介護支援専門員実務研修の主催や登録、更新の事務を行う。

［市町村および特別区のおもな役割］

- 被保険者の資格管理、保険料の徴収、保険給付、要介護・要支援認定の保険事務。
- 市町村介護保険事業計画の策定に関する事務。

用語PICK！

指定

介護保険法に基づいて介護サービスの仕事をしたい人（事業者）は、都道府県や市町村に「やりたいです。許可してください」と申請する。都道府県や市町村は、事業者が介護サービスの仕事が正しくできるかどうか判断して許可する。これが指定。指定された事業者は「指定～」という。６年で更新。

出題頻度 ★★

■ サービス事業者の指定※

- 指定居宅サービス事業者、指定介護予防サービス事業者または指定居宅介護支援事業者の指定は、**都道府県知事**が行う。
- 地域密着型サービス（予防）事業者の指定は、**市町村長**が行う。
- 介護保険サービスの提供にあたっては、サービス利用のための契約内容およびその履行に関する事項について説明すること、契約が成立したときには**重要事項説明書**を利用者に交付することが義務づけられている。

出題頻度 ★

■ 国民健康保険団体連合会の役割

- ①介護報酬の審査と支払いを行う、②サービスなどに対する利用者からの苦情に対応する、③苦情をもとに、サービス事業者への助言と指導を行う、④介護給付費等審査委員会を設置する。

国・都道府県・市町村および特別区の役割

国

①介護認定の基準や**介護報酬**など、介護保険制度の運営に必要な基準や方針を設定する。
②都道府県や市町村および特別区を支援する。

都道府県

①財政安定化基金を設置する。
②**介護保険審査会**を設置する。
③指定介護サービス事業者を指定する。
④介護支援専門員を登録・養成する。
⑤都道府県介護保険事業支援計画を策定する。

市町村および特別区

①介護保険特別会計の設置と一般会計からの負担。
②**被保険者**の資格管理。
③要介護（要支援）認定と介護認定審査会を設置する。
④保険を給付する。
⑤指定地域密着型サービス事業者・指定介護予防支援事業者を指定する。
⑥地域支援事業の実施と地域包括支援センターの設置。

介護保険財源のしくみ

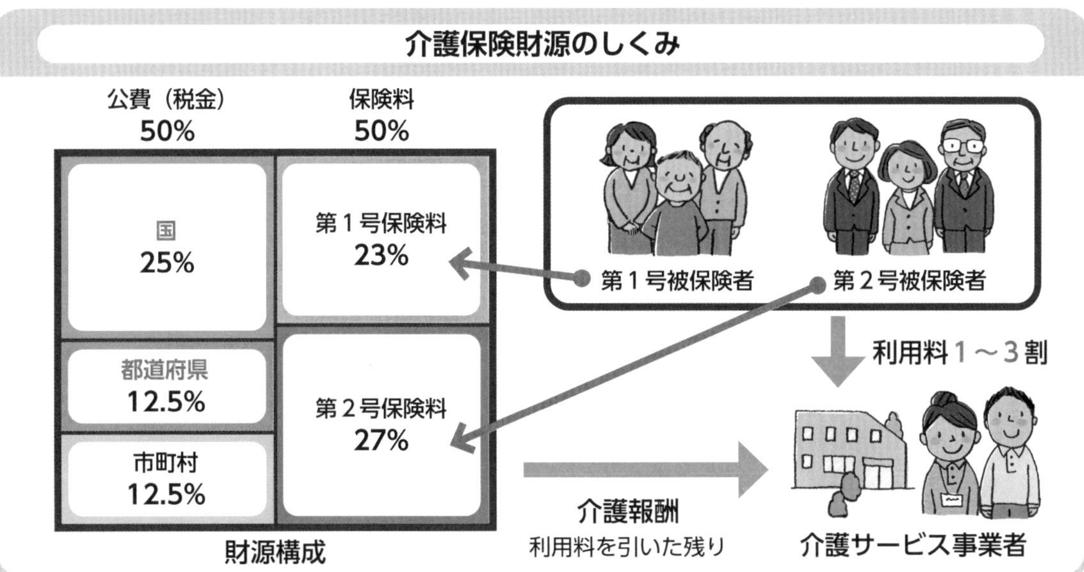

関連 過去問題
第34回 問題10より出題

正解 介護保険制度の保険給付の財源構成として、公費、第1号保険料、第2号保険料が正しい。

19 介護保険制度における専門職の役割

介護保険制度では多職種連携のもと、チームケアが重要視されています。ここではとくに、介護支援専門員（ケアマネジャー）と主任介護支援専門員（主任ケアマネジャー）の役割を覚えます。

学習のコツ！

介護支援専門員の役割の根拠法となるのは、介護保険法です。法律上、介護支援専門員はどこに配置されるのかを理解しておきましょう。

出題頻度 ★★★

■ 介護支援専門員（ケアマネジャー）

［介護支援専門員の資格要件］

- 保健・医療・福祉の法定資格（医師・看護師・保健師・介護福祉士・社会福祉士など）をもち、**5年以上の実務経験**が必要である。
- 都道府県知事が実施する**介護支援専門員実務者研修受講試験**に合格したあと、実務研修を修了し、都道府県知事の登録を受けて「介護支援専門員証」の交付を受ける必要がある。

［介護支援専門員の業務］

- 介護認定を受けた利用者やその家族からの相談に応じ、介護保険サービスを利用するために利用者の希望を聞き、住宅や施設で適切なサービスが受けられるように**ケアプラン**※を作成する。
- おもに介護保険施設、居宅介護支援事業所に従事する。
- 関係機関との連絡や調整を行う。

［介護支援専門員の資格更新］

- 介護保険法により定められた公的資格であり、**5**年ごとに資格の更新が必要である。
- 業務を継続して行う場合には、更新研修を受けなければならない。

出た！

第33回で「**グループホームの介護支援専門員の役割**」について、第30回で「**訪問介護員（ホームヘルパー）の対応**」について、第29回で「**介護保険制度における訪問介護（ホームヘルプ）のサービス**」「**指定介護老人福祉施設における配置義務のある職種**」について、第28回で「**各専門職と業務の組み合わせ**」について出題されました。

出題頻度 ★★

■ 主任介護支援専門員（主任ケアマネジャー）

- 介護支援専門員の業務について十分な知識と経験（5年以上）を有する者で、**主任介護支援専門員研修を修了した者**であること。
- 地域包括支援センターへの配置が**義務づけられている**。
- 主任介護支援専門員のおもな業務は以下の通り。

①地域のインフォーマルサービスとの連携体制の整備。
②サービス担当者会議の開催支援。
③介護支援専門員の地域ネットワークづくり。
④第一線の介護支援専門員の相談にのり、ケアマネジメント※（右ページ参照）を指導するなどのスーパーバイザーとしての役割。
⑤支援が困難な事例への指導と助言。

用語 PICK！

ケアプラン

介護保険制度の中で、介護支援専門員（ケアマネジャー）が中心となって作成する計画。施設サービス計画・居宅サービス計画がこれにあたる。

介護支援専門員（ケアマネジャー）のおもな業務4

❶ 居宅介護支援

・要介護者などからの依頼により、居宅サービス計画（ケアプラン）を作成する。

❸ 施設介護支援

・施設入所者の施設サービス計画（施設ケアプラン）を作成する。
・入所者100人ごとに１名配置する決まりになっている。

❹ 給付管理業務

・居宅介護支援を実施している要介護者などについて、区分支給限度額の管理を行い、その実績を給付管理票として月ごとにまとめ、国民健康保険団体連合会に提出する。

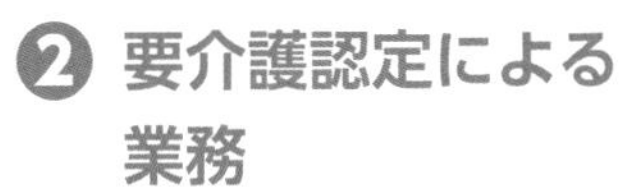

❷ 要介護認定による業務

・保険者から要介護認定調査の委託を受けた場合、その認定調査を行う。

ケアマネジメントの手順7

1. 相談
2. アセスメント（情報収集）
3. ケアプランの作成
4. ケアプランの実施
5. モニタリング（実施内容の適正確認）
6. 評価
7. 終結

用語 PICK！

ケアマネジメント
利用者の生活課題に対して、保健や医療、福祉など適切なサービスを利用できるように調整し、課題解決を目的としている福祉分野の手法。

関連 過去問題
第30回 問題15より出題

正解 利用者から相談を受けた訪問介護員（ホームヘルパー）は、担当の介護支援専門員（ケアマネジャー）に検討を依頼する。

20 障害者自立支援制度創設の背景および目的

身体障害者福祉法、知的障害者福祉法、精神障害者福祉法、児童福祉法と、それぞれ障害の違いにより異なる制度で行われていた障害福祉サービスを一本化したものが、障害者総合支援法です。おおまかな流れを知っておきましょう。

学習のコツ！

障害者総合支援法の改正点について、出題される可能性が高いので、しっかり学んでおきましょう。

出た！

第33回で「**ノーマライゼーション**」について、第31回で「**自立生活援助の創設**」について、第28回で「**障害者基本法**」について、第27回で「**福祉六法体制の確立**」「**障害者の制度の成立の年代**」について出題されました。

用語 PICK！

ノーマライゼーション

障害者や高齢者など社会的に不利を受けやすい人々（弱者）が、社会の中で他の人々と同じように生活し活動することが社会の本来あるべき姿であるという考え方（P.214）。

関連づけよう！

P.168「障害者福祉の基本理念について」とも関連が深いので、あわせて確認しておきましょう。

出題頻度 ★★★

■ 障害者基本計画

- **障害者基本法**………1993（平成５）年に制定。障害者の自立と社会参加を支援するための基本的な考え方と、国と地方公共団体の責務を定めた法律。
- **障害者基本計画**……リハビリテーションと**ノーマライゼーション**※の考え方をもとにしていて、国全体で障害のある人のためになにをするかを示している。

出題頻度 ★★

■ 障害者施策、支援費制度

- **社会福祉法**……2000（平成12）年、福祉ニーズの多様化に応えるため社会福祉事業法が改正され、社会福祉法となった。福祉事業・福祉サービスの基本理念などをうたっている。
- **支援費制度**……2003（平成15）年、障害者福祉制度は、行政がサービス内容を決める従来の措置制度から、利用者が受けたいサービスを選んで契約する利用契約制度＝支援費制度に変わった。

出題頻度 ★★

■ 障害者総合支援法

- 2006（平成18）年から施行された障害者自立支援法を受け継ぐ形で、2013（平成25）年から施行され、障害者がもっとはたらける社会にするため、積極的に就労支援を行うようにした。
- ３障害一元化……障害の種類（身体障害・知的障害・精神障害）や年齢に関係なく、必要なサービスを利用できるように制度をひとつにした。
- 2014（平成26）年４月から、重度の知的障害者・精神障害者にまで対象者を拡大した。
- 2016（平成28）年に児童福祉法とともに一部が改正され、障害者が自ら望む地域生活を営むことができるよう、「生活」と「就労」に対する支援の一層の充実、高齢障害者による介護保険サービスの円滑な利用を促進するための見直しが行われた。障害児支援のニーズの多様化に対応するため、サービスの質の確保・向上を図るための環境整備が行われた。重度訪問介護の訪問先が「**医療機関に入院した者**」と拡大した（障害支援区分６の者対象）。

近年の障害者に対する法整備の流れ

自立支援法が制定された際、精神障害を対象者に含めたことを覚えておきましょう

2003(平成15)年 支援費制度

①身体障害者　②知的障害者
③障害児　を対象に導入した。

2006(平成18)年 障害者自立支援法

障害の福祉サービスを一元化。精神障害も含めた。

2013(平成25)年 障害者総合支援法

障害者の定義として新たに「難病」を追加した。
これにより、難病の人々が障害福祉サービスなどの対象となった。

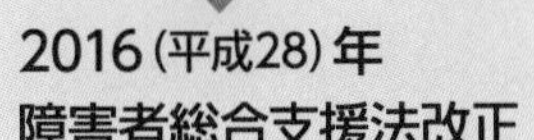

2016(平成28)年 障害者総合支援法改正

障害者の「生活」と「就労」に対する支援の一層の充実や、高齢障害者による介護保険サービスの円滑な利用促進の見直しが行われた。

障害者総合支援法および児童福祉法の改正について

❶ 障害者の望む地域生活の支援

自立生活援助	障害者支援施設やグループホーム等を利用していた障害者で1人暮らしを希望する者を対象に、定期巡回訪問や相談などへの随時対応等のサービス。
就労定着支援	就労移行支援等の利用を経て、一般就労へ移行した障害者で、就労にともなう環境変化により、生活面の課題が生じている者を対象に、必要な連絡調整や指導・助言等の支援を実施する。
重度訪問介護の訪問先拡大	入院中の医療機関においても、利用者の状態を熟知している重度訪問介護のヘルパーを引き続き利用できる。障害支援区分6の者を対象とする。

❷ 障害児支援ニーズの多様化へのきめ細かな対応

居宅訪問型児童発達支援	重度の障害等により外出が著しく困難な障害児に対し、居宅を訪問し、日常生活における基本的な動作の指導、知識・技能の付与等の支援を実施する。
保育所等訪問支援の支援対象の拡大	保育所等の障害児に発達支援を提供する保育所等訪問支援について、乳児院や児童養護施設の障害児にも対象を拡大する。
障害児福祉計画	児童福祉法に基づく障害児のサービスの提供体制を計画的に確保するため、都道府県および市町村において障害児福祉計画を策定する。

❸ サービスの質の確保・向上に向けた環境整備

補装具費の支給範囲の拡大	「購入」を原則とし、障害者の利便に照らして（障害児の成長にともなって短期間での交換が必要等）、「貸与」が適切と考えられた場合に限り、新たに補装具費の支給の対象とする。
障害福祉サービス等の情報公表制度	都道府県がサービス事業所の事業内容等の情報を公開する制度を設けるとともに、自治体の事務の効率化を図るため、所要の規定を整備する。

関連 過去問題
第33回 問題12より出題

正解 ノーマライゼーションとは、障害があっても地域社会の一員として生活が送れるように条件整備をすることである。

21 障害者自立支援制度のしくみの基礎的理解①

- 介護福祉士は今後、障害分野での活躍も期待されます。この項目で障害福祉サービスを理解することに努めてください。
- サービスの種類や内容などは、介護保険サービスと類似していますが、名称が違うことに留意してください。

出題頻度 ★★★

■ 障害者総合支援法の対象とサービス

- 障害者の定義……**18歳以上**の者で、身体障害者、知的障害者、**発達障害者**を含む精神障害者、および一定の難病の患者。

［自立支援給付］

- **介護給付**……………介護を必要とする人のためのサービス。
  ［サービス内容］……①**居宅介護**、②**重度訪問介護**、③**同行援護**、④**行動援護**、⑤**重度障害者等包括支援**、⑥**短期入所**、⑦**療養介護**、⑧**生活介護**、⑨**施設入所支援**の９種類（右表）。
- **訓練等給付**…………障害者の特性に応じた訓練を実施する。障害支援区分の認定の必要はない。
  ［サービス内容］……①**自立訓練**（機能訓練、生活訓練）、②**就労移行支援**、③**就労継続支援**、④**就労定着支援**、⑤**自立生活援助**、⑥**共同生活援助**の６種類。
- **自立支援医療**………対象者に医療または医療に必要な費用を給付。利用者の負担は原則として、応能負担（本人の支払い能力に応じて負担すること）。一定以上の場合は、医療保険の給付対象となる。
  ［サービス内容］……①**育成医療**、②**更生医療**、③**精神通院医療**の３種類。
- **補装具**………………補装具の購入・修理にかかる費用の給付。利用者は、月額上限つきの定率負担（所得などに関係なく一定率を負担すること）となっている。低所得者の障害者等については無料。

［地域生活支援事業］

- 地域の特性を生かして、利用者の状況により柔軟に実施される事業。市町村事業と都道府県事業とがある。
- **市町村地域生活支援事業**………ガイドヘルパー（正式名称：移動介護従事者。視覚障害など１人で外出するのが困難な人に対して介助を行う人）による**移動支援事業**や、社会参加・生産的な活動を行う**地域活動支援センター**の設置などがある。
- **都道府県地域生活支援事業**……福祉ホームの運営、矯正施設等を退所した障害者の地域生活への移行促進などがある。

学習のコツ！

介護保険サービスと障害福祉サービスとでは、名称が違ったりしているので、その違いを理解しているかどうかを問われることがあります。とくに総合問題で出題されることが多いので、しっかり確認しておきましょう。

第36回、第34回で「**重度訪問介護**」について、第33回で「**障害者総合支援法の障害者の定義**」について、第32回で「**障害福祉サービス（居宅介護）利用**」について、第31回で「**障害者を支援する専門職**」について、第30回で「**障害者総合支援法における補装具**」について、第29回で「**肢体不自由の利用者が利用できるサービス**」について出題されました。

関連づけよう！

P.238「多職種連携について」、P.190「障害者と家族の支援」と併せて学習しましょう。

障害者総合支援法のサービス例

障害者総合支援法の介護給付の「同行援護」と「行動援護」の、言葉と内容の区別はできていますか？

❶ 介護給付

①居宅介護（ホームヘルプ）	利用者の自宅での、入浴、排泄、食事の介護等を行う。
②重度訪問介護	重度の肢体不自由者または重度の知的障害、もしくは精神障害により行動上著しい困難を有する人で常に介護を必要とする人などが対象。利用者の自宅で、入浴、排泄、食事の介護、外出時における**移動支援**などを総合的に行う。
③同行援護	視覚障害により、移動に著しい困難を有する人に、移動に必要な情報の提供（代筆・代読を含む）、移動の援護等の外出支援を行う。
④行動援護	自己判断能力が制限されている人が行動するときに、危険を回避するために必要な支援や外出支援を行う。
⑤重度障害者等包括支援	介護の必要性がとても高い人に、居宅介護等複数のサービスを包括的に行う。
⑥短期入所（ショートステイ）	自宅で介護する人が病気の場合などに、短期間、夜間も含め、施設で入浴、排泄、食事の介護などを行う。
⑦療養介護	医療と常時介護を必要とする人に、医療機関で機能訓練、療養上の管理、看護、介護および日常生活の支援を行う。
⑧生活介護	常に介護を必要とする人に、昼間、入浴、排泄、食事の介護などを行うとともに、創作的活動または生産活動の機会を提供する。
⑨施設入所支援（障害者支援施設での夜間ケア等）	施設に入所する人に、夜間や休日、入浴、排泄、食事の介護などを行う。

「生活介護」の内容は介護だけではありません！

❷ 訓練等給付

①自立訓練	自立した日常生活または社会生活ができるよう、一定期間、身体機能または生活能力の向上のために必要な訓練を行う機能訓練と生活訓練がある。
②就労移行支援	一般企業等への就労を希望する人に、一定期間、就労に必要な知識および能力の向上のために必要な訓練を行う。
③就労継続支援（A型＝雇用型、B型＝非雇用型）	一般企業等での就労が困難な人に、働く場を提供するとともに、知識および能力の向上のために必要な訓練を行う。
④就労定着支援	一般就労に移行した人に、就労にともなう生活面の課題に対応するための支援を行う。
⑤自立生活援助	1人暮らしに必要な理解力や生活力などを補うため、定期的に居宅訪問や随時対応をして、日常生活の課題を把握し、必要な支援を行う。
⑥共同生活援助（グループホーム）	共同生活を行う住居で、相談や日常生活上の援助を行う。

❸ 地域生活支援事業

①移動支援事業	円滑に外出できるよう、移動を支援する。
②地域活動支援センター	創作的活動または生産活動の機会の提供、社会との交流等を行う施設。
③福祉ホーム	住居を必要としている人に、低額な料金で、居室等を提供するとともに、日常生活に必要な支援を行う。

関連 過去問題
第36回 問題14より出題

正解 「障害者総合支援法」に規定された移動に関する支援の説明として、重度訪問介護、重度障害者の外出支援も行う、は正しい。

22 障害者自立支援制度のしくみの基礎的理解②

- 障害者（児）が自立支援給付を受けるには、市町村に申請し、支給決定を受けなければなりません。
- 自立支援給付の利用者負担は、原則、応能負担となっています。

学習のコツ！

介護保険では要介護認定によって要介護度の判定を行いますが、障害の場合は障害支援区分認定によって支援の度合いを判定します。言葉の違いなど、混乱しやすいので間違えないようにしましょう。

出た！

第35回で「**支給申請**」（最初の利用手続き）について、第28回で「**障害支援区分**」について、第27回で「**地域相談支援**」について、第26回で「**応能負担と応益負担の知識**」について出題されました。

用語 PICK！

サービス等利用計画

サービスの内容や量、援助の方針や課題などが盛り込まれる。平成24年４月の障害者自立支援法一部改正により、原則としてすべての障害福祉サービス利用者には、利用計画を作成することが必要となった。指定特定相談事業者の相談支援専門員が作成する。

出題頻度 ★★

■ 利用者負担と利用の流れ

［利用者負担］

- **応能負担** ……利用者の支払い能力（所得）に応じた負担を原則とすることが、2010（平成22）年の障害者自立支援法（現：障害者総合支援法）の改正で明記された。

［利用の流れと特記事項］

- **障害支援区分** ……障害の多様な特性、その他の心身の状態に応じて、必要とされる標準的な支援の度合いを総合的に示す区分。**区分１**から**区分６**までの６段階である。
- **障害支援区分の認定** ……申請は市町村。一次判定（コンピューター判定）では、80項目の認定調査項目と医師の意見書で評価する。認定は、市町村審査会が行う二次判定で、特記事項と医師の意見書（一次判定で評価したものを除く）をもとに決定する。
- **サービス等利用計画**※ ……障害福祉サービスの支給決定前に、事業所に配置されている相談支援従事者が作成する。市町村はサービス等利用計画の内容を踏まえて、支給決定を行う。作成には利用者負担はない。
- **審査請求** ……市町村が行う介護給付または地域相談支援にかかる処分に不服がある場合は、都道府県知事に対して審査請求をすることができる。審査請求ができる人は、障害者本人（代理人も可能）または障害児の保護者。処分があったことを知った日の翌日から起算して**60日**以内に、文書または口頭で行う。
- **相談支援専門員** ……介護保険法ではケアマネジャーを「介護支援専門員」と呼ぶが、障害者自立支援法では「相談支援専門員」と呼ぶ。
- **共生型サービス** ……障害者が65歳以上になっても、使い慣れた事業所においてサービスを利用しやすくするという観点や、福祉に携わる人材に限りがある中で、地域の実情に合わせて人材をうまく活用しながら適切にサービス提供を行うという観点から創設された。

共生型サービスの対象サービス

	介護保険サービス		障害福祉サービス
ホームヘルプサービス	訪問介護	⇔	居宅介護 重度訪問介護
デイサービス	通所介護 （地域密着型を含む）	⇔	生活介護（主として重症心身障害者を通わせる事業所を除く） 自立訓練（機能訓練・生活訓練） 児童発達支援（主として重症心身障害児を通わせる事業所を除く） 放課後等デイサービス（同上）
	療養通所介護	⇔	生活介護（主として重症心身障害者を通わせる事業所に限る） 児童発達支援（主として重症心身障害児を通わせる事業所に限る） 放課後等デイサービス（同上）
ショートステイ	短期入所生活介護 （予防を含む）	⇔	短期入所
「通い・訪問・泊まり」といったサービスの組み合わせを一体的に提供するサービス	（看護）小規模多機能型居宅介護（予防を含む） ・通い	➡	生活介護（主として重症心身障害者を通わせる事業所を除く） 自立訓練（機能訓練・生活訓練） 児童発達支援（主として重症心身障害児を通わせる事業所を除く） 放課後等デイサービス（同上）　（通い）
	・泊まり	➡	短期入所　（泊まり）
	・訪問	➡	居宅介護 重度訪問介護　（訪問）

⇔：相互対応のサービス　➡：一方通行のサービス　資料：厚生労働省

申請～支給決定～サービス利用までの流れ

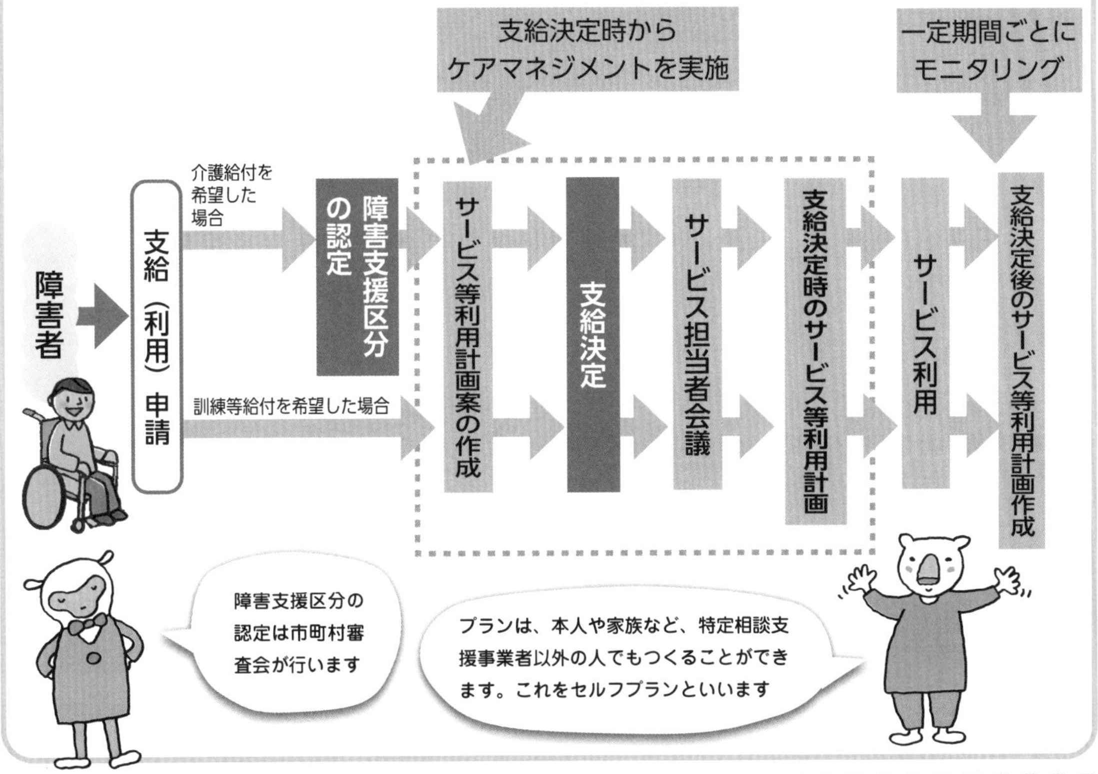

支給決定時からケアマネジメントを実施

一定期間ごとにモニタリング

障害者 → 支給（利用）申請

介護給付を希望した場合 → 障害支援区分の認定 → サービス等利用計画案の作成

訓練等給付を希望した場合 → サービス等利用計画案の作成

→ 支給決定 → サービス担当者会議 → 支給決定時のサービス等利用計画 → サービス利用 → 支給決定後のサービス等利用計画作成

障害支援区分の認定は市町村審査会が行います

プランは、本人や家族など、特定相談支援事業者以外の人でもつくることができます。これをセルフプランといいます

関連 過去問題
第35回 問題13より出題

正解 「障害者総合支援法」の介護給付を利用するときの、市町村に行う最初の手続きは、支給申請である。

23 障害者自立支援制度における組織、団体の機能と役割

- 障害者総合支援法における、国・都道府県・市町村それぞれの機能や役割について確認しておきましょう。
- 介護保険制度における組織、団体の機能と役割の中でも国、都道府県、市町村の役割があります（P.52）。似ている部分を混同しないようにしましょう。

旧・障害者自立支援法時代は、自立支援法と児童福祉法というふたつの法律によって運営されていましたが、2012年から、障害児に向けたすべての施設サービスは、児童福祉法に基づいて実施されるようになりました。

出た！

第33回で「**市町村審査会**」について、第32回で「**障害福祉計画**」について、第29回で「**地方公共団体が設置する協議会の機能**」について、第28回で「**指定障害福祉サービス事業者**」について出題されました。

出題頻度 ★★

■ 組織、団体の機能と役割

［市町村のおもな役割］

- 市町村が行う自立支援給付費等の支給決定
- 市町村が行う地域支援事業の実施
- **障害支援区分**の認定（市町村審査会）
- **サービス利用に関する相談、手続き窓口**
- 更生医療の支給決定
- **市町村障害福祉計画**の策定（障害者基本法に基づく「市町村障害者計画」も作成）
- **障害福祉サービス費**の支払い

［都道府県のおもな役割］

- 都道府県が行う地域支援事業の実施
- **都道府県障害福祉計画**の策定（障害者基本法に基づく「都道府県障害者計画」も作成）
- 市町村での実施状況の把握および助言
- **障害福祉サービス事業者**、**自立支援医療機関**の指定・指導等
- **障害者介護給付費等不服審査会**の設置
- 自立支援医療（**精神通院医療**）の実施主体

［国のおもな役割］

- 障害福祉サービス全般に関する基本指針の決定
- 公平なサービス利用のための手続きや基準の明確化、透明化
- 市町村および都道府県に対する必要な助言、情報の提供、その他の支援
- 財政支援

出題頻度 ★★

■ 障害児に対する支援

- 2010（平成22）年の児童福祉法の改正で、障害児支援施設について見直しが行われた。
- 旧・障害者自立支援法の児童デイサービスや児童福祉法の通所サービスが、児童福祉法の障害児通所支援として再編された。
- 入所サービスが、障害児入所支援（福祉型・医療型）として再編された。施行は2012（平成24）年。

市町村のおもな役割5

❶ 支給決定

❷ 地域支援事業の実施

移動支援など

❸ 障害支援区分の認定

❹ サービス利用に関する相談、手続き窓口

❺ 更生医療の支給決定

市町村がそれぞれの地域の実情に応じ、滞りなく障害福祉サービスを提供できるよう努めています

障害児支援施設の見直し

障害者自立支援法（市町村）
児童デイサービス

通所サービス：児童福祉法（都道府県）
知的障害児通園施設
難聴幼児通園施設
肢体不自由児通園施設（医）
重症心身障害児（者）通園事業（補助事業）

→

児童福祉法（市町村）
障害児通所支援
・児童発達支援
・医療型児童発達支援
・放課後等デイサービス
・保育所等訪問支援

入所サービス
知的障害児施設
第一種自閉症児施設（医）
第二種自閉症児施設
盲児施設
ろうあ児施設
肢体不自由児施設（医）
肢体不自由児療護施設
重症心身障害児施設（医）

→

障害児入所支援（都道府県）
・福祉型障害児入所施設
・医療型障害児入所施設

（医）とあるのは医療の提供を行っているもの

障害者自立支援法と児童福祉法が新たな児童福祉法として一本化されたことで、通所サービスの実施主体も市町村に一本化された。
入所サービスは以前から実施主体は都道府県だったが、バラバラだった施設入所サービスが見直され、障害児入所支援に一本化された。

関連 過去問題
第33回 問題15より出題

正解 障害者支援区分を判定する組織として正しいのは、市町村審査会である。

24 個人の権利を守る制度の概要

介護福祉士は、直接的な介護だけではなく、さまざまな諸制度を理解し、その情報を正しく利用者やその家族に伝え、利用者と制度とを繋げていくことも業務のひとつです。介護実践に関連する諸制度がどのようなものか理解しましょう。

学習のコツ!

介護保険では、地域支援事業の任意事業として、障害者総合支援法では、地域生活支援事業の必須事業として、「成年後見制度利用支援事業」を実施しています。また、障害者の差別解消法に関連して、「障害者法定雇用率」も平成30年4月1日から引き上げられています。国・地方公共団体は2.5%、民間企業2.2%です。

出た!

第36回、第30回、第29回で**「障害者差別解消法」**について、第33回で**「高齢者虐待防止法」**について、第32回で**「障害者虐待防止法」**について、第32回、第29回、第27回で**「成年後見制度」**について、第31回で**「苦情申出の対応」**について出題されました。

関連づけよう!

P.220「利用者の人権と介護」と併せて学習すると理解が深まります。

出題頻度 ★★

■ 個人の権利を守る法と制度

[成年後見制度]

- **任意後見制度**………本人が契約締結に必要な判断能力を有している間に、事前に任意後見人を選任しておく制度。
- **法定後見制度**………認知症、知的障害、精神障害等ですでに判断能力が不十分な状態になっている者が対象。対象者の判断能力に応じて、**補助**、**保佐**、**後見**のいずれかの制度を利用する。

[日常生活自立支援事業]

- **日常生活自立支援事業**
……認知症高齢者や知的障害者、精神障害者などのうち、判断能力が不十分なことにより日常生活を営むのに支障がある人が、地域において自立した生活を営めるよう、利用者との契約に基づき福祉サービスの利用援助等を行う事業。

[消費者保護]

- **クーリングオフ**……消費者が訪問販売などで申し込みや契約をした場合でも、決められた期間内なら申し込みや契約の**取り消し**ができる。

[障害者差別解消法]

- **障害者差別解消法**
……**障害者基本法**の基本理論を具体化し、障害を理由とする差別を解消し、**共生社会**実現のために整備された。「**必要かつ合理的な配慮**」を国の行政機関や地方公共団体に加えて、2024（令和６）年４月より民間事業者にも**義務化**した。

[虐待防止に関する制度]

- **高齢者虐待防止法**
……高齢者虐待を発見した者に対する市町村への通報義務、養護者・介護施設従事者等の負担軽減を図るなど、虐待防止のための支援措置などが定められた法律。
- **障害者虐待防止法**
……障害者に対する虐待の禁止、虐待を受けた障害者への保護および自立支援措置、養護者への虐待防止支援措置、障害者を雇用する事業者など使用者による虐待防止のための措置、使用者による虐待を発見した場合の**市町村または都道府県への通報義務**などが定められた法律。

成年後見制度について

対象者	認知症高齢者・知的障害者・精神障害者
	・**後見**＝判断能力を欠く常況にある者 ・**保佐**＝判断能力が著しく不十分な者 ・**補助**＝判断能力が不十分な者
手続き	家庭裁判所に申し立て
援助の方法	家庭裁判所による援助内容の決定
援助者	後見人・保佐人・補助人
援助の種類	財産管理・身上監護に関する法律行為 （財産管理、遺産分割協議、介護保険サービス契約、身上監護等に関する法律行為）
制度の併用	●本人に契約能力がない場合 →後見人等との間で日常生活自立支援事業の利用契約が可能（補助、保佐が代理権を持つ場合）。 ●本人に契約能力がある場合 →成年後見制度を利用していても、日常生活自立支援事業の利用ができる。

成年後見制度は、知的障害などにより自分で意思決定することが困難な人のためにできた制度で、2000（平成12）年から施行されました

2018（平成30）年12月末日時点では、成年後見の割合が約77.7％、保佐約16.4％、補助約4.6％、任意後見の割合は約1.2％です

成年後見人等と本人の関係別件数

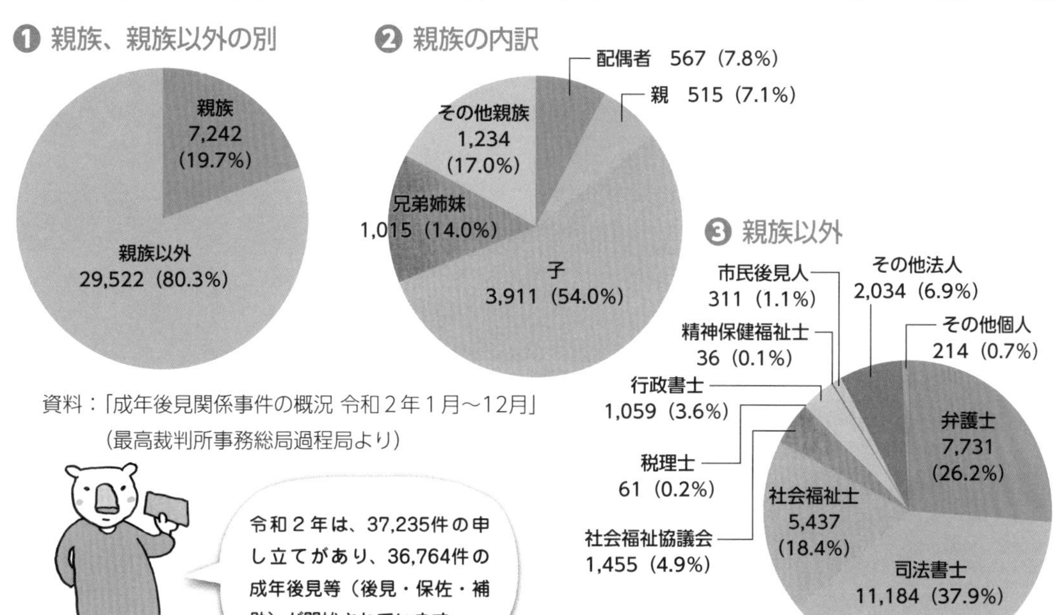

資料：「成年後見関係事件の概況 令和２年１月～12月」
（最高裁判所事務総局過程局より）

関連 過去問題
第36回 問題13より出題

正解 「障害者差別解消法」は、障害者基本法の基本的な理念を具体的に実施するために制定された。

25 保健・医療・福祉に関する施策の概要

- 高齢者の生活習慣病予防と健康づくりのための制度や、介護に関連する領域の保健医療制度など幅広く押さえておきましょう。
- 近年、結核や感染症のまん延についてニュースなどで耳にします。介護福祉士として、それにかかわっている制度なども覚えておきましょう。

出た！

第36回で「**感染症法の実務機関**」について、第30回で「**特定健康診査**」について、第29回で「**健康日本21**」について出題されました。

出題頻度 ★

■ 生活習慣病予防その他の健康づくりのための施策

［21世紀における国民健康づくり運動（健康日本21）］

- 第３次国民健康づくり対策として、2000（平成12）年からはじまった一連の施策のこと。「**21世紀における国民健康づくり運動**」ともいう。
- 壮年期（31～44歳：厚生労働省による）の死亡を減らすことと、健康になるために生活の質が低下しないようにすることを目標とする。
- 介護なしで生活できる健康寿命を延ばすため、具体的な数値目標を掲げている。
- 平成25年度から10年間の計画で、「**第２次健康日本21**」がはじまった。

［高齢者医療確保法］

- 2008（平成20）年、老人保健法が高齢者の医療の確保に関する法律となった。
- 40歳以上75歳以下の年齢に達する加入者に、メタボリックシンドロームに着目した特定健康診査および特定保健指導を行うことが規定されている。

用語 PICK！

指定難病
難病のうち患者数が人口の0.1％程度以下で、客観的な診断基準が確立している疾病。

出題頻度 ★

■ 結核・感染症対策

- 感染症の予防および感染症の患者に対する医療に関する法律（**感染症法**）が存在する。**保健所**が相談や指導などの中心的実務機関。
- 感染症は１類から５類までと新型インフルエンザ等感染症、指定感染症、新感染症に分類されている。

関連づけよう！

P.146「感染症について」で詳しく勉強しましょう。さらにP.186「難病の理解」、P.198「清潔保持と感染予防」の項も併せて勉強しましょう。

出題頻度 ★

■ 難病対策とHIV／エイズ予防対策

- **難病**……原因が不明であり、治療方法も未確立で、かつ後遺症のおそれがある疾病のこと。
- **難病の患者に対する医療等に関する法律（難病法）**…2014（平成26）年に、公平で安定的な医療費助成の制度を確立するために成立。難病法により医療費助成の対象となるものを指定難病※という。
- **エイズ（後天性免疫不全症候群）**
  ……**HIV**（ヒト免疫不全ウイルス）というウイルスに感染することによって免疫力が低下し、その結果、日和見感染症を発症した状態。おもな感染経路は、性感染、血液感染、母子感染。

第2次健康日本21の目標5

第2次健康日本21の目標
❶健康寿命の延伸と健康格差の縮小
❷生活習慣病の発症予防と重症化予防
❸社会生活を営むために必要な機能の維持・向上
❹健康を支え、守るための社会環境の整備
❺栄養・食生活、身体活動・運動、休養、飲酒、喫煙および歯・口腔の健康に関する生活習慣および社会環境の改善

ポイント
2002（平成14）年に健康増進法が誕生し、国民の健康が向上するように、基本的なことを決めた。その際、受動喫煙の防止も決めている。

知っておきたいおもな感染症

結核菌（けっかくきん）

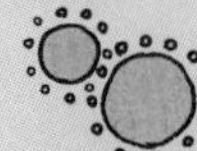

SARS（サーズ）

鳥インフルエンザ（H5N1）

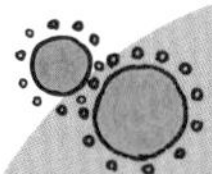

COV-12（新型コロナウイルス）

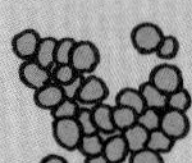

MRSA（エムアールエスエー）（メチシリン耐性黄色ブドウ球菌）

HIV（エイチアイブイ）ウイルス

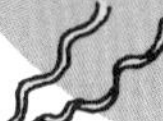

梅毒（ばいどく）

2類感染症

感染力・重篤性など、総合的に見て危険性が高い感染症。

5類感染症

国が発生動向を調査し、結果に基づいて必要な情報を国民や医療関係者に提供・公開することにより、発生・拡大を防止するべき感染症。

ポイント
感染症法では、感染症をその感染力や症状の重篤さなどで、1～5類、新型インフルエンザ等感染症、指定感染症、新感染症に分類しています。結核やSARSは第2類に、季節性インフルエンザは第5類に位置づけられています。

関連 過去問題
第36回 問題17より出題

正解 「感染症法」に基づいて、結核を発症した在宅高齢者の、医療費の公費負担の申請業務や家庭訪問指導を行う機関は保健所である。

26 介護と関連領域との連携に必要な法規

- 介護に関連する領域の医療法などについて、押さえておきましょう。
- 介護職は医療職ともかかわっており、医療職は病院などで従事しています。この項目で介護以外に関連する法規を学んでいきましょう。

学習のコツ！
病院と診療所の違い、特定機能病院と地域医療支援病院の違いなど、間違えやすいのでしっかりと覚えておきましょう。

医療法における病院と診療所の区分けなどは出題されやすい問題でもあるので、しっかり覚えておくようにしましょう。

出た！
第28回、第24回で「**医療法に基づく医療提供施設の規定**」について問題が出題されています。

出題頻度 ★

■ 医療法と医療提供施設

- **病院**……………医師または歯科医師が、公衆または特定多数人のために医業や歯科医業を行う場所で、**20**人以上の収容施設を持つもの。
- **診療所**…………医師または歯科医師が公衆または特定多数人のために医業または歯科医業をなす場所で、患者の収容施設を有しないもの（無床診療所）または患者**19**人以下の収容施設（有床診療所）を有するもの。
- **病床の種類**……病床には、①**精神病床**（精神疾患を有する者を入院させる）、②**感染症病床**、③**結核病床**、④**療養病床**（①〜③以外でおもに長期療養入院が必要とされる）、⑤**一般病床**（①〜④以外）がある。
- 病院は、上記①〜⑤の病床すべてを有することができる施設であり、診療所は、療養病床か一般病床のみを有することができる施設である。
- **特定機能病院**……高度な先端医療技術を擁した病院。厚生労働大臣が承認し、設置される。
- **地域医療支援病院**……かかりつけ医、小児科、救急医療など地域の医療を後方支援する病院。都道府県知事が承認し、設置される。

出題頻度 ★

■ 患者と医師の信頼関係

- **インフォームド・コンセント**
  ……「説明に基づく同意」と訳される。患者が治療方法やリスクなどを理解してから同意するという考え方がもとになっている。
- **セカンド・オピニオン**
  ……主治医以外の医師の意見を聞くことで、患者がよく理解して治療を受けられるようにするためのシステム。
- **インフォームド・チョイス**
  ……十分な説明を受けたうえでの選択。選択可能な**治療方針**が複数ある場合などに、十分な医師からの説明のあと、治療方針を選択する。
- **インフォームド・ディシジョン**
  ……自分が選択した方法で、実際に医療を受けるか受けないかを**自己決定**すること。

診療所と病院の違い

診療所

- 入院ベッドは0～19床に限る。
- 軽い病気やけがなどの治療を行う。
- 精密検査や専門医療などが必要かどうかを判断して適切な病院を紹介する。

病院

- 入院ベッドが20床以上ある。
- 救急医療や専門医療などの治療を行う。
- 必要に応じ、精密検査や手術などで入院させる。

診療所は、おもに外来診療が目的で、病院はおもに入院医療が目的です

疾患別による「回復期リハビリテーション」※の期限

❶ 重度脳血管障害、重度頚髄損傷、頭部外傷を含む多部位外傷など

180日まで

❷ 脊椎、骨盤、大腿骨、股関節などの骨折など

150日まで

❸ 肺炎の治療、外科手術後の安静などで廃用症候群を有する場合、急性心筋梗塞、狭心症発作など、股関節、膝関節の置換後

90日まで

❹ 脳血管障害、脊髄損傷、頭部外傷など

150日まで

❺ 下肢の神経、筋または靭帯の損傷など

60日まで

用語 PICK！

回復期リハビリテーション（かいふくき）

脳血管疾患や外傷などで脳や脊髄を損傷した人が、日常動作の機能改善を目的としたリハビリテーションを集中的に行うこと。図に示した期限以降は「維持期のリハビリテーション」として扱われ、介護保険の対象になる。

関連 過去問題
第28回 問題15より出題

正解 病院は、20人以上の入院施設がなくてはならない。

27 貧困と生活困窮に関する制度

- 生活保護制度は、日本国憲法第25条の生存権が具現化されたものです。生活保護制度の原理・原則を把握し、概要を押さえましょう。
- 金銭給付と現物給付とは何か、それぞれの扶助の内容などは介護職につく者として押さえておきましょう。

学習のコツ!

８つの扶助が金銭給付か現物給付かは迷いがち。医療と介護に関してだけは人的サービスなので現物給付が基本です。８つすべての給付方法を覚えるのではなく、８つのうちふたつだけが現物給付なのだと覚えましょう。

出た!

第35回で「**生活困窮者自立支援法**」の対象者について、第34回で「**生活保護の給付の種類**」について、第32回で「**生活保護の原理**」について、第29回で「**生活困窮者自立支援法**」について、第28回で「**生活保護制度**」について、第24回で「**保護の種類**」について出題されました。

出題頻度 ★

■ 生活保護の基本原理と保護の原則

- **生活保護制度とは**
  ……国家が国民に最低限度の生活（**ナショナルミニマム**）の保障をする制度。相談窓口は、市町村の**福祉事務所**。
- **生活保護法**…………憲法第25条の理念により、1950（昭和25）年に旧生活保護法を全面的に改正し制定された。
- 保護の決定は、原則、都道府県知事または市町村長が行う。
- **４つの基本原理**……①**国家責任**、②**無差別平等**、③**最低生活保障**、④**保護の補足性**（右表）。
- **４つの保護の原則**
  ……①**申請保護**、②**基準および程度**、③**必要即応**、④**世帯単位**（右表）。
- **被保護者**……………現に保護を受けている者。
- **要保護者**……………保護を必要とする状態にある者。
- **金銭給付**……………金銭の給付または貸与によって、保護を行うことをいう。
- **現物給付**……………物品の給付または貸与、医療の給付、役務の提供その他、金銭給付以外の方法で保護を行うことをいう。

出題頻度 ★

■ 生活保護の種類

- **生活保護の種類**……①**生活扶助**、②**教育扶助**、③**住宅扶助**、④**医療扶助**、⑤**介護扶助**、⑥**出産扶助**、⑦**生業扶助**、⑧**葬祭扶助**の８種類（右図）。

出題頻度 ★

■ 生活困窮者自立支援法

- 生活困窮者に対する支援を強化し、**自立促進**を図ることを目的とする法律。
- 対象となるのは、**生活保護**を受給していないが、最低限度の生活が維持できなくなり**生活保護**に至る可能性のある者で、自立が見込まれる者。
- 必須事業として、包括的な相談支援（**自立相談支援**事業）、居住確保支援が、任意事業として、就労支援、家計再建支援、**子ども支援**がある。社会福祉協議会や社会福祉法人、NPO法人への委託も可能。

生活保護の原理・原則

基本原理4	①国家責任の原理	・憲法第25条の理念に基づき、生活するすべての国民に対し、国がその最低限度の生活を保障するとともに、その自立を助長する。
	②無差別平等の原理	・すべての国民は、生活保護法の定める要件を満たす限り、保護を無差別平等に受けることができる。
	③最低生活保障の原理	・保障される最低限度の生活は、健康で文化的な生活水準を維持することができるものでなければならない。
	④保護の補足性の原理	・その利用し得る資産、能力その他あらゆるものを、その最低限度の生活の維持のために活用することを要件として行われる。
保護の原則4	①申請保護の原則	・「要保護者」「扶養義務者」「同居の親族」の申請に基づいて開始するが、急迫した状況にあるときは、保護の申請がなくても、必要な保護を行うことができる。
	②基準および程度の原則	・保護は、厚生労働大臣の定める基準により測定した要保護者の需要をもととして、これを超えないもので行う。
	③必要即応の原則	・要保護者の年齢別、性別、健康状態など、その個人または世帯の実際の必要の相違を考慮して、有効、かつ適切に行う。
	④世帯単位の原則	・世帯単位を原則とする。

生活保護の種類（金銭給付と現物給付）

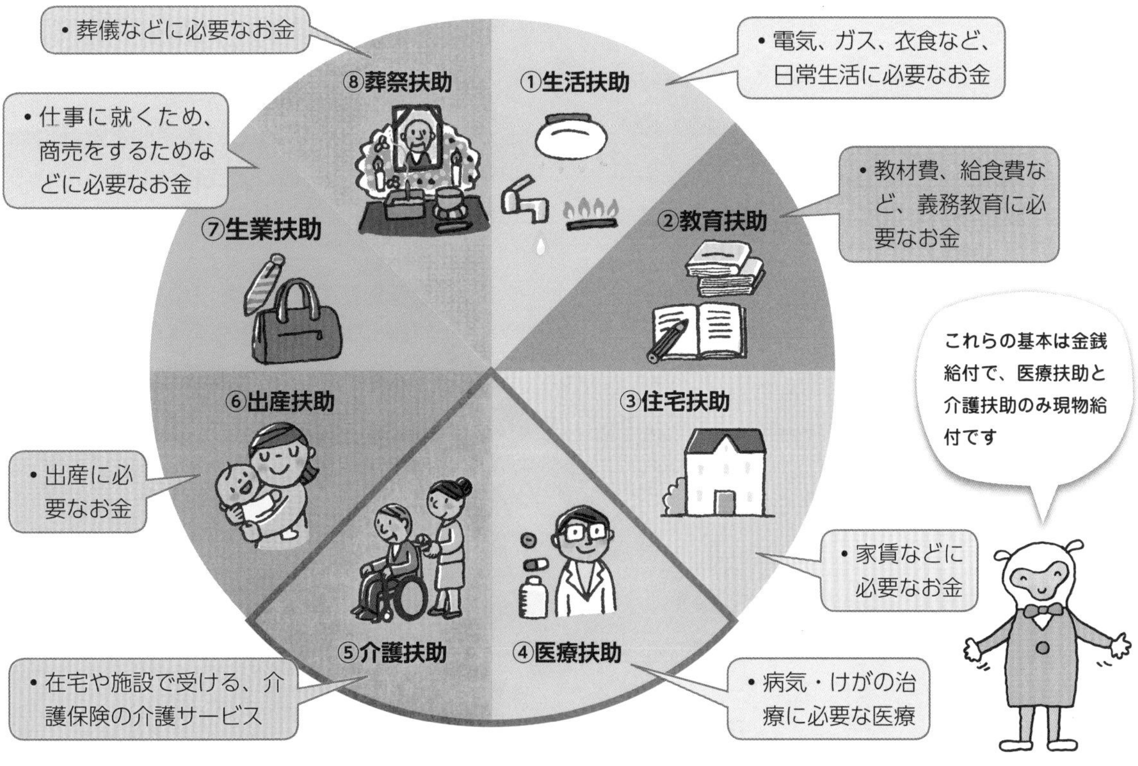

- ①生活扶助：・電気、ガス、衣食など、日常生活に必要なお金
- ②教育扶助：・教材費、給食費など、義務教育に必要なお金
- ③住宅扶助：・家賃などに必要なお金
- ④医療扶助：・病気・けがの治療に必要な医療
- ⑤介護扶助：・在宅や施設で受ける、介護保険の介護サービス
- ⑥出産扶助：・出産に必要なお金
- ⑦生業扶助：・仕事に就くため、商売をするためなどに必要なお金
- ⑧葬祭扶助：・葬儀などに必要なお金

これらの基本は金銭給付で、医療扶助と介護扶助のみ現物給付です

関連 過去問題
第35回 問題18より出題

正解 生活困窮者自立支援法に関する記述として、「最低限度の生活が維持できなくなるおそれのある者が対象者である」が正しい。

第2章 こころとからだのしくみ

こころとからだのしくみ

1　こころとからだのしくみ　　2　発達と老化の理解
3　認知症の理解　　4　障害の理解

● 領域の概要とPOINT！ ●

領域「こころとからだのしくみ」は、４つの科目で構成されています。出題数としては「こころとからだのしくみ」が**12問**、「発達と老化の理解」が**８問**、「認知症の理解」「障害の理解」が**それぞれ10問**の**合計40問**からなります。

基礎的な**概念**や**理念**を問う問題からそれぞれの**疾患**、**障害の特徴**などを問う問題も出題されます。幅広く、そして**基礎的な知識**が求められる領域です。

ひとつひとつの教科は独立していますが、共通する部分も多く、相互に関連している教科となっています。また、第３章の領域「介護」との関連性も高く、とくに**「生活支援技術」の根拠となる知識を身につける**ことが、この領域についてより深い理解へとつながり、全体的な得点アップにもなります。

● 出題傾向と対策 ●

1 こころとからだのしくみ

生活支援技術の根拠を学習します。生活場面を軸に、人間の「こころ」や「からだ」のしくみについて学習します。とくに障害や疾病が各生活場面でどのような影響をおよぼすのかは学習を深めておきましょう。

広い学習範囲ですが、「**移動**」「**食事**」「**休息・睡眠**」「**人生の最終段階のケア**」は出題が多い傾向にあるので、しっかり学習しておきましょう。他の教科との関連も深い科目です。

2 発達と老化の理解

人間の発達や加齢にともなう心身の変化や疾患などについて学びます。全体を通じて基本的知識が大切ですが、その中でも**「乳幼児期の心身の発達過程」「老化にともなう心身の機能変化」「高齢者の疾患の特徴」**は出題頻度が高いので、しっかりと押さえておきましょう。

3 認知症の理解

認知症ケアの概念から、基礎的な疾患についての知識、地域における支援体制と、最新の動向や取り組みまで、幅広い知識が問われる科目です。

とくに**「認知症の原因疾患」「中核症状」「行動・心理症状（BPSD）」「認知症の人へのケアの基本」「家族への支援」「地域の支援体制」**は、出題頻度が高いので、理解を深めておく必要があります。

4 障害の理解

障害の概念から、障害の種類、障害のある人の心理、障害のある人やその家族の支援まで幅広く学びます。

さまざまな障害について、広い知識が求められます。その中でも、**身体障害、発達障害、視覚障害**は出題されやすい傾向にあります。障害の原因、症状、日常生活上の注意すべき点などを学習しておきましょう。

● 重要語句PICK UP ●

試験対策に重要と思われる語句をピックアップしました。試験までに、それぞれの語句を説明できるようにしておきましょう（科目別に、五十音順）。

1 こころとからだのしくみ

□交感神経　□喉頭蓋　□グリーフケア　□抗重力筋
□高齢者の睡眠パターン　□五大栄養素　□コルチゾール　□支持基底面積
□死前喘鳴　□死の３兆候　□死斑　□社会的アイデンティティ
□食事の過程　□睡眠障害　□チェーンストークス呼吸　□爪の観察ポイント
□適応機制　□入浴の効果　□ヒートショック　□副交感神経
□マズローの欲求階層　□良肢位　□メラトニン

2 発達と老化の理解

□エリクソンの発達課題　□各制度における高齢者の定義　□加齢黄斑変性症
□感音性難聴　□記憶の種類　□高齢者の疾患の特徴　□サルコペニア
□脊柱管狭窄症　□喪失体験　□唾液と唾液腺　□頭頂葉のはたらき
□尿失禁　□フレイル　□変形性膝関節症　□慢性閉塞性肺疾患
□メラトニン　□４大骨折部位　□ラクナ梗塞　□良性発作性頭位めまい症

3 認知症の理解

□FAST　□アルツハイマー型認知症　□回想法
□クロイツフェルト・ヤコブ病　□幻視　□見当識障害
□コリンエステラーゼ阻害薬　□実行機能障害　□失認　□若年性認知症
□正常圧水頭症　□前頭側頭型認知症　□中核症状と行動・心理症状(BPSD)
□認知症カフェ　□認知症ケアパス　□認知症サポーター
□認知症疾患医療センター　□認知症初期集中支援チーム
□認知症地域支援推進員　□パーソン・センタード・ケア　□慢性硬膜下血腫
□リアリティ・オリエンテーション　□レビー小体型認知症

4 障害の理解

□ICF・ICIDH　□陰性症状　□運動性失語　□感覚性失語症
□関節リウマチ　□求心性視野狭窄　□筋萎縮性側索硬化症
□高次脳機能障害　□自閉症スペクトラム障害
□障害の受容過程　□脊髄損傷　□相談支援専門員
□ソーシャルインクルージョン　□ダウン症候群　□統合失調症
□脳性麻痺の種類　□ノーマライゼーション
□発達障害者支援センター　□陽性症状　□療育手帳

2

28 人間の欲求の基本的理解

- 人間のこころの動きを理解することで、対象者への心理的な理解が進み、こころを支える介護の基本的姿勢が身につきます。
- 人間の欲求についての知識を深めることで、支援の優先順位などの選定の根拠が身につきます。

学習のコツ！

欲求や動機は、なぜそんな行動をしたのかの答えになります。自分の行動を振り返って、考えてみるのもよいでしょう。

出た！

第36回、第32回、第30回、第28回で「**マズローの欲求階層説**」について出題されました。

用語 PICK！

原因帰属

成功や失敗が、なにによって生じたか、原因を推測すること。

出題頻度 ★

■ 欲求と動機の基礎的理解

- **欲求**……人間をある行動に駆り立てるこころの動き。**要求**・衝動・欲望など。
- **一次的欲求**……身体機能を維持するために、生物に備わっている**基本的欲求**。恒常性の維持（ホメオスタシス）のための欲求など。
例）気温が高い→汗をかく（**身体的反応**）→冷房をつける（行動）
- **二次的欲求**……社会の中で経験し、学習し、獲得される欲求。
- **動機**……物事を決定したり、行動したりする直接の原因。行動を起こさせる、方向づける、持続させるなどのはたらき。欲求と**一体的**なもので、同義に使われることが多い。

出題頻度 ★

■ おもな二次的欲求（二次的動機）

- **達成動機**……仕事や学習をするうえで、目標を達成したいという欲求（動機）。目標の**価値**や達成の見込み（期待）が影響を与える。達成動機が高い人と低い人とでは、成功や失敗の原因帰属※に違いがある。
- **結果期待**……こうすればうまくいく、という目標そのものの**達成予測**。
- **効力期待**……目標の達成に必要な行動が自分ならできる、と予測すること。

出題頻度 ★★★

■ マズローの欲求階層

- アメリカの心理学者**マズロー**は、人間の欲求には階層性があり、下位の欲求が満たされるにつれ、より高次の欲求を求めるようになると考えた。
- 人間の基本的欲求である生理的欲求から、より高次の欲求である**自己実現**の欲求まで5つの階層を示した。
- **欠乏欲求**……生きていくうえで欠かせない、基本的な欲求を満たすための欲求。マズローの欲求階層でも、基本的欲求と社会的欲求の両者にまたがって存在する。
- **成長欲求**……生きることとは直接関係ないが、心の中から自然に湧いてくる欲求。マズローの欲求階層では社会的欲求のひとつであり、高次の欲求とされている。

達成動機の高い人と低い人の特徴

●達成動機が高い人

[生活環境]
- 努力が結果に結びつきやすい社会。
- 支持的な養育者。

[行動・考え方の特徴]
- 失敗をおそれない。
- 物事にチャレンジする。

[原因帰属]
- 成功の場合は自分の努力や能力。
- 失敗の場合は自分の努力不足。

●達成動機が低い人

[生活環境]
- 個人の努力が報われにくい社会。
- 否定的な養育者。

[行動・考え方の特徴]
- 成功すると考えない。
- 物事にチャレンジできない。

[原因帰属]
- 成功の場合は課題の簡単さや運のよさ。
- 失敗の場合は課題の難しさや運の悪さ。

マズローの欲求階層 5

読み解くポイント1

「生理的欲求」「安全の欲求」は生物としての「基本的欲求」、それより高次の欲求は、人間が社会的な存在であるために起こる「社会的欲求」といわれている。

読み解くポイント2

「自己実現の欲求」は「成長欲求」、それ以外の欲求は外部から与えられることによって充足される「欠乏欲求」とされる。

成長欲求	社会的欲求	自己実現の欲求	潜在能力を発揮したい欲求など。
欠乏欲求	社会的欲求	自己尊重の欲求	地位の向上など、自尊心を満足させたい欲求など。
欠乏欲求	社会的欲求	所属と愛情の欲求(社会的欲求)	他者、集団から愛情を受け、望ましい関係でいたい欲求。
欠乏欲求	基本的欲求	安全の欲求	危険を回避したい欲求など。
欠乏欲求	基本的欲求	生理的欲求	食事、睡眠、休息など、生物としての基本的な欲求など。

関連 過去問題
第36回 問題19より出題

正解 マズロー(Maslow, A.H.)の欲求階層説で成長欲求に相当するものは、自己実現欲求である。

29 自己概念と尊厳について

- 対人関係や人生の基礎となる人間の自己概念や尊厳についての理解を深めましょう。
- ライフステージにおける自己概念の変化を理解し、それぞれのステージに合わせた支援ができるようにしましょう。

学習のコツ！

自己概念は社会的影響を受けやすいということを理解し、社会と個人の関係性を考えていきましょう。

出題頻度 ★

■ 自己概念について

- **自己概念とは**………自分自身に関する認識、**身体的特徴**や能力など、いわゆる「自分がどのような人間であるか」という自己認識。発達段階の中でも獲得すべきことにあげられている。
- **自己概念の変化**……**ライフステージ**ごとの環境、社会、他者との比較や評価などにより変化する。

出題頻度 ★

■ 自己概念に影響する社会的要因

- **社会的比較とは**……自分と他者を比較すること。人は他者と比較することにより、自己を確認したり評価したりする。とくに**判断基準**が不明確な場合には、社会的比較が用いられやすい。傾向が類似した人を比較対象に選びやすいといわれる。
- **社会的アイデンティティ**※
……自分が所属する集団の性質や評価を自己概念に取り込んだもの。人は、社会的アイデンティティへの評価を高めようとする傾向がある。自己概念への評価が**低くなる**ほど、社会的アイデンティティを高めようとする。

用語 PICK！

アイデンティティ
自己を自己として確信する自我の統一を持っていること。自己同一性。

出題頻度 ★

■ 自尊(自尊感情)について

- **自尊感情とは**……………自己概念への肯定的評価にともなう感情。
- **自尊感情が高いとは**……自分自身を**肯定的**に評価しているということ。目標に対する積極性や、**自立的**な行動に影響する。

出題頻度 ★★

■ 自己実現といきがい

- **自己実現とは**……自分がやりたいことや、なりたい自分を認識し実現していること。自分の望む自分になること。マズローの欲求階層説でも高次の欲求とされる。
- **尊厳との関係**……尊厳とは個を個として尊重することであり、自己実現との関連性が深い。自己実現には、自尊感情を高める社会的関係が必要である。

関連づけよう！

P.16「人間の尊厳と利用者主体のために」、P.214「尊厳を支える介護について」と関連づけて学習しましょう。

個人的アイデンティティと社会的アイデンティティの比較

個人的アイデンティティ

- 内的属性（性格特性や能力）から、自分と他者との違いを認識する。
- 他者との関係の中で自我が形成され、相互関係によって成立する。
- 他者が望むことを自分で想定することにより、行為が決定される。

社会的アイデンティティ

- 自己と所属集団を同一化し、所属集団の一員として自己をとらえ、行動する。
- 所属集団の価値の上昇を、自分の価値の上昇と感じる。
- 自己の評価が低くなったとき、社会的アイデンティティを高めようとする。
- 自己が属する集団と他の集団を比較する。

ライフステージによる自己概念の変化

幼児期・児童期

家族だけの社会から徐々に生活圏も広がる。心身ともに発達過程にあり、自己形成がはじまる。

思春期・青年期

子どもから大人へと成長する過程。徐々にアイデンティティを獲得していく。精神的に不安定な時期でもある。

成人期

仕事に充実感が生じる分、職場とのかかわりが深くなり、ストレスも感じやすくなる。子育てや親の介護などの責任もでてくる。

老年期

定年やからだの衰えなどから、喪失感を感じやすくなる。一方で、人生の完成期ともいえ、充実した余生を楽しむ余裕もでてくる。

30 こころのしくみの基礎知識

- 思考や感情という人間のこころの基本的動きを理解することで、人間理解を深められます。
- 思考や感情のしくみを理解することで、対人援助やコミュニケーションの基本的姿勢を身につけることができます。

学習のコツ！

日常生活での自分自身の反応や行動を思い浮かべながら学習するとよいでしょう。心の発達や認知症の心理行動などと関連させておきましょう。

用語 PICK！

反射的反応
刺激が大脳にまで到達せず、脊髄から運動神経への命令で起こる反応。

経験則
実際に自分で経験したことで見い出される法則。

関連づけよう！

P.112～115「人間の成長と発達について①②」、P.116「老年期の基礎的理解」、P.118「老年期の特徴と発達課題」の基礎となります。

出題頻度 ★

■ 学習のしくみ

- **学習とは**………経験に基づいて生じる行動の**変容**のことである。
- **学習の原理**……レスポンデント条件づけと、オペラント条件づけに整理される。

［**レスポンデント条件づけ**］人や動物がもともと持つ、刺激や状況に対する**無意識**の反射的反応※を、別の刺激や状況と関連づけることで、新しい反射的反応をつくり出すこと。**古典的条件づけ**ともいう。

［**オペラント条件づけ**］自発的な行動を、行動後の報酬や罰などの条件づけで強化すること。**道具的条件づけ**ともいう。

出題頻度 ★

■ 思考のしくみ

- **思考とは**…………………………一定の目的を目指し、その目的に合った考えをつくり上げながら、考えを結合させたり、判断・推理したり、**分析**したりする活動のこと。
- **ヒューリスティック**……………人間の思考の特徴で、確率や理論より、経験則※から得られた確かさを重視する思考法。
- **代表性ヒューリスティック**……経験則でありがちなことを基準にして、これから起こることの**確率**を判断する思考法。
- **利用可能性ヒューリスティック**
……想起しやすいことを正しいこと、よく起こることと判断する傾向のこと。

出題頻度 ★

■ 感情のしくみ

- **感情とは**……喜怒哀楽や、快・不快などのこころの状態、自分が感じている**主観的体験**。
- 感情は「**情動**」と「**気分**」に分類される。

［**情動**］対象が明確で短い時間に激しく変化する。認知的理解（状況の判断）に影響され、行動に影響を与える。

［**気分**］対象が不明確で長い時間継続する。憂鬱、ウキウキするなどの**継続的**な感情に関係している。

レスポンデント条件づけは、反応の前段階にはたらきかけ、オペラント条件づけは、反応のあとに反応を強化する刺激を与えています

条件づけの手順の例

レスポンデント条件づけ

① 梅干しを口に入れる（酸みを感じる）→ 唾液の分泌（反射）

事前のはたらきかけ

② 梅干しを見る → 梅干しを口に入れる（酸みを感じる）→ 唾液の分泌（反射）

③ 梅干しを見る →（口に入れる前に）→ ①②によって唾液が分泌される

これが条件づけ！

オペラント条件づけ

① さまざまな行動（試行錯誤）→ 報酬は得られない

強化

② ひとつの行動（A）→ うまくいった（報酬が得られた）

③ 行動（A）が意識的に行われる → 報酬を得られる

これが条件づけ！

オペラント条件づけの例としては、「うまくいったらおやつをあげるよ」といった子どもへのお駄賃などがあげられます

代表性ヒューリスティックと利用可能性ヒューリスティックの例

代表性ヒューリスティック

- コインを投げ、連続して裏が出た場合、実際は次も確率は2分の1であるが、表がでると予想してしまう。
- これは、同じ目は長く続かないという経験則が基準にある。

利用可能性ヒューリスティック

- 品質や内容を詳しく確認することはせず、いつも買う商品を購入する。
- CMになどによって思い出しやすい商品をつい購入してしまう。

認知的過程を経た「情動」の行動への影響

たくさんの仕事を前にして「多すぎて無理」と「着実にこなせばできる」と認知するのでは、生まれる情動に違いがあり、行動も変わってきます

行動

「状況」の「認知」のしかたが「情動」に影響し、その結果として、「行動」に影響を与えている。

31 社会的な行動のしくみ

- 社会的な動物としての、人間の心理的行動を理解することで、心理的にも支えることができるようになります。
- 心理的防衛反応である「適応機制」を理解すると、対象者の行動理解が深まります。

学習のコツ！

「適応機制」は他の教科でもよく出題されます。障害の受容過程などと併せて学習するのがコツです。

出た！

第34回、第30回、第28回で「**適応規制**」について出題されました。

関連づけよう！

P.20「人間関係（対人関係）とコミュニケーション」と併せて学習すると、人間の心理について理解が深まります。

出題頻度 ★

■ 社会的な行動について

- 複数人が集まったときに取る行動を**社会的な行動**という。1人でいるときの行動と異なる性質をあらわすことがある。
- 社会的な行動の背景には、周囲の人の行動や特性を理解しようとする、こころのはたらきが関係している。

出題頻度 ★

■ 原因帰属と基本的帰属エラー

- **原因帰属**………………さまざまな出来事の原因を特定したくなるこころのはたらきのこと。能力や性格に原因を求める**内的**帰属と、環境や状況に原因を求める**外的**帰属に分類される。
- **基本的帰属エラー**……他者の行動は**内的**帰属しやすく、**外的**帰属しにくい傾向にあること。

出題頻度 ★★★

■ 適応と適応機制

- 適応とは、個人と環境との関係をあらわす概念。個人の欲求が環境と**調和**し、満足している状態をいう。
- 物事がうまくいかず不満足な場合、欲求不満や、不快な緊張・不安などの不適応状態に陥る。
- 心理的な不適応状態に陥らないようにはたらく心理的メカニズムを、適応機制（防衛機制）という。

出題頻度 ★★★

■ ストレスについて

- **ストレス**…………歪みを意味しており、心身の状態をさす。**心理的不適応状態**はストレスに繋がる。
- **ストレッサー**……ストレスの原因であり、ストレスそのものと区別されて使用される。
- **コーピング**………ストレスに対する**対処方法**。個人個人で異なるが、大きく4つにわけられる（右下図）。

代表的な適応機制 4

① 投影

自分自身が承認できない欲求や感情を、他の人の中にあるとし、指摘・非難する。

② 昇華

抑圧された欲求を、学問など他の社会的に承認されるものに向ける。

③ 退行

より未熟な発達段階にもどり、未熟な行動や言動で、不安を解消する。

④ 合理化

都合のいい理由をつけて、自分を正当化する。

適応機制には、社会性に乏しい行動も含まれます

コーピングの 4 つのタイプ

縦軸：積極 ― 消極／横軸：感情 ― 問題

	感情	問題
積極	Ⅲ 感情優先型積極タイプ ・楽しいことだけ考える ・自分の感情を押し殺す	Ⅰ 問題優先型積極タイプ ・着実に片づける ・専門家に相談する
消極	Ⅳ 感情優先型消極タイプ ・あきらめる ・つらさに耐える	Ⅱ 問題優先型消極タイプ ・問題から遠ざかる ・問題以外で忙しくする

関連 過去問題
第34回 問題72より出題

正解 自分でできることも介護職員に依存し、着がえも手伝ってほしいというのは、適応規制の「退行」に当てはまる。

32 骨と筋肉

- 人体の基礎である骨格や筋肉について理解を深めることは、直接的な身体介護の基礎になります。
- 骨や筋肉に関する理解を深めることで、人間の動きの基礎が理解でき、介護技術に生かすことができるようになります。

出た！

第35回で「**抗重力筋**」について、第34回で「**骨について**」、第29回、第27回、第25回で「**筋肉運動と主動筋**」について出題されました。

出題頻度 ★★

■ 骨について

- **骨の成分**……おもに**ハイドロキシアパタイト**（リン酸カルシウムの一種）の無機成分が70％、**コラーゲン**（たんぱく質の一種）の有機成分が20％、残りが水分である。
- **骨の構造**……骨膜に包まれ、骨髄と骨質からなる。
- **骨髄**……**造血細胞**が存在し、血球細胞をつくる。
- **骨質**……骨を形成する基盤。**カルシウム**を多く含む。加齢によりカルシウムが血液中に放出され骨が脆くなる。
- **5つの機能**……①からだを支える（**支持機能**）、②脳などを守る（保護機能）、③運動機能、④赤血球、白血球をつくる（造血機能）、⑤リン、カルシウムなど電解質の**貯蔵機能**。
- **骨代謝**……**破骨細胞**が古い骨を溶かす→**骨芽細胞**が新しい骨をつくる、という代謝をしている。
- **骨に必要な栄養素**……丈夫な骨をつくるには「**カルシウム**」「ビタミンD」「ビタミンK_2」が必要。食品から摂取するほか、ビタミンDは**日光**を浴びると体内でつくられる（**骨粗鬆症**予防）。

用語 PICK！

随意筋と不随意筋
自分の意志で動かせる筋肉が随意筋。自分の意志では動きをコントロールできない筋肉が不随意筋。

横紋筋
顕微鏡で縞模様が見える筋肉。

出題頻度 ★★

■ 筋肉の種類

- **骨格筋**………腕や脚の筋肉。腹筋。背筋などの**随意筋**※。
- **平滑筋**………心臓以外の内臓をつくっている。**自律神経**やホルモンによりコントロールされる**不随意筋**※。
- **心筋**…………心臓だけにあり、無休で全身に血液をおくるはたらきをしている。骨格筋と同じ横紋筋※だが、**不随意筋**である。
- **抗重力筋**……立位を保つためにはたらく筋肉。下腿三頭筋（ふくらはぎ）、**大腿四頭筋**（太もも）、大臀筋（お尻）、腹直筋・腸腰筋（腹筋）、脊柱起立筋・広背筋（背中）。

関連づけよう！

P.138「骨・運動器系の疾患」と併せて学習しておきましょう。

出題頻度 ★

■ 関節と骨格

- **関節**……………………骨と骨との繋ぎ目の部分。筋肉は骨をまたいでついている。
- **骨格**……………………からだを**支持**し、保護、筋肉と連動して運動の支柱となる。

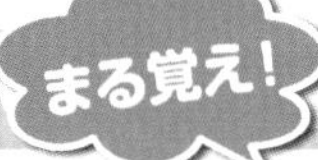

おもな骨と筋肉の名称

骨格

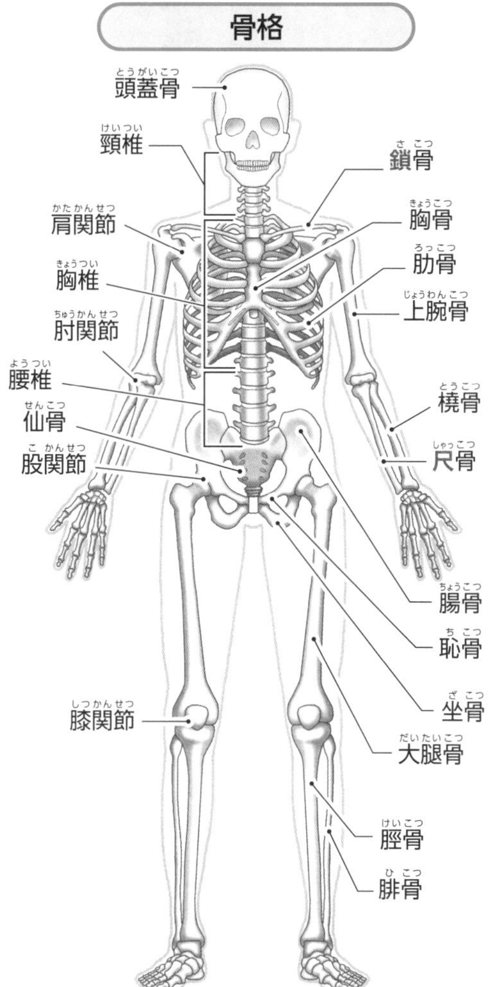

筋肉

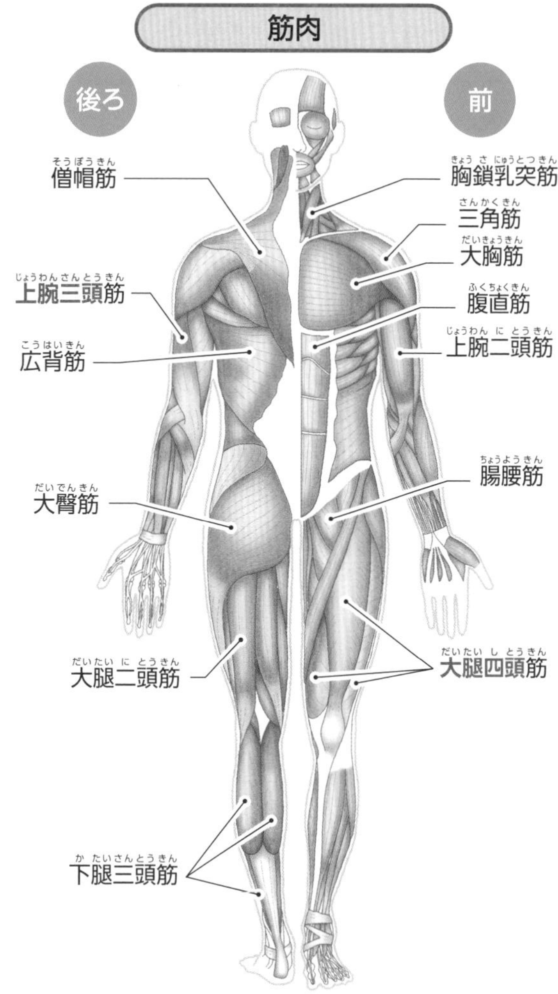

[高齢者に多い骨折]

① 大腿骨頸部骨折
② 脊椎圧迫骨折
③ 上腕骨近位端骨折
④ 橈骨遠位端骨折

(P.139も参照)

①～④にかかわる部位は、しっかり覚えておきましょう

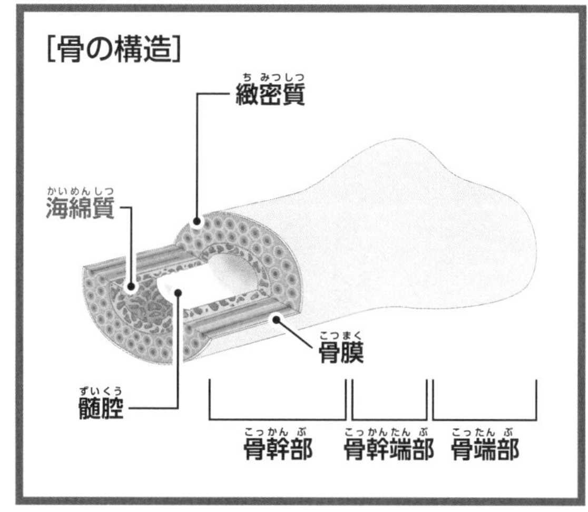

関連 過去問題
第35回 問題21より出題

正解 立位姿勢を維持するための筋肉（抗重力筋）は、大腿四頭筋である。

33 移動に関する こころとからだの基礎知識

- 移動という生活行為の大切さを理解し、移動介護の基礎を押さえることが、介護技術の向上に繋がります。
- 移動に関するからだのしくみの基礎を学習することで、介護者自身も負担が小さく、安全な介護ができるようになります。

学習のコツ！

自分たちはどのように姿勢を安定させているか、普段から注意してみましょう。

出題頻度 ★★

■ 移動行為の意味と意義

- **移動行為とは**……歩行などにより、ある場所からある場所への移動という目的をともなった行為の他、寝返りや起き上がり、立ち上がりなどの体位（姿勢）の変換も含んだ生活行為をさす。
- 移動の意義には下記のようなものがある。

［機能低下、廃用症候群（生活不活性病）の予防］

- 移動は全身運動であり、骨、関節、筋肉の機能維持のみでなく、**心肺機能**や循環機能の維持などにも大切な行為。

［生活範囲、社会活動の維持］

- 移動は、**生活圏**の拡大や社会活動への参加をするために不可欠な要素である。

［生活継続の意欲に繋がる］

- 身体機能の維持や生活圏の拡大、社会活動への参加は生活継続の意欲に繋がる。逆に、移動行為ができなくなるにしたがい、生活への意欲は低下する。

出た！

第31回で「**良肢位**」について、第34回、第27回、第26回で「**ボディメカニクス**」について出題されています。

出題頻度 ★

■ 重心と支持基底面積

- **重心**……………………重力の作用点。立位の場合は、**骨盤内**で第２仙骨の高さにある。
- **支持基底面積**………身体支持のために、床と接している部分を示した範囲。広いほど安定性がよい。
- **移動動作と重心**……移動動作のうち①姿勢を保持する、②姿勢を変換するという動きには、重心の移動、**支持基底面積**の移動が不可欠。
- 移動を支援する場合は、重心の移動やバランスを意識することが重要。

関連づけよう！

P.268「移動・移乗の介護の基本となる知識と技術③（体位）」と併せて、介護技術の基本として学習しておくとよいでしょう。

出題頻度 ★

■ 良肢位と基本肢位

- **基本肢位**……「気をつけ」の姿勢で直立したときの姿勢。筋の萎縮や関節の動きが最小限になる。
- **良肢位**………関節の運動が阻まれ動かなくなった状態で、日常生活上の動作を行ううえでもっとも支障の小さい姿勢。

立ち上がり動作と重心移動

① 座位姿勢からスタート。

② 膝を曲げて上体を前に傾けることで、重心を前方に移動させる。

③ 足部に体重をのせ、お尻を浮かせる。支持基底面積が小さくなる。

④ バランスを保ちながら、重心を上に移動させる。

⑤ 重心が安定した立位姿勢。

関節のおもな動き 4

❶ 内転・外転

内転＝からだの中心への回転。

外転＝からだの外側への回転。

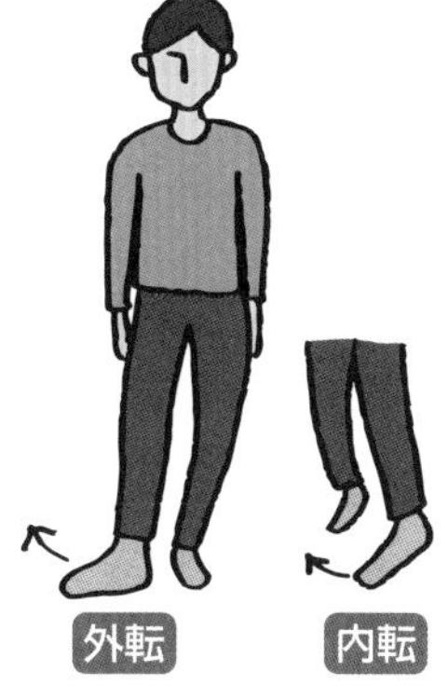

❷ 股関節の内旋・外旋

内旋＝つま先を内側に向ける動き。

外旋＝つま先を外側に向ける動き。

❸ 足関節の背屈・底屈

背屈＝つま先を上に上げる動き。

底屈＝つま先を下に下げる動き。

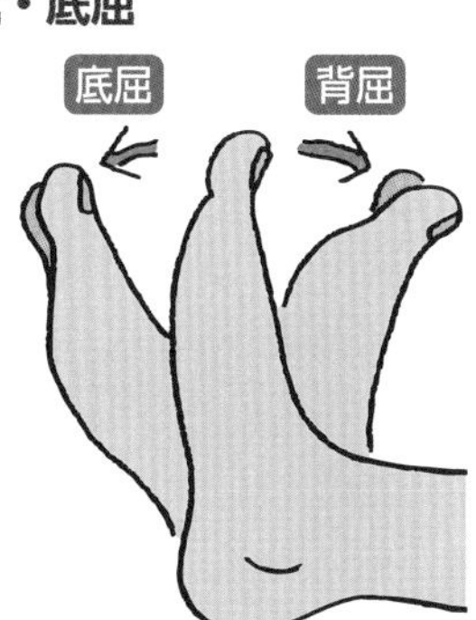

❹ 回内・回外

回内＝前腕を水平に保ち、手のひらを下に向ける動き。

回外＝手のひらを上に向ける動き。

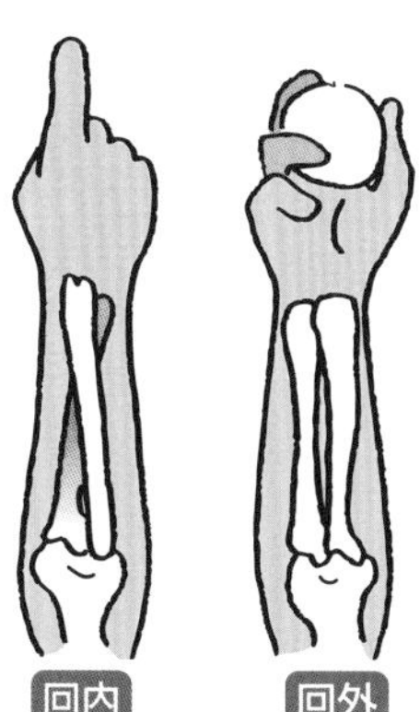

関連 過去問題
第31回 問題100より出題

正解 良肢位は、ADL（日常生活動作）にもっとも支障が小さい姿勢である。

34 姿勢・体位・歩行のしくみ

- 姿勢や歩行のしくみを理解することで、より的確な介助ができるようになります。
- 姿勢・体位・歩行のしくみを学習し、安全な移動のための支援の基本を習得しましょう。

学習のコツ！

実際に自分で姿勢や体位をとってみると、文章の意味が理解しやすくなります。

出題頻度 ★

■ 姿勢・体位のしくみ

- **臥位姿勢**…………寝た姿勢のこと。

  [**臥位姿勢の特徴**]
  - 重心が低く、頭部、体幹、四肢にベッドや床と接する部分が多く、支持基底面積が広く安定している。
  - エネルギー代謝が小さく、**予備力**が低下しやすい。
  - その姿勢によって、仰臥位、側臥位、**腹臥位**などにわかれる。
- **座位姿勢**……臥位から起き上がった姿勢のこと。

  [**座位姿勢の特徴**]
  - 頭部や体幹が座面から離れる分、からだの重心が高くなる。
  - バランスを取るため、背もたれや肘置きなどが必要になる場合もある。
  - 臀部から大腿部を面によって支え、足底がしっかり床につくことで支持基底面積が広がり安定する。
- **立位姿勢**……座位から立ち上がった姿勢のこと。

  [**立位姿勢の特徴**]
  - 頭部の位置が高く、**視野**が広がり、神経や感覚器の動きが活発になる。
  - 支持基底面積が狭く、重心のバランスを取るのが難しい。
  - **抗重力筋**※がはたらいて、からだ全体を使ってバランスを保つ。

用語 PICK！

抗重力筋
重力に抵抗し、姿勢を保持するためにはたらく筋肉のこと。

最大筋力
自分だけの力では1回しか持ち上げることができない重さ。

出題頻度 ★

■ 歩行のしくみ

- 歩行に必要な要素は、抗重力、平衡、足の踏み出しである。
- 両下肢は交互にからだを支え、1歩前方に足を踏み出すことで、新たな支持基底面積をつくる。この動作を両下肢で交互に行うことにより、前に進んでいく。

出題頻度 ★

■ 筋力、骨の強化のしくみ

- 関節の動きは、筋肉の伸縮により実現されている。
- 筋力を維持するためには、ふだんから最大筋力※の20～30%以上の筋力を利用する必要がある。
- 適度の運動と栄養（食事）は、筋力・骨の維持、強化には欠かせない。

関連づけよう！

P.272「対象者の状態・状況に応じた移動の介護の留意点」と併せて学習しましょう。

姿勢と重心・支持基底面積との関係

臥位姿勢

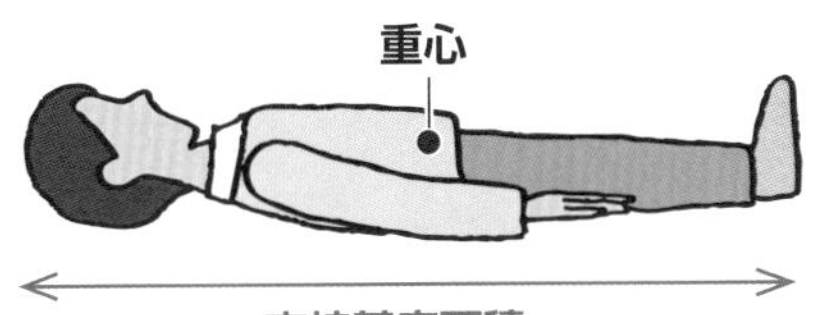

重心➡**腹**
支持基底面積➡**大きい**

座位姿勢

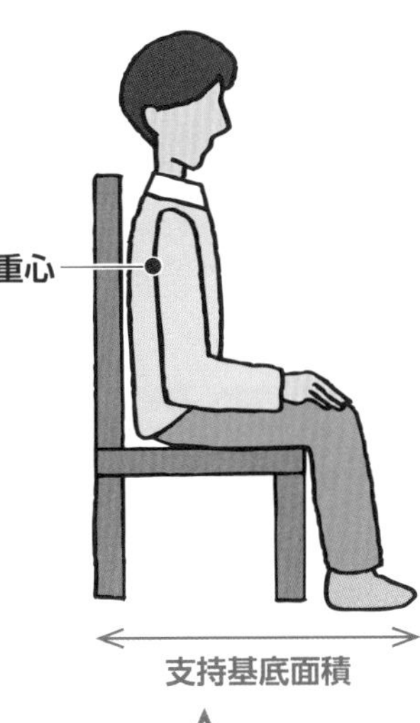

重心➡**胸**
支持基底面積➡**中くらい**

立位姿勢

重心➡**骨盤**
支持基底面積➡**小さい**

歩行過程のしくみの例

3 左足で支える

左足が地面につくことで、重心が安定し、からだを支える新しい支持基底面積ができる。

2 左足を前に出す

左足から先に出す場合。左足が浮くことで、重心が右足に移動し、片足での立位となる。

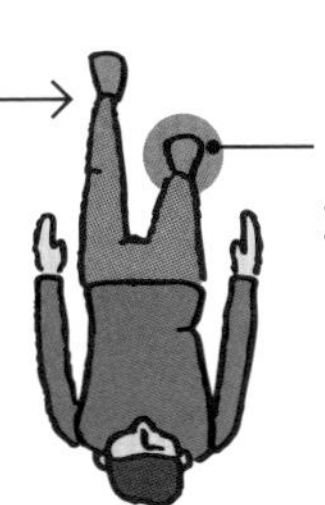

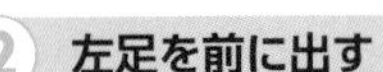

1 歩行スタート

立位の状態から、かかとを浮かすなどして、重心を支持基底面積の前方に移動させる。

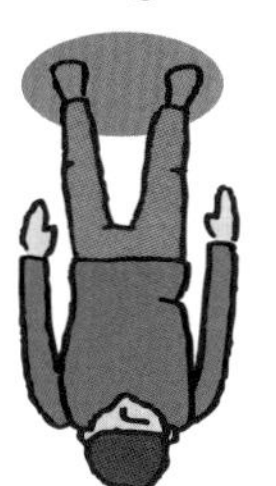

35 機能低下・障害がおよぼす移動への影響

- 機能低下や障害が移動におよぼす影響を理解することで、個々に合わせた介助が提供できるようになります。
- 移動における観察ポイントを理解することで、体調の変化や疾病の早期発見が可能になります。

学習のコツ！

移動に大きな影響を与えるのは、脳血管障害や神経疾患、骨折などです。それぞれの症状や注意点を他の章とも併せて学習しましょう。

用語 PICK！

関節可動域
関節が持つ角運動としての動き。その運動の範囲（角度）はほぼ一定している。

円背
脊椎が丸まるように湾曲した状態。高齢者によく見られる。

空間認知機能
大きさ、高さ、距離感など、空間を縦、横、奥行きで認知する機能。

関連づけよう！

P.138「骨・運動器系の疾患」と併せて学習し、知識を広げましょう。

出題頻度 ★★

■ 加齢が移動に与える影響

［視覚機能の低下］

- 視覚機能の低下があると、屋外を移動するときの段差や、障害物などの状況がわからず、移動しづらくなる。

［聴覚機能の低下］

- 自動車などの接近がわからなくなり、危険である。

［運動機能の低下］

- 筋力の低下や**関節可動域**※の減少、**平衡感覚**の低下は、移動時のバランスを取りづらくさせ、重心移動を難しくさせる。
- 反応速度の低下などによっても、転倒のリスクが増大する。

［身体的変化］

- 円背※により、通常よりも前方に重心位置が移動するため、安定した立位・歩行姿勢のために膝を屈折するが、その結果、足先の上がりが悪くなり、つまずきやすくなる。

出題頻度 ★★

■ 障害が移動に与える影響

- 移動に制限をもたらす障害のおもなものに、**脳血管疾患**の後遺症がある。
- **脳血管障害**には、①脳の血管が詰まる脳梗塞と②脳の血管が破れる脳出血があり、感覚機能や運動機能に重大な影響を与える場合が少なくない。部位や程度により障害の内容が変わる。
- **脳血管疾患**を発症した部位と**逆側**に、片麻痺を生じることが多い。
- 片麻痺や運動機能の低下は、移動に大きく影響し、歩行可能な場合でもバランスが悪く転倒しやすくなる。
- 脳血管疾患後遺症により、空間認知機能※が制限され、**半側空間無視**（左右どちらかの刺激が認識できなくなること）などの障害が生じた場合、周囲の状況などが把握できず移動を行うことができなくなる場合もある。

出題頻度 ★

■ 意欲の低下が移動に与える影響

- 意欲の低下は、活動性を低下させ、その結果として運動機能の低下などが起こり、転倒の増加や廃用症候群などを生じさせる。

移動に与える影響が大きい疾患 6

❶ 脊柱管狭窄症（せきちゅうかんきょうさくしょう）

・間欠性跛行（かんけつせいはこう）という、一定の距離を歩くと腰痛や下肢に痛みを生ずる症状のため、長時間歩行できない。

❷ 関節リウマチ

・関節の変形・炎症のために関節可動域が制限され、歩行や立位が困難になる。
・朝に手足のこわばりが強いのが特徴。

❸ 内臓機能障害

・全身の疲労感やだるさから移動が面倒になる。
・外出をしなくなる。

❹ 筋萎縮性側索硬化症（きんいしゅくせいそくさくこうかしょう）（ALS）& 筋ジストロフィー

・四肢の運動機能が徐々に低下するため、病気の進行によって徐々に歩行が困難になり、車いすが必要になり、やがて寝たきりになる。

❺ 失禁

・失禁の不安から、外出を控えるようになる。

❻ 脳血管障害

・後遺症による運動機能や感覚機能の障害により、歩行や身体の保持などに影響がでる。
・障害が残ることで、心理的にも外出を避けるようになる。

移動は生活に欠かせない行為です。移動補助具の助けを借りるなど工夫することも大切です

移動にかかわる観察ポイント・不調の兆候 7

❶ 倦怠感（けんたいかん）を訴え、悲観的な発言が増える。

❷ 面倒がり、動きたがらない。

❸ ふらつく。よろける。

❹ 息切れがある。微熱がある。冷や汗がでる。

❺ 表情が険しい。元気がない。口数が減る。

❻ 足がいつもより上がらない。姿勢が崩れる。

❼ 落ち着きがない、感情の起伏が激しい。

36 身じたくに関連したこころとからだの基礎知識①

- 身じたくという生活行為に対する基礎的理解を深めることが、よりよい生活支援の基礎となります。
- 身じたくの効果を理解することで、社会性の向上や生きがいの支援に対する基本的姿勢を身につけることができます。

出題頻度 ★

■ 身じたくについて

- **身じたくとは**……なんらかの目的のために身なりを整えること。
- 身じたくは、私たちの1日のはじまりの生活行為でもあり、自分らしさの表現でもある。

出題頻度 ★

■ 身じたくの効果

- 身じたくは、単なる清潔の保持や、からだの保護だけでなく、社会生活をおくるうえでの大切な**生活行為**であり、自分自身を表現し、精神面での効果もある。
- おもな効果に、以下のようなものがある。

①社会生活の維持・向上
②心身機能の維持・向上
③**生活の中の楽しみ**
④生活にメリハリがつき、リズムができる
⑤**自己表現**

出題頻度 ★★

■ 身じたくに関連したからだのしくみ

- **口腔**……食事や**呼吸**、会話をする、表情をつくるための構造をもち、生命の維持だけでなく、社会生活にも重要な役割を果たしている器官である。
- **目**………物を見る、明るさを感じるなど、外界の情報をとらえる重要な感覚器官である。
- **耳**………音をとらえ、大脳に伝える感覚器官。目と同様、外界の情報を得るための重要な感覚器官。また、からだのバランスを取る平衡器官でもある。
- **爪**………たんぱく質が変性したケラチン※でできている組織。1日に約0.1㎜伸びる。指の末節の保護や、物をつまむのに役立っている。正常な爪は桃色で、圧迫すると**白く**なる。
- **毛髪**……構成物の大部分は、たんぱく質。皮膚上に生え、おもに**保護的**な役割をしている。頭髪は1日で0.3～0.45㎜伸び、寿命は3～4年。メラニン※がなくなると白髪になる。

学習のコツ!

自分の生活の中で、身じたくをなぜ行うのかを考えると理解しやすいでしょう。

出た!

第36回で、「**誤嚥**」について出題されました。

用語 PICK!

ケラチン
18種類のアミノ酸が結合してできているたんぱく質の一種。爪や角質層の成分であるだけでなく、髪の毛の主成分でもある。

メラニン
動物の体表に存在する、黒褐色または黒色の色素。加齢による髪の色の変化は、毛根でメラニンの産生が中止されたあとも、色素なしで新しい髪が伸びることで、髪の色素がゆるやかに減少していくために起こる。

まる覚え!

口腔内の構造

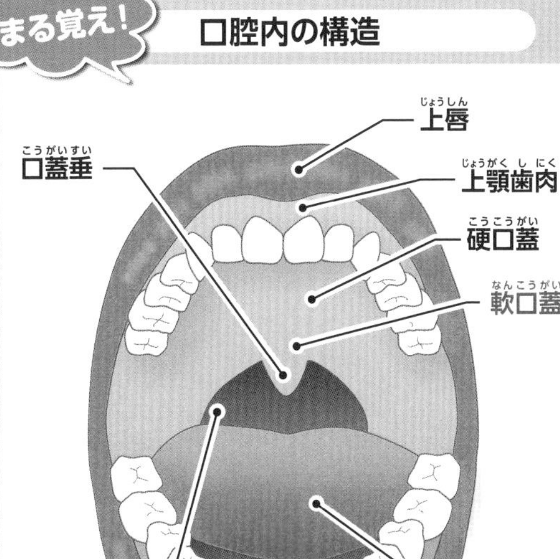

口腔内はいろいろな細菌が発生しやすいので、むし歯や歯周病などの他、感染症の原因となる部位といえる。

口やのどの構造

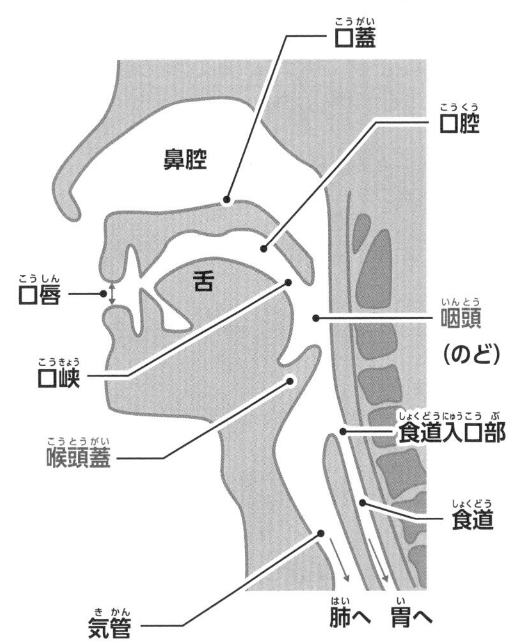

食べ物を取り入れるだけでなく、会話や表情をつくるうえでも重要な器官である。口唇が閉じにくくなると発声も**不明瞭**になる。気管に食物が入ることを、**誤嚥**という。

唾液腺(P.131)のイラストといっしょに見ておきましょう

正面から見た目の構造

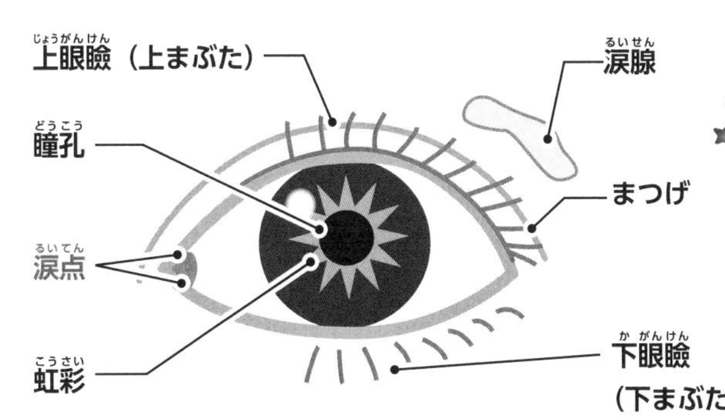

ポイント

まぶたのはたらき
- 目を保護する役目を果たしている。
- 目を閉じたときには異物を洗い流し、目を開けたときには涙を目の表面に広げるはたらきをする。
- **反射的**にまぶたを閉じることで、目を外傷から守っている。

関連 過去問題
第36回 問題24より出題

正解 食物が入り誤嚥が生じる部位は気管である。

37 身じたくに関連したこころとからだの基礎知識②

- 身じたくの、場面ごとの効果や意義を理解することで、具体的な介護に生かせるようになります。
- 身じたくの効果を再確認することで、その人らしさの表現や生活を考えることができるようになります。

出題頻度 ★★

■ 身じたくにおける効果や注意点

- 身じたくは、清潔を保つという効果のみでなく、社会性の維持や自分らしさの演出といった**心理的**な効果もある。障害や疾病により支援を必要とする場合も、最大限自分らしさやこだわりを発揮できる配慮が必要。
- **洗顔**……………顔を拭いたり洗ったりすることで、皮脂や汚れを取り除き、爽快感が得られる。**習慣的**な行為であり、生活のリズムのためにも重要な行為。
- **口腔清拭**………口腔内には、唾液による**自浄作用**があるが、清潔にしていないと、むし歯（齲歯）や口腔粘膜の炎症、口臭などのトラブルの原因となる。**対人関係**にも影響をおよぼす。
- **整髪**……………頭皮をブラッシングすることで、垢やふけが除去でき、血行もよくなる。またヘアスタイルを整え、好みの髪形にすることは、自分らしさを表現する手段でもあり、他者との交流に対する前向きな姿勢に繋がる。
- **ひげ剃り**………とくに男性にとって重要であり、容姿を整え、清潔感が生まれ、その人の印象を変える。
- **爪切り**…………巻き爪※や皮膚の損傷を防ぐことができる。細かい作業には爪の長さが影響する。手指の清潔を保つ効果もある。深爪をしないなどの注意が必要。
- **耳かき**…………耳垢による聴力低下を防ぐことができる。日本人の耳垢は、60%が乾性、40%が湿性。耳かきや綿棒を使用するが、鼓膜や**外耳道**を傷つけないよう十分な注意が必要。状態によっては専門医を受診する。
- **更衣**……………清潔の保持のみでなく、自分らしさを演出し**社会参加**につながる行為。自分で衣類を選ぶという自己決定の過程が大切。障害の有無に関係なく、おしゃれを楽しみたい気持ちを大切にする。衣類のみでなく、靴などにも好みを反映させることは重要だが、疾患や障害によっては膝の負担を軽減するものなど、機能に対する配慮も必要。
- **装飾・化粧**……とくに女性には重要な行為であり、大切な身だしなみ。自分らしさを演出し、他者とのかかわりにも繋がる要素。個人の好みのみでなく、周囲への配慮が必要となる場合もある。

出た！

第36回で「**爪**」について、第32回、第29回で「**爪の変化と原因**」について、第30回で「**眼の症状**」について出題されました。

用語 PICK！

巻き爪
足の爪が通常より横方向に曲がっている状態。巻き込む形や深さの程度によっては、爪が皮膚に食い込んで炎症を起こすことがある。

関連づけよう！

P.274～279「自立に向けた身じたくの介護①②③」、P.280「対象者の状態・状況に応じた身じたくの介護の留意点」の基礎となる項目です。

部位別観察の重要ポイントと変化への対応

口腔内

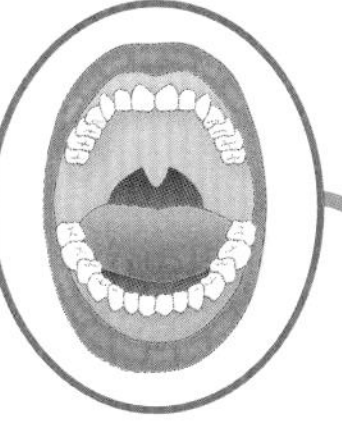

観察の重要ポイント

- □ 口臭はないか
- □ 食事量に変化はないか
- □ 十分な**唾液**がでているか
- □ 痛みはないか
- □ 出血はないか
- □ **口内炎**はないか
- □ 嗜好に変化はないか
- □ ぐらぐらした歯はないか
- □ 義歯は合っているか
- □ 周囲の口腔粘膜と色の違いはないか

変化への対応

・食事量が減少！
　➡義歯の不具合やむし歯をチェックする
・口臭が発生！
　➡口腔ケアの状況や疾病をチェックする

目

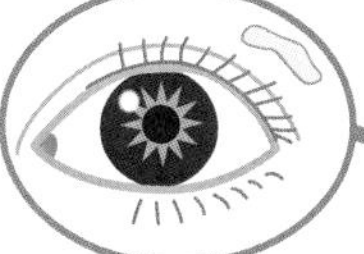

観察の重要ポイント

- □ 見えにくいという訴えがないか
- □ まぶしそうに目を細めていないか
- □ 生活上の行動に変化はないか
- □ 目やにの量と色に異常はないか
- □ **結膜**に炎症はないか
- □ 目の周囲の皮膚に変化はないか

変化への対応

・目やにの量が多い！　結膜が赤い！
　➡医療職へ報告する
・見えにくい！
　➡医療職による視力の確認をする

毛髪

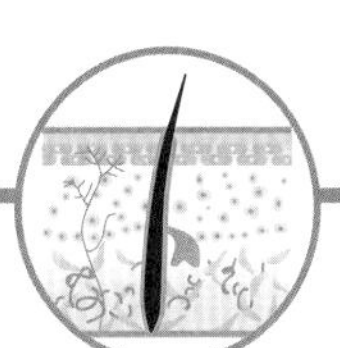

観察の重要ポイント

- □ 周囲の皮膚に赤みなどの異常はないか
- □ 抜け毛の量や形の異常はないか
- □ 頭皮のかゆみや痛みの訴えはないか

変化への対応

・皮膚のかゆみ、痛み、発赤（ほっせき）、盛り上がり
　➡炎症の可能性があるので、医療職に報告する
・かゆみやふけが多い！
　➡不適切な**シャンプー**の使用や、洗い方・洗う頻度を検討する

爪

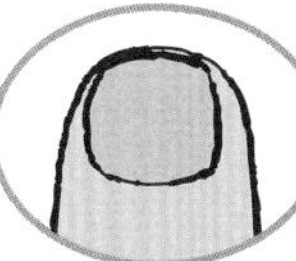

観察の重要ポイント

- □ 爪の**色**に変化はないか
- □ 爪の形に異常はないか
- □ 周囲の皮膚に異常はないか

変化と原因

・スプーン形（さじ状爪）
　➡ビタミン欠乏症、**鉄欠乏性貧血**など
・横溝が入る
　➡糖尿病、尿毒症など
・全体に白くなる
　➡低栄養、貧血、肝障害
・白濁する、肥厚する、崩れ落ちる
　➡**爪白癬**（つめはくせん）

爪の主成分はタンパク質で、１カ月で手の爪は約３ミリ、足の爪は約1.5ミリ伸びます

関連 過去問題
第36回 問題23より出題

正解 爪の主成分はタンパク質である。

38 機能低下・障害がおよぼす身じたくへの影響

- 機能低下や障害が、身じたくへおよぼす影響を理解することで、的確な介護ができるようになります。
- 身じたくでの観察ポイントを理解することにより、体調の変化や疾患の早期発見が可能になります。

出た！

第35回で「**口臭の原因**」について、第28回で「**口腔の清潔**」について、第27回で「**糖尿病の人の観察ポイント**」について、第24回で「**老化に伴う口腔機能の変化**」について出題されました。

出題頻度 ★★

■ 口腔機能の低下による身じたくへの影響

- **口臭**……口腔を通じて排出される**他覚的**な不快な臭い。口腔内のトラブルや疾患が原因。会話する相手に不快な思いをさせるため、かかわりを避けるようになるなど、対人関係にも影響する。
- **バイオフィルム**……歯や歯と歯のすきまに付着する細菌が集まったネバネバの塊。歯肉炎や**歯周病**など、口腔内のトラブルのおもな原因。
- **ドライマウス**……ストレスや薬剤、咀嚼力の低下などが原因で、唾液の分泌量が低下した状態。体調にも影響をおよぼす場合がある。具体的な症状は①口や喉の渇き、②物が食べにくい、③発音がしづらい、④義歯が落ちやすい、⑤**味覚障害**、⑥口臭の発生など。

出題頻度 ★★

■ 認知機能の低下による身じたくへの影響

- **無関心**……身じたくという行為を忘れたり、無関心になったりする。清潔感が保てなくなる。
- **実行機能障害**……身じたくのしかたがわからなくなり、結果として身じたくをしなくなる。

用語PICK！

視野欠損
いろいろな疾患によって、視野の中に見えない部分が生じること。疾患によって欠損の仕方に特徴がある。

出題頻度 ★★

■ 視覚機能の低下による身じたくへの影響

- 視力障害や**視野狭窄**、視野欠損※などの視野の異常、眼痛、まぶしさ、異物感などが原因となって、身じたくができなくなる場合がある。人は情報の80%を視覚から受け取っており、行為を確認できないことが、生活全体の**意欲低下**に繋がる。適切な支援でカバーする必要がある。

関連づけよう！

P.130「歯・口腔内の疾患」と併せて学習しましょう。

出題頻度 ★

■ こころの機能低下の身じたくへの影響

- **意欲低下**……うつ病や認知症、加齢にともなうこころの機能低下は、**社会参加**への意欲を低下させ、身じたくへの感心を低下させる。生活意欲の低下自体が、身じたくという行為への関心を低下させる原因。

身じたくにおけるおもな観察ポイントと疑われる疾患

爪

- 形や色に変化はないか
- 白く濁る
  - ▶**肝臓がん、慢性肝炎、腎疾患など**
- 巻き爪、陥入爪
  - ▶**老化、爪の切り方が不適切など**
- 乳白色や黄色く濁る、ボロボロになる
  - ▶**爪白癬**

口腔

- 粘膜の赤み、白み
  - ▶**ベーチェット病、がん**
- 歯のぐらつき、出血
  - ▶**歯周病**

皮膚

- 赤み
  - ▶**褥瘡、皮膚炎など**
- 乾燥、かゆみ、白い粉
  - ▶**老人性乾皮症**

頭皮

- 抜け毛が多い
  - ▶**円形脱毛症**
- かゆみ、赤み、湿疹
  - ▶**頭皮の炎症、ストレス**

口臭の分類

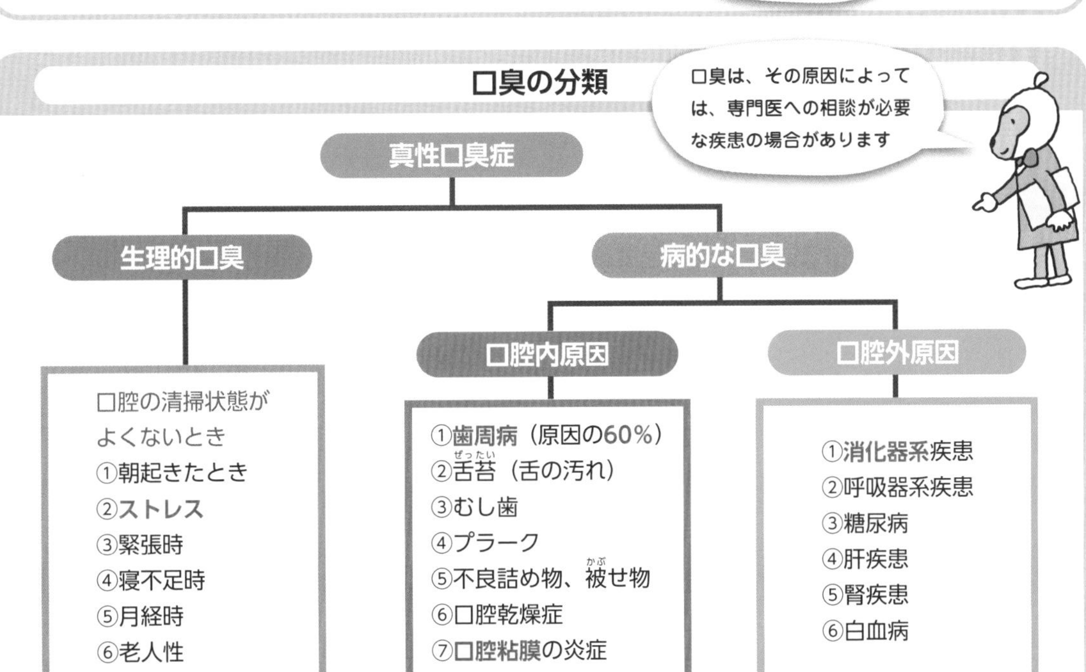

関連 過去問題
第35回 問題24より出題

正解 口臭の原因になりやすい状態として、歯周病が正しい。

39 食事に関連したこころとからだの基礎知識

- 食事という生活行為の意義やしくみの理解と、食事介護の基礎的な知識を学ぶことができます。
- 栄養素やエネルギー必要量の知識を深め、健康の維持や体調の向上のための助言に生かせるようになりましょう。

出題頻度 ★

■ 食事の意義

- **生理的な意義**……食事をすることにより、栄養を吸収し、からだの良好な**生命活動**を維持できる。
- **心理的な意義**……食欲という、人間の根本的な欲求を満たすことは、日常生活の大きな楽しみでもあり、意欲的に生きる原動力になる。
- **社会的な意義**……よい人間関係を形成し、**コミュニケーション**を円滑にする。地域の行事や儀式にも欠かせないものとなっている。

出題頻度 ★

■ 食欲・空腹感・満腹感のしくみ

- 食欲、空腹感、満腹感やのどの渇きは①血糖値※、②胃の収縮、③五感、④環境、⑤嗜好などが関連し、からだのさまざまなしくみで調整されている。
- **血糖値**……………………………血糖値が下がると、その信号が脳に伝わり、食欲を刺激し、空腹を感じる。食事による血糖値の上昇が、脳の**満腹中枢**を刺激し満腹感を覚える。
- **胃壁の伸縮**………………………胃が空っぽのとき、胃壁は**縮んで**おり、その状態が脳に伝わり空腹を感じる。食事により胃壁が伸びると満腹だと感じる。
- **五感との関係**……………………視覚、嗅覚、味覚、触覚、聴覚など**感覚器官**を通して食べ物を感じ、食欲を感じる。過去の食べ物に対する記憶が大きく影響している。
- **食事をするときの環境**……食事には環境も大切で、誰といっしょに食事をするか、どんな場所で食事をするかなどで、食事に対する**満足感**は違ってくる。
- **食事の嗜好**………………………好きなものは満腹でももっと食べたいと思い、嫌いなものはどんなに空腹であっても食欲がわかない。

出題頻度 ★

■ のどが渇くしくみ

- **のどの渇き**……体重の**60%**が水分といわれ、この水分が失われるとのどが渇いたというサインが、脳にある口渇神経に送られ渇きを感じる。

学習のコツ!

食事には、単に体調のみでなく、環境も大きく影響することを理解して学習しましょう。

出た!

第30回で「**酵素の主成分**」について、第29回で「**必要エネルギー量**」について、第34回、第28回、第26回で「**栄養素**」について出題されました。

用語PICK!

血糖値

一般的な空腹時血糖は70～110㎎/dl。満腹時は200㎎/dl。

関連づけよう!

P.282「食事の意義と目的」と併せて学習することで知識が深まります。

1日の推定エネルギー必要量（kcal/日）

性別	男性			女性		
身体活動レベル	Ⅰ	Ⅱ	Ⅲ	Ⅰ	Ⅱ	Ⅲ
18～29歳	2,300	2,650	3,050	1,700	2,000	2,300
30～49歳	2,300	2,700	3,050	1,750	2,050	2,350
50～64歳	2,200	2,600	2,950	1,650	1,950	2,250
65～74歳	2,050	2,400	2,750	1,550	1,850	2,100
75歳以上	1,800	2,100	－	1,400	1,650	－

（日本人の食事摂取基準2020年版より作成）

必要なエネルギー量は活動状況や身体状況によっても違ってきます

身体活動レベル	Ⅰ（低い）	Ⅱ（ふつう）	Ⅲ（高い）
日常生活の内容	生活の大部分が**座位**で、静的な活動が中心の場合。	座位が中心だが、移動や立位での作業、運動、**家事**、軽い運動も含む。	移動や立位が多い。**余暇活動**での活発な運動習慣をもつ。

食品に含まれる5大栄養素

❶ たんぱく質

おもなはたらき
- からだの各臓器、**ホルモン**、酵素などの成分。
- 1g 4kcalのエネルギーを出す。

含まれる食品
- 肉類、魚類、大豆製品、卵など。

❷ 炭水化物

おもなはたらき
- 生命活動のエネルギー源となる。
- 1g **4**kcalのエネルギーを出す。

含まれる食品
- 米、小麦（うどん、パン、麺類、果物など）。

❸ 脂質

おもなはたらき
- **細胞膜**やホルモンなどの成分。
- 1g 9kcalのエネルギーを出す。

含まれる食品
- 肉類、魚類。

❹ ビタミン

おもなはたらき
- からだの機能が円滑にはたらくように調整する。

含まれる食品
- 野菜、果物、レバー、豚肉など。

❺ ミネラル

おもなはたらき
- 骨や赤血球などの成分や**味覚**への関与、血圧の調整を行う。

含まれる食品
- 乳製品、野菜、果物など。

このうち、たんぱく質、炭水化物、脂質を、**3大栄養素**といいます

関連 過去問題
第34回 問題103より出題

正解 3大栄養素に該当するものは、炭水化物である。

40 食事に関連したからだのしくみ

- 食事のしくみを理解することで、個々に合わせた適切で安全な食事介護ができるようになります。
- 食事の過程を理解することで、安全な食事の支援への理解を深めましょう。

出た！

第33回、第32回、第29回で「**食事の過程**」について、第31回で「**胃ろう**」について出題されました。

出題頻度 ★★★

■ 食事をするときの過程

[**先行期**（**認知期**）]

- 食事の内容を確認し、認知する時期。
- 視覚、**嗅覚**などを使い、味や形、におい、温度などを認知し、どのように食べるか判断するとともに、唾液が分泌される。
- 食べ物を、箸やスプーンなどを使い口に運ぶ。おもに、上肢や手の機能を使う。

[**準備期**（**咀嚼期**）]

- 口に入った食べ物を噛み（**咀嚼**）、唾液と混ぜ合わせながら飲み込みやすい形（**食塊**）にする。
- 唾液には、アミラーゼという**消化酵素**が含まれている。

[**口腔期**]

- 食塊を**口腔**からのど(**咽頭**)におくり込む。咽頭におくり出す運動は舌が行う。
- ここまでの過程は、自分の意志で調整することが可能。

[**咽頭期**]

- 食塊が咽頭を通る。
- 食べ物をごっくんと飲み込むことを、嚥下という。**嚥下反射**が起こり、食塊は食道に行く。

[**食道期**]

- 食塊が食道を通り、胃に運ばれる。
- 食塊が送り込まれると、食道は**蠕動運動**を開始し、重力や腹圧が協力して食塊は胃まで到達する。

用語PICK！

びらん
皮膚、粘膜などの表皮が欠損し、下部組織が露出している状態。

難治性ろう孔
皮膚、粘膜、臓器の組織に炎症などで生じた管状の穴で、治療しにくいものをいう。

出題頻度 ★★

■ 経管栄養法

- **経管栄養とは**……口からの食事摂取が難しい場合、鼻や胃、腸などにチューブを挿入し、チューブから栄養剤を注入する方法。
- **胃ろう**……………腹部に穴を開け、直接、胃に栄養を入れる栄養法。少量で高カロリーの栄養が得られる半面、胃液の漏出による皮膚のびらん※や、難治性ろう孔※ができることがあるなど注意が必要。
- **間欠的口腔食道管栄養法**
……栄養補給時のみチューブを口腔に挿入する方法。

関連づけよう！

P.284「対象者の状態・状況に応じた食事介護の留意点」、P.206「高齢者および障害児・者の経管栄養の基礎的知識」と関連させて理解を深めましょう。

食事に関する各器官のはたらき

目のはたらき
・食物の存在、色、形などの情報を脳に伝える。

鼻のはたらき
・においに関する情報を脳に伝える。

耳のはたらき
・音の刺激や会話の内容などを脳に伝える。

顔のはたらき
・口まわりの筋肉の収縮で咀嚼をする。

手のはたらき
・道具を使い、食物を口に運ぶ。
・脳からの命令により、必要な動きをする。

歯のはたらき
・前歯で食物を噛み切り、犬歯で裂き、臼歯(きゅうし)ですりつぶす。

舌のはたらき
・味蕾(みらい)で味を感じる。
・食物を口腔からのどへおくる。

脳のはたらき
・感覚器官からの情報をもとに、各器官がバランスよくはたらくように命令を出す。

食事の過程 5

① 先行期（認知期）

食べ物の形や温度を認識する。唾液の分泌が促進される。

② 準備期（咀嚼期）

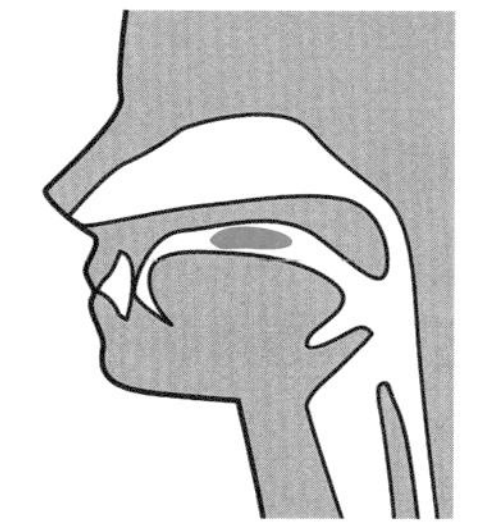

唾液と混ぜ、飲み込みやすい形状に。

③ 口腔期

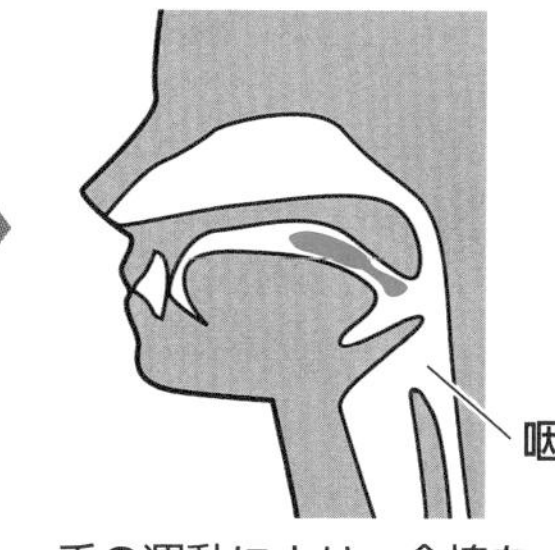

舌の運動により、食塊を咽頭に移動。

④ 咽頭期

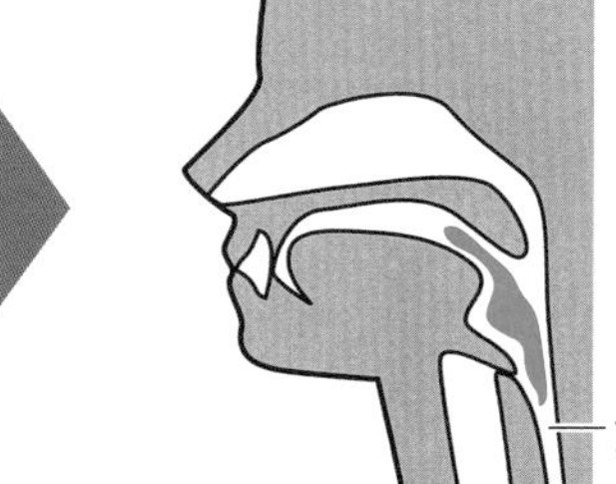

食塊を飲み込み、咽頭から食道へ。

⑤ 食道期

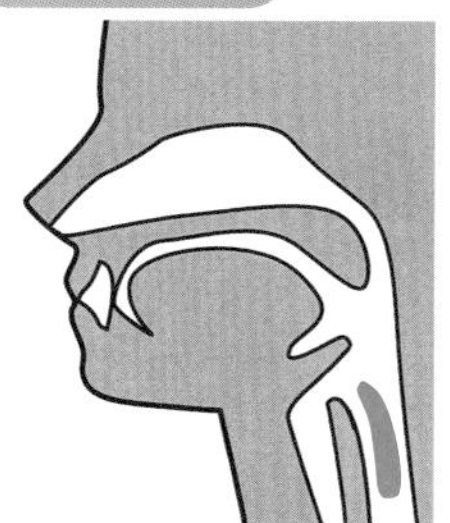

食道の蠕動運動により、食塊を胃へ。

関連 過去問題
第32回 問題102より出題

正解 摂食・嚥下のプロセスにおいて、先行期は、唾液分泌が増加する。

41 機能低下・障害がおよぼす食事への影響

- 機能低下や障害が食事におよぼす影響を正しく理解し、的確で安全な食事の支援ができるようになります。
- 食事での観察ポイントを学習し、安全な食事に対する支援ができるようになりましょう。

学習のコツ！

認知症や精神疾患も食事への影響が大きくでるので、いっしょに学習しておくとよいでしょう。

自分の食事動作を細かく区切って考えることで理解が容易になります。

出た！

第35回で「**嚥下機能低下の原因**」について、第27回で「**食事のたんぱく質制限**」について、第24回で「**摂食・嚥下の注意点**」について出題されました。

用語 PICK！

咀嚼筋

下顎骨の運動にかかわる筋の総称である。深頭筋とも呼ばれる。咀嚼筋は一般に、咬筋、側頭筋、外側翼突筋、内側翼突筋の４種類。

出題頻度 ★

■ 食欲低下の原因

- **食欲低下の原因**………①病気、睡眠状態などによる体調の変化、②糖尿病や消化器系の病気の有無、③家族構成や対人関係、物的環境の変化、④加齢による身体的・**精神的機能**の低下など、身体的要因のみでなく心理的、社会的要因も影響する。
- **運動機能の低下**………食事のときは全身の運動機能を使う。脳血管障害による麻痺やパーキンソン病による**運動機能障害**は、スムーズな食事の妨げになる。
- **感覚器の機能低下**……感覚器の機能低下も食事に大きな影響をおよぼす。食べ物の味、におい、見え方、硬さややわらかさ、食事中の会話など味覚、嗅覚、視覚、触覚、聴覚の五感すべてが食欲に影響を与える。

出題頻度 ★★

■ 咀嚼・嚥下機能低下の原因

- 咀嚼や嚥下機能の低下、障害には、加齢による身体変化、病気など、さまざまな原因がある。障害されている機能を明らかにし、リハビリテーションや環境整備が必要である。
- **咀嚼機能障害の原因**……口腔の麻痺や**咀嚼筋**※の機能低下、運動機能の低下による姿勢保持不良、認知機能の他、むし歯（齲歯）、歯の欠損、唾液分泌量の低下など多くの原因が考えられる。
- **嚥下機能障害の原因**……唾液分泌量の減少、**嚥下反射**の消失、**姿勢保持不良**の他、注意力の低下、認知機能の低下なども影響する。

出題頻度 ★★

■ その他の影響因子

- **消化機能の低下**……口から胃を通り、肛門までのルートのどこかになんらかの原因があり、**消化機能**自体の低下や障害が起きている場合。
- **認知機能の低下**……認知機能の低下は①食事の場所がわからない、②食事だと認識できない、③食事の方法がわからない、④箸などの道具が使えない、⑤食事をしたことを忘れてしまうなど、食行為そのものに影響を与える可能性がある。

嚥下障害の観察ポイント

先行期（認知期）

- □ 覚醒し、意識はあるか
- □ 姿勢は保持できるか
- □ 食欲があり、食べようとしているか
- □ 表情に異常はないか
- □ 口を開けようとするか

など

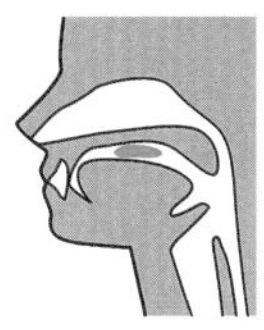

準備期（咀嚼期）

- □ 食べ物が口からこぼれないか
- □ 口は閉じられるか
- □ 咀嚼しようとするか
- □ 歯や入れ歯に異常はないか

など

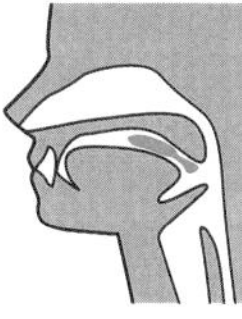

口腔期

- □ 口の中に食べ物が残る
- □ 咀嚼に時間がかかる
- □ 舌の動きが悪い

など

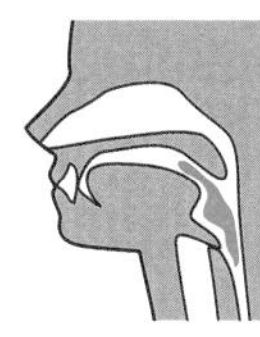

咽頭期

- □ むせや咳き込みはないか
- □ 声に変化はないか
- □ のどがゴロゴロと鳴っていないか

など

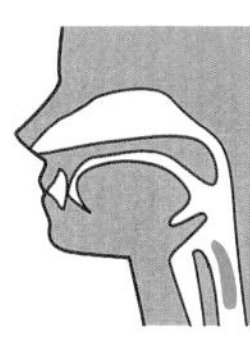

食道期

- □ のどのつかえはないか

など

誤嚥が疑われる状態

関連 過去問題
第35回 問題25より出題

正解 誤嚥をしないようにするための対応として、座位姿勢の調整が正しい。

42 入浴・清潔保持に関連したこころとからだのしくみの基礎知識

- 入浴や清潔保持の効果や作用を学習することで、その行為の大切さについて理解できます。
- 入浴は体調への影響もある行為です。湯温などの注意点をしっかり学習し、安全な入浴の支援ができるようになりましょう。

出た！

第36回で「**入浴の効果**」について、第33回で「**中温でのからだの変化**」について、第28回で「**入浴が身体に与える影響**」、第27回で「**静水圧作用**」について出題されました。

出題頻度 ★

■ 入浴・清潔保持の意義

- **生理的な入浴効果**……皮膚の機能を高める、感染を予防する、血行をよくし、**新陳代謝**を促進する、内臓機能を改善するなど身体機能の維持、促進の効果がある。
- 高齢者の皮膚掻痒症や**褥瘡**の予防や改善が期待できる。
- **心理的な入浴効果**……精神をリラックスさせる効果や爽快感を与える効果がある。
- 生活意欲を高める効果や、生活のリズムをつくる効果もある。
- **社会的な入浴効果**……清潔を保持することで社会的な評価を高め、社会参加に繋がるという効果がある。

出題頻度 ★★

■ 入浴の3大作用

- **温熱作用**………毛細血管や血管が拡張し、血行がよくなる。老廃物が排出されやすくなる。湯温により、刺激される自律神経※に違いがあり、からだの変化にあらわれる。**ぬるま湯**は精神的にもリラックスし安らぎを得ることができる。
- **静水圧作用**……湯の中で人体にかかる圧力がもたらす作用。血液循環が促進される、下肢の血液が心臓に戻りやすくなりむくみを軽減する、**心肺機能**が促進されるなど。半身浴は心臓への負担も小さい。
- **浮力作用**………湯の浮力による効果。体重による筋肉や関節への負担が軽減されるため動きやすい。からだへの負担が軽減されることで、精神的にもリラックスする。

用語 PICK！

自律神経

自分の意志にかかわらず働く神経。外部からの刺激に合わせて、からだをコントロールしている。交感神経、副交感神経ではたらきが違う。

出題頻度 ★★

■ 皮膚の機能

- **バリア機能**……………細菌などの異物が体内に侵入するのを防ぐ。
- **保護機能**………………外部からの衝撃を緩和し、体内の臓器を保護する。
- **体温調整機能**…………発汗、血管や毛穴の収縮により、体温を一定に保つ。
- **保湿機能**………………水分や**栄養分**が体内から漏れでるのを防いでいる。
- **ビタミンDの産生**……**紫外線**にあたることで、ビタミンDをつくる。
- **感覚情報の伝達**………痛み、触感、圧力、湿度、温度など、さまざまな外部の情報を収集し伝達している。

関連づけよう！

P.286「入浴・清潔保持の意義と目的」と併せて学習することにより理解を深めましょう。

入浴の4大効果

❶ 静水圧・浮力効果
湯に入ると、からだに水圧や浮力がかかる。血液やリンパの流れがよくなり、内臓機能が向上する。浮力により関節への負担が減る。筋肉がリラックスする。

❷ リラックス効果
ホッとする時間が自律神経の乱れを整え、疲れを取る。

❸ 皮膚洗浄効果
タオルなどでからだを洗うことで、汚れを取り去る以外にも、皮膚の活性化が図れる。

❹ 温熱効果
からだが温まる血行促進の効果があり、筋肉の緊張もほぐれる。

湯の温度とからだの変化

中温では副交感神経が、高温では交感神経が優位にはたらきます

	呼吸	心臓	血管	血圧	体温	膵臓	腎臓	膀胱	胃液	腸
高温（42℃以上） 交感神経優位	浅い・速い	心拍促進	収縮	上昇	上昇	血糖値上昇	機能抑制	排尿抑制	分泌抑制	消化抑制
中温（38～41℃） 副交感神経優位	深い・ゆっくり	心拍抑制	拡張	下降	下降	血糖値降下	機能促進	排尿促進	分泌促進	消化促進

副交感神経はからだをゆったりとリラックスさせる神経ですが、排泄や消化にかかわる器官のはたらきは促進されます

入浴を避けるべきとき5

❶ 血圧が低すぎるとき
入浴時には末梢神経が拡張されるので、血圧が低すぎる人は脳貧血を起こしやすい。

❷ 疲労しているとき
疲れているときは心臓や脳への血液供給が不足するおそれがあるため、少し休憩してから入浴するとよい。

❸ 高熱があるとき
体温が38℃以上になると、カロリーの消費量は20％増え、からだへの負担が大きくなり、事故に繋がりやすい。

❹ 食事直後・空腹時
食事直後は消化・吸収のため、血液が小腸に集中する。入浴により、全身の血液循環がよくなると消化・吸収を妨げてしまう。また、空腹時は低血糖や低血圧を起こすおそれがある。

❺ 酒に酔っているとき
アルコールには中枢神経麻痺作用と血管拡張作用があるため、血圧が下がりやすい。

関連 過去問題
第36回 問題26より出題

正解 お風呂につかると、からだが軽く感じられて楽になるのは入浴の作用のうち、浮力作用である。

43 機能低下・障害が入浴・清潔保持に与える影響

- 機能低下や障害が入浴や清潔保持に与える影響を理解すれば、個々に合わせた安全な介護ができるようになります。
- 入浴時は、全身を観察できるよい機会です。皮膚トラブルなどを理解し、早期発見ができるようになりましょう。

学習のコツ！

入浴は、移動や衣類の着脱を含む身体機能を活用する必要があります。障害や機能低下がそれぞれに与える影響を考えることで、全体として理解できます。

出た！

第31回、第26回で「**入浴介助の注意点**」について、第34回、第28回で「**入浴が身体に与える影響**」について出題されました。

関連づけよう！

P.288「入浴・清潔保持の介護の基本となる知識と技術①（入浴・シャワー浴）」と併せて学習しましょう。

出題頻度 ★★

■ 加齢にともなう皮膚の変化

- 加齢によって、表皮は薄くなり傷つきやすくなる。
- 汗や皮脂の分泌量が減少し、皮膚が**乾燥**しやすく、かゆみを感じやすくなる。
- 皮膚の感覚機能が低下し、外からの刺激への反応が鈍くなる。

出題頻度 ★★

■ 視覚機能の低下と入浴への影響

- 視力低下や視野の**狭窄**などで、風呂場での転倒などの危険性が高くなる。
- 汚れが見えにくくなり、洗い残しがあるため、援助が必要になる。

出題頻度 ★★

■ 運動機能の低下と入浴への影響

- 移動、着脱、洗身などの一連の入浴動作に影響がでる。
- 麻痺がある場合は、**麻痺側**に傾き、転倒などの危険が大きくなる。

出題頻度 ★★

■ 入浴に注意が必要な疾患

- 入浴は、循環器系や**呼吸器系**への影響が大きいため、観察と注意が必要。
- **高血圧の人の場合**

  ……**42℃**以上の高温浴は、血圧を上昇させる。**ヒートショック**に注意。
- **心臓・呼吸器系に障害のある人の場合**

  ……42℃以上の湯温は、心肺への負担が増加する。半身浴やシャワー浴は、湯船に肩までつかるより負担が小さい。

出題頻度 ★★

■ 入浴での事故

- 床がぬれている場合、手すりなどつかまるところがない場合、転倒の危険性が大きく、骨折などの重大な事故に繋がりやすい。
- 家庭内の事故死の原因でも、浴槽内での溺死は多い。入浴中の血管壁の変化や血圧の変動は、**脳梗塞**や脳出血に繋がりやすいので注意が必要。
- 2016（平成28）年、浴槽での溺死者の数は5,138人（人口動態統計）。高齢者が約9割。

入浴場面別の循環器系への影響と対応

脱衣時

■ **循環器系への影響**
・居室、廊下より室温が低いと、血圧が**上昇**する。

■ **対応**
・室内を暖め、居室、廊下との温度差を小さくする。

入浴直後&入浴中

■ **循環器系への影響**
・脱衣室より浴室の温度が低いと、血圧が上昇する。
・浴槽での出入り動作や入浴中は、**心拍数**が一時的に増える。
・湯温が42℃以上の高温の場合は、**心拍数**が増える。
・入浴時間が長くなると、しだいに血圧は低下し、**心拍数**が増える。

■ **対応**
・脱衣室と浴室の室温を同じにする。
・**半身浴**にする。
・湯温は40℃前後にする。
・長時間、湯につからないようにする。

浴槽から出るとき

■ **循環器系への影響**
・起立する際、**血圧低下**によるふらつきが起こりやすい。

■ **対応**
・ゆっくりと立ち上がるようにする。

入浴後

■ **循環器系への影響**
・血圧の低下が維持される。
・高齢者では、一過性の血圧上昇や心拍数の増加がある。

■ **対応**
・入浴後には休息を取る。
・**水分補給**を行う。

皮膚疾患・トラブルとその対応

疾患・トラブル	対応
疥癬（かいせん）	□**硫黄**入りの入浴剤が治療にも効果がある。 □数人が入浴する場合は最後に入浴する。
老人性乾皮症（かんぴ）	□からだが温まりすぎると、かゆみが強くなるので注意。 □皮膚を強くこすらないように注意する。
白癬（はくせん）（水虫）	□患部を清潔に保つ。入浴後はよく水分を拭き取る。 □個人専用の足拭きマットやスリッパを用意する。
帯状疱疹（たいじょうほうしん）	□**水疱**がつぶれていなければ入浴可能。 □シャワー浴が一般的。 □からだを温めることで痛みが弱まる。
褥瘡（じょくそう）	□清潔の保持や**血行促進**のためにも入浴は効果的。 □仙骨部などの発赤（ほっせき）に対しては、こすらない。 □患部をマッサージするなどして、圧力をかけないように注意。

皮膚疾患でも、皮下組織が露出しているなど重症な場合を除いて、入浴は可能です

関連 過去問題
第34回 問題105より出題

正解 浴槽から急に立ち上がった際にふらついてしまった原因として、血圧の低下が正しい。

44 排泄に関連したこころとからだの基礎知識

- 排泄という生活行為の意味や基本を理解し、的確な支援ができるようになります。
- 排泄の障害を理解することで、疾患や体調変化の早期発見ができるようになります。

出た！

第33回、第32回、第29回、第28回で「**尿失禁の種類**」について、第31回、第30回で「**排便のしくみと異常**」について出題されました。

出題頻度 ★★

■ 排泄の意味

- **排泄とは**……体内の代謝老廃物を体外に出すことであり、一般的に排便と排尿のこと。排泄という行為は、羞恥心や**尊厳**にかかわる行為でもある。

出題頻度 ★

■ 尿の性状、量、回数

- **性状**……淡黄色から黄褐色。**水分摂取量**や発汗量に左右される。
- **量**………1日1,000～2,000ml。食事摂取量や水分摂取量、発汗や気温などに左右される。
- **回数**……1日5～8回で個人差がある。それ以上を多尿・頻尿、少ない場合は乏尿・無尿・**尿閉**などと呼ぶ。

出題頻度 ★

■ 便の性状、量、回数

- **性状**……個人差はあるが、健康な場合、黄褐色で泥状の固形物。水分が**70～80%**、その他が食物残渣（残りカス）、食物繊維、腸内細菌など。
- **量**………1日200～250ｇ。
- **回数**……1日1～3回、ないし2日に1回程度が正常といわれる。

出題頻度 ★

■ 排尿の異常

- **尿失禁**………本人の意思と関係ない尿漏れ。**社会的**・衛生的に支障をきたす。
- **頻尿**…………排尿の回数が頻回になる状態。おおむね日中**8**回以上をいう。
- **排尿困難**……下部尿路の通過障害や、膀胱の収縮力の低下により、排尿しづらくなる状態。尿がまったくでない状態を尿閉という。

出題頻度 ★★

■ 排便の異常

- **便秘**……排便が順調に行われず、排便回数が少なくなること。**機能性**便秘※と**器質性**便秘※に分類される。
- **下痢**……便が水分を多く含んだ状態。通常便の水分は70％程度だが、80％以上を泥状便、90％以上を水様便という。

用語 PICK！

機能性便秘
大腸の運動機能や、反射の異常が原因の便秘。

器質性便秘
大腸そのものの病気で、便が通過しづらくなることが原因の便秘。

関連づけよう！

P.296「排泄の意義と目的」と併せて学習しましょう。

尿失禁のタイプ4

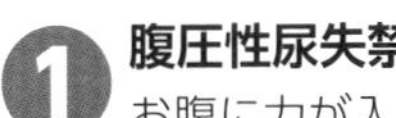

お腹に力が入ったとき起きる尿漏れ。

尿意切迫感（急に尿がしたくなる）による尿漏れ。

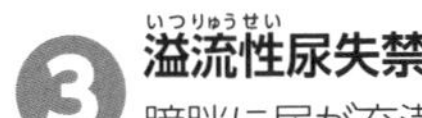

膀胱に尿が充満し、漏れてしまう。
※排尿障害に繋がる原因疾患がある。

4 機能性尿失禁
身体運動機能が低下したことや、**認知症**が原因で起こる尿失禁。

この他にも、脊髄損傷などが原因で、尿意がなく、膀胱にある程度尿がたまると、自分の意思とは関係なく反射的に膀胱が収縮して、尿がでてしまう反射性尿失禁があります

便失禁のタイプ4

1 腹圧性便失禁
括約筋のゆるみや下痢などが原因で、お腹に力が入ったときにでてしまう症状。

2 切迫性便失禁
外肛門括約筋の障害により、**便意**はあるが、トイレまで我慢できずに漏れてしまう症状。

3 溢流性便失禁
便意はなく、たくさんたまった状態のときに、便があふれ出す症状。内肛門括約筋の障害が原因。

4 機能性便失禁
認知症などが原因で、排便動作に関する判断や動きができず、漏らしてしまう症状。

便秘への対応例

便秘の状態とおもな原因		対応するケア
状態	水分や食事摂取量が減少して便秘になる。	□水分量を確保する。 □食事量を確保する。 □繊維食を心がける。
原因	排泄するのに十分な時間がない。	
状態	直腸まで下りてくるのに時間がかかる。	□歩行など適度な運動をする。 □腹部マッサージを行う。 □大腸刺激性下剤を使用する。
原因	腸の蠕動運動が低下している。	
状態	直腸からの排泄運動に時間がかかる。	□定時の排泄介助により、リズムをつくる。 □浣腸または摘便する。
原因	十分な腹圧をかけることができない。	
状態	下剤の恒常的使用で便秘になる。	□下剤の使用を中止する。 □排便リズムをアセスメントする。
原因	ケア自体に誤りがあり、改善が必要。	

関連 過去問題
第33回 問題104より出題

正解 咳やくしゃみで尿が漏れることが多いのは、腹圧性尿失禁の症状である。

45 休息・睡眠に関連したこころとからだのしくみ

☑ 睡眠に関する基本的な理解を深めれば、睡眠と体調の関連を理解した介護が提供できるようになります。

☑ 睡眠障害への理解を深め、安眠のための支援ができるようにしましょう。

学習のコツ!

必要な睡眠時間は、年齢で違いがあることを理解しましょう。

出た!

第36回で「**睡眠障害の原因**」について、第33回で「**高齢者の睡眠の特徴**」「**レム睡眠とノンレム睡眠**」について、第31回、第30回、第28回、第27回で「**睡眠のしくみ**」について、第31回、第30回、第27回で「**睡眠障害**」について出題されました。

用語PICK!

レム睡眠行動障害
レム睡眠時の骨格筋の弛緩が緩和され、夢で見た通りの行動をする睡眠障害。

関連づけよう!

P.310「休息・睡眠の介護」と併せて学習することで理解を深めましょう。

出題頻度 ★★

■ 睡眠時間と睡眠リズム

- **世代別睡眠時間**……新生児は、寝たり起きたりを短時間で繰り返す**多相性睡眠**。睡眠時間は、20～50歳代で7時間前後といわれ、年齢とともに減少し、70歳代では6時間以下といわれる。問題は眠りの長さより、眠りの深さにある。
- **睡眠リズム**…………生物には**体内時計**があり、活動と休息のリズムをつくっている。夜になると眠くなるのは体内時計のはたらきによる。このような24時間のリズムを**概日リズム**（**サーカディアンリズム**）という。
- 健康な人は、レム睡眠とノンレム睡眠を約90分間隔で繰り返す。
- **レム睡眠**……………浅い眠り。からだを休ませるための睡眠。脳は覚醒に近い。**高速眼球運動**が特徴。夢を見る睡眠。
- **ノンレム睡眠**………深い眠り。脳を休ませるための睡眠。**脈拍**、呼吸、血圧が安定する。

出題頻度 ★★

■ 睡眠障害について

- **睡眠障害とは**………眠れない、眠りを維持できない、日中に眠くなるなど、正常な睡眠が取れない状態。レム睡眠行動障害※などがある。
- **不眠とは**……………眠れない、あるいは眠りが続かない状態。
- **睡眠障害の原因**……身体的要因、生理学的要因、心理学的要因、**精神疾患**、薬学的要因、就寝前の**飲酒**など、さまざまな原因が考えられる。

出題頻度 ★★

■ 睡眠障害に繋がるおもな疾患

- **レストレスレッグス症候群**
  ……夕方以降に、下肢を中心に不快な感覚や痛みが出現する。
- **周期性四肢運動障害**……睡眠中に**四肢**が勝手に動き続け、睡眠が浅くなる。
- **睡眠時無呼吸症候群**……睡眠中何度も呼吸が停止する。
- **睡眠時随伴症**……………睡眠中に大きな寝言や叫び声をあげ、手を振りまわすなどする。小児に多いが、成人にはレム睡眠行動障害が見られる。

高齢者の睡眠の特徴 5

❶ 睡眠時間が短くなる
高齢になるにしたがい、睡眠時間が短くなる。

❷ 頻尿から不眠になりやすい
夜間の**排尿回数**が増え、何度も起きる。失禁の不安から眠れなくなることがある。

❸ 中途覚醒、早期覚醒が多くなる
夜間覚醒したり、早期に覚醒したりすることが多くなる。

❹ 眠りが浅くなる
眠りが浅くなるため、少しの物音でも起きることが増える。

❺ 薬の影響を受けやすい
薬の副作用が生じやすく、副作用で不眠になりやすい。

これらの影響で、睡眠周期が不規則になります

睡眠時間と睡眠・覚醒リズム

●世代別の睡眠・覚醒リズム

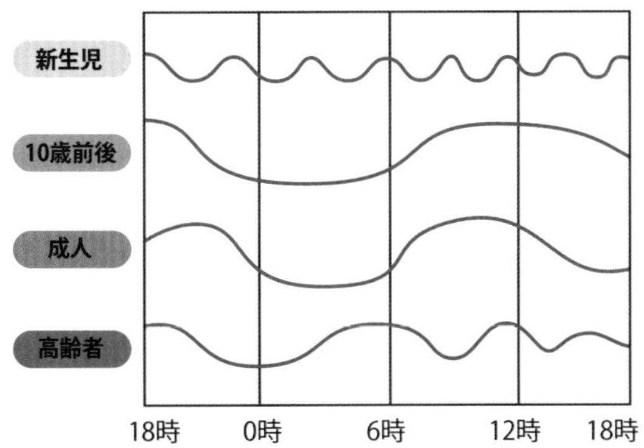

世代別 睡眠時間の目安

新生児	15〜20時間
10歳前後	9〜10時間
成人	7時間前後
高齢者	6時間

年代により必要な睡眠時間が違うことを理解しておきましょう

睡眠に関係する各種ホルモン

成長ホルモン	・脳の**脳下垂体前葉**（のうかすいたいぜんよう）という部分から分泌され、寝入りばなの深い**ノンレム**睡眠期に集中して分泌される。 ・からだの成長を促進し、組織の損傷を修復し、疲労回復に役立つ。
メラトニン	・脳の**松果体**（しょうかたい）から分泌される。加齢により分泌量が**減少**する。 ・朝の光を浴びてから16〜18時間後に分泌がはじまる。 ・睡眠を促すので、「眠りのホルモン」と呼ばれる。
コルチゾール	・**副腎皮質**から分泌され、代謝促進作用がある。 ・朝の目覚め前に最大値になることから、「目覚めのホルモン」といわれる。 ・血糖値の上昇作用、抗炎症作用や**免疫促進**作用がある。

関連 過去問題
第36回 問題28より出題

正解 眠りが浅くなる原因のひとつに、就寝前の飲酒があげられる。

46 人生の最終段階のケアに関連したこころとからだのしくみ

- 「死」に対する理解を深めることで、適切な終末ケアができるようになります。
- 死別による家族の心理的状況を理解することで、家族を支えるための支援ができるようになります。

出題頻度 ★

■ 死のとらえ方

- **死の３兆候**……「心拍停止」「呼吸停止」「瞳孔拡散・**対光反射**の喪失※」の３つの確認を行い、死亡と診断される。
- **脳死**……………脳幹を含む脳の全機能が停止し、**回復不能**な状態に陥ること。**臓器移植法**により、法的基準が確立され、人の死であることが認められた。

出題頻度 ★★

■ 死の前後のからだの変化

- **代表的症状**………①食欲がなくなる、②排尿が減少する、③便秘や下痢などが起こる、④痛みや不安により不眠になる、⑤体位交換ができず褥瘡が悪化する、など。
- **死直前の状態**……①チェーンストークス呼吸や肩呼吸、**下顎呼吸**などの呼吸の変化、②体温の低下、③血圧の低下、④意識が不明瞭になる、⑤尿量が減少する、⑥チアノーゼ、喘鳴（**死前喘鳴**）など。
- **死後の変化**………①体温が徐々に低下する、②からだが**硬直**する、③顔色が蒼白になる、**死斑**があらわれる（死後20～30分）、など。

出題頻度 ★★★

■ 死に対するこころの理解

- **心理過程**……**キューブラー・ロス**は、終末期の患者の心理過程を「否認」「怒り」「**取引**」「抑うつ」「受容」の５段階にわけて、説明した。

出題頻度 ★★★

■ 家族への支援

- **グリーフケア**………大切な人と死別し、大きな**悲嘆**（グリーフ）に襲われている人に対するサポートのこと。死別による**悲嘆**は、寂しさやむなしさ、無力感、**怒り**、事実の否認、後悔や自責などの精神症状の他、不眠、**食欲不振**、疲労感などの身体症状としてもあらわれる。緩和ケアにおいても重要な領域とされる。
- **医療職との連携**……本人に対する終末期のケアのみでなく、家族へのサポートでも医療職と情報共有をし、支援することが必要である。

学習のコツ！

終末期におけるからだの変化は、きちんと整理して混同しないように覚えましょう。とくに死直前と死直後の変化は重要です。

出た！

第35回で「**グリーフ（悲嘆）**」について、第33回で「**死後の身体の変化**」について、第35回、第32回、第30回で「**死亡直前の身体変化**」について、第31回、第30回で「**キューブラー・ロスの死の心理過程**」について出題されました。

用語 PICK！

瞳孔拡散・対光反射の喪失
光の刺激に対し、瞳孔が反応せず拡大した（開いた）状態になること。

関連づけよう！

P.312「人生の最終段階における介護」と併せて学習しましょう。

終末期の呼吸の変化 4

1 チェーンストークス呼吸
・10〜30秒ほど呼吸が止まり、浅い呼吸と深く大きな呼吸を繰り返す。

2 下顎呼吸
・魚のように下顎をパクパクと動かし呼吸をする。
・死まで数時間以内の場合に多く見られる。

3 肩呼吸
・呼吸をするたびに肩を動かすようになる。

4 鼻翼呼吸
・少しでも多く酸素を取り込むため、小鼻を開いて呼吸をする。

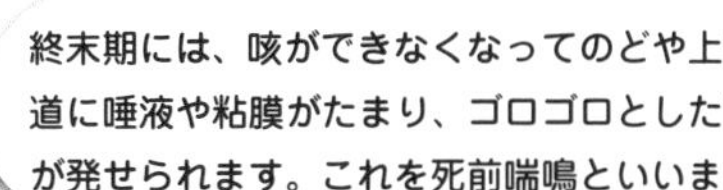

家族支援の視点 4

1. 家族を、介護する者として見るのではなく、ケアの対象者としてとらえる。

2. 十分な死の教育を行い、不安なく最期を看取ることができるように支援する。

3. 家族支援には、利用者がなくなったあとの悲嘆のケア（グリーフケア）も含まれる。

4. 十分に悲しむことが、悲嘆を乗り越えるために有効である。

キューブラー・ロスの心理過程

❶ 否認	死の危機に対して、頭では理解しているが、**感情的**には「何かの間違いだ」と、否認している段階。
❷ 怒り	「どうして自分が死ななければならないのか」と、怒りにとらわれている段階。死という事実は認識している。
❸ 取引	死から逃れようと、財産を寄付したり、これまでの行為を改めたりという「**取引**」をする段階。
❹ 抑うつ	死を回避できないことを悟り、悲観と絶望に打ちひしがれ、抑うつ状態になる段階。
❺ 受容	自分の死を自然なこととして受け入れ、心に平穏が訪れる段階。

関連 過去問題
第35回 問題30より出題

正解 死が近づいているときのからだの変化として、喘鳴が正しい。

47 人間の成長と発達について①

- 人間の生涯を通じての変化を知ることで、人間そのものに対する理解を深めることができます。
- 成長や発達に影響する因子を理解することで、人間の多様性を成長・発達面からも理解できます。

学習のコツ！

自分の今までの成長をイメージすると理解しやすいはずです。

出た！

第35回、第32回で「**社会的参照**」について、第34回、第32回、第31回で「**乳幼児期の発達**」について出題されました。

用語 PICK！

上昇的変化

身体的成長や運動機能、知能などが向上するといった変化のこと。

下降的変化

成人期以降、しだいに機能が衰え、老化に向かうさまざまな変化のこと。

関連づけよう！

P.114「人間の成長と発達について②」の「発達段階と発達課題」とセットで覚えるようにしましょう。

出題頻度 ★★

■ 発達の定義と3要素

- **発達とは**……一生涯にわたって生じる生理的・精神的な変化。生命活動にともなう、上昇的変化※と下降的変化※の双方を含んでいる。

［発達の3要素］

- **成長**………身長が伸びる、体重が増えるなど、からだが大きくなること。
- **成熟**………成長し、**生殖行為**が可能となること。
- **学習**………体験などにより知識や理解を蓄えること。行動などの調整に影響する。

出題頻度 ★★

■ 発達に影響する要因

- **生得説**…………発達は、遺伝により受け継いだ素質に影響されるとする考え。
- **経験説**…………遺伝の影響より、**生育環境**での経験が強く影響するという考え。
- **相互作用説**……発達には、遺伝的要因と経験的要因が相互に作用し影響するという考え。

出題頻度 ★

■ 胎児期の成長・発達

- **胎児期**………卵子が受精して生命活動がはじまり、分割・分化の過程をたどる。8週以降は顔や内臓器官が発達し、**胎児**と呼ばれる。子宮内で約10か月の胎児期を経て出生する。

出題頻度 ★★

■ 乳幼児期以降の成長・発達

- **社会的参照**……新しい事柄に遭遇したとき、周囲の大人（おもに養護者）の反応を見て、その**情動**に合わせた対応を取ること。「他者への問合せ」ともいわれる。**1歳前後**に見られる。
- **神経系**…………幼児期に著しく発達。とくに脳は成人の90%まで成長する。
- **全身系**…………**幼児期**までに著しく発達したあと、ゆるやかになるが、**思春期**には再び急速に発達する。
- **生殖系**…………11歳前後から18歳頃までの思春期に著しく発達する。
- **リンパ系**………発達のピークは思春期初期であり、その後は後退していく。

乳幼児期のおもな発達（2歳頃まで）

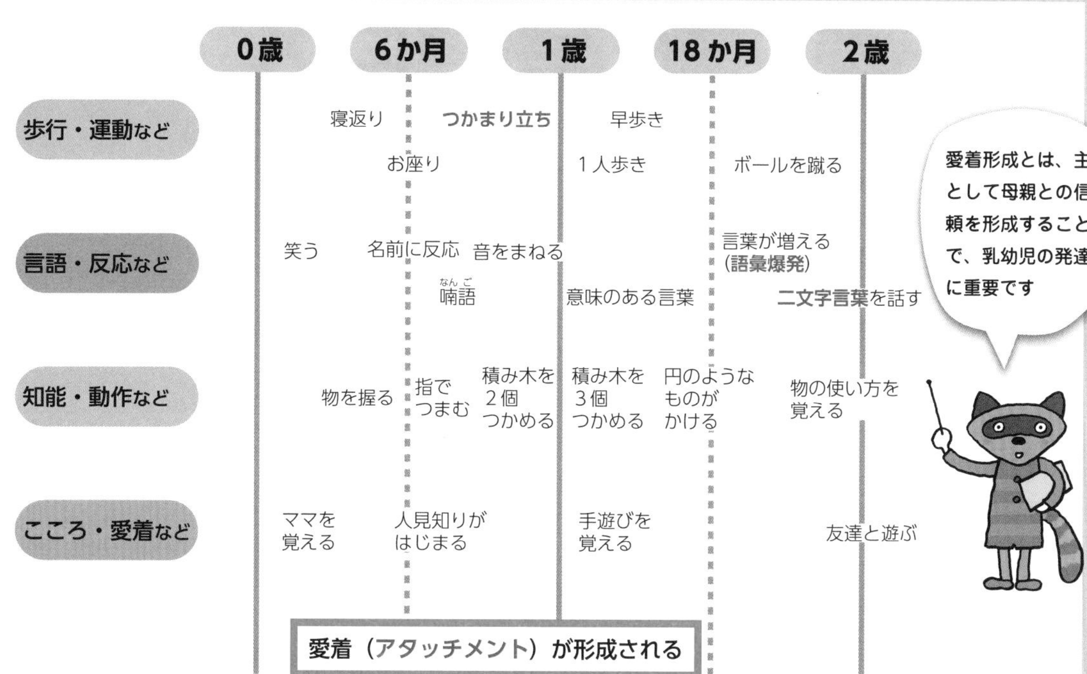

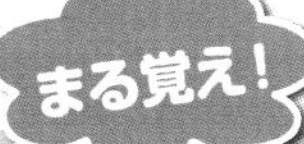

発達に関する考え方（発達理論）

発達段階と発達課題を理解するための基礎となるので、しっかりと押さえておくこと。

発達理論	概要	唱えた人物
生得説 （成熟優位説）	○発達において**遺伝的**要因を重視した考え方。 ○個人の中に組み込まれている**可能性**が成熟し、年齢に応じてあらわれるものとする。発達理論の初期に出された説。	**ゲゼル**
経験説 （環境優位説） （**学習優位**説）	○遺伝の影響よりも、生育環境から得られる経験に影響を受けるとする考え方。 ○しつけや訓練による**習慣**の形成こそ重要であるとしている。	**ワトソン**
相互作用説	○遺伝的要因と**経験的**要因が相互に作用し、発達に影響を与えているとする考え方。 ○**成熟**と学習を要因とし、互いに影響を与え合っているとしている。	**ジェンセン**
輻輳説（ふくそうせつ）	○遺伝的要因と経験的要因はそれぞれ**独立**しており、集まった結果として発達に影響しているとする考え方。	**シュテルン**

相互作用説は、現在の発達理論の中心的考えとなっています

関連 過去問題
第34回 問題70より出題

正解 乳幼児期の言語発達に関する記述として、1歳半ごろに語彙爆発が起きるが正しい。

48 人間の成長と発達について②

- 人間の一生や人生を理解するうえでの基礎を押さえることができます。
- 各発達段階での特質を理解することで、それぞれの発達段階に合わせたケアの提供が可能になります。

各発達理論における発達段階の年齢区分は一致しません。比較しながら覚えることで、混乱しないよう注意してください。

出た！

第29回、第28回で「**エリクソンの発達課題**」、第27回で「**ピアジェの発達段階**」について出題されました。

用語 PICK！

シェマ

ピアジェが提唱した、各発達段階における思考の枠組みのこと。

出題頻度 ★★★

■ 発達段階と発達課題

- **発達段階**……成長し成熟するにつれてたどっていく身体的、精神的、**感情的**な段階のこと。一般に①胎児期、②乳幼児期、③児童期（学童期）、④思春期、⑤青年期、⑥成人期、⑦老年期にわけられる。

［ピアジェの発達段階］（右の表参照）

- 子どもの認知や思考の発達を①感覚運動期、②前操作期、③**具体的操作期**、④形式的操作期の**4**段階にわけ、**能動的発達観**を示した。**シェマ**※という概念の導入。

［フロイトの発達段階］（右の表参照）

- リビドーという**性的エネルギー**が自我の形成に関係するとし、自我の発達過程を①口唇期、②肛門期、③男根期、④潜在期、⑤思春期（青春期）、⑥性器期（成人期）の6段階にわけた。

［ユングのライフサイクル論］

- 人の一生を日の出＝誕生、日没＝死とし、「少年」「**成人前期**」「中年」「老年」の**4**つの段階にわけ、太陽の運行になぞらえて説明。**成人前期**から中年への転換期が正午にあたる。とくに正午は転換期であり、危機の時期であるとした。

- **発達課題**……ある発達段階から次の発達段階へと移行するための克服すべき課題であり、健やかで幸福な発達のために不可欠な課題。

出題頻度 ★★★

■ 具体的な発達理論

［エリクソンの発達課題］（右下の図参照）

- 発達段階を①乳児期、②幼児前期、③幼児後期、④児童期、⑤青年期、⑥成人期初期、⑦成人期（壮年期）、⑧老年期の**8**つにわけた。
- それぞれの発達課題について、課題の克服に成功したときに到達する状況、失敗したときに陥る状況について述べた。

［ハビィガーストの発達課題］

- 発達課題の概念をはじめて提唱した。①乳幼児期、②児童期、③青年期、④**壮年初期**、⑤中年期、⑥老年期の**6**つの発達段階に具体的な発達課題をあてている。
- 課題の源泉は「社会・文化的要請」「身体的成熟」「個人の価値観や要望」のいずれかとしている。

ピアジェとフロイトの発達段階の比較

○ピアジェの発達段階

年齢の目安	発達段階	思考の枠ぐみ（シェマ）
0～2歳	感覚運動期	目、耳などの感覚器官のはたらきを通して認識する。
2～7歳	**前操作**期	物の見え方に左右される直感的思考と、模倣などの**象徴的**思考が特徴。
7～11歳	具体的操作期	物の見かけの変化にまどわされず、具体的なものを理論的に考えられる。
11歳以降	**形式的**操作期	**抽象的概念**の理解、理論的思考ができるようになる。

○フロイトの発達段階

年齢の目安	発達段階	特徴
0～1歳	口唇期	**授乳**・摂食など、口から快感を得る時期。
3歳頃まで	肛門期	排泄に関する、肛門から快感を得る時期。
5歳頃まで	男根期	生殖器への関心、異性の親への関心が生じる時期。
11歳頃まで	**潜在**期	社会性を獲得する時期。同性の親への同一化が進み、リビドーが顕在化。
16歳頃まで	思春期（青春期）	身体的成熟にともない、異性に対する性的関心が増す。
16歳以降	性器期（成人期）	異性に対する関係の確立、**愛情**の完成。

出る! エリクソンの発達課題

発達段階	乳児期	幼児前期	幼児後期	児童期	青年期	成人期初期	成人期（壮年期）	老年期
年　齢	0～1歳	1～3歳	3～6歳	6～12歳	12～20歳	20～30歳	30～65歳	65歳～
発達課題	**養育者**との関係を通じた基本的信頼感	自分のからだをコントロールする自律感	自発的に行動し、社会に関与していく**主体性**	学校生活や家庭生活を通じて有能感を獲得	**アイデンティティ**の確立	親密な人間関係の構築	子育てや仕事を通じて、次世代を育てていく	自分の人生を**肯定**し、新たな方向性を見いだす
課題の克服に成功したときに到達する状況	信頼感 **希望**	**自律性**	**自発性**	**勤勉性**	**自我同一性**	**親密性** **愛**	**生殖性**	自我の**統合**
課題の克服に失敗したときに陥る状況	**不信**	**恥** **疑惑**	**罪悪感**	劣等感	**同一性拡散**	**孤立**	停滞	**絶望**

関連 過去問題
第29回 問題69より出題

正解 エリクソンの発達段階説において、青年期の発達課題として、同一性の獲得があげられる。

49 老年期の基礎的理解

- 老化現象に関する正しい知識を得ることで、高齢者の特性に合わせた介護を提供できるようになります。
- 各制度やサービスの老年期の定義を把握し、基礎的理解を深めましょう。

学習のコツ！

老化現象は誰にでも起こることですが、個人差が非常に大きいということをしっかり覚えましょう。

出題頻度 ★★

■ 老化と老年期

- **老化**……………人が成長して**身体的**に完成したあとに生じる変化（WHOの定義）。成長がピークに達したあとの退行期の変化。
- **生理的老化**……誰にでも必ず起こる、**遺伝子的**にプログラムされた心身の変化。**個人差**が大きい。
- **病的老化**………疾病により進む、心身の変化。誰にでも必ず起こるわけではない。
- **加齢**……………受精してから死を迎えるまでの全生涯の変化。
- **老年期**…………65歳以上をさす場合が多いが、各法律・制度で定義が異なる。

出題頻度 ★★

■ 老化の理論

- 老化の原因を説明する説は数多く存在するが、ひとつの説をもって老化のすべてを説明することはできないとされている。
- **プログラム説**……人間の細胞は**分裂**の回数が決まっており、細胞の寿命が尽きることが老化に繋がるという説。
- **エラー説**…………細胞分裂の際にわずかに発生する**突然変異**の蓄積が、老化に繋がるという説。
- **活性酸素説**………**代謝**を行う際に発生する活性酸素がダメージとなり、老化に繋がるという説（フリーラジカル説）。

出た！

第36回で「**生理的老化**」について、第33回、第32回、第27回で「**高齢者の定義**」について、第31回、第30回で「**老化によるおもなからだの変化**」について、第30回で「**老化の理論**」について出題されました。

出題頻度 ★★

■ 前期高齢者と後期高齢者

- 65歳以上の中でも、75歳未満を**前期**高齢者、75歳以上を**後期**高齢者とするのが一般的。
- これは、75歳を境に疾患やからだの状態、**介護**の必要度などに差異が見られることが関係している。
- 75歳を境に死亡事故率が約2倍に増加する。これは、認知機能低下による記憶力・判断力の低下が一因と考えられており、道路交通法では75歳以上の高齢者に対し、運転免許更新時に「**認知機能検査**」が2017（平成29）年3月から義務づけられた。70歳以上の高齢者には、**高齢者講習**が行われる。

関連づけよう！

P.120「老化にともなう心身の変化の特徴」と併せて学習しましょう。

各制度による高齢者の定義の違い

高齢者虐待防止法
65歳以上

道路交通法
70歳以上
（普通免許保持者）

※75歳以上に**認知機能検査**が義務づけられました。

介護保険法
65歳以上

WHO（世界保健機関）
公式な定義はないが
65歳以上　前期高齢者
75歳以上　後期高齢者
が用いられることが多い。

老人福祉法
65歳以上

後期高齢者医療制度
65歳以上　前期高齢者
75歳以上　後期高齢者

総務省人口統計
65歳以上

老化によるおもなからだの変化

口
唾液分泌量の低下。
飲み込む力が弱くなる。
味覚が低下する。

呼吸器
肺活量が低下し、息切れしやすくなる。

泌尿器
膀胱が萎縮し、トイレが近くなる。
尿道括約筋が低下し、失禁することがある。

耳
高音域が聞こえづらくなる。
耳が遠くなる。

循環器
動脈硬化が起こりやすくなる。
心臓が弱くなり、動悸が起こりやすくなる。

皮膚
皮膚が薄くなる。弾力が低下する。皮膚が**乾燥**しやすくなる。
皮膚感覚が鈍くなる。

骨・関節
骨量が減り、**骨折**しやすくなる。
関節の動きが悪くなる。

老化による変化は、すべての人に同じようにあらわれるのではなく、個人差があるものです

関連 過去問題
第36回 問題33より出題

正解 生理的老化は、遺伝的にプログラムされた現象である。

50 老年期の特徴と発達課題

- 老年期の特徴を理解することで、高齢者の介護について本質的な理解ができるようになります。
- 老年期への適応、不適応を理解することで、充実した老年期の生活を支えるためのサービス提供の視点としましょう。

学習のコツ！

加齢による変化と疾病による変化の違いを整理して覚えよう。

出た！

第36回で「**エイジズム**」について、第35回、第31回で「**ライチャードの性格分類**」について、第27回で「**プロダクティブ・エイジング**」について、第25回で「**ライチャードの性格類型**」について出題されました。

用語PICK！

生活の質（QOL）

人間らしく、満足して生活しているかを評価する概念。介護においても対象者の生活の質の向上が重要となる。

関連づけよう！

P.120「老化にともなう心身の変化の特徴」と併せて学習することで、高齢者に対する理解が深まります。

出題頻度 ★★

■ 老年期の心理的な特徴

- **老性自覚**………自分が高齢者であることを自覚すること。自分の周囲や置かれている環境の変化（**外的**要因）と、身体機能の衰え（**内的**要因）などで自覚する。すべての人が経験することではあるが、出現には個人差が非常に大きい。
- **喪失体験**………社会的地位や**役割**の喪失、家族関係の変化、死別など老年期に体験する「喪失」は、身体面や精神面に大きな影響を与える。
- **サクセスフル・エイジング**
……老年期でも主観的な幸福感を感じて過ごしている、老化に適応した姿。長寿であることのみでなく、生活の質（**QOL**）※、社会貢献などが構成要素といわれている。
- **プロダクティブ・エイジング**
……主観的な幸福感を得るためには、高齢者であっても自立して生産的、創造的な生き方をすべきという考え。生産的、創造的な活動（プロダクティブな活動）には、労働、ボランティア、家事、**セルフケア**なども含まれる。
- **エイジズム**……**年齢**を理由にした差別や偏見のこと。全世代での偏見や差別をさすが、**高齢者**に対する差別や偏見を意味することが多い。

出題頻度 ★★★

■ 高齢者の人格

- **加齢と人格（パーソナリティ）**
……人格は加齢により変化する部分と、安定したまま変わらない部分があるといわれる。人格の変化はすべての人に必ず起こるのではなく、**社会環境**の変化や身体的な老化、喪失体験など、高齢期に特徴的な経験に対する反応としてあらわれる。
- **ライチャードの性格分類**
……老年期の男性の人格特性を①円熟型、②ロッキングチェア型、③防衛型、④外罰型、⑤内罰型に分類し、④外罰型、⑤内罰型を**不適応**な人格とした。
- **ニューガーデンの性格分類**
……老年期の人格特性を①統合型、②防衛型、③**依存型**、④不統合型に分類し、④不統合型を不適応な人格とした。

ライチャードの高齢者の性格分類 5

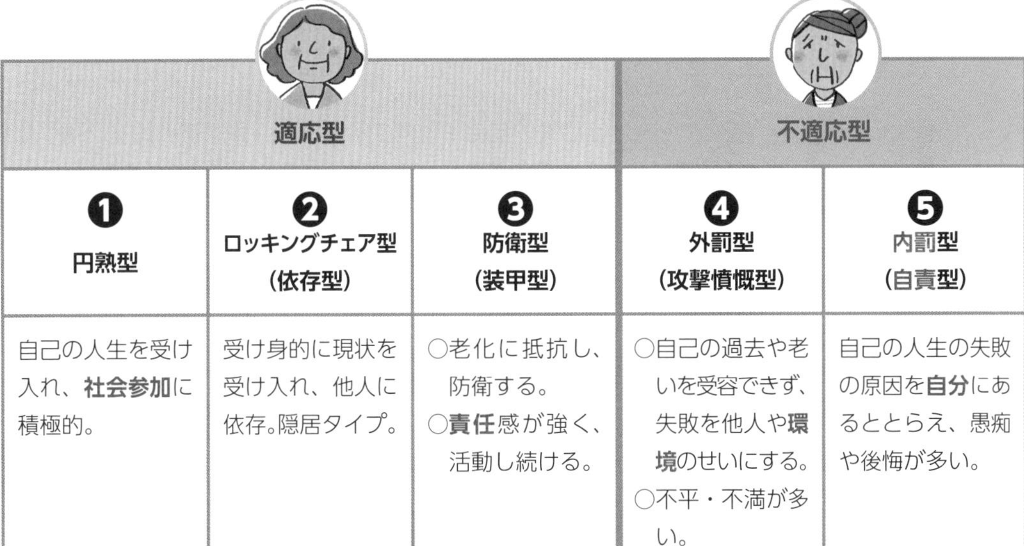

適応型			不適応型	
❶ 円熟型	❷ ロッキングチェア型（依存型）	❸ 防衛型（装甲型）	❹ 外罰型（攻撃憤慨型）	❺ 内罰型（自責型）
自己の人生を受け入れ、**社会参加**に積極的。	受け身的に現状を受け入れ、他人に依存。隠居タイプ。	○老化に抵抗し、防衛する。 ○**責任**感が強く、活動し続ける。	○自己の過去や老いを受容できず、失敗を他人や**環境**のせいにする。 ○不平・不満が多い。	自己の人生の失敗の原因を**自分**にあるととらえ、愚痴や後悔が多い。

ニューガーデンの高齢者の性格分類 4

適応型							不適応型
❶ 統合型			❷ 防衛型		❸ 依存型		❹ 不統合型
再統合型	集中型	離脱型	固執型	緊縮型	依存型	鈍麻型	
高齢でも新たな役割を得て、楽しく過ごす。	役割を**限定**し、集中して取り組むことで充足を得る。	役割を失ったが、責任から解放されたことにより喜びを感じる。	それまでに築いてきた役割を果たそうと努力する。	役割は減らし、ある程度の充足感で満足する。	周囲から援助を受けて生活することに満足する。	あまり活動せず、生きることに**消極的**になる。	高齢期に適応できず、なんとか自分を維持している。

関連 過去問題
第36回 問題34より出題

正解 エイジズムがあらわす意味として、高齢を理由にして偏見をもったり差別したりすることがあげられる。

51 老化にともなう心身の変化の特徴

- 老化にともなう心身の変化を理解することで、高齢者に対する適切な知識を習得し、根拠ある介護を提供できるようになります。
- 加齢による身体的な変化には個人差があること、知能や記憶の中には加齢の影響を受けないものがあることを再確認します。

出た！

第33回、第30回で「**老化にともなう感覚・知覚の変化**」、第29回で「**老化にともなう知的機能の変化**」、第34回で「**記憶の種類**」、第28回で「**加齢による影響を強く受ける記憶**」について出題されました。

出題頻度 ★★★

■ 加齢にともなう身体的変化

- 加齢にともなう身体的変化は、形態的変化※と機能的変化が複合的にあらわれる。
  - ［**形態的変化**］頭髪が白くなる、頭髪が少なくなる、しわが増える、しみが増えるなど。また、身長が低くなる、体重が減少するなど。
  - ［**機能的変化**］それまでは問題なかった身体機能の低下。運動機能、嚥下機能、呼吸機能、消化機能、代謝機能※など、多くの機能が低下する。
- **予備力の低下**………**日常生活**には影響がないが、それ以上の活動を求められたとき、十分に対応できなくなる。
- **防衛反応の低下**……危機に直面したとき、からだが敏速に反応できなくなる。**病原体**の侵入に対する抵抗力が減退したり、ストレスに弱くなったりする。
- **回復力の低下**………病気や傷に対する**自然回復力**が低下する。運動などによる疲労も、若いときより回復が遅れる。
- **適応力の低下**………環境の変化や身体機能の変化に合わせて、自分を変え適応する力が弱くなる。

出題頻度 ★★★

■ 結晶性知能と流動性知能

- 知能は、高齢でも比較的維持されるものと、低下するものとにわけられる。
- **結晶性知能**……一般的な常識や判断力、過去の経験に基づき日常生活上の問題に対応する能力。**加齢**による低下はあまり見られない。
- **流動性知能**……新しい環境に適応するために必要な能力。経験などの影響を受けない知能。加齢によりやや低下するといわれる。

出題頻度 ★★★

■ 加齢にともなう記憶力の変化

- 記憶力には、老化により低下するものと影響を受けにくいものとがある。
- **低下しづらい記憶力**……手続き記憶・**意味記憶**。
- **条件により低下する記憶**

  ……感覚記憶は、**感覚器**の機能低下により衰える。短期記憶は注意力の低下により衰えるといわれる。

用語 PICK！

形態的変化
いわゆる見た目でわかる変化のこと。

代謝機能
老廃物を排出し、栄養を取り入れるはたらき。

関連づけよう！

P.116「老年期の基礎的理解」、P.122「高齢者の疾患の特徴」と併せ、高齢者の全体像を理解しましょう。

加齢にともなう感覚器の主な変化

視覚
- 視力が低下する。
- 近くの物が見づらくなる（老眼）。
- 視野が狭くなる。
- 順応性が低下する（とくに**暗順応**）。

嗅覚
- 70〜80歳代で低下しはじめる。
- においを感じること、嗅ぎわける機能の低下。

※ガス漏れに気づかない、食べ物が傷んでいることに気づかないなど、生活に影響がでる。

聴覚
- 加齢性難聴になる。
- **高音**ほど聞き取れない。
- 子音が聞き取りづらい。
- 音がハッキリと聞こえなくなる。
- **大きな声**ほど、聞き取りづらくなる。

味覚
- 他の感覚にくらべ、低下がゆるやか。
- 甘みや渋みの感受性は低下しづらい。
- 塩みの低下が著しく、濃い味を好むようになる。

皮膚感覚
- 皮膚の厚み、**弾力性**の低下、感覚点の減少により、全体的に外からの刺激に対する反応が鈍くなる。
- 暑さに対する反応性が低下する。

※痛覚の低下により、けがに気づかないことがある。

記憶の種類3

❶ 感覚記憶（加齢による影響を受けやすい）
- 情報量は膨大。
- 一瞬で消える。
- 注意を向けないと記憶されない。
- **感覚器機能**の影響を受ける。

❷ 短期記憶
- 数秒で消えてしまう。
- 一度に覚えられるのは、5個から9個まで。
- 反復し、長期記憶化が可能。

❸ 長期記憶
- 長期（何十年）の保存が可能。
- 蓄えられる量は**無限**。
- 復唱することなどで強化が可能。

長期記憶は以下に分かれる。

非陳述記憶
- **言語**などで内容を説明できない記憶。

手続き記憶（加齢による影響はあまり受けない）
- 動作に関する、からだが覚えている記憶。

プライミング記憶
- その後の情報に影響を与える、前に与えられた情報。

陳述記憶
- 内容が**言語**などで説明できる記憶。

意味記憶（加齢による影響をあまり受けない）
- 物事の意味をあらわす、一般的な知識・情報。

エピソード記憶
- 個人に起こった出来事の記憶。

関連 過去問題
第34回 問題73より出題

正解 意味記憶は、言葉の意味などに関する記憶である。

52 高齢者の疾患の特徴

- 高齢者の疾患の特徴を理解することにより、予防や効果的なケアが提供できるようになります。
- 痛みの訴えだけだとしても、高齢者にとっては重篤な病気である場合もあります。危険性を理解して観察力を身につけましょう。

学習のコツ！

高齢者の疾患の特徴は、加齢による心身機能の変化が大きく影響することです。

出た！

第33回で「**高齢者の疾患の特徴**」について、第31回で「**高齢者の疾患と治療**」について、第30回で「**高齢者の薬物代謝**」について出題されました。

用語 PICK！

抑うつ状態

気分が落ち込んで活動を嫌っている状況であり、そのため思考、行動、感情、幸福感に影響がでている状況。

関連づけよう！

P.120「老化にともなう心身の変化の特徴」と併せて学習しましょう。

出題頻度 ★★★

■ 高齢者の症状のあらわれ方の特徴

- 加齢による機能低下が影響するため、高齢者の病気のあらわれ方や治療、予後（病後などの回復の見込み）には他の年代にくらべ、いくつか大きな特徴がある。

①個人差が大きく病状が非定型的

……老化の進み方は、**社会環境**や個人の生活習慣などに大きく左右される。そのため、疾患に対する症状や進行に個人差がある。また、症状のあらわれ方が通常知られているものとは違う（**非定型**）場合や、症状自体が乏しく**自覚症状**がない場合も多いので注意が必要。

②複数の疾患をもっていることが多い

……高齢による全身機能の低下もあり、複数の疾患に同時にかかっていることが多く、相互に影響し合っている場合がある。

③回復が遅く慢性化、重症化しやすい

……からだの回復力が低下しているため、疾病からの回復に時間がかかる。また、回復できずに**慢性化**したり、重症になったりすることも多い。

④薬の効果が強くでたり、副作用がでやすくなったりする

……肝臓や腎臓の機能低下により、余分な薬を尿中に排出できなくなるため、本来の作用が強くあらわれたり、副作用がでやすくなったりする。**転倒**などに繋がる危険もある。

⑤神経症状や精神症状がでやすい

……高齢者は、喪失体験の克服や新しい環境への適応といった課題がある。課題の克服は高齢者にとって非常に重く、抑うつ状態※になりやすい。**認知症**が進行するなどの影響がでる場合もある。

⑥全身状態が悪化しやすい

……高齢者はからだの状態を一定に保つ機能（ホメオスタシス＝恒常性）が低下しており、病気になると健康な状態への回復が難しく、病状が悪化しやすい。

⑦生活への影響が大きい

……高齢者の疾患は生活全体への影響が大きく、生活の質（QOL）を低下させる原因となることが多い。また、疾患の治療後も**身体機能**の回復が遅れることもあり、予後の生活への影響も大きい。

疾患が原因であらわれやすい痛み 4

①頭痛

おもな原因疾患：
脳血管障害、脳腫瘍
など

②腹痛

おもな原因疾患：
腸閉塞、消化性潰瘍、
大腸がん　など

③胸部痛

おもな原因疾患：
狭心症、心筋梗塞、
肋間神経痛　など

④腰背部痛、関節痛

おもな原因疾患：
骨折、変形性関節症、関節リウマチ、
骨粗鬆症、脊柱管狭窄症、椎間板
ヘルニア、変形性脊椎症　など

痛みは重要なパロメーターですが、高齢者の場合、自分でも部位が特定できない場合もあり注意が必要です

介護が必要となったおもな原因

●65歳以上の要介護者等

	総数	男性	女性
脳血管疾患	15.0%	24.5%	10.3%
心疾患	4.7%	6.3%	3.9%
関節疾患	11.0%	4.6%	14.2%
認知症	18.1%	14.4%	19.9%
骨折・転倒	13.0%	5.8%	16.5%
衰弱	13.3%	11.3%	14.3%
その他	25.0%	33.2%	21.0%

介護が必要になった原因として、男性は脳血管疾患、女性は認知症がもっとも多いことがわかります

資料：2019年（令和元年）
「国民生活基礎調査」より

高齢者の薬物動態の特徴

薬物動態とは、投与された薬物の吸収・分布・代謝・排泄の一連の過程のこと。

吸収　消化管内の血流量・腸管面積の減少、腸内酸度の低下により、消化管の消化・吸収作用が低下するが、薬剤は、受動拡散がほとんどなので、薬剤の吸収力が低下するとはいえない。

分布　体内の水分量の低下と**体脂肪**の増加により、薬物の分布面積は減少する。

代謝　**肝機能**の低下により、薬物を代謝する機能も低下する。結果として、予想以上の薬物が血中に入っていく。

排泄　腎臓の機能低下（**糸球体**のろ過速度の低下）により、薬を体外に排出する機能が低下する。

高齢になるほど、服薬の種類も増える傾向にあるので、さらに注意が必要です

関連 過去問題
第33回 問題75より出題

正解 高齢者の転倒について、服用する薬剤と転倒には関連がある。

53 脳・神経系の疾患

- 脳・神経系の加齢による変化と疾患を理解することで、対象となる利用者の特性に合わせた介護が可能になります。
- 脳・神経系の疾患は、介護が必要となる原因でもっとも多いものです。代表的な疾患を覚えて、知識を深めましょう。

学習のコツ！

後遺症に対する介護の注意点と併せて知識を広げておくとよいでしょう。とくに「視覚障害」（P.170）、「聴覚障害・言語機能障害」の「失語症」（P.172）などは重要です。

学習のコツ！

筋萎縮性側索硬化症、パーキンソン病関連疾患、脊髄小脳変性症、多系統萎縮症は介護保険の特定疾病です（P.49）。

第35回で「**後頭葉**」の機能局在について、第32回で「**脳血管障害の種類**」、第30回で「**パーキンソン病の症状**」について出題されました。

用語PICK！

危険因子

病気を引き起こすもの、あるいは引き起こす原因となるもの。たとえば、高血圧・糖尿病などの生活習慣病が、脳・神経系疾患のリスクを高める原因になる。

出題頻度 ★★

■ 加齢による脳・神経系の変化

- 一般的に、脳の細胞数は加齢とともに減少するといわれている。ただし、これは日常生活に不便を感じるほどではない。
- 加齢により、**脳血管障害**のリスクは高くなる。これは高齢者の疾患に対する抵抗力が低下し、長年の生活で蓄積してきた危険因子※の影響を大きく受けるようになるからである。
- **脳の器質的変化**……脳の重量と容積の減少は、認知機能の低下に繋がる。
- **神経細胞の変化**……神経細胞の減少と伝達機能の低下により、脳内の情報処理に時間を要するようになる。そのため、瞬時の判断や反応が遅くなる。また、**嚥下機能**の低下にも関係する。
- **中枢機能の変化**……ホルモン分泌の低下、自律神経の乱れなどが起こる。

出題頻度 ★★★

■ 代表的な神経疾患

［**筋萎縮性側索硬化症（ALS）**］

- **運動ニューロン**（骨格筋を司る神経細胞）の変性により、筋肉の萎縮と筋力の低下が起こる原因不明の進行性疾患。
- 上肢の機能障害、歩行障害、嚥下障害、呼吸障害などが生じる。

［**パーキンソン病**］

- 神経伝達物質である**ドーパミン**の産生が減少し、運動に障害が起こる。
- 筋固縮、**安静時振戦**、前傾姿勢、小刻み歩行、すくみ足、無表情などが特徴。
- 発症年齢は55～65歳がピーク。高齢になるほど多い。

［**脊髄小脳変性症**］

- 小脳、脳幹、脊髄が萎縮し、協調的運動ができなくなる（**運動失調**）。
- 手足の運動失調、**構音障害**（発音がうまくできない）、パーキンソン病の症状などがあらわれる。

［**多系統萎縮症**］

- シャイ・ドレーガー症候群、**オリーブ橋小脳萎縮症**、線条体黒質変性症の総称。原因は不明。

［**脊椎損傷**］

- 損傷部位により、おもに下方の感覚と運動機能が失われる。
  頸椎損傷→**四肢麻痺**／胸椎損傷→体幹、下肢麻痺／腰椎損傷→下肢麻痺

脳血管障害の分類とその種類

脳血管障害

- 原因 **血管が破れる**
  - **くも膜下出血**：脳をつつむ「くも膜」の内側が出血する。
  - **脳出血**：なんらかの原因で脳の血管が破れ、出血する。
- 原因 **血管が詰まる**
  - **脳梗塞**
    - **心原性脳塞栓症**（しんげんせい のうそくせんしょう）：心臓でできた血栓が脳まで流れてきて詰まる。
    - **アテローム血栓性梗塞**：脳の太い血管に血栓ができて詰まる。
    - **ラクナ梗塞**：脳の細い血管が狭くなり詰まる。高血圧などによる。

脳の各部分の名前とおもなはたらき

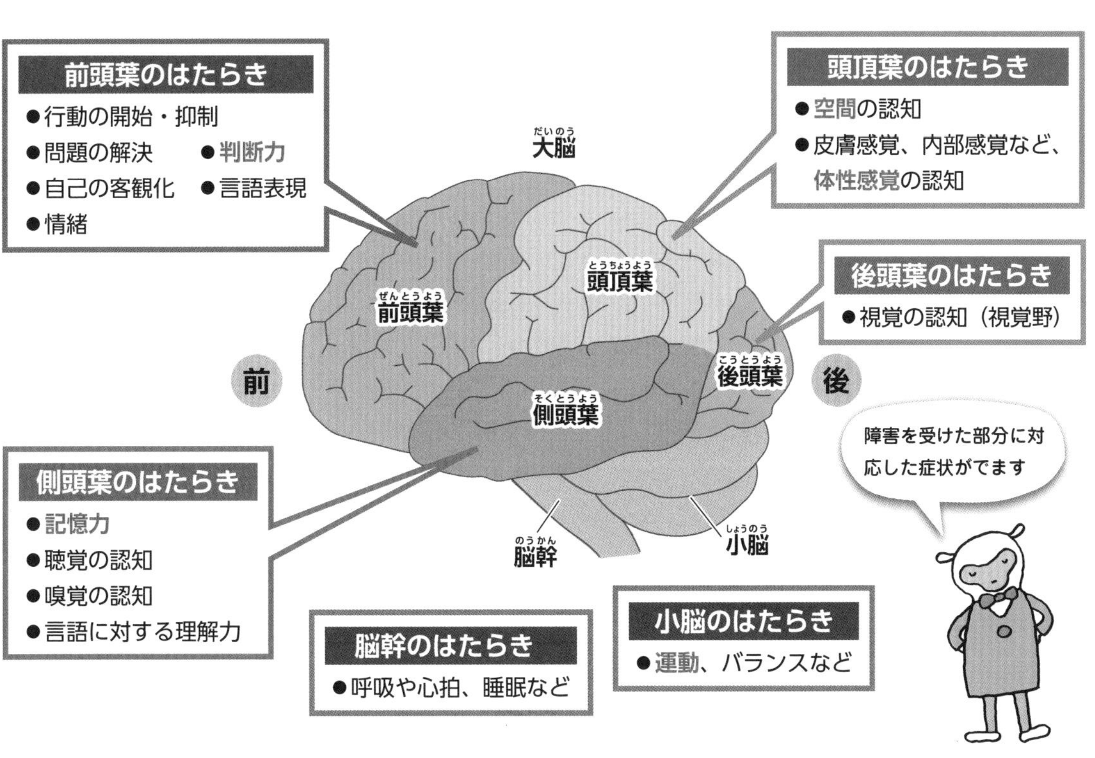

関連 過去問題
第35回 問題20より出題

正解 大脳の後頭葉にある機能局在として、視覚野が正しい。

54 感覚器の疾患①（視覚）

- 加齢による視覚の変化を理解することは、生活支援のみでなく、コミュニケーション技術の向上にも繋がります。
- 加齢による変化と疾病による変化を正しく理解することで、より個別的なケアができるようになります。

学習のコツ！

視覚の変化に対する問題は頻出するので、生活への影響も併せて学習しておきましょう。

出た！

第25回で「**視覚の加齢変化**」について出題されました。

用語 PICK！

変視症
物が歪んで見えること。

中心暗点
視野の中心が見えなくなること。

関連づけよう！

P.170「視覚障害」と併せて学習することで理解が深まります。

出題頻度 ★★★

■ 加齢による視覚の変化

- 水晶体の弾性低下、毛様体筋の作用の低下などが原因となり、目の調節能力が低下する。
- **老眼**……水晶体のはたらきが弱くなり、網膜でピントが合わなくなり、網膜より後方に像を結ぶため、近くの物ほど見えづらくなる。
- **順応性の低下**……明から暗、暗から明へと周囲の明暗に差がある場所に移動したとき、徐々に視力が確保されていくはたらきを**順応性**という。高齢者ではこの反応が遅くなる。
- 順応性のうち、高齢者ではとくに**暗さ**に対する順応性が低下する。また、物を見るのにより明るさ（**照度**）が必要になる。
- **視野と動体視力**……一般的に成人で約**200**度とされている視野は、高齢者では約**160**度と狭くなる。動いている対象物を見る視力（動体視力）も低下し、全体として物をとらえる機能が低下する。

出題頻度 ★★★

■ おもな目の病気

- **白内障**……**水晶体**が白濁し、霞がかかったように物が見えるようになる。初期症状はまぶしさとしてあらわれる。水晶体の加齢変化であり、個人差はあるが**70**歳以上になるとほとんどの人に見られる。
- **緑内障**……眼球内の圧力（**眼圧**）の上昇により視神経が圧迫され、障害を起こす。視野が狭くなる、弱視や目の痛みなどの症状があらわれる。進行し失明に至る危険性がある。
- **糖尿病性網膜症**……糖尿病の合併症として起こる網膜の障害。網膜の血管が詰まることで発症。視界のかすみから視力低下へと進行し、失明に至ることもあり、もっとも多い成人の失明原因。
- **加齢黄斑変性症**……網膜の中心部である黄斑部の変化による障害。加齢によって生じる。初期症状は変視症※。進行すると視野の中心から欠けていく「中心暗点※」の症状がでる（P.171）。
- **網膜色素変性症**……網膜の視細胞が障害され、物が見えづらくなる。暗い場所で物が見えなくなる夜盲からはじまり、視野が徐々に狭くなる視野狭窄が起こる。

眼の構造と物を見るしくみ

目に入ってきた光は、角膜の後ろの水晶体（レンズ）で曲げられ、**硝子体**を通して、網膜上で像を結ぶ。

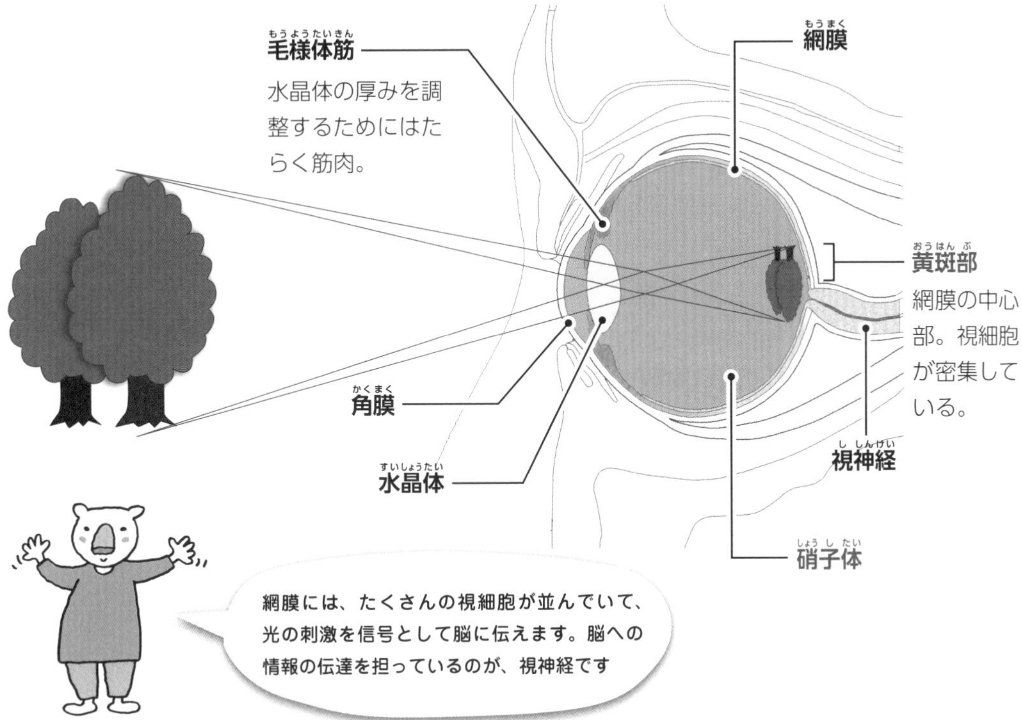

屈折異常と老眼との関係

眼軸の長さが長すぎたり、短すぎたりすると、遠くの物ほどピントが網膜で合わなくなる。これを**屈折異常**という。眼軸とは、角膜の頂点から網膜までの距離のこと。

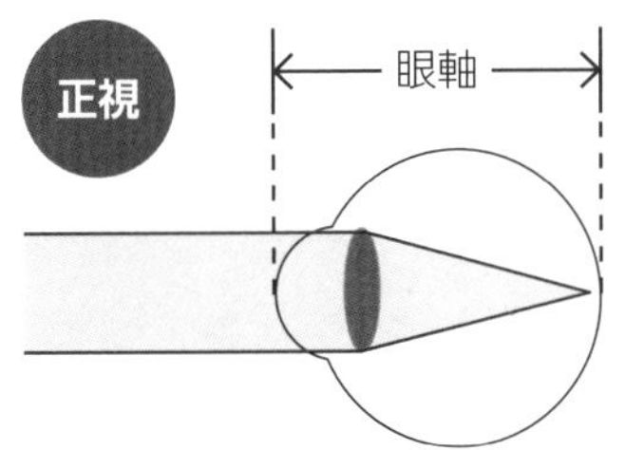

眼軸の長さが標準で、網膜でピントが合う。

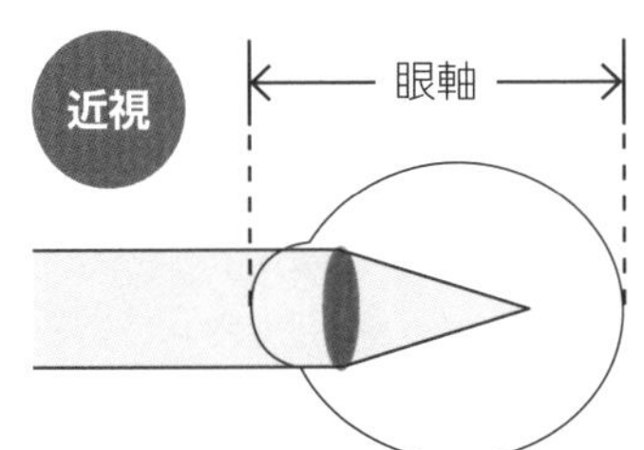

眼軸の長さが長いため、網膜でピントが合わない。

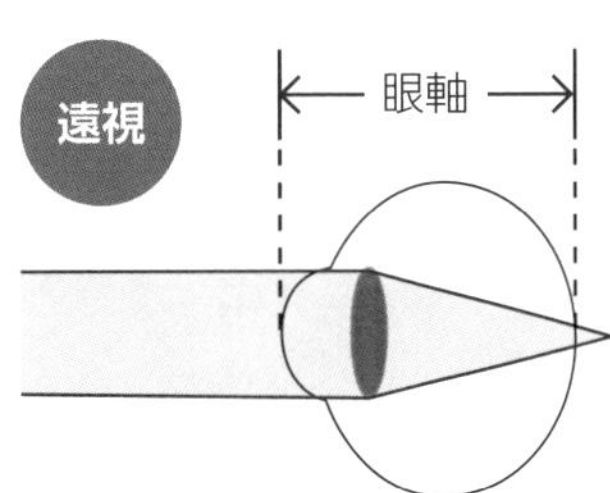

眼軸の長さが短いため、網膜でピントが合わない。

老眼は水晶体の弾力性が低下し、調整がうまくいかない状態なので、遠視とは原因が異なります

関連 過去問題
第25回 問題73より出題

正解 老化にともなう視覚の変化として、識別に必要な照度が高くなることがあげられる。

55 感覚器の疾患②（聴覚）

- 聴覚もコミュニケーションに必要な重要な感覚器です。加齢による変化や疾病による障害を理解し、コミュニケーション技術に生かしましょう。
- 補聴器に対する知識も深めることで、補聴器が必要な人、使用している人に適切な助言ができるようになります。

学習のコツ！

難聴の種類により聞こえづらさが違うことを、しっかり押さえておきましょう。

出た！

第36回で「**耳小骨**」について、第29回で「**目まいと症状**」について出題されました。

用語PICK！

三半規管

平衡感覚を司る器官であり、内耳の前庭に繋がっている、半円形をしたチューブ状の３つの半規管（前・中・後）の総称。

関連づけよう！

P.172「聴覚障害・言語機能障害」と結びつけて覚えましょう。

関連づけよう！

聴覚の変化、障害はP.246～253「コミュニケーション技術」と併せて学習しましょう。

出題頻度 ★★

■ 加齢による聴覚の変化

- **老人性難聴とは**………内耳の感覚細胞や内耳から脳へ音を伝える神経系経路、内耳にある**蝸牛**の血管などの障害、中枢神経の機能低下などが原因となり、内耳内での音の伝導が悪くなり聞こえづらくなる。進行すると**補聴器**が必要となる。
- **老人性難聴の特徴**……高い音ほど聞き取りづらくなる。**子音**が聞き取りづらくなる。相手の話が聞きづらくなり、話の内容がわからなくなる。感音性難聴のひとつである。

出題頻度 ★★

■ おもな聴覚の病状

- **伝音性難聴**………外耳や中耳に障害がある場合。音が小さく聞こえづらい。補聴器の効果があらわれやすい。
- **感音性難聴**………内耳から聴神経、脳までの部分に障害がある場合。音が小さく、音割れや雑音めいて聞こえる。**高い音**ほど聞きづらい。
- **混合性難聴**………伝音性難聴と感音性難聴の双方を併せ持つ場合。
- **メニエール病**……**内耳**に原因がある疾患。回転性のめまいや長時間続く耳鳴り、難聴が症状。30歳代後半～40歳代前半がピーク。
- **良性発作性頭位めまい症**
  ……頭を動かしたりして内耳にある**三半規管**※のうちの後半規管が刺激されると、それに反応して、短時間の回転性のめまいが生じる。通常、自然に消失する。
- **突発性難聴**………突然に発生する難聴。片耳に発生することが多く、両耳に同時に発生することはまれである。**耳鳴り**やめまいが、難聴の発生と前後して生じることがある。
- **外耳道閉塞**………耳垢が外耳道にたまり、音の流れを遮ることで生じる難聴。耳垢を除去することで改善する。
- **外耳炎、中耳炎**
  ……外耳、中耳の炎症。慢性化することもある。伝音性難聴の原因ともなる。
- **内耳炎**……………中耳腔の炎症が内耳におよんで起こるもの、**髄膜炎**が原因で起こるものなどがある。耳鳴りやめまいといった症状がでる。

耳の構造と音を聞くしくみ

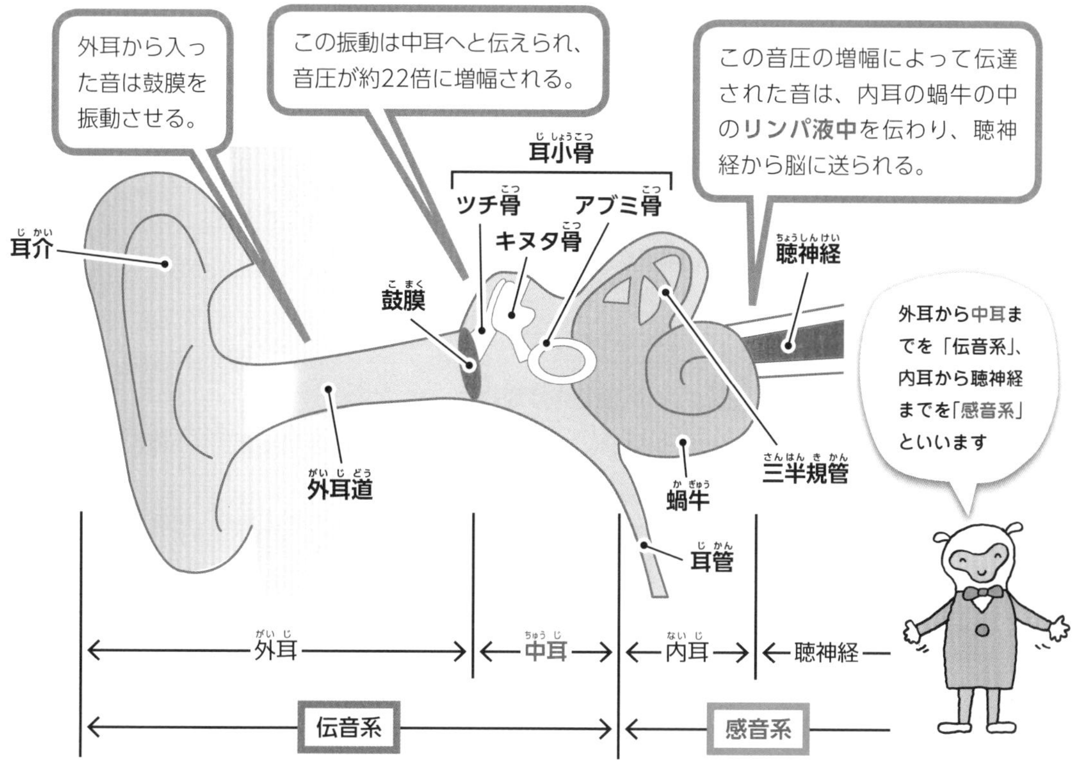

めまいを生じるおもな耳の病気5

❶ メニエール病

原因・症状
難聴、耳鳴り、耳閉塞感とともに**回転性**・発作性のめまいを生じる。

❷ 突発性難聴

原因・症状
聴神経の炎症による、突然の難聴。軽いめまいと**耳鳴り**をともなう。

❸ 前庭神経炎

原因・症状
カゼ症状のあと、突然の回転性のめまいが生じる。強烈なめまいだが自然に回復する。アレルギー反応が原因といわれる。

❹ 聴神経腫瘍

原因・症状
聴神経にできる良性の腫瘍。軽いめまいを生じる。

❺ 前庭神経の圧迫

原因・症状
加齢による**動脈硬化**が原因。耳鳴りと同時にめまいを起こす。

関連 過去問題
第36回 問題22より出題

正解 中耳にある耳小骨として、ツチ骨がある。

56 歯・口腔内の疾患

- 食事という行為に直接関係している歯・口腔内の加齢による変化や、病気を理解することで、食事の場面での介護の充実に繋げることができます。
- 口腔内を清潔に保つことと健康維持の関連性を理解し、適切な口腔ケアに対する基礎を理解しましょう。

出た！

第31回、第26回で「**唾液と唾液腺**」について出題されました。

用語 PICK！

味蕾

舌の表面にある味覚（甘み、酸み、苦み、塩み、うまみ）を感じている感覚器。

アミラーゼ

消化酵素のひとつ。糖質（でんぷん）を糖に分解する。

関連づけよう！

P.276「自立に向けた身じたくの介護②（口腔ケア）」と併せて学習するとともに、P.99「食事に関連したからだのしくみ」の「食事の過程5」も関連して覚えておきましょう。

出題頻度 ★★

■ 加齢による口腔内の変化

- 加齢による口腔内の変化は、食べることだけでなく、全身のさまざまなところに影響をおよぼす。
- 口腔内の変化を理解し正しい**口腔ケア**を行うことは、疾患の予防にも繋がる。

［**口腔内の変化**］

- **味覚の衰え**…………舌にある味蕾※の数が減少し、味の**感受性**が低下する。甘みと塩みに影響が大きい。
- **唾液量の減少**………産生される唾液量が減少し、口の渇きの原因となる。結果として、口腔内の清潔が保てなくなったり、味覚を衰えさせたりする。**唾液腺**を刺激することで、分泌が可能。
- **歯の変化**……………加齢によって歯肉が退縮し、歯の下部が食物や細菌にさらされる。また、歯の**エナメル質**も減少する。唾液量の減少による口の渇きの影響もあり、むし歯になりやすく、歯が失われやすい。
- **嚥下反射の低下**……食べ物を飲み込むとき気道に入らないよう、**喉頭蓋**を動かして蓋をする反射を嚥下反射という。加齢により低下するため、誤って食物が気管に入りやすくなる。
- **咀嚼力の低下**………食物を口腔内で細かくし、唾液と混ぜ、飲み込みやすい塊（**食塊**）に形成する過程を咀嚼という。加齢による歯の欠損や舌の運動機能低下により低下する。

- 食物が誤って肺に入った場合は、誤嚥性肺炎のリスクを高める。

出題頻度 ★★

■ 歯周病とそのリスク

- **歯周病とは**……細菌の感染によって引き起こされる炎症性疾患。
- 歯と歯肉との境目（**歯肉溝**）の清掃が行き届かないでいると、そこに多くの細菌がとどまり、歯肉の縁が炎症を起こして腫れる。
- 歯周病が進行すると、**歯周ポケット**ができ、歯を支える土台が動くようになる。
- 歯周病菌は、唾液とともにからだに入り、全身の病気に対するリスクを上げる。とくに、細菌性心内膜炎、**虚血性心疾患**などには影響が大きいといわれる。
- 歯周病菌は、糖尿病と相互関係があり、糖尿病が歯周病を悪化させ、歯周病がさらに糖尿病を悪化させることが知られている。

唾液と唾液腺

- 1日約1000ml分泌
- 分泌中枢は延髄
- 99%以上が水分

食塊形成
口腔内で食べ物を食べやすい塊にまとめる。

保護作用
潤滑剤のはたらきをして、口腔内の摩擦を軽減している。

消化作用
唾液に含まれる消化酵素で、食べ物（栄養素）を分解する。

抗菌・殺菌
抗菌作用があり、口腔からの細菌の侵入を防いでいる。

洗浄作用
歯の表面などを洗い流し、清潔にする作用がある。

湿潤作用
唇や舌、歯をはじめ、口腔を潤す作用がある。

pH緩衝
口腔内が酸性になるのを防ぐ作用がある。

唾液は1日1～1.5ℓ分泌され、アミラーゼ※、マルターゼなどの消化酵素を含んでいます

●3大唾液腺

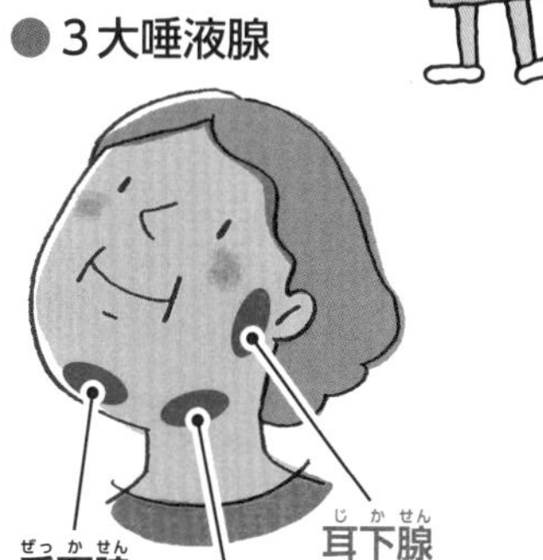

歯・口腔内のおもな疾患4

① 齲歯

いわゆる「むし歯」のこと。

原因 口腔内の細菌によって酸がつくられ、歯を溶かす。

特徴 歯と歯の間、歯頸部、歯の隣接部などに発生しやすい。**歯根**の露出している高齢者は**歯根**もなりやすくなる。

② 口内炎

口腔内にできる炎症の総称。

原因 義歯の不具合。不十分な手入れなど。

特徴 痛み、腫れ、ただれ、しみるなど。

③ 顎関節症

顎と顎を動かす筋肉（咀嚼筋）の障害。

原因 かみ合わせ不良、**ストレス**、老化による関節変形など。

特徴 口を開け閉めしづらい、カクカク音がする、顎からのきしみ音、痛みなど。

④ ドライマウス

口腔内が乾燥した状態。

原因 老化による**唾液量**の低下。かむ回数の低下。薬の副作用の他、心理的要因も原因となる。

特徴 口腔内に細菌が繁殖しやすくなる、齲歯や**誤嚥性肺炎**のリスクが増大する、食べ物が飲み込みづらいなど。

関連 過去問題
第31回 問題99より出題

正解 唾液には抗菌作用がある。

57 呼吸器系の疾患

- 呼吸器系の変化と疾患との関係を理解することで、呼吸器疾患を持った人への支援の理解が深まります。
- 呼吸器系の疾患は、日常生活、とくに生活動作への影響が大きい疾患であることを学習し、生活支援技術にも生かせるようになりましょう。

学習のコツ！

呼吸器系は、病気がある場合を除き、加齢による変化で日常生活に支障を生じません。それぞれの疾患を頭に入れておきましょう。

出た！

第34回で「**高齢者の肺炎**」について、第28回で「**呼吸器疾患のある人の日常生活の工夫**」について出題されました。

用語PICK！

肺胞

気管支の最末端にある、小さなふくろ状のもの。肺胞内部の空気と、毛細血管内の血液との間のガス交換を行っている。

関連づけよう！

P.176「内部障害」の「呼吸器機能障害」と併せて学習しよう。

出題頻度 ★★

■ 加齢による呼吸器系の変化

- 呼吸器の加齢性変化と活動低下が、肺機能低下を起こす。
- **加齢性変化**………加齢による呼吸器系の変化には①**横隔膜**などの筋力の低下、②肺胞※数および毛細血管の減少、③肺の弾力性の低下などがあげられる。
- **1秒量の低下**……深く息を吸い込んで、最初の1秒間に吐き出される空気の量を「1秒量」という。1秒量は、**25**歳を過ぎたころから徐々に低下するといわれている。
- **最大酸素摂取量の低下**

  ……運動時に、1分間に取り込める最大限の酸素量が低下する。

出題頻度 ★

■ 呼吸の3要素

- 呼吸運動ではたらくおもな筋肉には、肋骨を動かす肋間筋や**横隔膜**がある。
- **換気**……呼吸運動によって、空気を肺胞へと運ぶはたらきのこと。
- **拡散**……肺胞における**ガス交換**。酸素と二酸化炭素をやり取りしている。
- **血流**……血液中の**ヘモグロビン**と結合して酸素を体中に運ぶはたらき。

出題頻度 ★

■ 呼吸のしくみ

①口腔、鼻腔から吸い込んだ空気は、気道を通り、左右の**気管支**にわかれて肺へ入る。このとき、外肋間筋と横隔膜が収縮して胸腔内が広がり、肺に空気が入る。肺自体は自分で広がったり縮んだりはしない。

↓

②肺の中で気管支は細かく枝わかれしており、空気はここを通って、最終的に気管支末端に連なる肺胞に送り込まれる。

↓

③肺胞では、空気中の酸素を血液中の**ヘモグロビン**に与え、血液中から二酸化炭素を受け取る。

↓

④外肋間筋と横隔膜が弛緩することで、肺胞が縮み、肺から空気が外へ送られる。

呼吸器官の名称を覚えよう

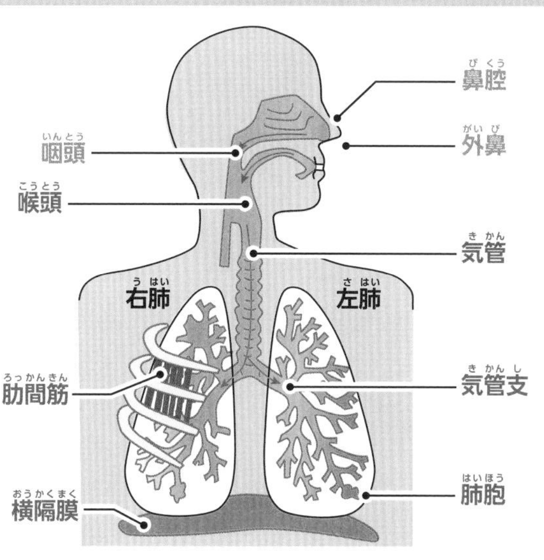

気道は、鼻腔から咽頭・喉頭までを上気道、気管から気管支までを下気道といいます

呼吸器系のおもな疾患 5

❶ 誤嚥性肺炎

原因 食べ物が食道ではなく、気道に入り、肺に達することで起こる肺炎。

特徴 **高齢者**に多い。高齢者の場合、高熱を発しないなど一般的な症状がでないことが多く、発見が遅れる危険性がある。

❷ 肺結核

原因 結核菌による感染。

特徴 **集団感染**の危険がある。高齢者など、免疫力が弱い人ほどかかりやすい。

口腔ケア、食事内容の工夫、摂食時・食後の体位などで予防が可能です

❹ 慢性閉塞性肺疾患（COPD）

原因 **有害物質**の長期間吸入。喫煙。

症状 呼吸困難、痰など。生活動作に影響がでる。

特徴 悪化により酸素療法が必要。生活上の注意点が増え、生活圏の減少や**意欲低下**につながる。

❸ 喘息

原因 ダニ、ハウスダスト、喫煙、ストレスなど。もっとも多い慢性呼吸器疾患。

症状 喘鳴、呼吸困難、咳。

特徴 **小児期**での発症が多い。

❺ 肺がん

- 肺そのものから発生した場合を**原発**性肺がんという。
- 他の臓器からの転移による場合を転移性肺がんという。
- 悪性新生物の部位別死亡率１位（男性１位、女性２位）。

関連 過去問題
第34回 問題76より出題

正解 高齢者の肺炎に関する記述で、誤嚥による肺炎を起こしやすいが正しい。

58 内分泌・代謝の疾患

- 内分泌・代謝への理解を深めることで、それぞれの疾患に対する見識を広げることができます。
- 内分泌・代謝の異常による疾患を理解し、特徴に合わせた介護ができるようになります。

学習のコツ！

内分泌・代謝の変化は直接目に見えませんが、健康上のリスクを高める要因として理解する必要があります。基礎知識として押さえましょう。

出た！

第28回で「**睡眠を促進するホルモン**」について、第26回で「**内分泌器官の基本的知識（有する臓器）**」について出題されました。

用語 PICK！

ホルモン
体内の特定の組織、器官で産生され、血液などの体液によって運ばれ、作用する生理的物質の総称。特定の組織または器官の活動を調節する。

代謝
生体内の化学反応で、体外から取り入れた物質を用いて新たな物質を合成したり、それにともなってエネルギーの出入りを司ったりすること。

出題頻度 ★★

■ 加齢による代謝・内分泌機能の変化

- ホルモン※の分泌に変化が生じ、**筋肉量**の減少や筋力の低下、体脂肪の増加、認知機能の低下など、全身の加齢変化が生じる。
- ホルモン分泌の変化により、**骨粗鬆症**（P.139）、高血圧などの動脈硬化性疾患といった、病的老化による疾患も生じると考えられている。

出題頻度 ★★

■ ホメオスタシスの低下

- ホメオスタシス（恒常性の維持）とは、からだに備わっている、外部の環境変化に対して**内部状態**を一定に保とうとする調節のしくみのことをいう。
- 代謝※・内分泌系の変化により、ホメオスタシスの機能が低下する。

出題頻度 ★

■ 内分泌器官と分泌されるホルモン

- それぞれの臓器から分泌されるホルモンは違っており、分泌の異常により引き起こされる疾患も異なる。
- **視床下部**は、交感神経・副交感神経機能および内分泌機能を調節しており、他の臓器でつくられるホルモンを放出・制御するホルモンを分泌する。

［内分泌器官］

- **下垂体**………［**前葉**］成長ホルモン、甲状腺刺激ホルモン
  ［**後葉**］バソプレッシン（抗利尿ホルモン）
- **松果体**………メラトニン（**睡眠促進**）
- **副腎**…………［**皮質**］アルドステロン（血圧、血量の維持）、コルチゾール（炎症抑制）
  ［**髄質**］アドレナリン
- **膵臓**…………［**ランゲルハンス島**］**インスリン**（血糖値を下げる）、**グルカゴン**（血糖値を上げる）
- **甲状腺**………サイロキシン（身体活動全体のバランス調整）、カルシトニン（カルシウム調整）
- **性腺**…………［**卵巣**］女性ホルモン：エストロゲン、プロゲステロン
  ［**精巣**］男性ホルモン：アンドロゲン
- **視床下部**……成長ホルモン放出ホルモン、甲状腺刺激ホルモン放出ホルモン

まる覚え! 内分泌器官の名称を覚えよう

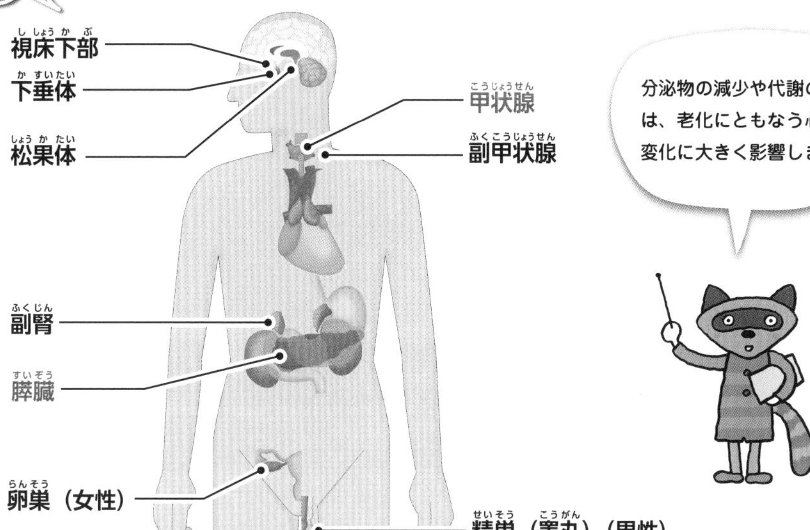

分泌物の減少や代謝の衰えは、老化にともなう心身の変化に大きく影響します

おもな内分泌代謝疾患 6

① 糖尿病

- 血糖値（血液中のブドウ糖量）が慢性的に高くなる。
- ランゲルハンス島から分泌される**インスリン**をコントロールするホルモンの、分泌量が低下する。
- 動脈硬化、心筋梗塞、脳梗塞、**網膜症**などの合併症が問題となる。

② 高脂血症・脂質異常

- 血液中のコレステロールと**中性脂肪**が高くなった状態。
- 心筋梗塞や脳梗塞のリスクを高める、**動脈硬化**の最大危険因子。軽度の段階では、自覚症状がない。

③ 高尿酸血症・痛風

- 血液中の尿酸量が増加した状態。血清尿酸値7.0mg/dl以上。
- 長期間続くと尿酸の体内蓄積が進み、関節などに沈殿し、激痛とともに足の指のつけ根が腫れあがり発熱する（**痛風発作**）。

④ 単純性甲状腺腫

- 原因となる疾患や甲状腺の機能に異常がないのに、甲状腺が大きく腫れあがる。
- 若年者に多いが、通常は自然に治癒する。

⑤ バセドウ病

- 甲状腺のはたらきが異常に高まり、甲状腺ホルモンが過剰に分泌される。
- 動悸、頻脈、**発汗**、食欲が増加し、体力の減少、いらいら、**不眠**などの症状があらわれる。

⑥ 甲状腺機能低下症

- 甲状腺ホルモンの量がなんらかの原因で減少し、さまざまな器官に不調がでる。
- 顔の腫れ、**手足**のむくみ、皮膚乾燥、声が低くなる、便秘、全身の**倦怠感**などの症状があらわれる。

内分泌疾患は「生活に与える影響」として、あるいは「リスクの要因」として出題されることが多い分野です

関連 過去問題
第28回 問題107より出題

正解 睡眠を促進するホルモンとして、メラトニンが正しい。

59 泌尿器系の疾患

- 泌尿器系の疾患は、自尊心や尊厳に重大な影響をおよぼします。疾患の基礎を理解することで、尊厳を尊重した介護ができるようになります。
- 尿失禁のタイプと原因を理解することで、それぞれの症状に合わせた適切な支援ができるようになります。

出た！

第36回で「**前立腺肥大**」について、第35回で「**加齢による泌尿器系の変化**」について、第32回、第28回で「**尿失禁の種類**」について出題されました。

出題頻度 ★★

■ 加齢による泌尿器系の変化

- 加齢による細胞数の減少により、**腎臓**は小さくなる傾向がある。
- 腎臓の**血流**が少なくなることが原因で、血液をろ過し、尿として老廃物や不要物を体外へ排出し必要なものを体内に**再吸収**するはたらきや、からだから余計な水分が失われないように尿を濃縮するはたらき（**尿の濃縮力**）が低下する。

[おもな疾患]

- **脱水症**…………体内の**水分量**が減少した状態を脱水という。泌尿器系の疾患そのものではないが、高齢者では水分の排泄が増加するのに対し、塩分の排泄は少なくなるため、脱水になりやすくなる。皮膚や粘膜の乾燥、血圧の低下、**頻脈**などの原因となる。
- **頻尿**……………膀胱にためておける尿の**最大量**が減少し、排尿の回数が増えること。平均的な排尿回数は4～7回だが、昼間8回以上、睡眠時3回以上、合計で8～10回以上が頻尿の目安。
- **残尿感**…………膀胱の筋肉が弱くなり、排尿後も尿が膀胱に残っている感覚があること。
- **尿もれ**…………尿道括約筋※がしっかりと閉じなくなり、尿漏れを防げなくなる。
- **前立腺肥大**……前立腺が肥大し尿の通過を妨げるため、排尿までの時間がかかり、頻尿になったり、逆に排尿ができなくなったり、尿閉※が起きたりすることがある。

用語 PICK！

尿道括約筋
尿道の開閉を行う筋肉。男性には、尿道のまわりに内尿道括約筋と外尿道括約筋があるが、女性には、内尿道括約筋しかない。

尿閉
膀胱に尿がたまっているのに排泄できない状態。

出題頻度 ★★★

■ 尿失禁の種類

- 尿失禁も泌尿器系の変化による病気のひとつである。おもに以下の4つがある。

[**切迫性尿失禁**] 尿をためておく筋肉の弛緩や**排尿神経**の障害が原因。尿意があるがトイレに間に合わない。

[**腹圧性尿失禁**] 笑ったりくしゃみをしたりしたときなど、お腹に力が入り、漏れてしまう。**尿道括約筋**のゆるみが原因。女性に多い。

[**機能性尿失禁**] 脊髄損傷や意識障害などにより尿意を介護者にうまく伝えられなかったり、トイレの場所がわからなかったり、排泄動作がうまくできなかったりして、結果的に失禁してしまう。

[**溢流性尿失禁**] 前立腺肥大や尿閉などのため、膀胱が圧迫されて少しずつ尿が漏れでる。

関連づけよう！

P.106「排泄に関連したこころとからだの基礎知識」と併せて学習すると身につきやすいでしょう。

尿をつくるしくみと排泄のしくみ

［尿ができてから体外へ出るまで］

1 新陳代謝の結果、いらなくなったものは血液中に排出される。

2 血液中の不要物は腎臓で濾(こ)し出される。最初に濾し出される場所が糸球体(しきゅうたい)。

3 不要物は、糸球体の壁から尿細管へ押し出される。これを原尿という。

4 原尿は腎盂(じんう)に集められ、尿管を通り、膀胱へと流れる。

5 膀胱に尿がたまるにしたがい、膀胱の壁が広がり、神経を刺激し尿意を感じる。

6 尿がたまると、尿道を閉じている括約筋(かつやくきん)がゆるみ、膀胱が収縮して、尿を尿道へ押し出す。

7 尿は尿道を通り、体外へ排泄される。

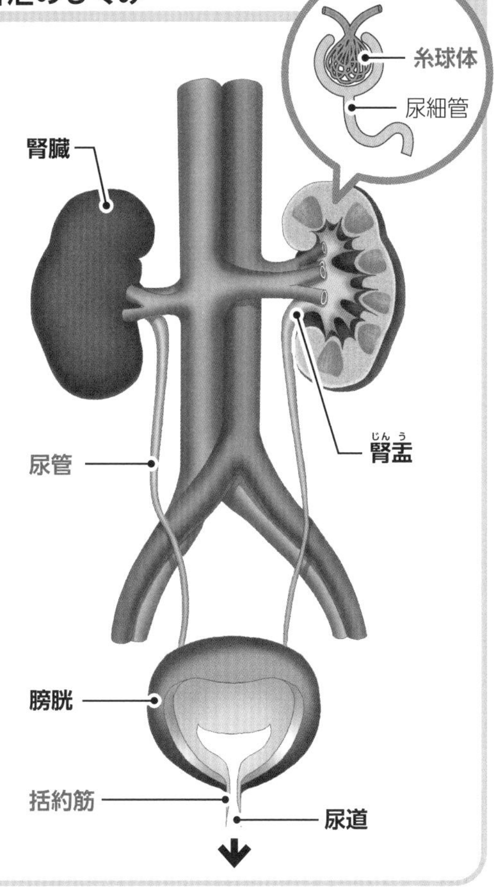

まる覚え！ 泌尿器系のおもな病気4

❶ 尿路感染症
- 尿路から細菌が侵入し、**膀胱炎**、腎盂腎炎、尿道炎などを起こす。
- 前立腺肥大、**腹圧性**尿失禁など、基礎疾患がある人はリスクが高い。
- 急性膀胱炎は排尿痛、**頻尿**、尿混濁などの症状が出る。
- 急性腎盂腎炎は濃尿、発熱、排尿痛、嘔吐などの症状がでる。
- 長時間のおむつ使用者は注意が必要。

❷ ネフローゼ症候群
- 腎不全によるたんぱく尿により、低たんぱくが引き起こされる。
- 肝臓疾患、**糖尿病性腎症**、全身エリテマトーデスなどが基礎疾患。
- 高齢者の場合は慢性腎炎によるものが大半を占める。
- まぶたや下肢の浮腫、低たんぱく血症、**脂質異常**、体重増加などが症状。

❸ 前立腺肥大症
- 加齢にともなう前立腺の肥大により尿道が圧迫され、さまざまな障害が起こる。
- 50歳以上の男性に多い。
- 初期には頻尿、**残尿感**、排尿困難などが症状。

❹ 前立腺がん
- 前立腺にできる悪性腫瘍。
- 原因は不明だが加齢、遺伝、**食事**などとも関連がある。
- 初期には無症状。排泄困難が出現したときは進行している場合が多い。

関連 過去問題
第36回 問題37より出題

正解 前立腺肥大に関する症状として、初期に頻尿が出現する。

60 骨・運動器系の疾患

- 骨・運動器系の疾患は日常生活への影響が大きいので、しっかりと疾患に対する基礎を学習することで、生活支援のポイントが明らかになります。
- 疾患や老化による変化を理解することで、日常生活での予防の重要さや予防の方法を考える基礎ができます。

学習のコツ！

骨や運動器系の変化は、適切な運動で防ぐことができるといわれています。逆にいえば、運動不足や骨折などをどう防ぐか、というかかわりが介護の中でも重要です。

出た！

第36回で「**脊柱管狭窄症**」について、第32回、第28回で「**変形性膝関節症**」について出題されました。

用語 PICK！

骨密度

骨に存在するカルシウムなどのミネラルが、どの程度あるかという単位面積あたりの骨量を示し、骨の強度をあらわす。

遠位端と近位端

心臓から遠い骨端が遠位端。心臓から近い骨端は近位端という。

出題頻度 ★★

■ 加齢にともなう骨・運動器系の変化

- **骨密度※の低下**……加齢により、骨密度は低下していく傾向がある。その結果、骨が脆くなり**骨折**しやすくなる。
- 女性では、閉経後に**エストロゲン**というホルモンの産生量が減るため、骨密度の低下が急激に進み、骨折などのリスクが増大する。
- **椎骨の変化**…………脊椎上部の椎骨の変化から、頭が傾き、のどを圧迫。飲み込むのが困難になり、窒息しやすくなる。**椎間板**は体液を失って薄くなり、脊椎が短くなり、高齢者は背が低くなる。
- **関節の変化①**………長年の摩耗などが原因で、**関節軟骨**が薄くなる傾向がある。
- **関節の変化②**………関節面同士が以前のようにすり合わなくなり、関節が損傷しやすくなる。
- **関節の変化③**………長年の摩耗やけがによる軟骨の損傷は、**変形性関節症**の原因となる。
- **靭帯と腱の変化**……関節同士を結合する靭帯、筋肉と骨を結合する腱は、弾性が低下し、関節が硬くこわばった感じがするようになる。柔軟性が失われ、**靭帯**が断裂しやすくなる傾向がある。
- **筋肉量の減少**………加齢により、筋肉量は減少する傾向にある。しかし、日常動作をするのに十分な筋肉量と筋力は保たれている。

出題頻度 ★★

■ サルコペニアとフレイル

- **サルコペニア**……加齢にともなう筋肉量の減少。疾患などの影響がなく、加齢のみが原因のものを**一次性サルコペニア**という。
- **フレイル**…………加齢にともなうさまざまな身体機能の変化や予備能力の低下が原因で、**脆弱性**が増した状態。健康を害しやすい。「要介護」と「健康」の間の状態。
- フレイルやサルコペニアは、生活習慣の見直しや食生活の見直しで予防や改善が期待できる。
- **適切な運動**………本人の状態に合わせた運動習慣。適切な負荷で、筋力や持久力を向上させる運動が効果的。
- **食生活**……………**必須アミノ酸**（P.304）の摂取が重要。たんぱく質を多く含む食品がよい。

骨・運動器系のおもな疾患 5

① 骨粗鬆症

症状 骨密度が低下し、骨の強度が低下する。

原因・特徴 閉経後の女性がかかりやすい。転倒時などの骨折の原因となる。

② 変形性関節症

症状 関節の痛み、変形、動かしづらさ。

原因・特徴 閉経後の女性に多い。肥満、O脚の人はなりやすい。高齢者では膝関節、股関節に多い。

③ 関節リウマチ

症状 関節の腫れ、痛み、変形、拘縮など。

原因・特徴 30～50歳代の女性に多い自己免疫異常。肩を上げる、物をつかむ、正座をするなどの生活動作に支障がでる。スワンネック変形などの指関節の変形が起こる。

④ 筋強直性ジストロフィー

症状 筋硬直、筋萎縮、多臓器障害など。

原因・特徴 遺伝子の疾患。発生する時期により「先天型」「幼年型」「成人型」「老年型」に分類。

⑤ 脊柱管狭窄症

症状 腰や下肢のしびれなど。

原因・特徴 椎間板の変形で、背骨を通る神経が圧迫されて起こる。介護保険特定疾病。間欠跛行。

間欠跛行とは？

歩きはじめは問題ない。

歩行を続けていると、足や腰に痛み、しびれが生じる。

前屈みになって少し休むと、また歩けるようになる。

高齢者の 4 大骨折部位

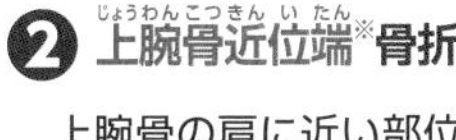

① 橈骨遠位端※骨折
橈骨の手首近くで起こる骨折。

② 上腕骨近位端※骨折
上腕骨の肩に近い部位で起こる骨折。

③ 大腿骨頸部骨折
股関節に近い太ももの付け根で起こる骨折。

④ 脊椎圧迫骨折
背骨などの脊椎椎体が圧迫されて起こる。

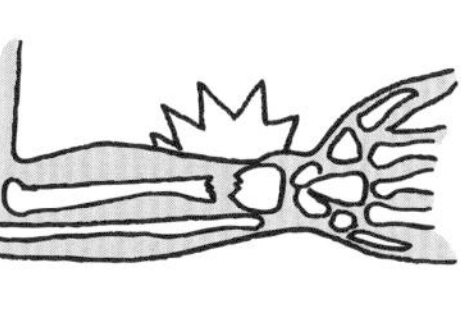

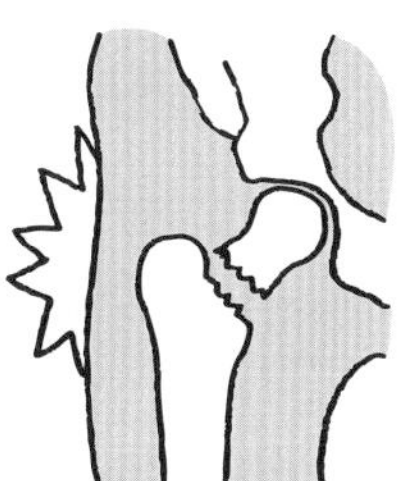

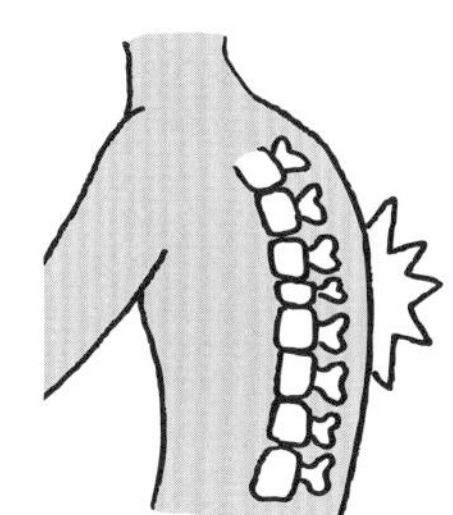

関連 過去問題
第36回問題38より出題

正解 高齢期に多い筋骨格系の疾患として、腰部脊柱管狭窄症では下肢のしびれがみられる。

61 消化器系の疾患

- 消化器系の疾患は、健康状態に大きく影響します。加齢による変化と疾患による変化を理解することで、適切な支援が可能になります。
- 高齢者がなりやすい症状として便秘があります。便秘の種類や予防策、改善策を理解し、健康の維持を支援できるようになりましょう。

出題頻度 ★★

■ 加齢による消化器系の変化

- 他の部位に比べ消化器系は加齢による影響を受けることは少ないが、薬の副作用により起こる病気は、高齢者に多く見られる。
- **食道**……加齢による機能低下はわずかで、食べ物を胃におくり出す力が損なわれるほどではない。
- **胃**………加齢にともない、胃内面の抵抗力は弱くなり**胃潰瘍**になるリスクが高まる。胃の弾力性が低下し、大量の食べ物を入れておくことができなくなり、食が細くなる。
- **小腸**……乳糖分解酵素（ラクターゼ）の産生量が減少するため、乳製品を摂取したあとに、**膨満感**、下痢などの症状がでることがある。
- **大腸**……蠕動運動※の低下により、便が大腸を通過する速度がわずかに遅くなり、便秘になる人もいる。
- **肝臓**……代謝を助ける**肝細胞**の数が減少し、はたらきが弱くなる。その結果、薬の成分を体外に排出する機能が低下し、薬の影響が長く続くようになる。

出題頻度 ★★

■ 便秘症と便通異常

- **便秘とは**……………明確な基準はなく、回数としては３日に１回以下の便通がひとつの尺度とされる。
- 便通が３～４日に１回でも、便の硬さが普通で、排便に困難を感じないものは便秘といわない。
- 便秘は、排泄に関する機能の異常による「**機能性便秘**」と、腸そのものの疾患による「**器質性便秘**」とに分類される。
- **便秘の症状**…………腹部の膨満感、腹痛、食欲の低下など。
- **便通異常**……………便の回数や便の状態（量・色・形）がいつもと違う場合、便通異常が考えられる。なんらかの原因があるので注意する。
- **肛門狭窄**……………裂肛などが原因で肛門が狭くなり、排便が困難な状態。
- **血便**…………………排便に血液が混じっている状態。大腸がんや**直腸がん**のおそれがある。
- **過敏性腸症候群**……精神的原因により、**緊張状態**にあるときに便秘や下痢を繰り返す。

学習のコツ！

消化器系は、加齢そのものによる変化が小さい器官ですが、高齢者ほど抵抗力が低く、病気になりやすいため、消化器系の機能が低下するという関係性をしっかり押さえましょう。

出た！

第33回、第31回で「**高齢者の便秘の特徴**」について、第27回で「**弛緩性便秘の原因**」について出題されました。

蠕動運動

消化管などの臓器の収縮運動のことで、器官内にある内容物を移動させる役割。おもに食道から直腸までの運動をいう。この蠕動運動は、自律神経のはたらきによって行われている。

便秘の分類

便秘は、大きく「機能性便秘」と「**器質性**便秘」とに分類される。

機能性便秘
胃・小腸・大腸などの消化器官の**機能低下**。

- **急性便秘**
  大腸の**蠕動運動**が鈍ることで一時的に起こる便秘。
- **慢性便秘**
  大腸内に便がとどまり、数日間便通がない状態が日常的に起こる。
  - **弛緩性便秘**
    大腸の蠕動運動が弱くなることや、腹筋などの筋力低下が原因。高齢者や出産回数の多い女性に多い。
  - **痙攣性便秘**
    ストレスによる**自律神経**の乱れが、腸の運動に影響して起こる。下痢と便秘を交互に繰り返すこともある。
  - **直腸性便秘**
    便意が脳に伝わらないのが原因。便意の過度な我慢や**浣腸**の乱用がおもな原因。
- **医療性便秘**
  薬の副作用により起こる便秘。下剤の服用によるコントロールが必要となる。

器質性便秘
腸そのものの病変。
大腸がん、腸の炎症や潰瘍、閉塞など。器官の変化。先天的大腸過長症など。

消化器系のおもな病気4

① 胃・十二指腸潰瘍

症状 上部腹痛、胸やけ、吐き気、嘔吐など。悪化すると吐血や**下血**が見られる。

原因・特徴 胃酸の影響により胃の粘膜に潰瘍が形成される。**ピロリ菌**に由来するものが多い。十二指腸潰瘍は空腹時および夜間に、胃潰瘍は食後に**上部腹痛**がある。

② 肝炎・肝硬変

症状 発熱、**黄疸**、全身倦怠感など。

原因・特徴 肝臓の炎症による。80%以上が**ウイルス性**。A型肝炎は経口、B・C型は血液を介して感染。B・C型は慢性化し**肝がん**へと進行する危険性がある。

③ 逆流性食道炎

症状 胸やけ、胃もたれ、腹部膨満感。

原因・特徴 胃液の食道への逆流により、炎症が起こる。ストレス、肥満、食生活、加齢などが影響する。

④ 腸閉塞

症状 腹痛、嘔吐、腹部膨満感、発熱、脱水など。

原因・特徴 消化物が小腸や大腸に詰まった状態。**ヘルニア**、大腸がんなどが原因。高齢者の場合は便秘によるものが多い。

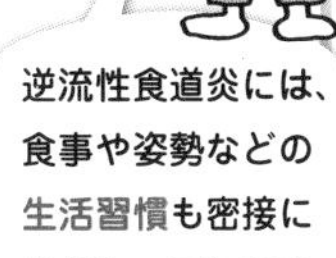

関連 過去問題
第33回 問題74より出題

正解 大腸がんは、器質性便秘の原因になる。

62 循環器系の疾患

- 循環器系の疾患には、生命を脅かすものが多くあります。加齢によるリスクや、疾患の症状を理解することで、早期に発見できるようになります。
- 加齢による血管の変化や血圧について、基礎的な理解を深めることで、日常の健康管理や病気の予防に関する支援の基礎を身につけましょう。

学習のコツ！

循環器系の疾患は、日常生活上の注意が必要になるものがほとんどなので、病状をきちんと押さえておきましょう。

出た！

第36回で「**心筋梗塞の症状**」について、第32回で「**心不全の症状**」について、第30回で「**体循環、肺循環**」について出題されました。

用語 PICK！

線維化

内臓などを形づくる組織が傷ついたりした場合、その修復作用が働くことで異常に増殖すること。

出題頻度 ★★

■ 加齢にともなう循環器系の変化

- 病気がない場合、加齢にともなう循環器系の機能低下で直接日常生活に支障がでることはほとんどない。
- 日常生活以外の負荷がかかったとき、たとえば運動時など、心臓が激しくはたらかなければならない場合に、加齢による影響がでる。これを運動時の最大心拍数低下、**運動耐容能**の低下という。

出題頻度 ★★

■ 心臓の変化

- **心肥大・間質の線維化**※

……心臓と心筋との間（間質）に**アミロイド**と呼ばれるたんぱく質などの異物が沈着する、コラーゲンが増えるなどによって、線維化が進み、心臓の壁が厚くなる。

- **弁尖の肥厚、石灰化**……大動脈弁や僧帽弁などが変性し、肥厚（厚くなる）、石灰化（組織が固まる）することが**心臓弁膜症**の原因となる。
- **心房の拡大**……………………左右の心房が拡大した結果、心臓が大きくなる。これを心拡大という。心筋が肥大した状態を心肥大という。
- **ポンプ機能の低下**………血液をおくり出すポンプの役割が低下し、運動耐容能が低下し、**心不全**などのリスクが高まる。

出題頻度 ★★

■ 高血圧

- 高血圧は、心筋梗塞、脳卒中、動脈硬化などの病気のリスクを高めるが、自覚症状がない場合も多く、**サイレントキラー**といわれている。
- 高血圧の３段階は以下の通り。単位はmmHg。

［Ⅰ度　高血圧（軽症）］収縮期血圧140～159、または拡張期血圧90～99

［Ⅱ度　高血圧（中等症）］収縮期血圧160～179、または拡張期血圧100～109

［Ⅲ度　高血圧（重症）］収縮期血圧≧180、または拡張期血圧≧110

- **収縮期血圧**………心臓が収縮し、血がおくられ、動脈壁が膨らんだときの血圧の値。
- **拡張期血圧**………心臓が拡張し、動脈壁がもとに戻ったときの血圧の値。
- **本態性高血圧**……疾病などの**原因**がない状態での高血圧。高齢者に多い。

心臓各部の名称を覚えよう

●心臓の前面

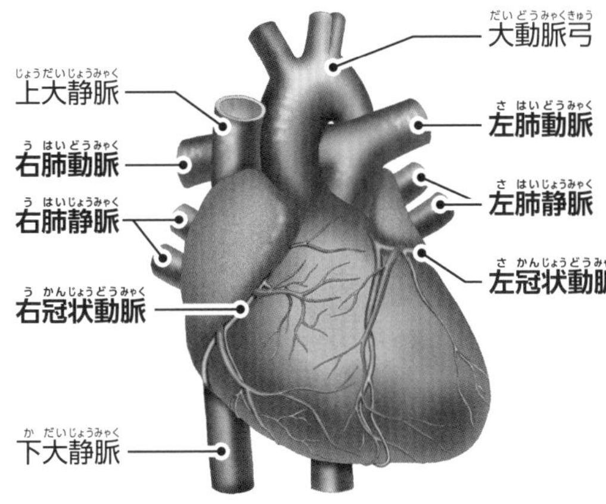

●心臓の内部

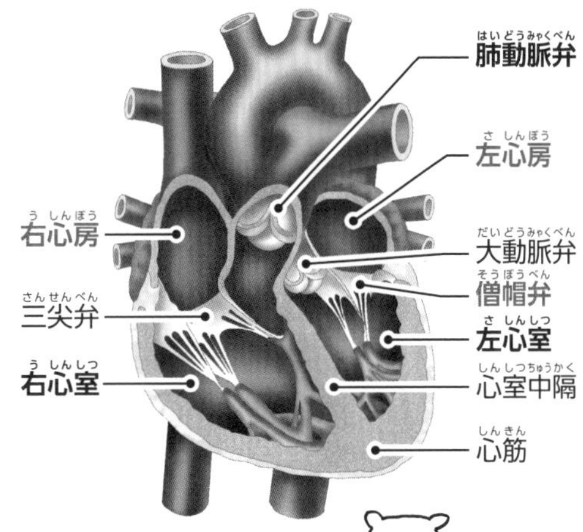

心臓→肺動脈→肺→肺静脈→心臓の一連の血液の流れを「肺循環」と呼びます！

心臓→大動脈→動脈→毛細血管→静脈→大静脈→心臓の一連の流れを「体循環」と呼びます！

循環器系のおもな疾患 4

❶ 心筋梗塞

症状 冷や汗をともなう激しい胸の痛み、呼吸困難、左肩の鈍痛、意識障害など。

原因・特徴 心臓の冠状動脈の血流が止まり、心筋の一部が壊死を起こす。胸の痛みが15～30分間続いた場合は注意が必要。

❷ 心不全

症状 チアノーゼ、呼吸不全など。

原因・特徴 心臓のポンプ機能の低下。心臓の左右のどちらの機能が低下したかで、症状の違いがでる。左心不全は頻脈や夜間の呼吸困難など。右心不全は顔面や下肢・足背のむくみ、食欲不振、嘔吐など。

❸ 狭心症

症状 5分間程度の胸の痛みや胸部圧迫感。

原因・特徴 動脈硬化などで冠動脈の内部が狭くなり起こる。運動時に起こるものを運動時狭心症、夜間や安静時に起こるものを安静時狭心症という。

❹ 心房細動

症状 動悸、息切れ、疲れやすい、頻脈など。

原因・特徴 高血圧の合併症が多い。一種の老化現象であり高齢者に多い。

関連 過去問題
第36回 問題35より出題

正解 冷や汗をともなう激しい胸痛の原因として、心筋梗塞（myocardial infarction）があげられる。

63 皮膚系の疾患

- 皮膚の加齢的変化や、疾患ごとの症状を理解することで、疾患の予防や早期発見ができるようになります。
- 皮膚の疾患の中でも褥瘡は廃用症候群の症状のひとつで、生活の質（QOL）に大きく影響します。予防や対応ができるようにしましょう。

皮膚の変化は、「目に見える」老化現象や疾患です。きちんと特徴を押さえておきましょう。

出た！

第30回で「**皮膚疾患の症状**」について、第26回で「**皮膚の構造**」について出題されました。

用語 PICK！

ビタミンD

骨の強度に関係するビタミン。カルシウムの骨への吸収、定着を助けるはたらきがある。日光（紫外線）にあたることにより、皮膚でビタミンDがつくられる。

出題頻度 ★★

■ 加齢にともなう皮膚の変化

- 皮膚を強くする線維状の組織のコラーゲンと、皮膚に弾力性を与える**エラスチン**の産生が減少する。そのため、皮膚は薄くなり、弾力は失われ、乾燥し、しわが寄る。
- 皮膚の保護や、保温の役目をする皮下の脂肪層も薄くなり、しわができたり、寒さに弱くなったりする。
- 皮膚に分布する自由神経終末（皮膚感覚のうち、痛覚、触覚、温度などを感じるところ）の数が減少するため、痛み、温度、圧力に対する**感受性**が低下し、結果としてけがに繋がる。
- 汗腺や血管の数が少なくなり、**皮膚深層部**の血流が減少する。その結果、体内から逃げる熱が少なくなるため、からだが冷えにくく、**熱射病**などの熱にともなう疾患のリスクが増加する。
- 日光を浴びたときに、ビタミンD※を形成する皮膚の能力が低くなり、骨粗鬆症などに代表されるビタミンD欠乏症のリスクが増加する。

出題頻度 ★★

■ 皮膚の構造とはたらき

- **皮膚**……………からだの全面を覆っている組織で、成人で約1.5～1.8㎡あるもっとも大きな身体組織。損傷面積がその３分の１を超えると、生命が危険な状態になるといわれる。表面は**弱酸性**で、外側から表皮、真皮、皮下組織の３層にわかれている。
- **表皮**……………厚さは約0.2㎜。約95％が基底細胞（ケラチノサイト）で、色素をつくる**メラニン細胞**（メラノサイト）などもある。
- **真皮**……………主となるのは線維芽細胞で、コラーゲン（膠原線維）やエラスチン（弾力線維）の生成に関与し、肌のハリや弾力を保つ役割を担っている。
- **皮下組織**………蓄積された脂肪が衝撃を吸収することで、からだの内部を守る。断熱や蓄熱といった保温機能もある。
- **皮膚の働き**……病原菌や化学物質、物理的刺激などから守る保護作用、水分を保持する保湿作用、痛覚・触覚・圧覚・温覚・冷覚などさまざまな感覚を受け取る感覚作用、体温を一定に保つ体温調節作用などがある。

皮膚の名称を覚えよう

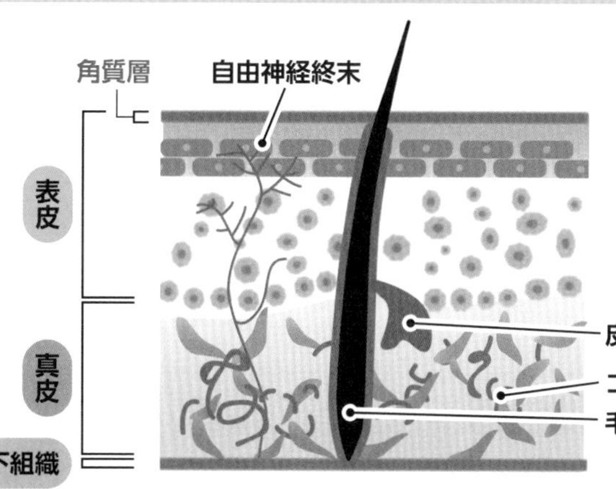

皮脂腺は手のひらや足の裏を除いたほぼ全身の皮膚に体毛といっしょに分布し、皮膚の表面に皮脂を分泌する付属器官です

出る! おもな皮膚疾患 5

❶ 疥癬（かいせん）

症状 指の間、脇の下、陰部などに激しいかゆみが起こる。

原因・特徴 ヒゼンダニの寄生。接触感染で広がる。

❷ 老人性皮膚掻痒（そうよう）症

症状 皮膚の乾燥による皮膚のかゆみ。

原因・特徴 加齢による**皮脂欠乏**、薬剤、糖尿病、肝硬変、慢性腎不全などが原因。かゆみの部位が限定＝限局性皮膚掻痒症。かゆみが広範囲＝汎発性皮膚掻痒症。

❸ 白癬（はくせん）（水虫）

症状 環状紅斑、水疱、角質増殖など。

原因・特徴 白癬菌の感染によって起こる。足の指の間にできると「水虫」、爪にできると「爪白癬」といわれる。

❹ カンジダ症

症状 紅斑、小膿疱など。

原因・特徴 カンジダ（真菌の一種）の感染。多湿な場所（口腔内、腋下、おむつの中など）で繁殖する。

❺ 褥瘡（じょくそう）

症状 水疱や紫斑からはじまり、びらん、組織壊死へと進行する。

原因・特徴 長時間の圧迫、湿潤、摩擦、低栄養が原因。**廃用症候群**のひとつ。体圧が集中する部位ほどできやすい。

褥瘡は、骨が突き出ているさまざまな部位にできます。全身を注意深く見ることが必要です！

関連 過去問題
第30回 問題102より出題

正解 腋窩（えきか）と腹部に赤い丘疹（きゅうしん）、強いかゆみがあり、手指間には灰白色の線がみられる皮膚疾患として、疥癬（かいせん）が正しい。

64 感染症について

感染症の知識や対策の基本、感染後の対応は、介護をする者にとって基本的で重要な知識です。しっかりと学習し、適切な対応ができるよう基礎を確立しましょう。

学習のコツ！

感染症対策に関する問題が、介護の基本として、毎年出題されます。基本的な対応策と併せ、感染症そのものの知識を身につけましょう。

学習のコツ！

毎年流行するインフルエンザやノロウイルスなど、よく耳にするものから理解を深めていくとよいでしょう。

出題頻度 ★

■ 感染症と伝染病

- **感染症とは**……ウイルスや細菌、カビ類などの微生物が体内に侵入し、増殖することで、体調に影響をおよぼすこと。感染症を起こす微生物を病原体という。
- **伝染病とは**……感染症には人から人へとうつり広がるものと、感染した本人だけにとどまるものがある。このうち人から人へと広がるものを伝染病という。用語としては、感染症とほぼ同義で使用されている。
- **法定伝染病**……伝染病予防法によって指定された11の感染症。疑いも含め、発見した場合は**管轄保健所長**へ届けなければならない。

出題頻度 ★

■ 感染症の特徴

- 感染しても、ほとんど症状がでないものもあるが、一度症状がでると回復までに時間がかかり、ときには死に至るものもある。
- 病気に対する予備力や抵抗力が低下しているほど発症するので、**入院患者**や高齢者はとくに注意が必要であり、施設内集団感染や**院内感染**※が起こりやすい。

出題頻度 ★

■ 感染症の分類

- **病原体による分類**………感染症は、病原体によって①**ウイルス**、②細菌・真菌、③寄生虫、原虫、④その他、の4つに分類される。
- **感染経路による分類**……感染症は、感染のルートにより①人から人へ感染、②動物から人へ感染、③傷口から体内へ、④**食べ物**から体内へ侵入するもの、にわけることができる。

用語 PICK！

院内感染

病院や医療機関内で、新たに細菌やウイルスなどの病原体に感染すること。

出題頻度 ★★

■ 施設や病院における感染症対策3つの基本

- **持ち込まない**……自分自身が**媒体**となり、外部から病原体を持ち込まない。
- **広げない**…………感染者には適切な対応を行い、感染の拡大を防ぐ。
- **持ち出さない**……自分自身が媒体となり、外部へ病原体を持ち出さない。

関連づけよう！

P.242「感染対策と薬剤の基礎知識」と併せて学習すると、まとまった理解ができます。

おもな感染症5

❶ インフルエンザ

症状 高熱、関節痛、筋肉痛など。

原因・特徴 インフルエンザウイルス。冬季に流行する。高齢者は肺炎などを併発しやすく重篤化する。

感染経路 飛沫感染。

❷ ノロウイルス

症状 嘔吐、下痢、腹痛など。

原因・特徴 ノロウイルスの感染。胃腸炎を起こす。アルコール消毒は効き目がなく、次亜塩素酸ナトリウムが有効。

感染経路 二枚貝による経口感染。便や嘔吐物からの接触感染。

❸ 結核

症状 咳、痰、血痰、微熱など。

原因・特徴 結核菌。幼少期に感染し、加齢による免疫力の低下で発症することもある。隔離が必要になる場合もある。

感染経路 空気感染。

❹ 腸管出血性大腸菌感染症

症状 腹痛、激しい下痢、血便など。

原因・特徴 腸管出血性大腸菌（O(オー)-157など）。夏～初秋に多発。

感染経路 経口感染（食肉、生野菜など）。

❺ MRSA（メチシリン耐性黄色ブドウ球菌）

症状 咳、痰、下痢など。

原因・特徴 抗生物質に耐性をもった黄色ブドウ球菌。免疫力が低下した患者や高齢者に発症する。

感染経路 接触感染。

おもな感染症の流行時期

感染症	流行時期
食中毒（細菌性胃炎） 出血性大腸菌、サルモネラ菌	5月～10月
いわゆる夏風邪 プール熱、手足口病	6月～9月
ウイルス性胃腸炎 ノロウイルス ロタウイルス	1月～4月
呼吸器感染症 インフルエンザ RSウイルス	12月～4月

65 先天性疾患について

- 介護を必要とする人の中には、生まれつきの疾病や障害のある人がいます。先天的な病気や障害を理解することで、多くの人の状況に合わせた介護ができるようになります。
- 障害の理解と併せて、障害のある人への支援の質を向上させます。

学習のコツ！

先天性疾患とはなにかを押さえたうえで、代表的な疾患・障害を確認しておきましょう。

出た！

第32回で「**脳性麻痺の分類**」、第28回で「**ダウン症候群**」について出題されました。

用語PICK！

染色体

細胞の核にあり、遺伝情報の伝達を担う生体物質。人では46本の染色体があり、それぞれ対になっている。そのうちの22対は男性・女性とも変わらないため常染色体と呼ばれ、残り2本が男女で異なる。

関連づけよう！

P.174「肢体不自由」、P.178「知的障害」、P.182「発達障害」など、先天性疾患との関連が大きい項目に目を通しておきましょう。

出題頻度 ★★

■ 先天性疾患の定義・原因

- **先天性疾患とは**………生まれつき持っている疾患。形態の異常、機能の異常、**代謝**の異常など多種多様な疾患の総称。
- **世界保健機関（WHO）の国際疾病分類**……死亡・疾病のデータの体系的記録・解釈・分類のため、世界保健機関による、国際的に統一した基準で定められた死因・疾病の分類。国際疾病分類によると、先天性疾患は約600種あげられている。そのうち、組織、臓器、個体などの形態異常は**奇形**として一括されている。
- **先天性疾患の原因**……①遺伝要因によるもの、②環境によるもの、③その両方によるものがある。
- **染色体※疾患**…………先天的に染色体の数や構造に異常があり、そのためにさまざまな症状を示すもの。
- **単一遺伝子の変質**……ひとつの遺伝子が異常を持つことにより発現すると考えられる疾病。
- **多因子遺伝疾患**………複数の遺伝子の相乗的な作用で発現がきまると考えられ、全体的には環境との**相互作用**で発現しているようにみえるもの。

出題頻度 ★

■ 優性遺伝と劣性遺伝

- **優性遺伝**……異なるふたつの形質がある場合、優位に発現する遺伝子。両親のどちらかに因子があることで発現する。
- **劣性遺伝**……優性遺伝子に対し、隠れてしまう形質を持つ遺伝子。両親の双方がこの因子を持ち、ふたつそろうことで発現する。

出題頻度 ★

■ 先天性疾患に関する注意点

- 先天性疾患は、生まれてすぐにわかる奇形や重い臓器異常（心臓、肺、腎臓などの奇形）に代表される。
- 先天的な原因による知的障害などは、1歳を過ぎないとわからない場合がある。
- 先天性疾患の半分は、かなり重いハンディキャップの原因になるといわれる。
- 両親・家族の疾患に対する理解と**心理的支援**も重要となる。

先天性疾患の中での原因の内訳

環境・催奇形因子
胎児の発育途中で起こった体内環境の異常、**感染**、中毒、外傷や薬剤などが関係している疾患。

多因子遺伝
複数の遺伝子と環境要因が関係している疾患。**多発奇形**のほとんど、体質性の疾患、高血圧など。

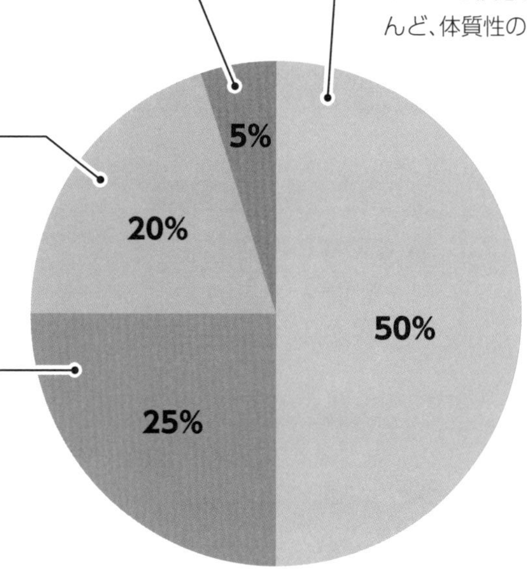

単一遺伝子の変異
ひとつの遺伝子の変化によって起こる疾患。優性遺伝と劣性遺伝がある。**血友病**など。

染色体疾患
染色体の異常による疾患。常染色体の異常によるものと性染色体の異常によるもの、その他にわかれる。**ダウン症**など。

おもな先天性疾患 4

❶ 先天性心疾患
- 生まれつき心臓の隔壁に穴が開いている、弁が狭い、心臓内の部屋がふたつしかないなど。
- 新生児の**100**人に1人の割合で出現。

❷ ダウン症候群
- 21番目の染色体が**3**本あることが原因。
- 容姿が特徴的。
- 知的障害、難聴、先天性心疾患などを合併することが多い。

❸ 先天性代謝異常症
- 生まれつき、体内の酵素が不足することで起こる。
- **代謝機能**が阻害される。
- 両親に遺伝的な要因が潜んでおり、その組み合わせにより子どもに症状がでる。

❹ 脳性麻痺
- 受精から生後**4**週間以内に負った脳の損傷による運動機能障害。
- 「痙直型」「**アテトーゼ**型」「失調型」「混合型」の4つに分類される。

関連 過去問題
第32回 問題89より出題

正解 痙直型や不随意運動型（アテトーゼ型）などの分類がある疾患として、脳性麻痺があげられる。

66 認知症ケアの理念と現状について

- 認知症ケアの歴史や、物忘れとの違いを理解することで、正しい知識に裏打ちされた支援ができるようになります。
- 認知症ケアの大切な概念である「パーソン・センタード・ケア」の基礎を理解することで、認知症ケアに生かせるようになります。

出題頻度 ★

■ 認知症とは

- **認知症とは**……成人になってから脳の**神経細胞**の変化によって起こる、認知機能の障害。正常に発達した知能が、不可逆（一定状態に戻ることができない）的に低下した状態のこと。
- 認知症は症状の名称であり、認知症を引き起こすなんらかの疾病が背景にあり、疾病により症状が異なる（P.154）。

出題頻度 ★★★

■ 認知症と間違えられやすい病状

- **うつ病**……うつ気分、意欲低下、頭痛、**不眠**、食欲不振などの身体症状があらわれ、認知症と似た状態になる。回復すると症状が消失するため、**仮性認知症**と呼ばれる。高齢者のうつ病は、一般的なうつ病とは違った症状がでるので注意が必要。
- **せん妄**……**意識混濁**、錯覚、幻覚、妄想、不穏、興奮などをともなう複雑な意識障害※。脳の循環障害、心肺機能の低下、脱水症状などの体調の変化が原因となる。1日の中で症状が変動する**日内変動**が見られる。原因を取り除くことで改善したり、自然に改善したりする。

出題頻度 ★★

■ パーソン・センタード・ケア

- イギリスの心理学者トム・キットウッドが提唱した認知症ケアのあり方。
- 認知症の人を1人の「**人**」として尊重し、その人の視点や立場に立って理解し、ケアを行う**認知症ケア**の考え方。
  ＝「その人を中心にとらえたケア」「その人らしさを支えるケア」
- 認知症である人々の行動や状態は、認知症の原因となる疾患のみに影響されているのではなく、その他の要因との**相互作用**であるとし、以下の５つのアプローチを重要視している。
  ①脳の認知障害（アルツハイマー型認知症、脳血管障害など）
  ②健康状態、感覚機能（既往歴、**現在の体調**、視力・聴力など）
  ③個人史（**成育歴**、職歴、趣味など）
  ④性格（性格傾向、ある出来事に対する対処のスタイルなど）
  ⑤社会心理学（周囲の人が認知症の人をどのように認識しているかなど）

学習のコツ！

認知症ケアは介護の基本ともリンクしています。介護の基本に立ち返り、学習することが大事です。

出た！

第36回で「**せん妄**」について、第35回で「**認知症施策推進大綱**」について、第32回で「**認知症高齢者の数の推移**」について、第31回で「**加齢による物忘れと認知症による物忘れの違い**」について出題されました。

用語 PICK！

意識障害
物事を正しく理解することや、周囲の刺激に対する適切な反応が損なわれている状態のこと。

加齢による物忘れと認知症の違い

[加齢による物忘れ]

加齢による物忘れは記憶の一部を忘れる。自覚が**ある**。

[認知症による物忘れ]

認知症による物忘れは記憶のすべてがなくなる。自覚が**ない**。

認知症高齢者の数の推移

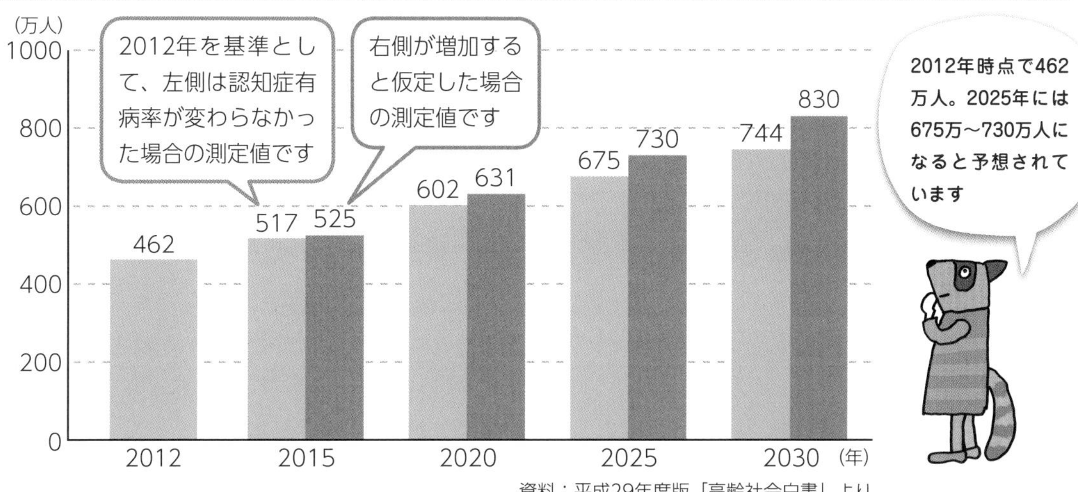

資料：平成29年度版「高齢社会白書」より

認知症施策推進大綱　2019（令和元）年の概要

【基本的考え】 認知症の発症を遅らせ、認知症になっても**希望**を持って日生活を過ごせる社会を目指し、認知症の人や**家族**の視点を重視しながら「共生」と「予防」を両輪として施策を推進する。

普及啓発・本人発信支援

- 認知症サポーター養成の推進
- 「認知症とともに生きる**希望宣言**」の展開　など

予防

- 高齢者等の身近での「**通いの場**」の拡充
- エビデンスの収集・啓発　など

医療・ケア・介護サービス・介護者への支援

- 早期発見・早期対応の体制の**質**の向上、連携強化
- 家族教室や家族同士のピア活動などの推進　など

認知症バリアフリーの推進・若年性認知症の人への支援・社会参加支援

- 認知症になっても利用しやすい**生活環境**づくり
- 社会参加活動などの推進　など

研究開発・産業促進・国際展開

- **薬剤治療**に対応できる要因と発症の関連の研究方法の構築　など

具体的な施策の５つの柱

関連 過去問題
第36回 問題41より出題

正解 認知症（dementia）の人にみられる、せん妄に関する記述として、体調の変化が誘因になるは正しい。

67 認知症に関する行政の方針と施策

- 認知症の人を支える施策を理解することで、社会問題としての認知症について理解を深められます。
- 現在取り組まれている認知症高齢者施策を理解することで、認知症高齢者自身やその家族に対する支援の幅が広がります。

出題頻度 ★★★

■ 介護保険制度

- 2006年に創設された**地域密着型サービス**では、認知症高齢者や中重度要介護高齢者が、住み慣れた地域で生活をおくれる体制を整備した。
- 2014年の介護保険法改正により、地域支援事業※の包括支援事業に、**認知症総合支援事業**が加わった。

出題頻度 ★★★

■ 認知症施策推進総合戦略（新オレンジプラン：2015年）

- 認知症の人の意思が尊重され、**住み慣れた**地域で自分らしく暮らし続けることができる社会を実現するための国家戦略。**認知症サポーター**※**キャラバン**の実施や認知症の人や家族、地域の人が集う**認知症カフェ**など。

■ 共生社会の実現を推進するための認知症基本法

- 認知症の人を含めた**国民**ひとり一人が、その個性と能力を十分に発揮し、相互に人格と**個性**を尊重しつつ支え合いながら共生する活力ある社会（＝共生社会）の実現を推進（2024年1月1日施行）。

出題頻度 ★★★

■ 認知症高齢者の権利擁護

［成年後見制度　2000（平成12）年］

- 判断力が不十分なために、不利益を被ることのないよう保護する制度。
- **法定後見制度**……判断力が衰えてから後見人などを選任する制度。判断力の低下の度合いにより、「補助」「**保佐**」「後見」にわかれる。
- **任意後見制度**……判断力が低下する前に、自分の意思で後見人などを指名しておく制度。

［日常生活自立支援事業］

- 判断力が不十分な人に、福祉サービスの利用や日常的な金銭管理の援助を行う事業。ただし、本人にこの事業の**契約内容**を理解できる能力が必要。都道府県・指定都市の**社会福祉協議会**が実施主体。

［高齢者虐待防止法　2006（平成18）年］

- 虐待の定義、国および地方公共団体の責務、早期発見・通報の義務などをこの法律で明文化。65歳以上の者が対象だが、65歳未満で要介護施設入所者や要介護事業のサービスを受ける障害者は高齢者と見なし、規定を適用する。

出た！

第31回で「**認知症サポーター**」について、第28回で、認知症高齢者施策として「**本人と家族がいっしょに使える場（認知症カフェ）**」について出題されました。

用語 PICK！

地域支援事業
介護給付・予防給付とは別に、要介護状態になることを予防し、また、要介護状態などになった場合も、住み慣れた地域でできるだけ自立した生活がおくれるように支援する事業。

認知症サポーター
認知症に対する知識と理解をもち、地域内で認知症の人とその家族に対してできる範囲で手助けする人。各自治体で養成講座などを設けている（P.162）。

関連づけよう！

P.162「連携と協働について」も併せて学習しましょう。

認知症施策推進総合戦略（新オレンジプラン）の柱とそのポイント

認知症の人の意思が尊重され、できる限り住み慣れた地域のよい環境で自分らしく暮らし続けることができる社会の実現を目指す。

新オレンジプランの７つの柱

まる覚え！

①認知症への理解を深めるための普及・啓発の推進
②認知症の容態に応じた適時・適切な医療・介護などの提供
③若年性認知症（P.156）施策の強化
④認知症の人の介護者への支援
⑤認知症の人を含む高齢者にやさしい地域づくりの推進
⑥認知症の予防法、診断法、治療法、リハビリテーションモデル、介護モデル棟の研究開発およびその成果の普及の推進
⑦認知症の人やその家族の視点の重視

推進するおもなポイント7

Ⅰ　医療・介護等の連携による認知症の人への支援

POINT 1	できる限り早い段階からの支援	医療・介護専門職による認知症**初期集中**チームを2018年までに全市町村に配置する。
POINT 2	医療・介護従事者の対応力向上	かかりつけ医向けの認知症対応力向上研修を2017年度末までに６万人に実施する。
POINT 3	地域における医療・介護等の連携	連携のコーディネーター（認知症**地域支援推進員**）を、2018年までに全市町村に配置する。

Ⅱ　認知症の予防・治療のための研究開発

POINT 4	効果的な予防法の確立	2020年頃までに、全国１万人規模の追跡調査を行い、効果的な予防法を確立する。
POINT 5	認知症の治療法	各省連携の「脳とこころの健康大国プロジェクト」に基づき、2020年頃までに認知症根本治療の治験開始。

Ⅲ　認知症高齢者等にやさしい地域づくり

POINT 6	認知症サポーターの養成	認知症の人・その家族を支援する認知症**サポーター**を2017年度末までに800万人養成する。
POINT 7	認知症の人の**安全**対策	徘徊等に対する見守りネットワークの構築、詐欺などの消費者被害の防止等を省庁横断的に推進する。

関連 過去問題
第31回 問題79より出題

正解 認知症の人を支援する施策として、認知症サポーターは、認知症に対する正しい知識と理解を持ち、認知症の人を支援することがあげられる。

68 認知症のさまざまな症状

- 中核症状※と行動・心理症状を理解することにより、認知症の人への的確な支援を提供できる基礎を身につけられます。
- 行動・心理症状がなぜ起こるのかを理解することで、認知症の人が安心できるケアの提供の基礎を身につけましょう。

出た！

「中核症状」や「行動・心理症状（BPSD）」は、毎回出題されています。確実に覚えておきましょう。

出題頻度 ★★★

■ 中核症状について

- **中核症状**は、認知症の人に必ず見られる症状である。
- 中核症状は、認知症の進行にともない、障害の発現・程度が変わる。

［記憶に関する障害］

- **記銘の障害**………新しく経験したことを覚えることができない。
- **想起の障害**………記憶していることを思い出すことができない。

［認知機能の低下がもたらす障害］

- **見当識障害**………今何時なのかわからない、自分がいる**場所**がどこなのかわからない、まわりにいる人が誰かわからないなど、日時、場所、**人物**についての見当がつけられない。
- **実行機能障害**……計画を立てられない、手順がわからないなど、物事を具体的に進めることができない。
- **失語**………………構音障害（P.172）や聴覚障害（P.172）がないのに表現したい言葉がうまくでてこなかったり、相手の言葉の内容が理解できなかったりする。
- **失行**………………服の着脱方法や道具の使い方がわからないなど、**運動機能**は保たれているのに、動作ができない。
- **失認**………………物の位置関係が把握できない、鏡を見ても自分と認識できないなど、感覚機能に障害がないのに対象となるものの理解や把握ができない。
- **失計算**……………数の概念がなくなり、簡単な計算もできなくなる。

用語PICK！

中核症状
病気などにより、脳の神経細胞が壊れることで、起こる認知症状。

心理的要因
不安、混乱、うつ状態など、認知症によって引き起こされる心理的状態。

出題頻度 ★★★

■ 行動・心理症状（BPSD）について

- **行動・心理症状**……**中核症状**によって引き起こされる、生活するうえでの障害となる混乱した行動や、心理状態のこと。
- 心理的要因※や生活環境などに影響されるため、症状は個人によって異なり、認知症の人すべてに必ず見られるわけではない。ケアによっても改善する。**周辺症状**ともいう。
- **行動症状**……………**徘徊**、興奮、不潔行為、異食、**攻撃的行動**など、行動にあらわれる症状。
- **心理症状**……………不安、昼夜逆転などの**睡眠障害**、抑うつ、幻覚、**妄想**など。

関連づけよう！

P.156「認知症の原因疾患と症状」、P.160「認知症がおよぼす心理的影響」と併せて学習し、理解を深めましょう。

中核症状と行動・心理症状の関係イメージ

中核症状

記憶障害／見当識障害／理解・判断の障害／実行機能障害／その他

- 認知症そのものに起因する。
- 認知症の人、誰にでも起こる。

症状自体の改善は難しい

行動・心理症状（BPSD）

不安・焦燥／うつ状態／幻覚／徘徊／興奮・暴行／不潔行為／妄想／昼夜逆転／介護への抵抗／無気力・無関心（アパシー）／その他

- 中核症状に性格・環境などの要因が加わり、起こる。
- 認知症なら必ず起こるわけではない。

適切なケアで改善の可能性あり

無気力・無関心（アパシー）とは、自分自身も含めたすべてのことに興味、関心がなくなり、感情の起伏が消失することです

認知症の行動・心理症状の具体例 5

❶ 徘徊
- □ 目的なく歩き回る。
- □ 目的はあるが、行き先がわからなくなる。
- □ 夕方になると、家に帰ろうとして外出する「夕暮れ症候群」など。

❷ 妄想
- □ 事実でないことを事実だと信じて主張する。
- □ 物を取られたと思い込み、相手を責め立てる「物盗られ妄想」など。本人の心理的不安が原因となることが多い。

❸ 幻覚・幻聴
- □ 部屋に知らない人がいる、叫び声が聞こえるなど、実際にはないものや音がリアルに感じられる症状。

❹ 不潔行為
- □ トイレ以外の場所で排泄し、自分の排泄物を手で触ったり、からだや壁などに塗りつけたりする。これはトイレの場所がわからなくなったり、排泄の感覚がわからなくなったり、排泄物を理解できなかったりして起こる症状。

❺ 攻撃的行動
- □ まわりの人に不満や苛立（いらだ）ちをつのらせ、理性が利かなくなって暴言を吐いたり、暴力をふるったりする。
- □ 物にあたって壊すこともある。
- □ 介護拒否に繋がることもある。

関連 過去問題
第36回 問題40より出題

正解 認知症の行動・心理症状であるアパシー（apathy）に関する記述として、感情の起伏がみられないは正しい。

69 認知症の原因疾患と症状

- 原因疾患による症状の違いを理解することにより、ひとり一人に合わせた適切な支援ができるようになります。
- 若年性認知症の特性を理解することで、若年性認知症の人や家族に対する適切な支援ができるようになります。

出た！

第36回で「**若年性認知症**」について出題されました。また、「**4大原因疾患**」の理解を問う問題は、毎年出題されます。

用語 PICK！

クロイツフェルト・ヤコブ病
脳内の「プリオンたんぱく」がなんらかの原因によって「異常プリオンたんぱく」に変わり、蓄積することで機能障害を起こすプリオン病。

アルコール性認知症
アルコールを多量に飲み続けたことにより、脳梗塞などの脳血管障害や、ビタミンB_1欠乏による栄養障害などを起こし、その結果起こるとされている認知症のこと。

関連づけよう！

P.154「認知症のさまざまな症状」と併せて学習しましょう。

出題頻度 ★★★

■ 認知症の原因疾患

［代表的な認知症の原因疾患］

- **アルツハイマー型認知症**
  ……認知症の中でもっとも多く、全体の**約半数**を占める。脳にたんぱく質が蓄積して脳細胞が死滅し、脳が萎縮する。進行はゆっくり。
- **脳血管性認知症**……………脳梗塞や脳出血などの脳血管性の疾患により、脳の一部が壊死することで起こる。
- **レビー小体型認知症**………レビー小体という物質が脳に付着するために生じると考えられている。初期から鮮明な**幻視**を見る、症状の日内変動があるのが特徴。
- **前頭側頭型認知症**…………前頭葉と側頭葉だけが萎縮する。初老期の認知症に多い。抑制がきかなくなる、身勝手なふるまいをするなど**反社会的行動**が特徴。

［その他の原因疾患］

- **外傷性疾患によるもの**……脳挫傷、**慢性硬膜下血腫**など。
- **感染症によるもの**…………クロイツフェルト・ヤコブ病※、**髄膜炎**、脳炎など。
- **代謝・栄養障害によるもの**
  ……ウェルニッケ脳症、ビタミンB_{12}欠乏症、肝性脳症など。
- **内分泌疾患によるもの**……甲状腺機能低下症、副腎皮質機能亢進症など。
- **中毒性疾患によるもの**……アルコール性認知症※、薬物中毒、**金属中毒**など。
- **その他**…………………………正常圧水頭症、低酸素脳症など。

出題頻度 ★★★

■ 若年性認知症

- **若年性認知症とは**……18～64歳で生じる認知症の総称。はたらき盛りで家計を支えている世代でもある。男性に多い。
- **原因疾患**…………………脳血管性障害（39.8%）、アルツハイマー病（25.4%）、頭部外傷後遺症（7.7%）、**前頭側頭型認知症**（3.7%）、アルコール性認知症（3.5%）をはじめ、さまざま。
- **特徴**………………………発見が遅れることが多い。**不安**や**抑うつ**、興奮・せん妄、介護への抵抗などのBPSDもみられる。**就労**に関する支援が必要になる場合が多い。

確実に覚えたい4大認知症の原因疾患

名称	❶ アルツハイマー型認知症	❷ 脳血管性認知症	❸ レビー小体型認知症	❹ 前頭側頭型認知症
病変する部位				
原因	**海馬**を中心に脳の広範囲にたんぱく質が蓄積し、神経細胞が死滅、脳が**萎縮**する。	脳の血管が詰まったり、出血したりして、脳の細胞に**酸素**がおくられず、神経細胞が死滅する。	レビー小体という特殊なたんぱく質が、大脳皮質や**脳幹**にたまり、神経細胞が壊れ、減少する。	前頭葉と側頭葉に萎縮が見られる。
初期症状	物忘れ。	物忘れ、**頭痛**、めまい（これを、**3兆候**という）。	**幻視**、妄想、うつ状態など。**パーキンソン病**と似た症状がでる。	同じ言葉や動作を繰り返す。身だしなみに無頓着になる。
経過	記憶障害からはじまり、徐々に進行する。	比較的急速に進行する。脳血管性疾患を繰り返すたびに**段階的**に進行。	急速に進行する場合もあるが、よいときと悪いときを繰り返しながら進行する。	ゆっくりと、**年単位**で進行。
その他	認知症全体の約68%。**女性**に多い。	認知症全体の約20%。**男性**に多い。	認知症全体の約５%。やや**男性**に多い。	認知症全体の約１%。男女差はない。

若年性認知症の家族状況の特徴5

1 経済的負担が大きい
家計を支えている世代が発症するため。

2 主介護者が配偶者に集中
子どもがまだ若いため、**配偶者**に介護が集中する。

3 複数介護となる場合がある
当事者の親世代も要介護者になるリスクが高い。

4 介護者が高齢の親になる場合がある
配偶者などがいない場合、高齢の親が介護せざるを得ない。

5 家庭内での問題が多い
夫婦間の問題、子どもに対する親としての**役割**の喪失など、家庭内で大きな問題となる。

若年性認知症は高齢者の認知症とは特性や状況が違うため、本人や家族に対する支援の視点が違ってきます

『若年性認知症ハンドブック』（認知症介護研究・研修センター）より作成

関連 過去問題
第36回 問題43より出題

正解 若年性認知症の特徴として、高齢者に比べて、就労支援が必要になることが多い。

70 認知症の基礎的理解

- 認知症の診断方法や、さまざまな治療方法を理解することで、認知症に対する基礎的な理解を深めることができるようになります。
- 心理療法など、非薬物的療法を学び、日常のケアの場面でも生かせるようになりましょう。

出た！

第34回で「**リアリティ・オリエンテーション**」について、第33回で「**回想法**」について、第32回、第31回で「**認知症治療薬**」について、第30回で「**認知症の評価スケール**」について、第28回で「**認知症の心理療法**」「**治療可能な認知症**」について出題されました。

出題頻度 ★★

■ 認知症の診断方法

- 以下のようなさまざまな診断方法があるが、いずれも認知症を引き起こす他の疾患にかかっていないかを併せて診断する。

［**画像診断**］CT、MRI、脳血流検査※など、画像により脳の変化を調べる。

［**心理検査**］本人へ直接、簡単な**質問形式**をとる。記憶・知能などに関する検査をする。代表的なものは**改訂 長谷川式簡易知能評価スケール**（HDS-R）、**ミニメンタルステイト検査**（MMSE）。

［**観察式方法**］本人に対しての観察や、家族の情報から判断する。代表的なものは、アルツハイマー型のADLを総合的に判定する**FAST**、家族からの情報で判定する**CDR**、**認知症高齢者の日常生活自立度判定基準**、本人の行動観察を主たる評価とする柄澤式老人知能の臨床的判断基準。

出題頻度 ★★★

■ 認知症の治療

- **外科的処置**…原因を取り除くことにより改善が期待できるものがある。慢性硬膜下血腫、正常圧水頭症など。
- **抗認知症薬**…根本的な治療はできないが、認知症の進行を遅らせる、行動・心理症状を改善させるなどの効果がある。**コリンエステラーゼ**阻害薬、NMDA受容体阻害薬など。副作用がでる場合がある。
- **心理療法**……心理状態や生活の質（QOL）の向上を目指し、取り組まれる。

［**回想法**］本人の思い出を、聞き手が**共感**しながら回想してゆく。心理的な安定、豊かな情動をもたらす。その人の新しい一面を発見することにも繋がる。

［リアリティ・オリエンテーション］
現実認識を回復するために、季節、日時、場所、天気などの基本情報を、軽度の認知症の人などに自然な形で繰り返し伝える、認知症ケアの手法。

［**音楽療法**］音楽に合わせて歌ったり、からだを動かしたり、演奏をしたりするなどして心身をリラックスさせ、不安やストレスを解消する。**自発性**の向上、記憶力の改善、体力の強化などが期待できる。

これらの治療は、複数組み合わせて行われる場合がある。

用語 PICK！

脳血流検査
脳の血流の変化を見つける検査。血流が低下している部位がある場合は脳梗塞、てんかん、認知症などの病気が疑われる。

関連づけよう！

心理療法は認知症の人の心理的不安、ストレスの解消に効果があります。P.160「認知症がおよぼす心理的影響」と関連づけて覚えるようにしましょう。

認知症の評価スケール

[改訂 長谷川式簡易知能評価スケール（HDS-R）]

- 年齢、場所、記憶、計算に関する９つの質問で評価。
- 30点満点中20点以下は認知症の可能性あり。

[ミニメンタルステイト検査（MMSE）]

- 日時、場所、計算、記憶、言語力に関する11の質問で評価。
- 30点満点中23～24点以下が認知症の可能性あり。

観察式方法

[Function Assessment Rating (FAST)]

- 観察により生活機能を評価。
- 認知症の障害なし～高度の認知症の７段階で評価する。

[Clinical Dementia Rating(CDR)]

- 観察式の認知症の重症度評価法。
- 健康（CDR:0）～高度認知症（CDR:3）の５段階（CDR：0.5あり）で評価。

[認知症高齢者の日常生活自立度判定基準]

- 日常生活における支援の必要性、行動をランクづけする。
- 自立～専門医療が必要の９段階にランクわけ。
- 厚生労働省が作成し、介護保険認定調査でも使用される。

認知症の原因となるおもな疾患のうち、治療が可能なもの

疾患名	慢性硬膜下血腫	正常圧水頭症	ビタミン欠乏症	アルコール中毒	脳腫瘍
原因など	硬膜の内側が出血して血腫が脳を圧迫。	髄液が脳室にたまり、脳を圧迫する。	ビタミンB_1、B_{12}などの欠乏による**記憶**障害など。	アルコールの飲用による障害。	腫瘍の場所により、認知症の症状がでる。
治療法	**頭骸骨内の血腫を取り除く。**	**カテーテルで髄液を取り除く。**	**ビタミン剤の服用。**	**心理療法や薬物治療。**	**放射線治療で腫瘍を小さくできれば、回復の可能性あり。**

慢性硬膜下血腫と正常圧水頭症がよく認知症と間違えられるので、注意して覚えましょう

関連 過去問題
第34回 問題82より出題

正解 軽度認知症の人に、日付、季節、天気、場所などの情報を会話の中で伝え、認識してもらうのはリアリティ・オリエンテーションである。

71 認知症がおよぼす心理的影響

- 認知症の人の心理状態を理解することで、適切なかかわりを持てるようになります。
- 認知症の人との適切なかかわりや環境は行動に影響する、という基本を押さえた介護が提供できるようになります。

学習のコツ！

直接的な設問は少ないですが、心理的状態を理解することで、支援の方法や認知症の症状などの問いに対して正解を導きやすくなります。

学習のコツ！

認知症の人の行動は、心理状態が引き起こしていることをしっかり押さえましょう。

関連づけよう！

P.154「認知症のさまざまな症状」と関連させて学習することで、認知症の人の心理状態や行動についての理解が一層深まります。

出題頻度 ★★

■ 認知症がおよぼす心理状態

- 認知症の人は記憶力や理解力の機能低下により、周囲に対する認識や**適応**が困難な状況で、常に心理的な影響を受けているという認識が周囲の人にも必要。

［不快感］

- 誰でも物忘れは経験し、物が見つからない、相手がわからない、うまく物事を伝えられないなどする。そのときは焦りや不快感を感じるが、思い出すとスッキリした気持ちになる。認知症の人は思い出すことができず、わからないことが増えていくので、不快な気持ちが持続する。

［不安感］

- 自分のまわりのことがわからなくなる、できていたことができなくなるなど、認知症の人は、自分が変わっていく大きな不安感を常に持っていると考えられる。

［孤独感］

- **認知機能障害**から、わからないことが多くなり、知らない人とコミュニケーションを取るストレスや、いつも知らない人の中にいるといった孤独感に襲われることがある。

［混乱］

- 認知症の人は、自分の周囲で起きていることを正確に理解することが困難になる。そのため、**生活全般**に混乱をきたす。

［被害感］

- 認知症の人は、記憶の欠落により**妄想的**になり、勘違いをすることがある。そのため、物がなくなる、うまくできないといったことを、誰かに盗まれた、誰かのせいでできないなどと被害的に考えることがある。
- 被害的訴えは確信に変わり、訂正ができない場合が少なくない。

［怒り］

- 認知症が初期～中程度の段階では、家事や仕事など、日常生活での失敗を自覚できる。そのため、どうしてうまくできないのか、どうしてこうなったのかという苛立ちがつのり、自分自身に憤りを感じることがある。

［作話］

- 嘘の話、発言。ただし、本人に嘘をつくつもりはない。つじつまが合わない生活を取り繕う行為、**自分自身**の不安や苦しみを解消するための行為として、作話がある。

認知症に影響を与える環境

感覚的な刺激や物、介護職とのかかわり、他の人との交流、物理的な環境など、幅広いものが環境となる。

対人関係のストレス

認知症の人にとって、無視をしているような扱い、一貫性のない対応などがストレスになる。受容的な態度が大切。

人的環境

家族だけにとどまらず、介護にあたる人や他の認知症の人など、本人を取り巻く人的環境が影響する。

住環境

安全面への配慮のみでなく、ドアに目印をつける、壁にカレンダーを張るなど、認知症の進行に合わせた環境の工夫が必要。

介護する私たち自身も、認知症の人に影響を与える環境です

認知症の人とのかかわり方の基本

受容する態度で接する

相手に安心してもらうためにも、相手のありのままを受け止める態度で接しましょう。

落ち着ける環境をつくる

慣れ親しんだ環境など、相手が混乱せずに安心できる環境づくりを心がけましょう。

できることはやってもらう

認知症の人でも、自分でできることは自分でしたいと考えています。失敗を恐れず、できることは自分でやってもらいましょう。

相手を否定しない

たとえ、事実ではないことでも、相手を否定することは、精神的混乱や不安を招いてしまいます。

プライドを傷つけない

認知機能が低下しても、プライドは残ります。子ども扱いや失礼な対応は相手を傷つけてしまいます。

わかりやすい言葉で話す

相手に伝わりやすく、わかりやすい言葉で会話をしましょう。

関連 過去問題
第30回 問題77より出題

正解 認知症の人への基本的なかかわりとして、息子の居場所を心配する人に、「息子さんは会社ではたらいていますから、安心してください」というのは適切。

72 連携と協働について

- 認知症の人を支える地域のサポート体制を理解することで、チームの一員としての支援の提供ができるようになる。
- 国が進めている政策や公的な機関を理解し、認知症の人と家族を支える社会資源を覚えましょう。

出た！

第35回で、「**認知症ケアパス**」について、第34回、第33回で「**認知症初期集中支援チーム**」について、第32回で「**医療分野との連携**」について、第31回で「**認知症サポーター**」について、第30回、第29回で「**認知症の支援者・機関**」について出題されました。

出題頻度 ★★

■ 国・自治体が示す地域を基盤としたサポート体制

- **新オレンジプラン**
  ……**認知症施策推進総合戦略**。認知症高齢者などにやさしい地域づくりを推進していくため、認知症の人が住み慣れた地域のよい環境で、自分らしく暮らし続けるために必要なものや事象に、的確に応えていくことを目標としている（P.153）。
- **認知症ケアパス**
  ……認知症の人とその家族が、地域の中で本来の生活を営むために、地域・医療・介護の人々が目標を共有し、それを達成するために連携するしくみ。状態に合わせた、適切な**サービス提供**の過程をまとめたもの。
- **認知症初期集中支援チーム**
  ……複数の専門職が**認知症地域支援推進員**、医療機関などと連携し、認知症が疑われる人やその家族を訪問（**アウトリーチ**）し、専門医による診断などを踏まえ、本人や家族支援などの初期支援を包括的・集中的に行う。

出題頻度 ★★

■ 認知症疾患医療センター

- **認知症疾患医療センター**……地域での**認知症治療**の中核となる機関。
- **認知症疾患医療センターの役割**……認知症の的確な診断と専門医療の提供、介護サービス業者との連携を担う。
- 全国で約500か所を目標に整備が進められている（2022年10月末で499か所）。

用語 PICK！

認知症サポート医
認知症について深く習熟し、かかりつけ医へ助言や支援をしたり、専門機関や地域包括支援センターなどとの連携推進の中心となったりする医師。

出題頻度 ★★

■ 認知症サポーター

- **認知症サポーターとは**……**認知症サポーター養成研修**を受講した人で、地域で暮らす認知症の人やその家族を支援する。
- **講座の実施主体**……………①自治体（都道府県、市町村）②全国的な**職域団体**、企業など。
- 認知症の正しい理解、本人や家族を見守る、地域で協力・連携することなどが期待されている。

関連づけよう！

P.152「認知症に関する行政の方針と施策」と密接な関係にあります。併せて覚えましょう。

認知症地域支援推進員

医療・介護等の支援ネットワーク構築

- 認知症の人が必要な医療、介護サービスを受けられるように、関係機関の連携体制を構築。
- 認知症ケアパスの作成・普及。

認知症対応力向上のための支援

- 専門医等による、処遇困難事例の検討および個別相談の企画・調整。
- 在宅の認知症の人や家族に対する介護方法などの相談支援の企画・調整。

相談支援・支援体制構築

- 認知症の人や家族への相談支援。
- 「認知症初期集中支援チーム」との連携等。

地域包括支援センター、市町村本庁、認知症疾患医療センターなどに配属され、市町村と協働し、おもに3つの事業を推進しています。2018（平成30）年度から、すべての市町村で実施されています

認知症初期集中支援チームの連携イメージ

認知症初期集中支援チーム

認知症サポート医※

医療職＋福祉職

地域包括支援センター等に整備

認知症地域支援推進委員

専門医療機関

本人・家族

かかりつけ医

支援のプロセス

①支援対象者の把握
②本人や家族の情報収集
③初回訪問時の支援
④認知、生活機能、行動・心理症状などの観察と評価
⑤チーム員会議の開催による支援方針・内容・頻度などの検討
⑥初期集中支援の実施
⑦引き継ぎのモニタリング

矢印は、連携や情報提供を示しています

関連 過去問題
第34回 問題86より出題

正解 認知症初期集中支援チームに関する記述として、チーム員には医師が含まれるは正しい。

73 家族への支援について

- 認知症の人を支える家族の想いや、心理状況を理解することで、より的確な家族への支援ができるようになります。
- 家族を支援する制度や場所について理解し、家族支援に生かせるようになりましょう。

学習のコツ!

介護をしている家族全般への支援の視点にプラスして、認知症の人のいろいろな特性も踏まえた支援を考えることが必要です。

出題頻度 ★★

■ 認知症の人の家族への支援

- 認知症の人の家族は、認知症そのものに加え、行動・心理症状への対処に大きな**負担感**を持っている。
- 認知症の人の介護は、多くの場合、長期間におよぶ。家族は、この先どうなるのかという不安を抱いていることが多い。

出題頻度 ★★

■ 認知症の人の家族を支援するために

- **レスパイトケア**……家族が一時、介護から離れて休息を取るために提供されるサービスの総称。短期入所や訪問サービスなどの介護保険サービスやボランティアを利用したり、家族や親類の間で介護を代わってもらったりするなど、介護を離れ、**リフレッシュ**することで、在宅介護を継続できるよう支援する。
- **介護教室**……………認知症についての正しい知識を得て、上手な介護のしかたを学ぶ場として各地で開催。家族同士の交流も図れる。
- **認知症カフェ**………認知症の人やその家族、各専門家や地域住民が集う場として提供され、お互いに交流をしたり、情報交換をしたりすることを目的として近年急増。**認知症サポーター**により運営されることも多い。

出た!

第31回、第29回、第27回、第25回で事例問題として「**家族への支援の方法**」について出題されました。

出題頻度 ★★

■ 家族の力を生かすために

- **家族の想いを聴く**……………認知症の人を介護する家族の、心理的負担や身体的負担を理解し、**受容**と共感を持って家族の話に耳を傾ける。
- **家族との協力関係を築く**……家族と支援者との間に**信頼関係**を構築し、協力者として関係を築く。
- **家族の介護力の評価**…………家族の介護力は、身体的・精神的・**社会的**な側面から検討する。
- **社会資源についての情報提供**
  ……認知症の介護負担を軽減する制度やサービスなどの、社会資源についての情報を適切に提供する。

関連づけよう!

P.152「認知症に関する行政の方針と施策」、P.162「連携と協働について」と併せて学習することで、認知症の人の支援の全体像を確認しましょう。

家族介護の苦しみ 4

1 気の休まるときのない介護で、心身ともに疲弊する。

2 家族生活が混乱する。

3 苦労がまわりの人にわかってもらえず、孤立無援の思いでいる。

4 先行きに大きな不安がある。

これらの4つの苦しみを抱えていることを理解し、支援しましょう

家族介護者の心理的ステップ 4

STEP❶ とまどいと否定

異常な言動にとまどい、否定する。
他人に相談できず、悩む。

STEP❷ 混乱・怒り・拒絶

認知症の理解不足から混乱し、怒りや拒絶の感情を持つ。

STEP❸ 割り切り

怒りや拒絶が薄れる。
介護者の「問題」としては軽くなる。

STEP❹ 受容

認知症への理解が深まる。
相手を受け入れることができる。

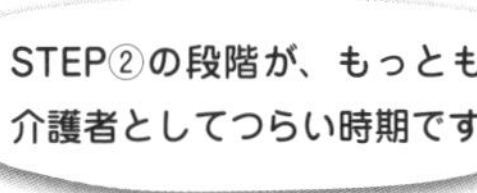

STEP②の段階が、もっとも介護者としてつらい時期です

認知症カフェの効果

家族

- 情報交換や学びの場
- 心理的負担の軽減
- 相談できる人がいる

地域

- 地域の繋がり、支え合い、交流の場
- 地域の認知症の理解が進む

本人

- 仲間づくりの場
- 安心できる場
- 本音で話せる
- 仲間ができる
- 認知症の進行が遅れる
- 娯楽や趣味の場

関連 過去問題
第25回 問題86より出題

正解 気持ちの訴えを受容することは、家族介護者への支援となる。

74 障害のとらえ方・定義

- 障害の概念を理解し、障害の基本的理解を深めることで、障害のある人への支援の基礎となります。
- 国際障害分類と国際生活機能分類の違いを明確に理解し、障害のとらえ方の見識を高めましょう。

出た！

第33回、第30回、第29回で「**国際生活機能分類（ICF）**」について、第32回で「**国際障害分類（ICIDH）**」が出題されました。

出題頻度 ★★

■ 障害のとらえ方

- 障害のとらえ方は、制度などによりそれぞれ違いがある。現在は、障害をとらえるとき、国際生活機能分類（ICF）を使用する。
- **障害を個性としてとらえる**
  ……障害を**マイナス**ではなく個性のひとつとしてとらえる。障害のある人が自己を肯定的にとらえることができる半面、支援の必要性や**環境上**の問題が見失われてしまうという指摘もある。
- **障害者の権利に関する条約（2006（平成18）年）**
  ……障害を「障害者と障害者に対する態度及び環境による障壁との相互作用であって、障害が他の者と平等に社会に完全かつ効果的に参加することを妨げるもの」と定義している。
- **身体障害者手帳**……身体障害者福祉法の**身体障害者障害程度等級表**に基づき交付される。6級以上で交付の対象となるが、等級表は7級まであり、7級該当が2つ以上で6級となる。原則、本人に交付するが、15歳未満は保護者に交付される。
- **療育手帳**……………知的能力と日常生活能力により判断され、交付される。判定の実施は児童相談所、もしくは知的障害者更生相談所※。地方自治体によって、名称や等級区分、利用できるサービスが異なる場合が多い。
- **精神障害者保健福祉手帳**
  ……精神保健及び精神障害者福祉に関する法律（精神保健福祉法）に基づき交付される。1～3級の等級がある。

用語 PICK！

知的障害者更生相談所
各都道府県に設置され、市町村の更生援護の実施に関し、市町村相互間の連絡および調整、情報の提供など必要な援助を行う。

出題頻度 ★★★

■ 国際障害分類（ICIDH）から国際生活機能分類（ICF）へ

- **国際障害分類（ICIDH）**
  ……障害を「機能障害」「能力障害」「**社会的不利**」の3つのレベルで分類。**国際障害者年**（1980年）で採択。
- **国際生活機能分類（ICF）**
  ……国際障害分類の改定版。障害をマイナス面からでなく「生活機能」という視点でとらえている。各項目間の**相互作用**を重視。

関連づけよう！

P.58～61「障害者自立支援制度のしくみの基礎的理解①②」と併せて学習し、理解を深めましょう。

ICIDHへの批判とICFでのおもな変更点

[ICIDHモデルの構成要素]

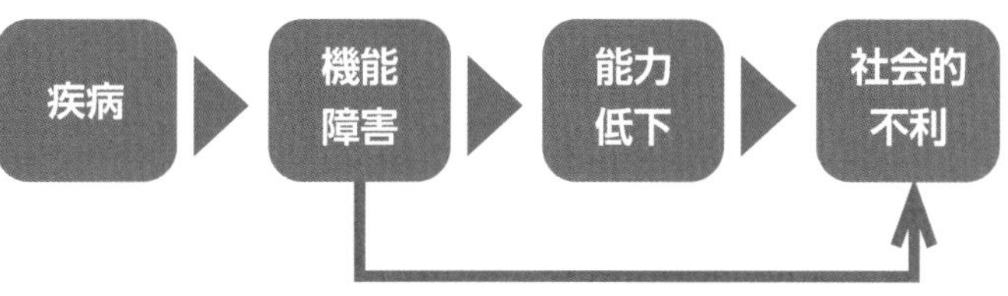

[ICFモデルの構成要素]

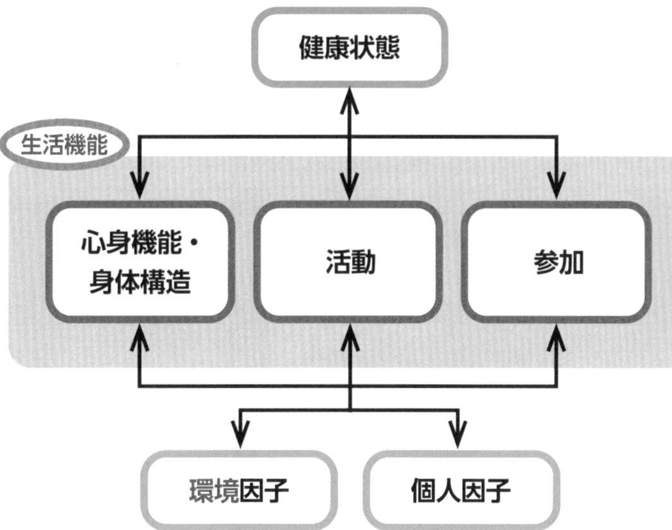

ICIDHへの批判

①障害、低下、不利というマイナス面での定義。
②矢印が一方的で**運命論的**。
③疾病自体が社会的不利へ繋がる直接的な関係が無視されている。
④**社会的不利**の分類が不十分だった。
⑤策定にあたり、障害者のかかわりがなかった。

ICFでの変更点

①障害をマイナス面でとらえず、**生活機能**と定義。
②双方向の矢印で**相互関係**、相互作用をあらわす。
③全体を結んだ大きな概念としてとらえる。
④**環境因子**という概念を導入。
⑤障害者も策定に関与。

手帳制度の比較

身体障害者手帳

●概要：身体上の障害がある者に対して、都道府県知事、指定都市市長、**中核市市長**が交付する。

●**交付対象者**：感覚器、身体機能、内臓機能など**9つの障害**が対象。

●**等級**：1～6級に区分。7級に該当する障害は**2つ**以上で6級となる。
※等級は、数字が小さいほど重度。

精神障害者保健福祉手帳

●概要：一定の精神障害の状態にあることを認定し、**都道府県知事**または指定都市市長が交付する。

●**交付対象者**：精神疾患により、**社会生活**や日常生活に制限がある人

●**等級**：1～3級に区分。
※等級は、数字が小さいほど重度。

療育手帳

●概要：知的障害児・者に対し、都道府県知事または指定都市市長が交付する。

●**交付対象者**：**児童相談所**または知的障害者更生相談所において知的障害と判定された人

●**等級**：重度（A）とそれ以外（B）に区分。各地方公共団体で**名称**や区分が異なる。

関連 過去問題
第33回 問題87より出題

正解 ICF（国際生活機能分類）では、さまざまな環境との相互作用によって障害が生じるととらえている。

75 障害者福祉の基本理念について

- 障害者福祉の概念は、時代とともに変化しています。歴史的背景や、現在の理念を理解することで、障害に対する基礎的理解を深めることができます。
- わが国の障害者福祉制度の変遷を理解することで、現在の施策への理解を深めることができます。

出た！

第33回で「**障害者の権利に関する条約**」について、第31回、第30回、第27回で「**ノーマライゼーション**」について、第26回で「**インクルージョン**」について出題されました。

用語 PICK！

合理的配慮

障害者が権利を行使するために必要かつ適当な、変更や調整のこと。

関連づけよう！

P.166「障害のとらえ方・定義」とかかわりの深い項目です。

出題頻度 ★★★

■ 障害者福祉の基本理念

［ノーマライゼーション］

- **デンマーク**のバンク・ミケルセンが提唱。
- 社会的に不利な立場に置かれやすい障害がある人であっても、その他の市民と同様の生活水準、および**生活様式**をおくることを目指す理念。

［インテグレーション］

- 障害者と障害のない者とを分離するのではなく、統合を目指した理念。
- 普通学級に障害児を積極的に受け入れ、一定教科をいっしょに学習する統合教育など。

［インクルージョン］

- すべての人々を孤立や孤独、排除、摩擦から援護し、**社会の一員**として含み、支え合うという理念。
- 2006年に国連で採択された障害者の権利条約で、条約の理念はインクルージョンとされた。

［リハビリテーション］

- 障害によって生じた諸問題に対し、さまざまな手法で、人としての尊厳、権利、資格などを回復する「**全人間的復権**」を図ることを目指した理念。

［障害者基本計画］

- **障害者基本法**に基づき、障害者施策の総合的かつ計画的な推進を図るため、2002年に決定された計画。

［障害者の権利に関する条約］

- 2006年に成立した、障害者の権利の実現のための措置などについて定める条約。作成段階から障害者自身がかかわり、意見が反映された。日本は2007年に批准。「**合理的配慮**※」という概念が取り上げられた。

［4つの特徴］

①障害のある人に対する、すべての差別を修正または廃止。

②すべての政策および計画において、障害のある人の人権の確保および推進を考慮。

③**移動補助用具**などを研究・開発し、使用の促進を図る。

④障害のある人とともにはたらく専門家や、職員に対する該当権利に対する訓練の促進。

ノーマライゼーションの基本原理 8

ノーマライゼーション（Normalization）は、障害者がまわりの人と同じく、普通（nomal=ノーマル）の生活・権利などが保障されることを目指す考え方のこと。

1. 1日のノーマルな生活リズム
2. 1週間のノーマルな生活リズム
3. 1年間のノーマルな生活リズム
4. ライフサイクルにおけるノーマルな**発達経験**
5. ノーマルな個人の尊厳と**自己決定権**
6. その文化におけるノーマルな性的関係
7. その社会におけるノーマルな経済水準とそれを得る権利
8. その地域におけるノーマルな**環境形態**と水準

スウェーデンのニィリエによって広まりました

日本の障害者福祉制度の歴史

年	法律	関連事項
1949年	身体障害者福祉法	児童福祉法（1947年）、生活保護法（1950年）と合わせて**福祉三法**。
1960年	精神薄弱者福祉法 （現・知的障害者福祉法）	知的障害者（18歳以上）が対象。
1970年	心身障害者対策基本法	身体障害、精神障害の一元化。
1993年	障害者基本法 （心身障害者対策基本法改正）	精神障害者を「障害者」と表現。
1995年	精神保健及び精神障害者福祉に関する法律（精神保健福祉法）	身体障害、知的障害、精神障害の３障害に対する法律の整備。
2004年	発達障害者支援法	発達障害者に対する総合的施策。 **発達障害者支援センター**を定める。
2005年	障害者自立支援法 （現：障害者総合支援法）	身体障害、知的障害、精神障害の３障害を一元化。 **措置制度**から契約へと移行。
2011年	障害者虐待防止法 障害者基本法改正	発達障害を精神障害に含める。
2012年	障害者総合支援法	難病を障害に含める。
2013年	障害者差別解消法	「**合理的配慮**」の推進。

関連 過去問題
第33回 問題89より出題

正解 障害者が作成の段階からかかわり、その意見が反映されて成立したものは、障害者の権利に関する条約である。

76 視覚障害

- 視覚障害の基礎や、介護のポイントを学習することは、視覚障害の人への適切な支援に繋がります。
- 視覚障害の原因疾患を理解し、疾病に合わせた支援ができるようになりましょう。

出題頻度 ★

■ 視覚と視覚障害

- **視覚**……視力、視野、色覚※、両眼視機能※などのこと。
- 視力は、物の形や存在を認識する能力。視野は、目を動かさないで**同時**に見える範囲のことをいう。
- **盲**………視覚情報をまったく得られない状態。
- **弱視**……盲に対し、**残存視覚**を残す状態。

出題頻度 ★★

■ 視覚障害の種類

- 身体障害者障害程度等級表において、それぞれ下記のように区分されている。
  - **視力障害**……その程度において1～6級。
  - **視野障害**……その程度において2～5級。

出題頻度 ★★

■ その他のおもな視覚障害

- **羞明**………まぶしさを過剰に感じる状態のこと。目を開けていられないような不快感や痛みが生じるなどの症状がある。
- **複視**………物が二重に見えること。
- **動揺視**……静止している物体が動いて見えたり、揺れて見えたりする症状。
- **夜盲**………夜間や暗いところでは、目が見えにくくなる。**先天性**のものと後天性のものとがある。

出題頻度 ★★

■ 視覚障害者の介助のポイント

- 移動の介助には手引き歩行、**白杖**による歩行、盲導犬による歩行がある。また、誘導用ブロックによる誘導を利用して歩行する方法もある。
- 視覚障害者は移動そのものに恐怖や不安が多いため、介助を行うときには安全を優先させる。
- 食事の介助には、位置関係を知らせるクロックポジション※などの方法を使う。
- コミュニケーションの手段には、点字、音声言語、拡大読書器※、テープレコーダーなどがある。
- 白内障や**角膜混濁**のある人は、白黒反転文字※のほうが見やすい。

用語 PICK！

色覚
色、すなわち可視光線の波長の差を識別する感覚。

両眼視機能
両眼視機能とは、右目と左目で同時に物を見る能力のこと。その際、なんらかの障害でその物を単一物として認識できないと、距離感が狂ったり、斜位や斜視を引き起こしたりする。

クロックポジション
主食やおかずの位置をアナログ時計の文字盤（1～12）に見立てて説明すること（P.285）。

拡大読書器
印刷してあるものを、拡大しモニターなどに映し出す機器。

白黒反転文字
通常の文章とは逆に、黒地に白文字で記されたもの。反射が少なく、白内障などの人でも見やすい。

関連づけよう！

P.272「対象者の状態・状況に応じた移動の介護の留意点」にある視覚障害者の移動介護と関連させることで、理解が深まります。

視覚障害のおもな原因疾患 6

① 白内障
・水晶体が白く濁り、視界に霞がかかる。初期症状はまぶしさ。

② 緑内障
・眼圧が上昇し、視神経を圧迫し、視覚に障害がでる。進行し失明に至ることもある。
・眼圧が正常であっても、視神経萎縮が進行し、視野狭窄の症状がでるものを「正常圧緑内障」という。

③ 加齢黄斑変性症
・網膜の黄斑に病変が起こり、物の見え方に支障がでて、視力低下などが起こる。
・高齢者に多い。

④ 網膜色素変性症
・網膜視細胞の変性による視覚の低下。視力低下、視野狭窄、夜盲などの症状がでる。
・進行すると失明する。

⑤ 糖尿病性網膜症
・糖尿病の合併症のひとつ。網膜の異常により視力が低下する。

⑥ ベーチェット病
・ぶどう膜炎、口内炎、陰部潰瘍などの症状をともなう。
・網膜剥離を引き起こすと失明することもある。
・原因は不明であり、特定疾患治療研究事業※の対象。

用語 PICK！

特定疾患治療研究事業（とくていしっかんちりょうけんきゅうじぎょう）
都道府県や国などが、原因不明で治療方法が確立していない病気で長期にわたり生活に支障がでる特定の疾患について、原因の究明などに関し公費負担を行う事業のこと。

視覚障害に関する試験問題は、生活支援技術や事例問題として出題される傾向があります

特徴的な視野狭窄 4

① 求心性視野狭窄
特徴 中心に向けて視野が欠けていく。まわりがぼやける。
おもな疾患 網膜色素変性症、緑内障末期など。

② 中心暗点
特徴 視野の中心部が見えなくなる。
おもな疾患 加齢黄斑変性症、視神経炎など。

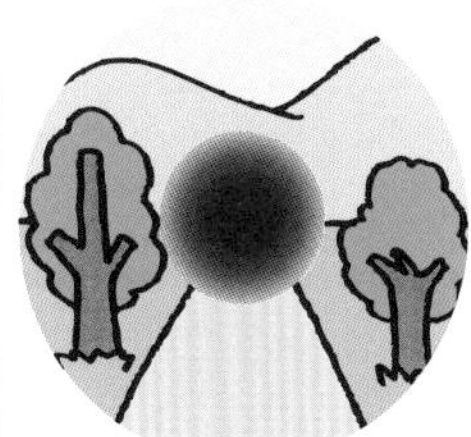
中心暗点

③ 同名半盲
特徴 両目ともに同側が見えづらくなる。
おもな疾患 脳出血、脳梗塞、脳腫瘍など。

④ 水平性視野欠損
特徴 視野の上側もしくは下側が見づらくなる。
おもな疾患 虚血性視神経症など。

関連 過去問題 第31回 問題93より出題
正解 網膜色素変性症の初期症状として、夜盲があげられる。

77 聴覚障害・言語機能障害

- 聞く・話すという、コミュニケーションの基礎である行為の障害についての理解を深めることで、適切な支援に繋げることができるようになります。
- 障害の種類による、コミュニケーション方法の違いを理解することで、適切な対応ができるようになります。

出た！

第29回で「**老人性難聴の特徴**」について、第26回で「**運動性失語の人とのコミュニケーション**」について出題されました。

出題頻度 ★

■ 聴覚障害について

- **聴覚障害とは**……外耳から**大脳皮質**の聴覚野に至る感覚伝達回路の、いずれかの部分に障害があるため、聞くことが不自由になっている状態をさす。聾※や難聴※など。
- 身体障害者障害程度等級表では、2～4等級、6等級に区分される。

出題頻度 ★★

■ 難聴の分類

- **伝音性難聴**……**外耳**および中耳の障害によって、聞こえが悪くなる。
- **感音性難聴**……内耳から**大脳皮質**の障害によって、音が歪んで聞こえる。
- **混合性難聴**……伝音性難聴、感音性難聴が合併して起こる。

用語PICK！

聾・難聴

聾は、ほとんど聞こえない状態であり、難聴は十分に聞こえない、いわゆる聞こえづらい状態。

出題頻度 ★★

■ 聴覚障害者とのコミュニケーション

- ゆっくりとした速さで、短く区切って伝える。**読話**、手話、イラスト、筆談など視覚への情報を併用すると伝わりやすい。
- 補聴器、聴覚障害者用室内信号装置などの利用も効果的。

出題頻度 ★★★

■ 言語機能障害の分類

- **失語症**………大脳の言語中枢の障害により起こる。障害を受けた場所により、**運動性**失語（**ブローカ**失語）と**感覚性**失語（**ウェルニッケ**失語）に分類され、症状が異なる。
- **構音障害**……発声や言語が不明瞭で、言葉を正しく構音できなくなる。**発声器官**そのものの筋力低下や麻痺などによる麻痺性構音障害と、口や鼻、喉などの器官の構造に障害がある**器質性構音障害**に分類される。

関連づけよう！

P.250「障害の特性に応じたコミュニケーション」、P.128「感覚器の疾患②（聴覚）」と併せて学習しましょう。

出題頻度 ★★

■ 言語機能障害者とのコミュニケーション

- 必要な情報を確実に伝え、表現したいという意欲を引き出すことが重要。
- **失語症の場合**………身振りや**絵カード**、写真など視覚的要素も取り入れる。
- **構音障害の場合**……筆談や五十音の指さし、**意思伝達装置**の利用など。

言語機能中枢と障害

ここが障害を受けると……

運動性失語（ブローカ失語）
言語を理解はできるが、発語するのに障害がある。発話のための運動機能の障害が大きく、うまく話すことができなくなるなどの症状が生じる。

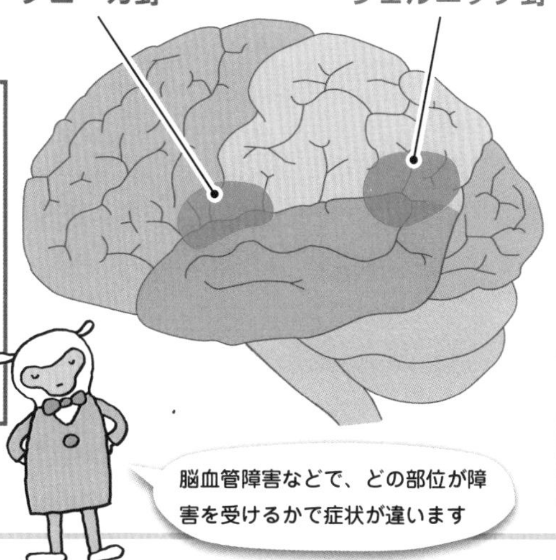

ここが障害を受けると……

感覚性失語（ウェルニッケ失語）
言語を聞き取れなくなったり、理解できなくなったりする。流暢に話すことはできるが、言語理解の部位が損傷されているので「まったく意味のわからない言葉」をしゃべる、などの症状が生じる。

脳血管障害などで、どの部位が障害を受けるかで症状が違います

おもな難聴3

❶ 伝音性難聴

原因 外耳道閉塞症、耳垢栓塞、鼓膜損傷、中耳奇形、滲出性中耳炎、慢性化膿性中耳炎、耳硬化症など。

特徴
- 言葉の明瞭度はよい。
- 治療効果が期待できる。
- 補聴器の効果が高い。
- 平均聴力レベルの悪化は70dB（デシベル）※程度まで。※dBは音の大きさ、電波の強さ。

❷ 感音性難聴

原因 先天性難聴、薬物中毒、髄膜炎、音響外傷、突発性難聴、メニエール病、老人性難聴、聴神経腫など。

特徴
- 言葉の明瞭度が悪い。
- 治療効果があまり期待できない。
- 補聴器の効果は低い。
- 平均聴力レベルの悪化が70dBを超える場合もある。

❸ 混合性難聴

原因 伝音性難聴と感音性難聴とを併せもっている場合の難聴のこと。どちらかが先にあらわれ、進行に合わせてもうひとつの難聴もあらわれる場合が多い。

特徴
- どちらの難聴の症状が強いかで対応が違う。
- 老人性難聴は感音性難聴が強いが、伝音性難聴を併せ持つ場合も少なくない。
- 中耳炎から伝音性難聴になり、感音性難聴が加わるという進行も多い。

伝音性難聴と感音性難聴との違いをきちんと区別して覚えておきましょう！

関連 過去問題 第29回 問題88より出題
正解 老人性難聴の特徴として、高音域からはじまることがあげられる。

関連 過去問題 第26回 問題33より出題
正解 運動性失語症のある人とのコミュニケーションを促進する方法として、絵や写真など視覚化された情報を使うことがあげられる。

78 肢体不自由

- 多種多様な肢体不自由の病状や疾患を理解することで、疾患や症状に合わせた介護が展開できるようになります。
- 高齢者にもっとも多い身体障害です。原因や種類をしっかりと理解し、知識を深めましょう。

出た！

第35回で四肢麻痺が伴う疾患として「**頸髄損傷**」について、第33回で「**脊髄損傷**」について、第31回で「**対麻痺**」について、第31回、第27回で「**関節リウマチ**」について、第31回、第30回の総合問題で「**脊髄損傷**」について出題されています。

用語 PICK！

随意運動
自己の意思、あるいは意図に基づく運動のこと。意思、意図に基づかない運動を不随意運動という。

うつ熱
体温調整ができなくなって熱が体内にこもること。

関連づけよう！

P.264～271「移動・移乗の介護の基本となる知識と技術①②③」の一連の項目と併せて学習しましょう。

出題頻度 ★★

■ 肢体不自由（運動機能障害）について

- **肢体不自由とは**……肢体不自由は上肢や下肢、体幹の永続的な**運動機能**の障害のこと。先天性のものと、後天性のものがある。
- 身体障害者障害程度等級表では、1～7等級に区分される。
- **肢体不自由の原因**……切断や拘縮、変形、**脳性麻痺**、脳血管障害、脳損傷、**脊髄損傷**、筋萎縮性側索硬化症など多様である。
- 18歳以上の身体障害者の約**50%**は、肢体不自由である。
- 肢体不自由者全体の**60%**は、65歳以上が占めている。
- 活動の制限、自信や役割の喪失、ボディイメージ（人がからだに対してもつイメージ）の変化などの心理的影響を受ける。

出題頻度 ★★

■ 麻痺の分類

- **麻痺とは**……神経または筋肉が障害を受け、動かなくなった状態。

［**運動**麻痺］運動機能の障害で、随意運動※ができなくなる。
［**感覚**麻痺］触覚、痛覚などの感覚が消失したり、鈍くなったりする。
［**痙性**麻痺］突っ張った、**緊張性**の強い麻痺。
［**弛緩性**麻痺］だらりと脱力した状態の麻痺。
［**対**麻痺］左右対称の下肢運動麻痺。

出題頻度 ★★

■ 肢体不自由のおもな原因と支援

- **形成不全・欠損**……先天性および後天性の身体部位の形成不全および欠損。自助具や装具が必要となる他、精神的な支援も重要。先天性の場合は、**発達自体**の支援も必要となるなど、障害を受けた時期により支援のあり方が異なる。
- **関節リウマチ**………関節に起こる炎症のため痛みが生じ、関節の動きに制限がでる。関節に負担をかけない工夫が必要。
- **脳性麻痺**……………**生後4週間**までに生じた脳の病変による、運動や姿勢の障害。**非進行性**だが、重度化させない注意は必要。
- **脊髄損傷**……………事故など、外傷での脊髄の損傷。部位によりあらわれる障害が異なる。**残存機能**に合わせた対応が重要。

脊髄損傷の種類と症状

●脊髄損傷の種類

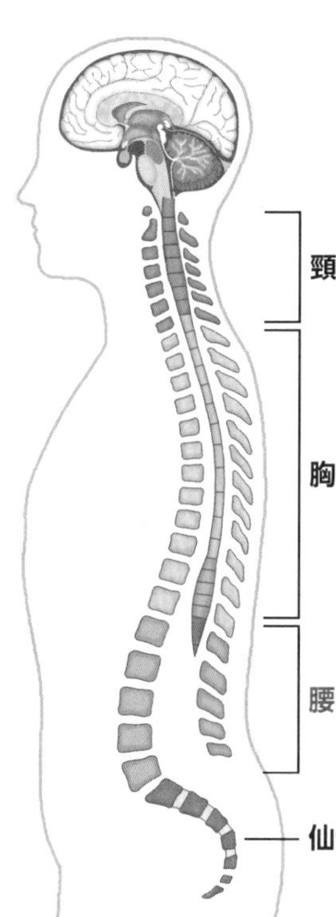

1 頸髄損傷

四肢の麻痺

C1〜3：呼吸障害あり
C4：肩甲骨挙上、**自発呼吸**可
C5：前腕の一部と肩、肘が動く
C6：食事などは**自助具**で可
C7：手関節まで動く、**プッシュアップ**ができる

2 胸髄損傷

体幹麻痺
下肢麻痺

3 腰髄損傷

下肢麻痺

頸髄は8本の神経（上からC1〜C8）が伸びています。損傷部位による麻痺の部分の違いを知っておきましょう

●症状と注意点

① 運動・知覚障害
- 知覚が麻痺しているため、部位の圧迫に気づかず褥瘡の発生に繋がる。
- 損傷部位が頭部に近いほど麻痺が広範囲になる。

② 発汗障害
- 発汗がないため、熱が体内にこもり（うつ熱※）、発熱しやすい。
- 室温など、環境面にも工夫が必要。

③ 排便・排尿障害
- 排便・排尿に障害がある場合、**水分摂取量**に注意する。
- 陰部の清潔を保ち、尿路感染を予防する。

④ 起立性低血圧
- 急に立ち上がったときに、血圧が下がり、めまいやふらつきが起こる。
- 頭部を心臓の高さと同じ、もしくは低くする。

⑤ 自律神経過反射
- 自律神経の障害によるひどい便秘や膀胱の充満、拡張などが引き金となり、高血圧、頭痛、**徐脈**などのコントロールできない反応が起こる。

脳性麻痺の種類 5

① 痙直型
- 筋肉の緊張が高まり、関節を動かせなくなる。
- もっとも多い脳性麻痺のタイプ。

② 強直型
- 関節の動きが悪く、動作が遅くなる。
- **他動的**に動かそうとして抵抗がある。

③ 失調型
- 平衡感覚が障害されるため、歩行時などにバランスを崩しやすい。転倒に注意。

④ アテトーゼ型
- 自分の意思とは関係なく手足が動く（**不随意運動**）。
- 上肢に多く見られる。

⑤ 混合型
- 病型が混在しているもの。
- もっとも多いのが**痙直型**とアテトーゼ型の混合型。

関連 過去問題
第35回 問題53より出題

正解 四肢麻痺をともなう疾患や外傷として適切なものは、頸髄損傷である。

79 内部障害

- 内部障害の基礎を学習することで、内部障害を持つ人を支える支援が展開できるようになります。
- 内部障害は種類も症状もさまざまですが、外部からはわかりづらいので、心理的な支援も念頭において対応できるようになりましょう。

出た！

第33回で「**心臓機能障害**」について、第26回で「**HIV感染者の生活上の注意**」について、第24回で「**個々の内部障害についての対応や治療**」について出題されました。

用語 PICK！

ストーマ

人工的に造設した、便や尿の排泄孔のこと。身体障害者福祉法で補装具として支給される。

関連づけよう！

P.294「対象者の状態・状況に応じた入浴・清潔保持の介護の留意点」、P.302「対象者の状態・状況に応じた排泄介護の留意点」と併せて学習すると理解が深まります。

出題頻度 ★★★

■ 内部障害について

- 肢体不自由以外のからだ内部の障害。身体障害者福祉法では、以下の７つが内部障害として規定されている。
- 内部障害は見た目ではわからない障害なので、**心理的負担**が大きい。

［心臓機能障害］

- 虚血性心臓病、心筋症、弁膜症、**不整脈**などの疾患により、心不全病状、狭心症発作、**失神発作**などが繰り返し起こり、呼吸困難や息切れなどを起こしやすく、日常生活が著しく制限される。

［呼吸器機能障害］

- 慢性閉塞性肺疾患(COPD)、拘束性肺疾患、肺機能不全などの病態により、通常の室内でも**低酸素血症**をきたし、少しの労作時でも呼吸困難を生じ、日常の活動が困難になる状態。

［腎臓機能障害］

- 慢性糸球体腎炎、糖尿病性腎症、多発性嚢胞腎、膠原病などによる**慢性腎不全**が大半を占める。腎機能が正常の25～30％以下になると腎不全の状態。さらに10％以下になると**尿毒症**となり、**人工透析**や腎臓移植が必要となる。

［ヒト免疫不全ウイルスによる免疫機能障害］

- ヒト免疫不全ウイルス（HIV）の感染によって**免疫機能**が低下した状態。HIVの感染力は非常に弱いため、直接体液に触れない限りはヒトからヒトへの感染は起こらないといわれている。

［膀胱・直腸機能障害］

- 脊髄損傷、先天性奇形、悪性腫瘍、炎症性疾患などのために、腸管ストーマ※または尿路のストーマを永久的に造設した場合や、高度の排尿・排便機能障害などを持つ状態。

［小腸疾患や小腸大量切除を行う疾患・病態］

- 小腸機能に障害があると、経口摂取では栄養の維持が困難となり、経腸栄養法や**中心静脈栄養法**が必要となる。

［肝臓機能障害］

- B型およびC型肝炎ウイルスによる慢性肝炎・**肝硬変**・肝がん、アルコール性肝障害・肝硬変、原発性肝臓がん、肝臓移植後など、肝臓機能に障害がでた状態。

おもな内部障害の介護上の留意点

心臓機能障害

- □ 食事に注意が必要。**動物性**脂肪の摂取制限などがある。
- □ 日常生活でも心臓に負担のかからない工夫が必要。生活動作、排泄・入浴などに注意。

腎臓機能障害

- □ 食事の管理が必要になる。塩分・水分・**たんぱく質**の制限。
- □ 薬を排泄する機能が低下するため、**副作用**が強くでやすい。

呼吸器機能障害

- □ 仰臥位より**起座位**が楽に呼吸できる。
- □ 塵（ちり）・埃（ほこり）を室内から除去し、衛生に配慮する。
- □ 温度・湿度の調整をこまめにする。
- □ 室内は禁煙、強い香りや臭気を避ける。
- □ **気道感染**に注意する。

HIV

- □ 感染力は弱いが、血液、体液・分泌物などの扱いには注意が必要。
- □ **スタンダード・プリコーション**を徹底する。

スタンダード・プリコーションとは、手洗い、手指消毒薬の使用、環境管理など、普段から行うべき標準予防策のことをいいます

人工透析の種類 3

① 血液透析

- もっとも一般的な療法。
- 週3回程度通院し、行う。
- 1回の治療は**4**時間程度。
- 治療中は動くことができない。

② 腹膜透析

- 自身の腹膜を利用した透析方法。
- 腹膜内に一定時間透析液をため、その後、体外に排出する。
- 透析液出し入れのチューブ（**カテーテル**）を常に挿入しており、感染症に注意が必要。

③ 連続携行式腹膜透析（CAPD）

- 腹膜透析のひとつ。
- **24**時間連続して腹膜透析を行う。
- 本人の生活ペースや活動への影響が小さい。

関連 過去問題
第33回 問題94より出題

正解 心臓機能障害のある人に関して、呼吸困難や息切れなどの症状が見られることが多い。

80 知的障害

- 知的障害への理解を深めることで、知的障害者のライフステージに合わせた支援の展開ができるようになります。
- 知的障害の分類や特徴を理解し、それぞれの知的障害に合わせた支援ができるようになりましょう。

学習のコツ！

知的障害は、病理型と生理型のふたつに分類されます。中でも病理型のダウン症は、国家試験に頻出するのでしっかりと押さえておきましょう。

出た！

第31回で「**知的障害の特徴**」について、第28回で「**ダウン症の症状**」について、第27回、第26回で「**知的障害者への支援方法**」について出題されました。

用語 PICK！

新生児スクリーニング

先天性代謝異常などの疾患や、その疑いを早期に発見することを目的とした検査のこと。19種類の疾患が対象。先天性代謝異常等検査とも呼ばれる。

関連づけよう！

P.148「先天性疾患について」と関連づけ、知識を深めておきましょう。

出題頻度 ★★

■ 知的障害について

- **定義**……一般的に知的機能の障害が発達期にあらわれ、日常生活に支障が生じ、なんらかの特別な援助が必要な状態とされるが、明確な定義は存在しない。
- **分類**……知能テストと**環境対応能力**、学習能力などの総合判断により「軽度」「中度」「重度」「最重度」に分類。疾病によるものを「病理型」、原因不明なものを「生理型」と呼んでいる。
- **病理型の代表例**……染色体異常（ダウン症など）、代謝障害（フェニルケトン尿症など）、胎児期の感染症、出生時の障害など。
- **おもな症状**……**抽象的な**理解の制限（時間、空間、因果関係、コミュニケーションなど）。短期記憶（P.121）の制限。

出題頻度 ★★

■ 知的障害者の支援

- 知的障害者や、その家族の個々のニーズに合った支援や**環境**の提供が重要。発達段階やライフステージに合わせて支援を提供する必要がある。
- **早期発見、早期治療**……先天性代謝異常発見のための新生児スクリーニング※。
- **発達支援・家族支援**……**児童発達支援センター**を中心に早期から支援をする。
- **就学の支援**……普通学級、特別支援学級、特別支援学校のうち、最適な場を検討。

出題頻度 ★★★

■ ダウン症候群について

- **原因**……**21番染色体**が１本多い（通常は２本だが、３本ある）染色体異常。
- **特徴**……性格が穏やかで素直であり、「天使のよう」と形容されることもある。社会適応は良好。知的発達の遅れ、独特の容姿、運動機能の発達の遅れ、低身長、**難聴**などが特徴的。人により発揮できる能力は違う。
- **初期老化現象**……30歳代で３割、40歳代で８割、50歳代でほぼ全員が、**前期高齢者レベル**の心身機能の低下を示す。

知的障害の4分類とその特徴

軽度　IQの目安：69～50

- □ 知的障害のおよそ80%を占める。
- □ 成人期までに、小学校高学年程度の知能を身につけ、成人後は適切な支援や配慮を受ければ、自立した生活が可能。

中程度　IQの目安：49～35

- □ 知的障害のおよそ10%を占める。
- □ ほとんどが言語を習得し、十分にコミュニケーションが取れるようになる。
- □ 成人期には、社会的・**職業的**支援が必要で、適切な監督下で難しくない仕事ができる。

重度　IQの目安：34～20

- □ 知的障害のおよそ4%を占める。
- □ 3～6歳の知能に発達、他者との簡単な会話が可能となる。
- □ 成人期には決まった行動や、簡単な繰り返しの作業は可能。
- □ 常に監督や保護が必要。

最重度　IQの目安：19以下

- □ 知的障害のおよそ1～2%を占める。
- □ 3歳児未満の知能に相当。
- □ 言葉によるコミュニケーションは困難だが、**喜怒哀楽**の表現は可能。
- □ 見慣れた人なら覚えている。
- □ 長期的に、強力に支援を行うことが必要。

知的障害のある人のライフステージと支援

ライフステージ	支援内容
乳児期	・家族の**障害受容**を支援する。
幼児期	・**早期発見**のための支援を行う。 ・保育園や幼稚園の障害児の受け入れにより、地域の生活を支援する。
学童期	・特別支援教育など、教育と育成に注力する。 ・身体的な成長と、精神的な成長とのアンバランスに注意する。 ・放課後対策サービスにより、家族の介護負担を軽減する。
成人期	・生活基盤を整備する。 ・自立プログラムや福祉サービスの利用で、**地域**での生活を継続する。
壮年期	・親と死別したあとの、生活適応を支援する。
老年期	・地域での生活の**継続**を支援する。 ・障害のある高齢者に適した支援体制や、サービスを提供する。

関連 過去問題
第26回 問題90より出題

正解 壮年期には親と死別したあとの生活への適応を支援することは、知的障害のある人のライフステージに応じた支援として適切である。

81 精神障害

- 精神障害の症状や疾病を正しく理解することで、適切な支援が展開できるようになります。
- 精神障害の症状の移り変わりに合わせた適切なかかわりができるようになりましょう。

出題頻度 ★★

■ 精神障害について

- **精神障害とは**……精神や行動における特定の症状を呈することによって、**機能的**な障害をともなっている状態。
- 『令和元年版障害者白書』によると、精神障害者の概数は、419万3000人。そのうち、入院患者は30万2000人、外来患者は389万1000人となっている。

出題頻度 ★★★

■ おもな精神障害

- **統合失調症**……**思春期**から青年期にかけて多い。原因は不明。
  [症状] 通常では認められないものがあらわれる「**陽性**症状」、もともとあった能力の低下や消失が見られる「**陰性**症状」がある。
  [治療] 服薬が効果あり。**過半数**が改善。長期入院は悪化に繋がる場合もある。
  [介護上の注意] 医療との連携が大切。本人の心理的葛藤を理解して支援する。
- **うつ病**……抑うつ気分が**2週間以上**続く。自殺を繰り返し考えたり（自殺企図）、あるいは実際に自殺を図ったりすることがある。
  [症状] 意欲低下や**貧困妄想**、心気妄想、不眠症など。
  [治療] 服薬が中心。回復が望めるが、約半数が再発するといわれる。
  [介護上の注意] 励ましや元気づけは症状の悪化を招くので注意する。
- **そう状態**……自己評価が高くなり、**自信過剰**になった状態。
  [症状] 感情が不安定で、上機嫌かと思うと些細なことで怒る（易怒）、物事への関心が増大する、食欲が亢進する、疲れを感じない、など。
  [治療] 気分を安定させる薬の服薬がメイン。
  [介護上の注意] 感情的にならず、冷静に対応する。
- **双極性障害**……抑うつ状態とそう状態を繰り返すこと。

出題頻度 ★★

■ その他の精神疾患

- **不安神経症**
  ……対象のない不安が持続する。不安神経症、恐怖症、**強迫神経症**など。
- **アルコール依存による精神障害**
  ……アルコールへの依存により、生活、健康面に問題が生じたもの。振戦せん妄※、アルコール幻覚症、アルコール性コルサコフ症※など。

精神障害者の介護の原則は重要なので、しっかりと押さえておきましょう。

出た！

第32回で「**精神障害の原因による分類**」について、第36回、第31回で「**統合失調症の症状**」について、第29回で「**うつ病の人への対応**」について出題されました。

用語 PICK！

振戦せん妄
アルコールが切れたときの離脱症状(禁断症状)によるからだの震え、意識混濁、幻覚、不眠などの症状。

アルコール性コルサコフ症
離脱症状後に記銘力障害、見当識障害、作話などがあらわれる状態。

精神障害者の介護の原則 5

1. 疾患を理解し、受容的・共感的に接することが大切。
2. 支援を受ける必要性を理解してもらう。
3. 被害的な訴えを重視し、言動を認める。
4. 簡単なこと（歯磨きや洗顔など）から、日常生活行動を促す。
5. 治療薬の服薬を確認する。

相手の苦しみを理解し、支える支援が必要です

精神障害の 3 分類

外因性	脳腫瘍、脳血管障害などの脳の実質的変化、内臓疾患や感染症など精神の外部に原因がある精神障害	器質性精神障害 症状性精神障害 中毒性精神障害　など
内因性	外因性以外で脳のなんらかの病的変化が原因とされる精神障害。狭義の精神病	統合失調症 双極性感情障害 典型的なうつ病　など
心因性	ストレスや悩みなど、なんらかの精神的負担や葛藤から生じる精神障害	ノイローゼ（神経症） 強迫神経症 解離性障害　など

統合失調症の陽性症状と陰性症状

陽性症状

陽性症状は、発症間もないときや再発時に多く見られる。

- 幻覚・幻聴が起こる。
- 思考が混乱する。
- 妄想する。
- 異常な行動をする。

陰性症状

陰性症状は、発症後少し経過したあとに多く見られる。長期にわたり見られる症状。

- 感情・意欲が減退する。
- 集中力が低下する。
- 社会的引きこもりになりがち。
- 無関心になる。

関連 過去問題
第36回 問題52より出題

正解 統合失調症の特徴的な症状として、妄想がもっとも適切である。

82 発達障害

- 発達障害に関する理解を深めることで、適切な支援ができるようになります。
- 支援における注意すべき点を学習し、実際のかかわりに生かせるようになりましょう。

学習のコツ！

発達障害の人への適切な対応をしっかり押さえるのが、学習のコツです。

出た！

第33回で「**学習障害**」について、第32回で「**自閉症スペクトラム障害の特性**」について、第31回、第30回、第29回、第28回で「**発達障害の特性と支援**」について出題されました。

用語 PICK！

遺伝子要因と環境要因

さまざまな遺伝子が「なりやすさ」に関与しており、成長過程での環境要因が個人差を形成する要因と考えられている。

出題頻度 ★★

■ 発達障害について

- **発達障害とは**……脳機能の発達が関係する、生まれつきの障害のこと。
- 一般的に、コミュニケーションや**対人関係**を構築するのが苦手で、行動や態度が「自分勝手」「変わった人」と誤解され、周囲から敬遠されることも多い。

出題頻度 ★★

■ 発達障害者支援法による定義

- 発達障害者支援法では「自閉症、**アスペルガー症候群**その他の広汎性発達障害、学習障害、注意欠陥多動性障害、その他これに類する脳機能障害であって、その病状が通常低年齢において発現するもの」と定義されている。

出題頻度 ★★

■ 発達障害の原因

- 原因は明確になっていないが、広汎性発達障害については、**遺伝子要因**と環境要因※が、複雑に相互作用することによって発病すると考えられている。

出題頻度 ★★★

■ 発達障害の分類

［広汎性発達障害］ 広汎性発達障害は、**自閉症スペクトラム障害**とその他の障害とにわけられるが、その他の障害は出現度が非常に低いため、自閉症スペクトラム障害と同義ととらえてよい。

- **自閉症**……言葉の遅れ、コミュニケーションの障害、**パターン化**したこだわり行動などが特徴。
- 知的障害をともなわない、**高機能自閉症**の人もいる。
- **アスペルガー症候群**
  ……自閉症と共通した症状はあるが、幼児期の言葉の発達の遅れがなく、障害がわかりにくい。女子より男子に多い。

［注意欠陥多動性障害］ 集中できない、じっとしていられないなどが特徴。7歳以前にあらわれ、**思春期以降**は症状が目立たなくなる。

［学習障害］ 全般的な知的発達の遅れはないが、聞く、話す、読む、書く、計算する、推論するなど、特定のことを学んだり、行ったりすることに著しい困難を示す。

発達障害の分類と特性

発達障害

広汎性発達障害

自閉症スペクトラム障害
・自閉症
・アスペルガー症候群
・特定不能の発達性障害

特徴
1 対人関係・社会性の障害
2 パターン化した行動
3 こだわりが強い
4 **アスペルガー**症候群は言語発達に遅れがない　など

・その他の障害

学習障害

特徴
全体的な知的発達に比べ、読む、書く、**計算**するなどの行為が極端に苦手である。

注意欠陥多動性障害

特徴
物事に集中できない、じっとしていられない、衝動的に行動するなど

知的障害など

知的な遅れをともなうこともある

発達障害のある人への支援のキーワード5

1 情報
- □ できるだけ情報を短く、簡単に伝える。
- □ 複数の情報を同時に提示しない。

2 具体化
- □ イラストや写真を使い、具体的にわかりやすく伝える。
- □ 視覚的にわかりやすいよう、メモなどを渡すとよい。

3 パニック
- □ パニックを起こす場所を避ける。

4 変化
- □ 環境や行動の変化を避ける。
- □ 変化する場合、事前に予告すると影響が小さい。

5 指摘
- □ 間違いや、不適切な行動を指摘しない。

複数の障害が重なってあらわれることにも注意しましょう

関連 過去問題
第32回 問題92より出題

正解 自閉症スペクトラム障害の特性として、社会性の障害があげられる。

83 高次脳機能障害

- 外見からは判断できないことが多く、支援が難しいといわれている高次脳機能障害の原因や、症状を理解することで、適切な支援が展開できます。
- 認知症による脳機能障害との違いを理解することで、適切な対応に繋がります。

出た！

第30回、第29回、第28回、第27回で「**高次脳機能障害**」の障害や原因について出題されました。

出題頻度 ★★★

■ 高次脳機能障害とは

- 脳卒中などの病気や交通事故などで脳の一部が障害を受けた結果、思考・**記憶**・行為・言語・**注意**などの脳機能の一部に障害が起きたもの。外見からはわかりにくい。複数の物事を同時に進めるのが困難になる。

出題頻度 ★★★

■ 高次脳機能障害のおもな症状

- **記憶障害**……………新しい出来事を覚えられない。発症前に得た知識や技能は使うことができる。
- **注意障害**……………集中力が続かず、気が散りやすい。複数のことを同時に行えない。
- **遂行機能障害**………段取りよく物事を進めることができない。作業が中断されると再開が難しい。行為をする能力はあるので、ヒントがあれば遂行できる。
- **社会的行動障害**……感情や欲求のコントロールができない。やる気が起きない。人柄が変わる。多くの場合、本人に**病識**はない。
- **失語**…………………話を理解できない。話そうとしても言葉がでない。

用語 PICK！

びまん性軸索損傷症

交通事故などの回転加速度を生じるような衝撃による損傷で、脳の軸索という神経細胞の一部に損傷が生じたもの。

出題頻度 ★★★

■ 高次脳機能障害のおもな原因

- **脳血管障害**……脳梗塞、脳出血、**クモ膜下出血**など。
- **脳の外傷**………脳挫傷、びまん性軸索損傷症※など。
- **低酸素脳症**……一酸化炭素中毒、**心肺蘇生後**など。
- **その他**…………脳炎、**脳腫瘍**など。

出題頻度 ★★

■ 福祉サービスの利用

- 障害者手帳の取得により、さまざまな福祉サービスを利用することができる。
- **身体障害者手帳**…………手足の麻痺や言語、視野に障害がある場合。
- **療育手帳**…………………発達期（18歳未満）で受傷した場合。
- **精神障害者保健福祉手帳**……既往や注意機能、**社会行動障害**がある場合。

関連づけよう！

P.154「認知症のさまざまな症状」と関連づけ、共通点や相違点を押さえておきましょう。

高次脳機能障害の日常生活上の特徴6

❶ 疲れやすくなる
- □ あくびがでて集中できない。
- □ 疲れに気づかずイライラしてしまう。
- □ 以前のようなペースで物事を処理できない。

❷ コミュニケーションがうまくいかない
- □ 話したい言葉がスムーズにでてこない。
- □ 知っていた文字や数字の扱いが苦手になる。

❸ 図や表示の意味がわからない
- □ 右(左)にある情報を見落としてしまう。
- □ 地図上での自分の位置が確認できない。
- □ 文字が読めなくなる。
- □ 多くの情報を一度に処理できない。

❹ 新しいことを覚えにくい
- □ 病気や事故の前の記憶は鮮明にある。
- □ さっき話したことや聞いたことを忘れる。
- □ 新しい物事の手順が覚えられない。

程度や症状は人それぞれで、本人も気づかないことがあります

❺ 段取りよく物事をすすめられない
- □ 計画的に物事を進められない。
- □ 目標を立てられない。
- □ ひとつのことを最後まで行うのに時間がかかる。

❻ 感情のコントロールができない
- □ 些細なことで怒る。涙もろくなる。
- □ 指示がないと行動できない。
- □ 病気や事故の前とは人柄が変わる。
- □ 意欲が低下する。

高次脳機能障害の人への対応

対応の基本
受傷後、日常生活や対人関係、仕事などがうまくいかず、自信をなくし、混乱や不安の中にいることを理解する。
これまでの生活や、人生観などを尊重したかかわりを持つようにする。

具体的対応方法
ゆっくり、わかりやすく、具体的に話すようにする。
情報は、メモに書いてわたし、絵や写真、図なども使って伝える。
何かを頼むときには、ひとつずつ、具体的に示すようにする。
疲労や、いらいらする様子が見られたら、一休みして気分転換を促すようにする。
手順を簡単にする、日課を簡潔にする、手がかりを増やすなどの、環境の調整をする。

関連 過去問題
第30回 問題90より出題

正解 高次脳機能障害の社会的行動障害の特徴として、「ちょっとしたことで感情を爆発させる」ことがあげられる。

84 難病の理解

- 難病疾患の原因や特性を理解することで、医療との連携や本人への適切な支援ができるようになります。
- 難病疾患に対する対策や支援の制度を理解することで、本人、家族への適切な支援が可能となります。

出た！

第35回で「**脊髄小脳変性症**」の症状について、第34回、第32回、第30回、第29回、第28回で「**筋萎縮性側索硬化症（ALS）**」について出題されました。

出題頻度 ★

■ 難病対策要綱（1972年）の定義

- 原因が不明、治療法が未確立であり、かつ**後遺症**のおそれの小さくない疾患。
- 経過が長期にわたり、単に経済的な問題のみならず、介護など著しく人手を要するために、家族の負担が大きい疾患。

出題頻度 ★

■ 難病法※（2014年）の定義

- 発病の成り立ちがあきらかではなく、かつ、**治療法**が確立していない希少な疾病であり、長期にわたり療養を必要とすることとなるもの。

出題頻度 ★

■ 指定難病

- 指定難病は、**医療費補助**の対象となる難病のことであり、令和３年11月には338疾患が指定されている。

出題頻度 ★★

■ おもな難病対策・支援

- **難病相談支援センター**……難病法によって**都道府県**に設置されている、難病についての総合相談窓口。
- **障害者総合支援法**…………障害者が地域社会で生活がおくれるよう、障害者福祉サービスなどを規定した法律。対象に難病疾患も加わっている。

出題頻度 ★

■ 難病患者の就労支援

- **難病患者就職サポーター**……ハローワークの**障害者専門窓口**に配置される。難病相談支援センターと連携し、病状の特性に合わせた就職支援や、在職中に難病を発症した人の雇用継続等を支援。
- **地域障害者職業センター**……難病を抱えていても就労を希望する人に、**職業準備支援**や職場適応支援※などの専門的な**職業リハビリテーション**を用意している。

用語 PICK！

難病法
正式名称「難病の患者に対する医療等に関する法律」。難病の定義だけでなく、安定的な医療費助成の確立、難病に関する調査、研究の推進、療養生活環境整備事業の実施などが法令化された。

職場適応支援
職場に適応できるよう、職場適応支援者（ジョブコーチ）が職場に出向いて直接支援を行う。

おもな難病疾患（神経・筋疾患）4

① 筋萎縮性側索硬化症（ALS）

症状 筋力が低下していく進行性の疾患。手足だけでなく、のどや舌などの呼吸に必要な筋力も落ちてしまうため、人工呼吸器が必要になる。

原因・特徴 運動を司る神経の障害。感覚器の働きや、意識、知能などは保たれる。50〜60歳代に多く、男性に多い。

② 脊髄小脳変性症

症状 舌のもつれ、歩行のふらつきなどの運動失調。

原因・特徴 中枢神経系（小脳、脊髄、脳幹、大脳基底核など）の萎縮。進行はゆっくり。遺伝性のものが３分の１といわれる。

③ 多系統萎縮症

症状 初期は排尿障害、発汗低下、起立性低血圧などの自律神経障害が起こりやすい。進行すると、運動失調、パーキンソン様症状などを発症。

原因・特徴 シャイ・ドレーガー症候群、線条体黒質変性症、オリーブ橋小脳萎縮症の総称。中年以降の発症が多い。

④ ハンチントン病

症状 舞踏運動などの不随意運動、実行機能の障害など。

原因・特徴 成人で発症することが多い。常染色体優性遺伝性疾患。

おもな難病疾患（内臓・皮膚・血液系）4

① ベーチェット病

症状 繰り返し起こる目、皮膚粘膜の炎症など。

原因・特徴 原因不明。30歳前半をピークに20〜40歳での発症が多い。男性のほうが重症化しやすい。

② 潰瘍性大腸炎

症状 大腸の粘膜に潰瘍やただれが生じる。便に血液が混じる。

原因・特徴 大腸粘膜に対する異常な免疫反応。全年代で発症、20歳代が多い。悪くなったりよくなったりを繰り返し、進行する。

③ 全身エリテマトーデス（SLE）

症状 発熱、全身倦怠、食欲不振、体重減少、蝶形紅斑、手足の腫れや痛みなど。

原因・特徴 細胞に対する自己抗体がつくられてしまい、全身の諸臓器が侵される。女性が全体の９割を占める。

④ 後縦靱帯骨化症

症状 上下肢の麻痺など。

原因・特徴 後縦靱帯が骨化し、脊髄を圧迫する。50歳前後がピークで、男性に多い。

関連 過去問題
第35回 問題55より出題

正解 脊髄小脳変性症の、物をつかもうとすると手が震えたり、起立時や歩行時にふらついたり、ろれつがまわらなかったりするという症状は運動失調に該当する。

85 障害のある人の心理

- 障害のある人の心理を理解することで、日常生活のみでなく、精神的にも支える支援の展開ができるようになります。
- 障害の受容過程を理解することで、置かれている段階に合わせた心理的支援が展開できるようになります。

学習のコツ！

心理的なはたらきや、受容までの過程は、問題に直面したときの自分たちと変わりません。「障害」の持つ心理的影響を理解し、自分に置き換えてみましょう。

出た！

第36回、第35回、第31回、第29回で「**障害の受容過程**」について出題されました。

関連づけよう！

P.110「人生の最終段階のケアに関連したこころとからだのしくみ」のキューブラー・ロスの「心理過程」、「家族への支援について」の家族介護者の心理的ステップ4（P.165）も、心理的な葛藤から受容までの過程です。併せて学習し、整理しておくとよいでしょう。

出題頻度 ★★

■ 障害の受容について

- 障害の受容は、自分自身の障害を客観的・現実的に認め、「障害があっても自分らしく生きよう」と、新しい生き方に取り組む前向きな意識をもった状態。

出題頻度 ★★

■価値の転換理論

- ライトは、障害の受容を4つの価値転換として整理した。

①**価値範囲の拡大**……………失った価値ではなく、今ある価値を認識し、確信すること。

②**影響の制限**…………………障害がある＝能力すべてが劣る、とならないよう、障害から波及する悪影響を抑制すること。

③**身体外観の従属性**…………外見上の価値よりも、**内面的価値**が人間として重要だと気づくこと。

④**比較価値から資産価値へ**……他人との比較で自分の価値を評価せず、自分が本来持っている性質や能力という**絶対的**な価値に目を向けること。

出題頻度 ★

■ 障害の受容過程

- 障害の**受容**過程とは、一般的に障害の発生から受容までの**心理的状態**を①ショック期→②期待期（否認期）→③混乱期→④努力期→⑤適応期（受容期）の5段階に整理したもの。段階をひとつずつ進むのではなく、各段階を行きつ戻りつしながら、**適応期**を目指す。
- 障害の受容には、発生年齢、原因、本人の**価値観**や性格、周囲の理解や支援、置かれている環境などが大きく影響する。

出題頻度 ★★

■ 適応機制

- 障害の発生は、その人の心に大きな不安や葛藤、欲求不満を呼び起こす。適応機制とは、不安や不満から自らを守るために取る**無意識**な心の動きであり、解決方法である。**防衛機制**ともいわれる。

→「代表的な適応機制 4」（P.81）。

障害による心理的影響 6

❶ 視覚障害
- □ 失明はショックが大きく、障害の受容が困難な傾向にある。
- □ 他の感覚に対しても自信を失う。

❷ 聴覚障害
- □ 対人関係への不安など。阻害感。
- □ 手話の習得が困難な場合もある。

❸ 言語障害
- □ 自分の意思が周囲に伝わらず、ストレスが大きい。

❹ 肢体不自由
- □ 手足を失った人の半数が幻肢を訴え、痛みを感じる。
- □ 自己の身体像の修正や障害受容が困難。

❺ 内部障害
- □ 外見上、まわりに障害があると思われないためストレスを感じる。

❻ 進行性疾患
- □ 進行とともに情緒不安定になりやすい。

幻肢とは、失った手足が、本人にとってはあるように感じられることで、痛みをともなうこともあります

まる覚え！ 障害の受容 5 つの心理過程

❶ ショック期
- ・ショックと混乱により事態が理解できない。
- ・障害を受けた直後。

❷ 期待期（否認期）
- ・ショックや混乱は落ち着くが、障害を否定し、回復を期待する時期。
- ・障害を否認する時期。

❸ 混乱期
- ・障害が回復しないと理解する。
- ・障害に対する苦悩と怒りの時期。

❹ 努力期
- ・立ち直りはじめ、適応への努力をする時期。

❺ 適応期（受容期）
- ・障害を受け入れ、前向きに自分の問題を考えられる時期。
- ・自分のできることに目を向けて行動する。

（上田敏　リハビリテーションを考えるより一部改変）

関連 過去問題
第36回 問題51より出題

正解 障害の受容期の説明として、できることに目を向けて行動する、は正しい。

86 障害者と家族の支援

- 障害に対する公的な制度を理解することで、生活を支える支援を検討できるようになります。
- 障害を持つ人の家族への支援の留意点を学習し、適切な支援が行えるようになりましょう。

出題頻度 ★★

■ 障害者を支える制度

- 障害者を支えるための政策は、おもに**市町村**が実施主体となっている。

  ［**障害者自立支援**］障害者総合支援法に基づく**福祉サービス**の給付を行う。

  ［**発達障害者支援**］発達障害者の自立と、**社会参加**の支援を目的として規定。

  ［**特別支援教育**］2006年の学校教育法の改正により、特殊教育が特別支援教育と改められた。**学習障害**、多動性障害、高機能自閉症も対象となった。

- **発達障害者支援センター**……発達障害者への支援を総合的に行うことを目的とした専門機関。都道府県・指定都市に置かれる。

- **ペアレント・メンター**

  ……発達障害のある子どもの子育てを経験し、相談支援に関する一定のトレーニングを受けた親を**ペアレント・メンター**という。 同じような発達障害のある子どもを持つ親に対して、**共感的**なサポートや社会資源の情報提供を行う。

出題頻度 ★

■ 障害のある人の家族

- 障害のある人の家族も支援の対象である。
- 家族は障害のある人をもっともよく理解し、支援してくれる最高の**社会資源**である、という認識を持つ。
- 先天性障害では、子どもに障害のあることを受け入れるのが困難な場合がある。
- **中途障害**の場合は、障害を受け入れる過程を家族もいっしょに歩むことになる。

出題頻度 ★★

■（自立支援）協議会

- 障害者総合支援法に規定される、地域で連携し支援する人が参加する協議会。障害福祉計画※への提言を行うことができる。設置は**市町村の努力義務**。

出題頻度 ★★

■ 相談支援専門員

- 障害のある人が自立した日常生活や社会生活をおくることができるように、**ケアマネジメント業務**をはじめ、全般的な相談支援を行う。

学習のコツ！

各制度は、たびたび改正されます。普段から、関連するニュースなどに耳を傾けておきましょう。

出た！

第35回で多職種連携としての「**相談支援専門員**」の役割、「**(自立支援)協議会**」の機能について、第33回で「**ペアレント・メンター**」について、第34回、第30回で「**相談支援専門員**」について、第27回で「**地域のサポート体制**」について出題されました。

用語 PICK！

障害福祉計画

障害福祉サービス等の提供体制、および自立支援給付等の円滑な実施を確保することを目的として、都道府県・市町村で作成される計画。

関連づけよう！

P.58～61「障害者自立支援制度のしくみの基礎的理解①②」、P.62「障害者自立支援制度における組織、団体の機能と役割」と併せて学習し、制度の全体像を押さえておきましょう。

相談支援専門員

相談支援専門員になるには

実務経験
障害者の相談支援・介護等の実務経験3～10年

研修
相談支援従事者初任者研修の修了

おもな配置先
指定相談支援事業所
基幹相談支援センター
市町村

総合的な相談支援とは

■障害者の自立支援■

- 障害福祉サービスのサービス等利用計画書の作成、サービス担当者会議の開催
- 地域生活への移行・定着に向けた支援
- 住宅入居等支援事業や、成年後見制度利用支援事業に関する支援
- 健康のこと、将来のこと、介護のこと

など

（自立支援）協議会の役割・機能・構成

役割
地域の関係者が集まり、地域における課題を**共有**し、課題を踏まえ、地域のサービス基盤の整備を進める。

6つの機能

情報機能
- 地域の現状・課題、困難事例などの情報の共有と情報発信

調整機能
- 地域の関係機関によるネットワーク構築
- 困難事例の対応のあり方に対する協議、調整

開発機能
- 地域の社会資源の開発、改善

教育機能
- 構成員の資質向上の場としての活用

権利擁護機能
- 権利擁護に関する取り組みを展開

評価機能
- 委託相談支援事業者の運営評価
- サービス利用計画作成費対象者、重度包括支援事業者などの評価
- 市町村相談支援機能強化事業および都道府県相談支援体制整備事業の活用

構成する関係者の例

厚生労働省資料より作成

関連 過去問題
第35回 問題58より出題

正解 障害者サービスの利用を前提に多職種連携による支援が行われる場合、相談支援員が、サービス担当者会議を開催するが適切である。

第3章 医療的ケア

● 領域の概要とPOINT！ ●

医療的ケアは第29回から実施されている科目（領域）です。**出題数は5問**と少ないのですが、正解がない場合は不合格となりますので、確実に学習しておきましょう。**「医療的ケア実施の基礎」「喀痰吸引」「経管栄養」**と、それぞれの項目から出題されます。

本来は、介護福祉士の業務ではない医療的ケアは、一定の制限下で行われる行為です。**法的な根拠**や、喀痰吸引、経管栄養の**範囲を確認**し、基本を押さえたうえで実施することが大切です。

また、医療と介護の連携という視点を持ち、専門性が生かせるかかわりが重要となります。

大項目	中項目	第36回	第35回	第34回
1 医療的ケア実施の基礎	1）人間と社会	【問題59】 特定行為事業者の登録基準		【問題109】 介護福祉士が実施できる経管栄養の行為
	2）保健医療制度とチーム医療			
	3）安全な療養生活			
	4）清潔保持と感染予防		【問題59】 消毒と滅菌の基礎的理解	
	5）健康状態の把握			
2 喀痰吸引（基礎的知識・実施手順）	1）高齢者および障害児・者の喀痰吸引の基礎的知識	【問題60】 呼吸のしくみ	【問題60】 成人の正常な呼吸状態	【問題110】 気管カニューレ内の喀痰吸引の吸引時間が長くなった場合の注意すべき点 【問題111】 呼吸器官の換気とガス交換
	2）高齢者および障害児・者の喀痰吸引の実施手順	【問題61】 吸引器の確認事項	【問題61】 喀痰吸引の実施前の手順	

3 **経管栄養** （基礎的知識・実施手順）	1）高齢者および障害児・者の経管栄養の基礎的知識	【問題62】 経管栄養のトラブルについての基礎知識 【問題63】 実施中の異変と対応	【問題62】 経管栄養での生活上の留意点 【問題63】 経管栄養中に嘔吐があった場合の緊急対応	【問題112】 半固形タイプの栄養剤の特徴
	2）高齢者および障害児・者の経管栄養の実施手順			【問題】 注入後に白湯をチューブに注入する理由

● 出題傾向と対策 ●

介護福祉士が行うことができる医療的ケアでの**「医師の役割」「介護福祉士のできる医療的ケアの範囲」「介護福祉職と医療職の連携」**、喀痰吸引や経管栄養の**「実施手順とそれぞれの留意点」**などは、根拠を確実に押さえておきましょう。

全体的に基本的な医療的ケアの知識についての問題ですが、第33回国家試験では、**「経管栄養の人の訴えに対する日常生活上の支援」**という介護福祉職の専門性（**生活支援**）に関係する視点での出題もあり、今後も医療・介護の両面にかかわる問題が出題される可能性があります。

喀痰吸引、経管栄養ともに、異変を発見したときの対応が出題されますが、介護福祉職としての範囲を見極めていれば正解できます。

● 重要語句PICK UP ●

試験対策に重要と思われる語句をピックアップしました。試験までに、それぞれの語句を説明できるようにしておきましょう（五十音順）。

医療的ケア	□アクシデント　□医行為　□医療的ケア　□インフォームド・コンセント □ガス交換　□換気　□乾燥法　□気道確保　□救急蘇生法 □救命の連鎖（チェーン・オブ・サバイバル）　□経管栄養法　□消毒 □人工呼吸器　□侵襲的人工呼吸療法　□浸漬法 □スタンダード・プリコーション　□チーム医療 □特定行為事業者　□認定特定行為業務従事者 □パルスオキシメータ　□非侵襲的人工呼吸療法 □ヒヤリ・ハット　□不顕性感染　□滅菌

87 保険医療制度とチーム医療

- 2011（平成23）年の法改正で、一定の条件のもとに介護福祉士が「喀痰吸引」や「経管栄養」など、医行為の一部を行うことが可能となりました。
- 介護福祉士が行う医行為とはどこまでの範囲を示すのか、介護福祉士としてなぜその医行為を行うことになったのかを、理解していきます。

学習のコツ！

医療的ケアを実施する事業者は、事業所ごとに都道府県知事への登録が必要です。

学習のコツ！

実質的違法性阻却論的には違法のままですが、当面の間は安全に注意していれば、介護職員等が喀痰吸引や経管栄養を実施することについて容認されました。

出た！

第36回で「**特定行為事業者**」について、第34回で、「**介護福祉士が実施できる経管栄養の行為**」、第33回で「**注入量の指示者**」について、第32回で「**喀痰吸引等の制度**」について、第30回で「**喀痰吸引等を行うための指示書**」について、第29回で「**介護福祉士が行う医療行為についての根拠法**」について出題されました。

出題頻度 ★★

■ 喀痰吸引等制度

- 2012（平成24）年度から、「社会福祉士及び介護福祉士法」が一部改正され、一定の研修を受けた介護職員等においては、医療や看護との連携による安全確保が図られているなど一定の条件のもとで、痰の吸引等の行為を実施できることとなった。

出題頻度 ★★

■ 医療的ケアについて

- **医療的ケア**……**医行為**のうち、喀痰吸引（痰を吸い出す。P.202）と経管栄養（チューブを通して栄養剤を注入する。P.206）などをさす。
- 介護福祉職は、**医師の指示のもと**でこの行為を行うことが可能である。

出題頻度 ★

■ 事業者、従事者の認定

- **特定行為事業者**
  ……喀痰吸引等の業務を行う事業者として**都道府県**の登録を受けた事業者。認定特定行為業務従事者を特定行為に従事させることができる。登録を受けるためには、①医師関係者との**連携**に関する基準、②**安全適正**に関する基準を満たす必要がある。
- **認定特定行為業務従事者**
  ……医療的ケアの実施は、介護福祉士の資格の有無にかかわらず、都道府県または登録研修機関による研修を受けてから、都道府県に登録し、認定特定行為業務従事者認定証の交付を受けた者が行うことができる。
- 認定の研修の区分けによって、**第１号研修から第３号研修**まである。

出題頻度 ★

■ チーム医療とは

- **チーム医療**……患者に対して**複数**の医療関係職がチームとなり、それぞれの職種が専門性を発揮し、連携して治療やケアを行うことにより、患者を中心にした医療を提供する体制のこと。

介護福祉職が実施可能な医療的ケアと注意点

喀痰吸引

口腔内の喀痰吸引

注意点

・咽頭の手前までが限度。

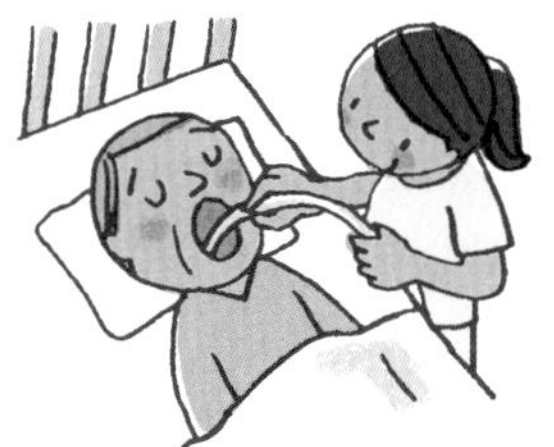

鼻腔内の喀痰吸引

注意点

・咽頭の手前までが限度。

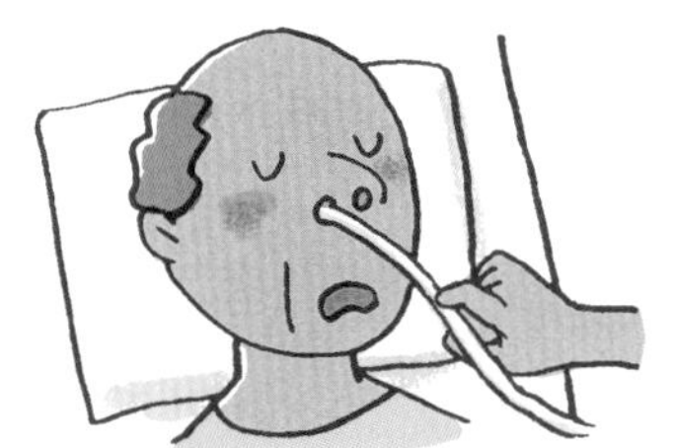

気管カニューレ内喀痰吸引

注意点

・気管カニューレの先端を、吸入チューブが越えてはならない。

経管栄養

胃ろうまたは腸ろうによる経管栄養

・胃ろうや腸ろうの状態の確認は、医師または看護職が行う。

注入量の指示は、**医師**が行う。

経鼻経管栄養

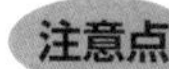

・栄養チューブ挿入の確認は、医師または看護職が行う。

まる覚え！ 社会福祉士及び介護福祉士法の改正内容

社会福祉士及び介護福祉士法

（定義）

第2条（略）

2　この法律において「介護福祉士」とは、第42条第1項の登録を受け、介護福祉士の名称を用いて、専門的知識及び技術をもって、身体上又は精神上の障害があることにより日常生活を営むのに支障がある者につき心身の状況に応じた介護（**喀痰吸引その他のその者が日常生活を営むのに必要な行為であって、医師の指示の下に行われるもの**（厚生労働省令で定めるものに限る。以下「喀痰吸引等」という。）を含む）を行い、並びにその者及びその介護者に対して介護に関する指導を行うこと（以下、「介護等」という。）を生業とする者をいう。

関連 過去問題
第36回 問題59より出題

正解 喀痰吸引等を実施する訪問介護事業所（特定行為事業者）として行うべき事項として、医療関係者との連携体制を確保することがあげられる。

88 安全な療養生活について

- 喀痰吸引や経管栄養を提供するにあたり、安全で確実に行うために必要な、救急蘇生や応急手当ての基礎知識などを理解できます。
- 安全に医療的ケアを実施するために知っておくべきことが整理できます。

学習のコツ！

リスクマネジメントを確実に行うためには、ヒヤリ・ハット、アクシデントの報告が重要な役割を果たします。

出題頻度 ★

■ ヒヤリ・ハットとアクシデント

- **ヒヤリ・ハット**……アクシデント（事故）には至っていないが、事故寸前の危険な状況で、ヒヤリとしたこと、ハッとしたことなどをいう。**インシデント**ともいう。
- **アクシデント**………実際に事故が発生した場合をいう。利用者の状態や機器などの状況が、「いつもと違う」と気づいた時点で、迅速に医師や看護職に連絡・報告して、医師・看護職とともに確認することが必要。

出題頻度 ★★

■ 救急蘇生法について

- **救急蘇生**……病気やケガにより、突然に心停止、もしくはこれに近い状態になったときに、**一次救命処置**（BLS）※と**応急手当て**（ファーストエイド）を行うことである。
- **救命の連鎖（チェーン・オブ・サバイバル）**
  ……急変した人を救命し、社会復帰をさせるために必要となる一連の行為を**4つの輪**であらわしたもの。
- ①心停止の予防、②心停止の早期認識と通報、③一次救命処置（心肺蘇生、CPR）とAED（自動体外式除細動器）、④二次救命処置（救急救命士や医師による高度な救命医療）と心拍再開後の集中治療、の4つの輪がすばやく繋がると、救命効果が高まる。
- **カーラーの救命曲線**……フランスの医師カーラーによって作成された。死亡率が50％に達する放置時間の目安としては、心臓停止が**3分**、呼吸停止で**10分**、多量出血では**30分**である。

用語PICK！

一次救命処置（BLS）

心肺蘇生（CPR）や、AED（自動体外式除細動器）による初期の救命処置のことをいう。

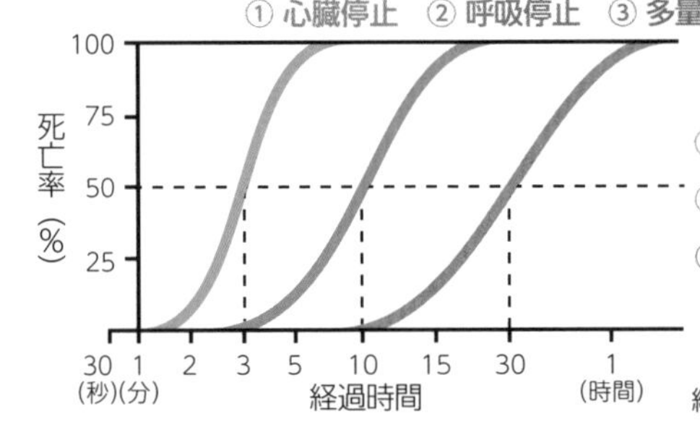

総務省「消防庁パンフレット」より

関連づけよう！

P.240「介護における安全の確保とリスクマネジメント」も併せて学習しましょう。

まる覚え！

おもな救急蘇生 5

1 心臓マッサージ（胸骨圧迫）

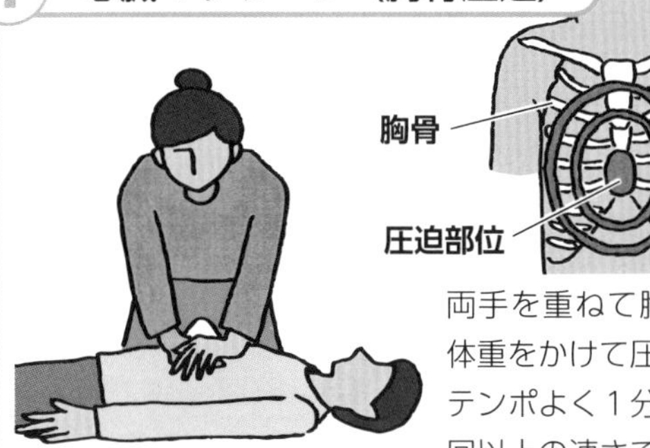

両手を重ねて胸に置き、体重をかけて圧迫する。テンポよく1分間に100回以上の速さで行う。

2 気道確保

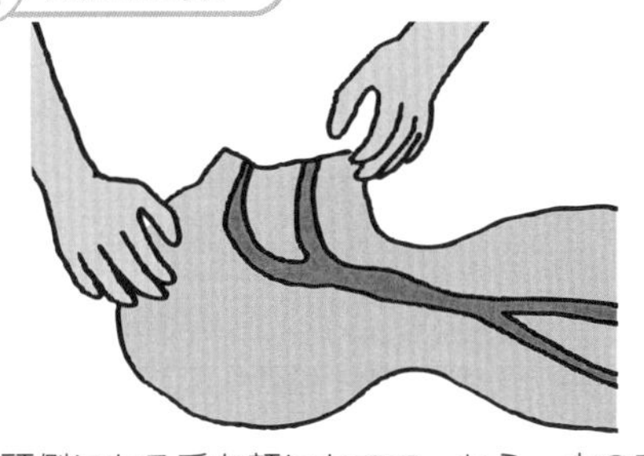

頭側にある手を額にあてて、もう一方の手の人さし指と中指で顎先を上げる。

3 指拭法

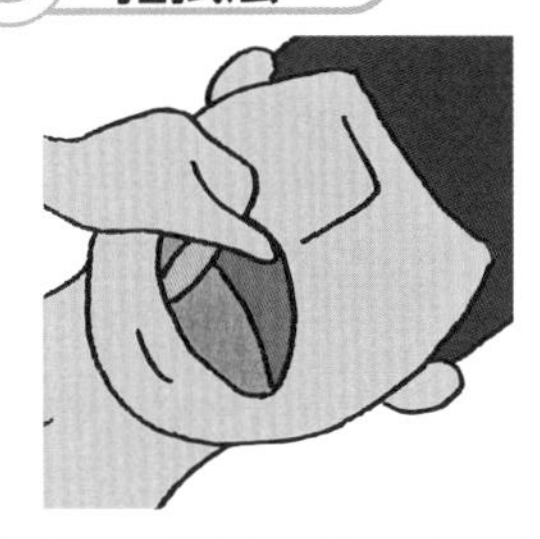

指交差法で口を開け、右手人さし指にガーゼやハンカチを巻いて口腔内の異物を取る。

4 背部叩打法

立位のときは、一方の手で利用者の胸部のあたりを支えながら、もう一方の手のひらで肩甲骨の間を4～5回連続して叩打する。

5 腹部突き上げ法（ハイムリック法）

利用者の後ろにまわり、両方の手を脇の下から通し、片方の手でもう一方の手をつかんで、圧迫するように斜め上へすばやく突き上げる。

救命の連鎖（チェーン・オブ・サバイバル）の4つの輪

心停止の予防 → 心停止の早期認識と通報 → 一次救命処置（心肺蘇生とAED） → 二次救命処置と心拍再開後の集中治療

この4つの輪がすばやく繋がると、救命効果が高まります

89 清潔保持と感染予防

感染症に対して予防の基礎知識がないと、介護福祉職が媒介者となるおそれがあります。そうならないためにも、感染予防の基礎知識、正しい手洗い方法、正しいうがい方法、介護福祉職自身の健康管理、療養環境の清潔や消毒方法などの理解が必要です。

学習のコツ！

滅菌は、非病原菌、病原菌、細胞胞子もすべて殺すことで、殺菌とは、微生物の生細胞を殺すことです。区別して覚えましょう。

出題頻度 ★★★

■ 感染予防

- **感染とは**……病気のもとになる細菌やウイルスが人のからだの中に入り込んで、そこで増え続けること。
- 感染は、①**感染源**、②**生体の防御機構の低下**（人間が持つ病気を防ぐはたらきの低下）、③**感染経路**の3つの要因がそろうことで起きる。
- **感染症**………感染により引き起こされた病気。症状があらわれた場合を**顕性感染**と呼び、症状があらわれない場合を**不顕性感染**と呼ぶ。
- **スタンダード・プリコーション**
……標準予防策とも訳される。すべての患者の血液、体液、分泌物、排泄物、傷のある皮膚、粘膜などは、感染する危険性があるものとして対応する予防策。

用語 PICK！

医療廃棄物

医療行為の際に使用したあとの注射器や針、ガーゼや脱脂綿、チューブ類などのこと。

出題頻度 ★★★

■ 消毒、殺菌、滅菌、減菌

- **消毒**……毒性を**無力化**させるため、病原性の微生物を害のない程度まで減らしたり感染力を失わせたりすること。
- **殺菌**……**病原性**の微生物を死滅や減少させること。**有効性**を保証していない。
- **滅菌**……**すべての微生物**を死滅させること。または除去すること。保存する容器などで、異なる**有効期限**がある。
- **減菌**……対象を特定せず、いろいろな種類の菌の**量を減少**させること。

出た！

第35回で「**消毒と滅菌**」について、第31回で「**スタンダード・プリコーション**」について出題されました。

出題頻度 ★★

■ 療養環境の清潔、消毒法

- 居室のシーツや布団カバー、枕カバーなどのリネンを取り換えるときは、利用者の**肌に直接触れていた面を内側にして**小さくまとめ、洗濯場まで運ぶ。
- トイレは、家庭用のトイレ用洗剤を用いて清掃を行う。
- キッチンのシンクや調理台などは、できる限り清潔にしておく。カビの発生を抑えるために、栄養剤注入用の容器などはしっかり乾燥させる。
- 食物残渣が床にこぼれたままだと、ゴキブリやねずみなどの害虫や害獣の発生にも繋がるので、十分に気をつける。
- **医療廃棄物**※**の処理**については、医師、看護職とよく相談して定められた方法で処理する。

関連づけよう！

P.242「感染対策と薬剤の基礎知識」などと関連させた学習が重要です。

予防に有効な方法3

感染予防とは、❶感染の要因とされる感染源、❷生体の防御機構の低下、❸感染経路の３つに予防策をたてることです

❶ 感染源を取り除く

消毒剤につける、熱湯消毒をする　など

❷ ヒトの抵抗力を高める

利用者だけでなく、介護福祉職も適切な食事を摂るなどして体力をつける

❸ 感染経路を遮断する

消毒による手洗い、うがい、マスク、手袋

消毒による正しい手洗い方法

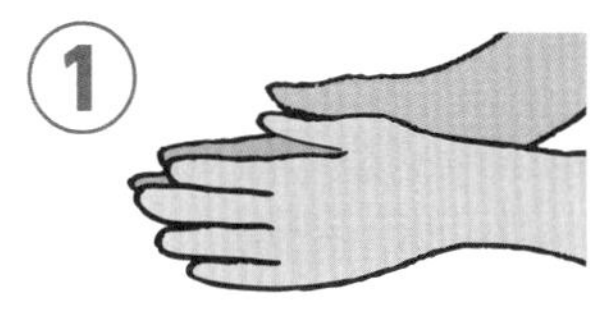

① 手のひらをこすり合わせる。

② 右手のひらで左手の甲を、左手のひらで右手の甲をこする。

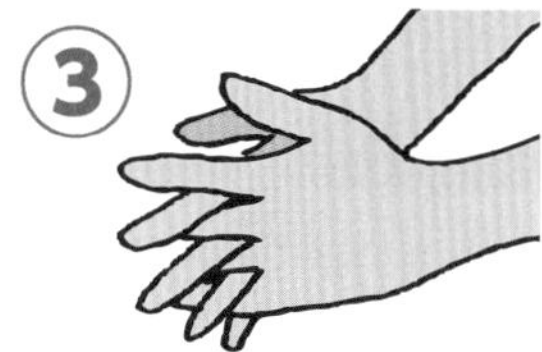

③ 指を組み、指の間をこする。

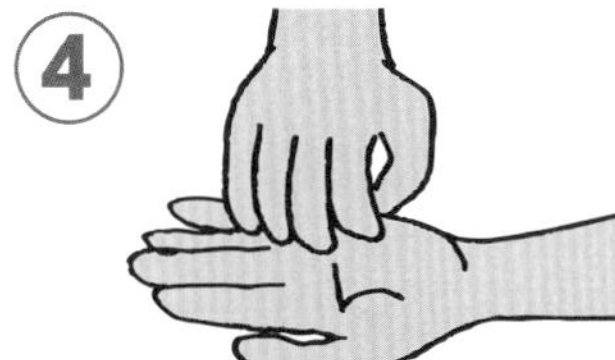

④ 指先を、手のひらの中央で円を描くようにこする。

⑤ 親指を、反対の手で包むようにこする。

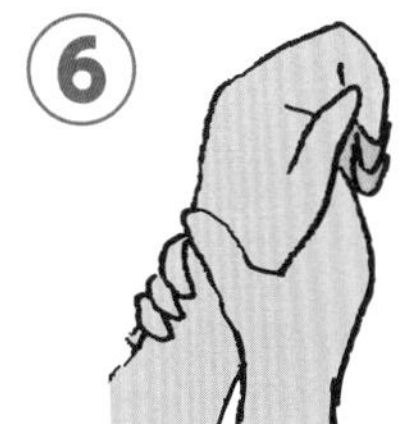

⑥ 最後に手首をこする。

正しい手洗い方法を身につけることが大切です

関連 過去問題
第35回 問題59より出題

正解「滅菌物には、有効期限がある」が正しい。

90 健康状態の把握

- 介護に必要な、身体・精神の平常状態、バイタルサインとその見方などを学びます。
- 利用者に密にかかわる介護福祉職にとって、健康状態を把握することはとても重要です。急変時の対応などの学びを深めましょう。

出題頻度 ★

■ 健康の概念

- **健康とは**……完全に身体的、精神的および社会的によい状態であり、単に病気または病弱でないことではない（WHO（世界保健機関）憲章）。

出題頻度 ★★

■ バイタルサイン

- **バイタルサイン**……一般的には、体温、脈拍、呼吸、血圧をさす。
- **正常体温**……………成人で平均**36.0～37.0℃**未満。外気温の影響もあるが、午後２～６時頃が高く、午前２～６時頃が低くなる。
- **脈拍**…………………正常値は、成人で１分間に**60～80**回程度。
  - ①**頻脈**：脈拍が速くなる不整脈で、通常１分間に**100**回以上ある場合をいう。
  - ②**徐脈**：脈拍が遅く、通常１分間に**50～60**回以下の不整脈をいう。
- **呼吸**…………………安静時の**正常呼吸**は、成人の場合、腹胸部が**一定のリズム**で膨張・収縮し、１分間に**12～18**回程度の規則的な呼吸が目安とされている。
- **血圧**…………………至適血圧※は最高血圧**120**mmHg未満、最低血圧**80**mmHg未満とされている。
- 血圧には「日内変動」がある。
- **経皮的動脈血酸素飽和度（SpO₂）**

  ……パルスオキシメータで動脈血の酸素飽和度を測定した値のこと。基準値はおおよそ**100～95**％である。

出題頻度 ★★

■ 急変状態の把握と対応

- **急変状態とは**……急激に意識の状態が悪くなったり、呼吸が浅くなったり、脈拍が弱くなったり、今までにない強い痛みを訴えたり、苦痛の表情が強くなったりすること。
- 急変状態になった場合、救急車、もしくは**医師や看護職にすぐに連絡**をしなければならない。
- **急変時の対応**……必ず担当の**医師・看護職に連絡する**ことが重要である。

学習のコツ！

医療的ケアはすべて、医師の指示のもとで行っている医療行為です。なにか異変などを感じたり、発見したりした場合には速やかに医療職へ連絡しなければなりません。介護職の判断で行うことはしてはいけません。試験でもその部分を問う問題は多数出題されていますので、注意してください。

学習のコツ！

バイタルチェックする際に使用する機器の名称と実際の物品を見て、イメージを形づくるとよいでしょう。

出た！

第35回で「**成人の正常な呼吸状態**」について、第30回で「**パルスオキシメータ**」について出題されました。

用語 PICK！

至適血圧

臓器の血管障害を起こしにくい理想的な血圧のことをいう。

脈拍の測定

脈拍を測りやすい場所

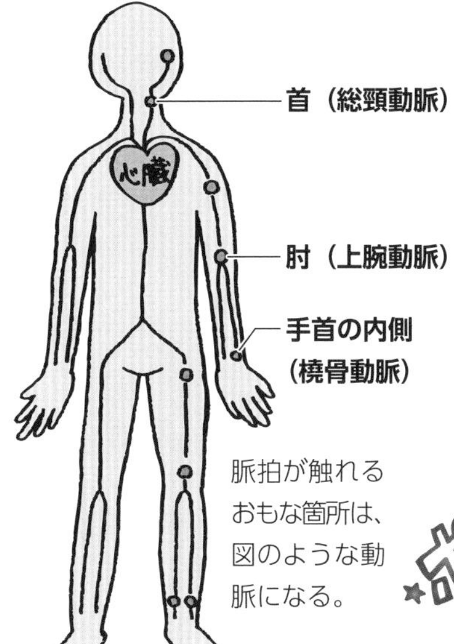

脈拍が触れるおもな箇所は、図のような動脈になる。

脈拍の測り方

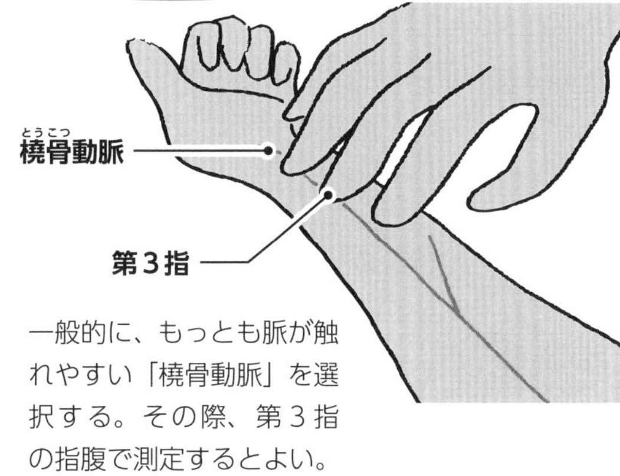

一般的に、もっとも脈が触れやすい「橈骨動脈」を選択する。その際、第3指の指腹で測定するとよい。

ポイント
- 正常（成人）……1分間に60～80回程度。
- 頻脈……………1分間に100回以上。
- 不整脈…………脈のリズムが一定でない状態。

呼吸の異常

種類		呼吸数	原因
数の異常	頻呼吸	1分間の呼吸が25回以上。	心不全、肺炎、発熱、興奮など。
	徐呼吸	1分間の呼吸が12回以下。	糖尿病性昏睡、麻酔時、睡眠薬投与時など。
深さの異常	過呼吸	1回の換気量が増加。	過換気症候群など。
	減呼吸	1回の換気量が減少。	呼吸筋の低下など。
周期の異常	チェーンストークス呼吸	無呼吸→深く速い呼吸→浅くゆっくりした呼吸が繰り返される。	重症心不全、脳疾患など。
	ビオー呼吸	浅くて速い呼吸と無呼吸（10～60秒間）が交互に出現する。	頭蓋内圧亢進など。

パルスオキシメータとは

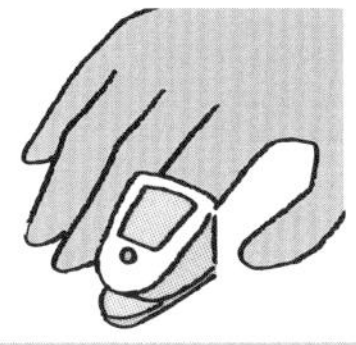

- 経皮酸素飽和度モニターともいう。
- 動脈血の酸素飽和度を測定することができる。

動脈血の酸素飽和度は通常95%以上といわれています

関連 過去問題
第35回 問題60より出題

正解 成人の正常な呼吸状態として、「腹胸部が一定のリズムで膨らんだり縮んだりしている」が適切である。

91 高齢者および障害児・者の喀痰吸引の基礎的知識

- 医療的ケアにおいて、喀痰吸引は大事な項目とされています。喀痰吸引の基礎的知識をこの項で学びましょう。
- 呼吸のしくみとはたらき、人工呼吸器のしくみと種類、子どもの吸引についても学びます。

出題頻度 ★★

■ 呼吸のしくみとはたらき

- **呼吸**……………呼吸には、①**外呼吸**と②**内呼吸**がある。
  - ［**外呼吸**］外気中の酸素を肺に取り入れ、**ガス交換**された二酸化炭素を放出すること。
  - ［**内呼吸**］体内に取り込まれた酸素を全身の組織や細胞に取り入れ、不要な二酸化炭素は血液中に入っていくこと。
- **呼吸の回数**……成人：毎分約12～18回程度。
  - 乳児：毎分約30回程度。
  - 幼児：毎分約25回程度。

出題頻度 ★

■ 喀痰吸引

- **喀痰吸引**……吸引器に繋いだ管（吸引チューブという）を口や鼻から挿入して痰を吸い出すこと。
- 喀痰吸引は**医行為**であるため、必ず**医師の指示書**が必要となる。
- 口から管を挿入する場合を口腔内吸引、鼻から挿入する場合を**鼻腔内吸引**という。
- 気管切開している人の気管カニューレに吸引カテーテルを挿入して行う、**気管カニューレ内吸引**がある。

出題頻度 ★

■ 子どもへの喀痰吸引

- **呼吸回数**……子どもの呼吸器官は、肺胞が少なく、気管が細く、肺の膨らみも小さい。そのため、1回の呼吸で吸い込む空気の量が少なく、成人に比べて呼吸回数が**多く**なる。
- **心理的準備（プレパレーション）**
  ……子どもの発達に応じて、処置についてわかりやすく説明し、**子どもの正直な気持ちを表現**させること。
- 口腔内・鼻腔内の吸引は、吸引チューブの接続部位を指で押さえて**吸引圧**が加わらないようにし、口腔または鼻腔から挿入する。
- 鼻腔から吸引する際は、顔に対して**垂直に咽頭の手前**（口角～耳たぶまでの長さ）**まで**挿入する。
- 口腔から吸引する際は、**口蓋垂**※を刺激しないように注意する。

学習のコツ！

人工呼吸器のしくみと種類、子どもの吸引についてしっかり理解します。喀痰吸引は、絶対に医師の指示書が必要なことも覚えておきましょう。

出た！

第34回で「**ガス交換**」について、第31回で「**喀痰吸引の実施が必要と判断された利用者への対応**」について出題されました。

用語 PICK！

口蓋垂
口を大きく開けた際に、口腔内の後方中央部から垂れ下がる円錐形の突起。

関連づけよう！

呼吸のしくみと働きを理解し、「呼吸器系の疾患」（P.132）と併せて勉強することで理解を深めます。

人工呼吸器のしくみと種類

人工呼吸器とは、圧力をかけて酸素を肺におくり込む医療機器。なんらかの理由で換気が十分にできなくなった状態の人に対して、人工的に換気を補助するために装着する。

侵襲的人工呼吸療法

・気管に空気を出入りさせる穴を開けて（気管切開）、チューブ（気管カニューレ）を挿入し、そこからホース（蛇管）を通して空気をおくり込む。

カフは、チューブがはずれないように固定したり、十分な換気を維持したり、口や鼻からの分泌物が気管に入り込まないようにしたりするためのものです

非侵襲的人工呼吸療法

・口と鼻、または鼻のみをマスクで覆い、そのマスクを通して空気をおくり込む。

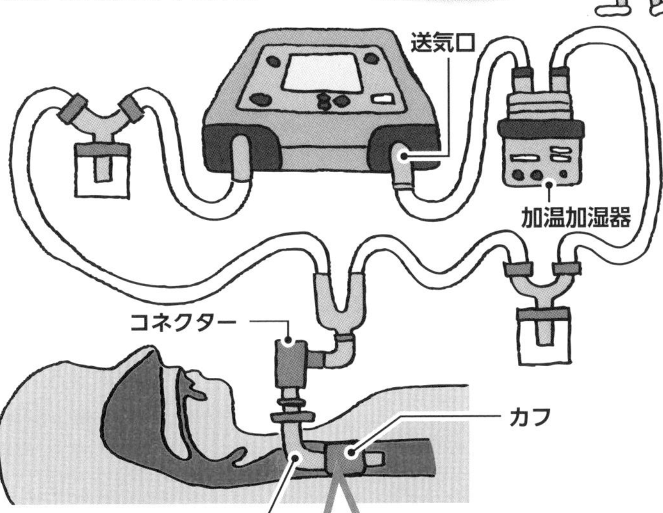

気管カニューレの外側周囲に小さい風船のようなものを膨らませる部分があり、これをカフという。

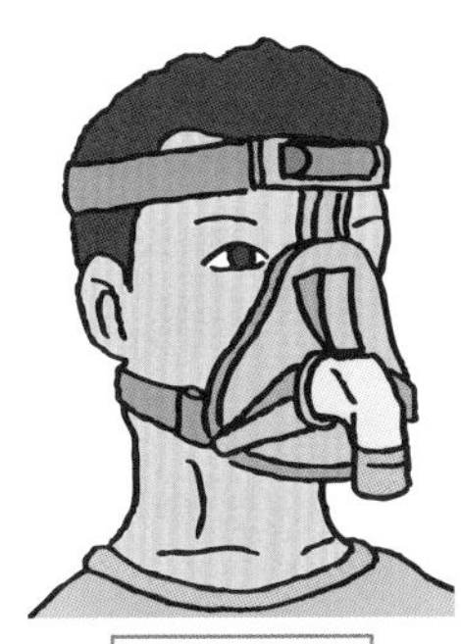

口鼻マスク

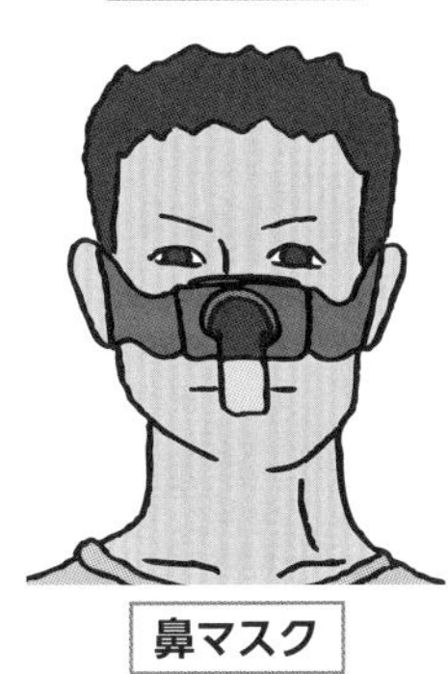

鼻マスク

外呼吸と内呼吸のイメージ

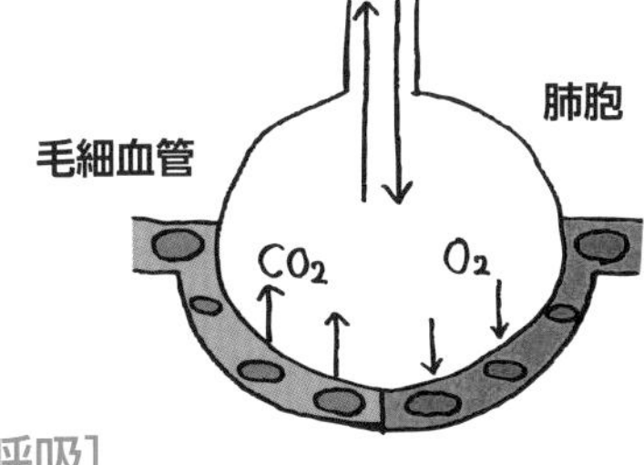

[外呼吸]

空気と血液との**ガス交換**。呼吸器官から酸素（O_2）を取り入れ、二酸化炭素（CO_2）を放出する機能。

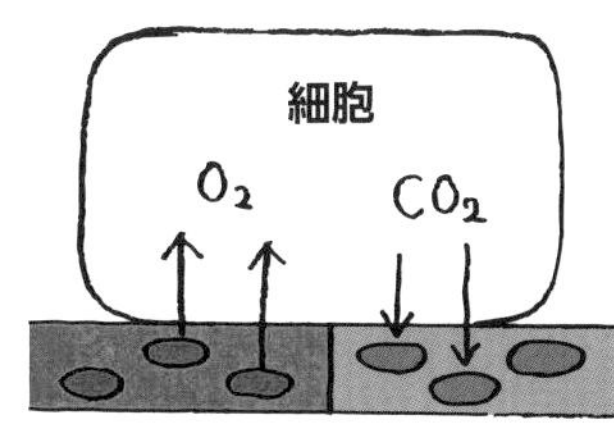

[内呼吸]

血液と細胞との**ガス交換**。外呼吸によって血液中に取り入れられた酸素（O_2）は、血管を流れ細胞へと達する。逆に、細胞内の二酸化炭素（CO_2）は、血液に溶け込み肺へと運ばれる。

関連 過去問題
第34回 問題111より出題

正解 ガス交換は、肺胞内の空気と血液の間で行われる。

92 高齢者および障害児・者の喀痰吸引の実施手順

- 喀痰吸引に必要な物品と手順を正確に覚えることで、医療チームとの連携がスムーズになります。
- 喀痰吸引の実施に関し、利用者にとって楽な体位を覚えることで、苦痛をやわらげることができます。

安全で確実に喀痰吸引を実施するには、手順通りに進めることが必要です。

出た！

第36回で「**吸引器**」について、第35回で「**喀痰吸引の実施手順**」での本人への説明について、第32回で「**喀痰吸引の範囲**」について、第31回で「**気管切開をして人工呼吸器を使用している人の吸引**」について、第30回で「**再度吸引を行うときの対応**」について、第29回で「**どこの場所まで吸引が行えるか**」という問題が出題されました。

用語 PICK！

陰圧

周囲（外側）より圧力が低いこと。空気は陰圧側に吸い込まれる。

出題頻度 ★★

■ 必要物品と清潔保持の方法

- **浸漬法**……吸引チューブを**消毒液**（24時間を目安に交換する）につけて清潔に保管する方法。
- **乾燥法**……吸引チューブを**乾燥**させて清潔に保管する方法。

出題頻度 ★★

■ 喀痰吸引の技術と留意点

- 吸引実施前には、必ず**医師の指示**、ならびに**看護職**からの吸引に関する指示・引き継ぎ事項の確認を行う。
- 吸引は、医師の指示書に記載されている吸引の時間・挿入の深さ・吸引圧で実施する。実施のたびに、必ず**本人**に吸引の説明をする。
- 口腔内・鼻腔内吸引は、**咽頭手前**までとし、無菌状態である下気道に、気道内にたまっている分泌物を落とし込まないように注意する。
- 吸引圧は、あらかじめ設定されているため、**勝手に調整しない**ようにする。
- 吸引実施中から直後にかけては、絶えず利用者の**呼吸状態**、吸引による弊害の有無、**痰や唾液の残留**の有無など、利用者の**状態**が変化していないかを観察する。
- 経鼻経管栄養を実施している人に吸引を行う場合は、吸引にともなう咳き込みなどによって**チューブ**が口腔内に出てきていないかを確認する。
- 吸引後は、**痰の色**、**粘性**、**におい**を毎回確認する。
- 吸引必要物品は、清潔に保管する。洗浄用の水（水道水、滅菌精製水）、浸漬用消毒液、吸引チューブは、使用頻度などを考慮して**定期的**に交換する。保管容器も定期的に交換、消毒する。
- 吸引物は、吸引びんの70～80％になる前に廃棄する。

出題頻度 ★★

■ 喀痰吸引にともなうケア

- 痰を出しやすくするためのケアに関するキーワードは以下の通り。

［**重力**］痰のある部位を上にして重力を利用し、痰を排出しやすい位置に移動させる。

［**粘性**］痰をスムーズに排出するためには、適度な粘性が必要である。

［**空気の量と速さ**］咳の力のことをいう。

喀痰吸引の必要物品6

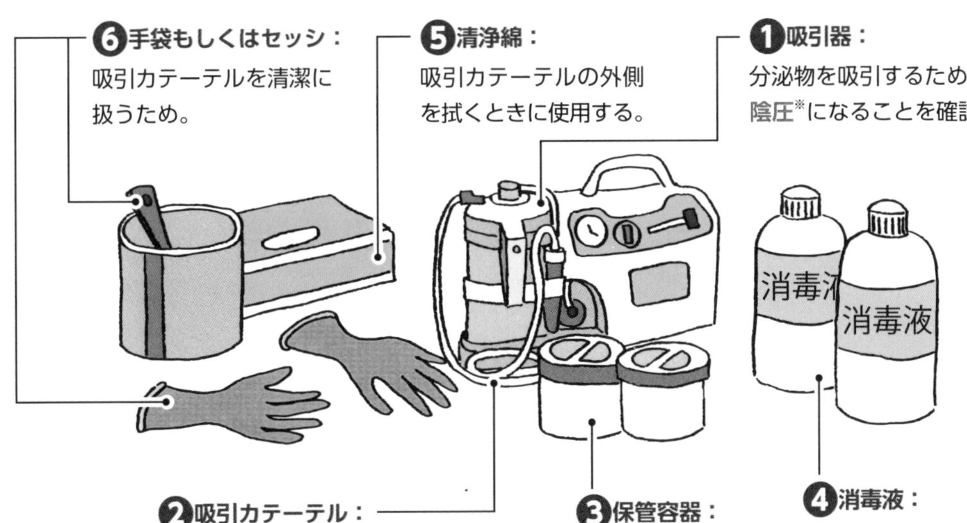

痰を出しやすくする体位4

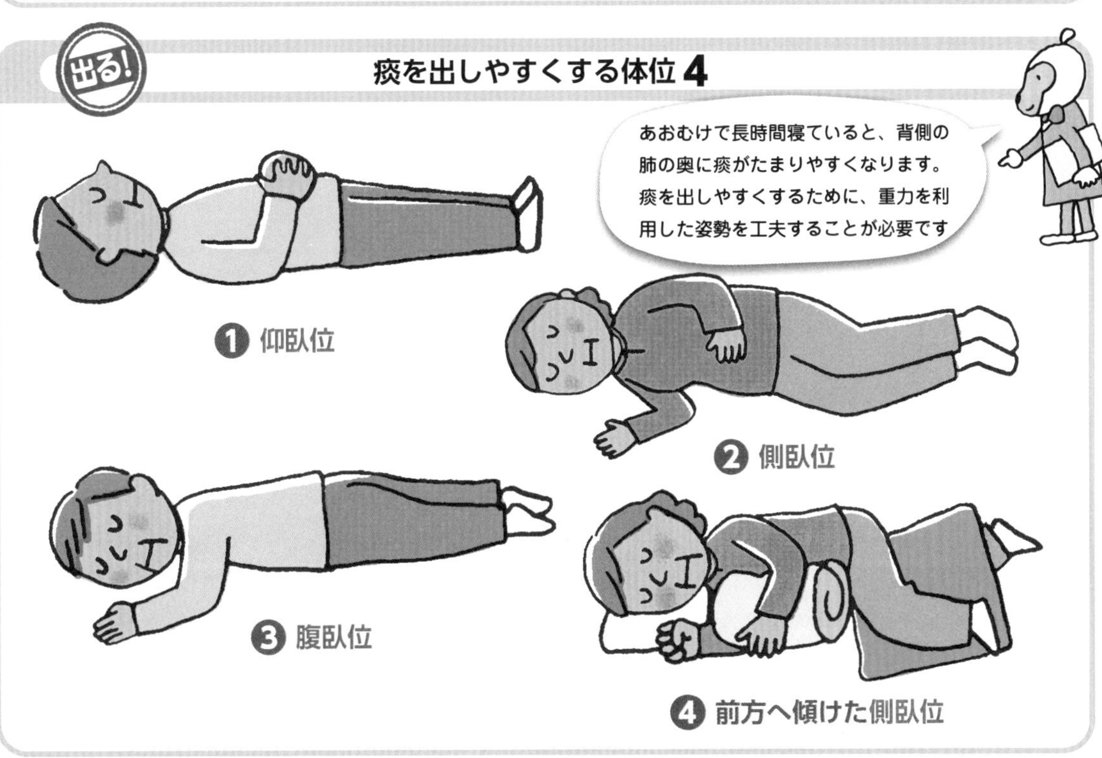

関連 過去問題 第35回 問題61より出題

正解 喀痰吸引を行う前の準備として、「利用者への吸引の説明は、吸引のたびに行う」が正しい。

関連 過去問題 第36回 問題61より出題

正解 吸引の準備として、吸引器は陰圧になることを確認する。

93 高齢者および障害児・者の経管栄養の基礎的知識

- 経管栄養は、口から食事を摂れない、または十分に摂取できない人に、消化器官内にチューブを挿入して、栄養補給を行う方法です。
- 経管栄養の基礎的知識、経管栄養実施上の留意点などを覚えます。それに加えて感染と予防についても学習します。

出題頻度 ★★★

■ 経管栄養について

- **経管栄養とは**……口から食事を摂れない、あるいは経口摂取が不十分な場合に、チューブを通して**栄養剤**を注入し、栄養状態の維持・改善を図る方法。以下のような3つの方法がある。

  ［**胃ろう経管栄養**］腹部の皮膚表面と胃を繋ぐひとつのろう孔（穴）を造設・固定し、チューブを入れる方法。

  ［**腸ろう経管栄養**］小腸にチューブを入れ、留置する方法。

  ［**経鼻経管栄養**］鼻からチューブを通して**胃内**に留置する方法と、**十二指腸**や**空腸**に留置する方法がある。
- **誤嚥**………………食物や水分などが、誤って気管内に流れ込むこと。唾液や口の中の細菌も含まれる。誤嚥により、気道の閉塞などを繰り返している場合、経管栄養が選択される。
- **半固形化栄養剤（流動食）**

  ……**粘度**が高いため、チューブが詰まる危険性が高く、基本的に経鼻経管栄養では用いられず、胃ろうや腸ろうによる経管栄養で用いられる。具体的には、①液状の栄養剤では、**胃食道逆流**を起こしやすい場合、②**座位**でいる時間を短縮する必要がある場合、③腸の**蠕動**を改善したい場合などに用いられる。

出題頻度 ★★

■ 経管栄養実施上の留意点

- 経鼻経管栄養チューブの挿入留置は、必ず**医師**や**看護師**が行う。
- 栄養剤の注入時は、上半身を**30～45**度起こして、逆流を防止する。
- 嘔気、嘔吐、げっぷ、下痢、便秘など、**消化器系**の異常はないか確認する。
- 皮膚の**炎症**や**びらん**、**潰瘍**などはないか確認する。

出題頻度 ★★

■ 経管栄養に関係する感染と予防

- **経管栄養を行っている人の感染予防策**

  ……物品の**洗浄**・**乾燥**・**交換**、**手洗い**の徹底と衣類汚染の注意、ろう孔の皮膚周囲の清潔などを実施する。
- **口腔ケア**……感染予防だけでなく、**爽快感**を与えることも重要な役割を果たす。

学習のコツ！

栄養剤注入時の座位姿勢や消化器系の異常がないかの確認は、介護福祉士の観察する視点としては重要なものです。今後も出題が予測されるので、しっかり覚えておきましょう。

学習のコツ！

なにか異常を発見したら、介護職は必ず医療職に報告・連絡することを念頭において、経管栄養の手順などを学習します。

出た！

第34回で「**半固形化栄養剤**」について、第32回で「**冷蔵庫に保管した栄養剤を注入した際の起こり得る状態**」について、第30回で「**胃ろうの注入時に嘔吐した利用者への対応**」について、第29回で「**経管栄養**」について出題されました。

関連づけよう！

P.98「食事に関連したからだのしくみ」と併せて学習することで理解が深まります。それに加えて、P.284「対象者の状態・状況に応じた食事介護の留意点」も併せて学習しましょう。

経管栄養の方法 3

❶ 胃ろう経管栄養

手術により腹壁から胃内にろう孔を造設し、チューブを留置して栄養剤を注入する。

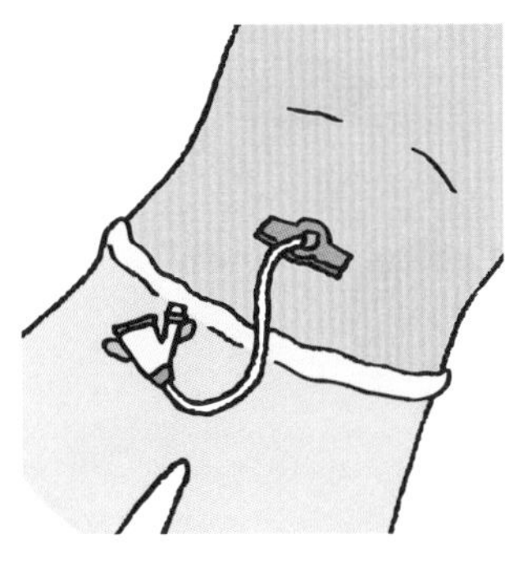

❷ 経鼻経管栄養

左右どちらか一方の鼻腔から咽頭、食道を経て胃内にチューブを挿入・留置して、栄養剤を注入する。

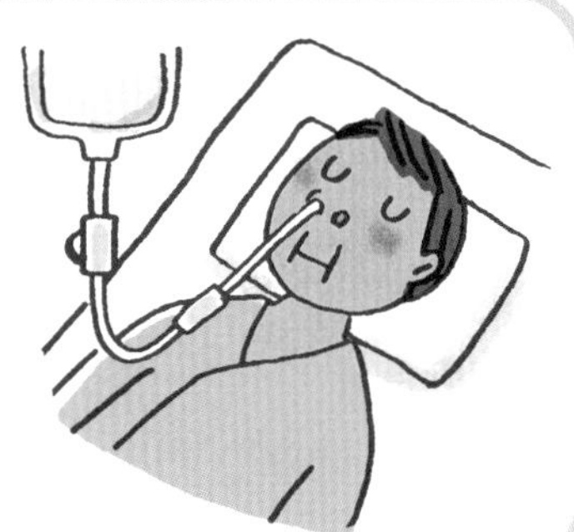

❸ 腸ろう経管栄養

手術により腹壁から空腸にろう孔を造設し、チューブを留置して栄養剤を注入する。

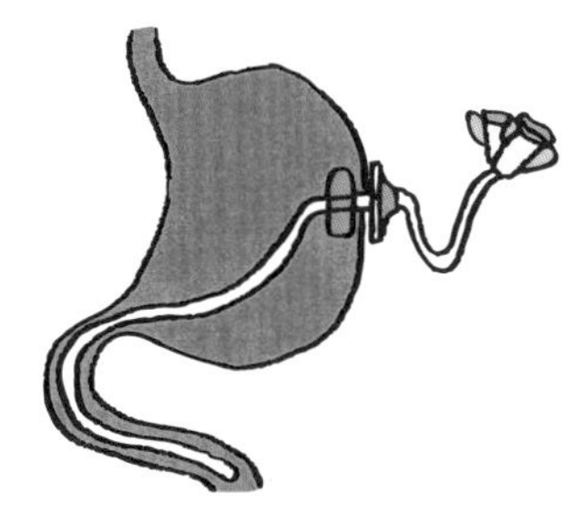

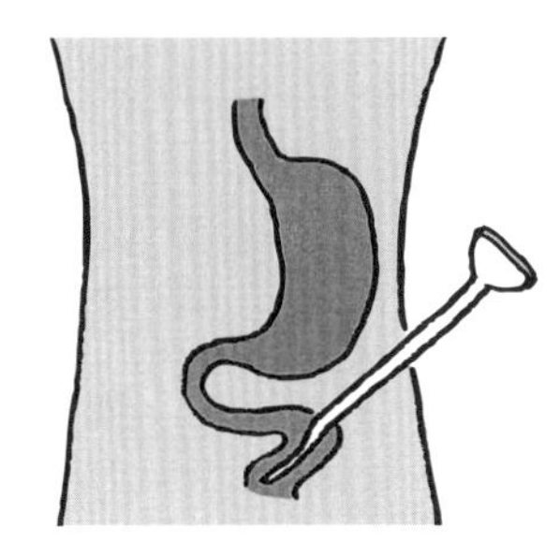

胃ろうチューブの種類 4

❶ ボタン型バルーン型

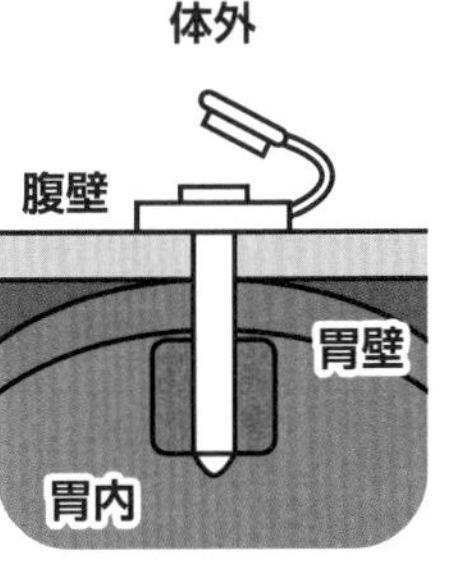

❷ ボタン型バンパー型

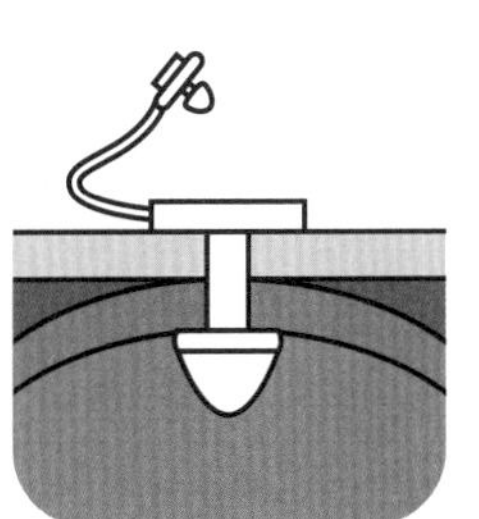

❸ チューブ型バルーン型

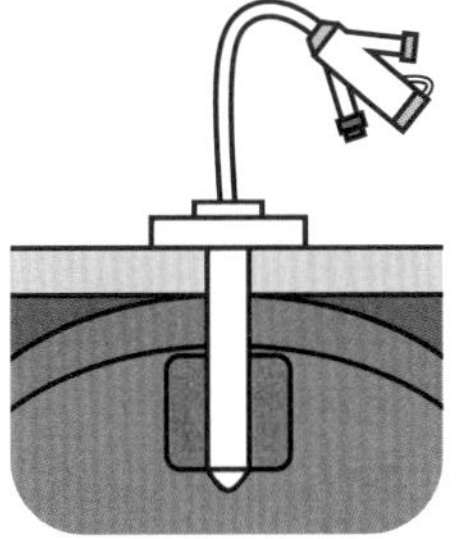

❹ チューブ型バンパー型

胃内固定型は「バルーン型」と「バンパー型」の2タイプ、体外固定型は「ボタン型」と「チューブ型」の2種類がある、と覚えておきましょう

関連 過去問題
第34回 問題112より出題

正解 半固形タイプの栄養剤の特徴について、食道への逆流を改善することが期待できるが正しい。

94 高齢者および障害児・者の経管栄養の実施手順

- 経管栄養に必要な物品は、胃ろう、腸ろうと経鼻経管栄養とでは異なります。それぞれの場合で用いる物品を確認しましょう。
- 経管栄養の技術と留意点は、安全に経管栄養を行うためにも覚えておきましょう。

出題頻度 ★★★

■ 必要物品と清潔の保持

- **胃ろう、腸ろうの場合の必要物品**

  ……①**イルリガートル（イリゲーター）**、②栄養点滴チューブ、③カテーテルチップシリンジ、④計量カップ、⑤常温に近い温度の経管栄養剤、⑥白湯、⑦清潔なタオル。

- **清潔保持**……経管栄養の準備は、かならず石鹸と流水で手洗いしてから行う。終了後は毎回、使った備品を洗浄・消毒する。

出題頻度 ★★★

■ 経管栄養の技術と留意点

- **胃ろう（腸ろう）経管栄養の場合**

  ……ろう孔周囲の状態や挿入されている栄養チューブの位置、固定されている状態などを観察し、皮膚のトラブルがある場合やチューブが抜けてしまっている場合は、看護職に相談する。

- **経鼻経管栄養の場合**

  ……挿入されている**チューブ**の位置を確認し、経管栄養チューブの抜けや口腔内での蛇行、停留、利用者からの咽頭の違和感の訴えなどの異常状態があれば、**看護職**に相談する。

- 半座位（ファーラー位もしくはセミファーラー位）の姿勢に体位を整える。
- 自然落下で経管栄養を行う場合は、利用者の注入部位から**50㎝**程度のところにイルリガートルを吊るす。
- 胃ろう（腸ろう）栄養チューブの癒着※・圧迫の防止処置は、看護師等医療職が行い、介護福祉士は実施できない。
- 痰がからむ場合、嘔気や嘔吐が見られた場合には、**医師**・**看護師**に連絡する。
- 注入速度が速いと、下痢や**嘔吐**、急速な高血糖症状を引き起こす。
- 食道への逆流や嘔吐を防止するため、上半身を起こした状態を**30分～1時間**は保つことを利用者に説明する。
- 経管栄養終了後は、イルリガートル、栄養点滴チューブ、カテーテルチップシリンジを中性洗剤で洗浄する。そのあと、0.0125～0.02％の次亜塩素酸ナトリウムに**1**時間以上浸す。
- 消毒後は、流水でよく洗い、チューブの内腔の水は振り払い、**風通しのよい場所**で乾燥させる。

学習のコツ！

経管栄養の実施手順は試験には、必ず出題されることが予測されます。この項目では、実施手順の際の留意点を覚えるようにします。

用語 PICK！

癒着

本来は分離しているはずの臓器、組織面が、外傷や炎症のためにくっつくこと。

出た！

第36回で「**経管栄養のトラブル**」について、第34回で「**白湯を流す理由**」が、第33回で「**清潔保持**」について、第31回で「**栄養剤を利用者のところに運んだ後の最初の行為**」「**イルリガートルを用いた経鼻経管栄養**」について出題されました。

経管栄養の実施手順

実施準備	実施	片付け	評価・記録
①流水と石鹸で手洗い ②医師等の指示の確認 ③本人の確認	④本人に同意を得る ⑤必要物品・栄養剤を用意 ⑥体位の調整 ⑦注入内容の確認 ⑧ライン先端までの空気を抜く ⑨チューブの確認 ⑩栄養剤のセット ⑪栄養剤を流す ⑫異常がないか、確認 ⑬点滴の終了作業 ⑭体位を整える	⑮後片付け	⑯記録を記入

栄養剤を流したあとはチューブ内に残った栄養剤を洗い流し、清潔に保つために白湯を注入します

ヒヤリ・ハットがあれば、忘れずに記録します

経管栄養に適した姿勢

セミファーラー位 上半身を15～30度起こした姿勢

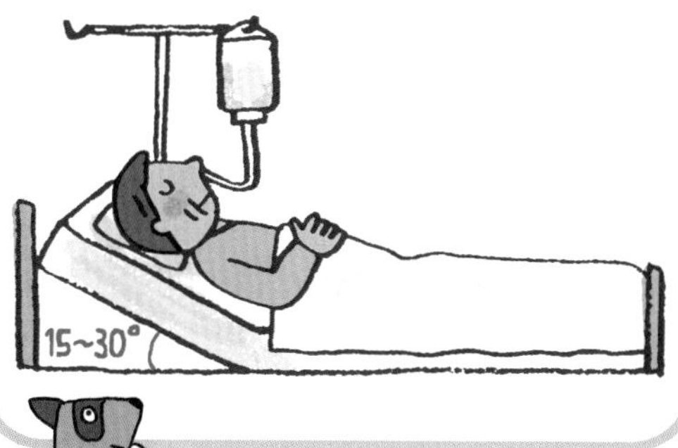

ファーラー位 上半身を45度起こした姿勢

45°

セミファーラー位とファーラー位を合わせて、「半座位」といいます

このふたつの角度は逆流を防ぐのに最適とされます

関連 過去問題
第34回 問題113より出題

正解 白湯を経管栄養チューブに注入する理由として、チューブ内の栄養剤を洗い流すが正しい。

関連 過去問題
第36回 問題62より出題

正解 経管栄養で起こるトラブルとして、注入速度が速いときは嘔吐を起こす可能性がある。

第4章 介　護

介　護　1　介護の基本　2　コミュニケーション技
3　生活支援技術　4　介護過程

● 領域の概要とPOINT！ ●

「介護」は、4つの科目で構成されています。「介護の基本」が**10問**、「コミュニケーション技術」が**6問**、「生活支援技術」が**26問**、「介護過程」が**8問の合計50問**です。この領域では、**介護サービスを提供するための基本的な考え方、技術と知識、方法、施策や制度**について理解を深めることを目的としています。この領域は、他の領域で学んだことを基本に具体的に発展させることで解答が可能になる場合もあるので、しっかりと理解しましょう。

● 出題傾向と対策 ●

1 介護の基本

「介護の基本」は、介護領域の中核です。そのため、介護を実践するうえでの基礎的な問題が、幅広く出題されています。人間と社会領域で学んだ尊厳や人権を具体的に実践に繋げた出題、こころとからだのしくみ領域で学んだ疾患やその症状がある人にどのような支援をするかなどといった出題となっています。介護福祉職として支援するときの基本である利用者主体、尊厳の保持、自立支援などの具体例を、きちんと整理して理解しておく必要があります。

第36回の出題は、知識と実践の理解が必要な問題でした。現在の**「介護状況等」に関する問題が3問、実践事例が2問、「リスクマネジメント」は具体的な実践例から正解を選択する問題**でした。第35回の出題は、介護福祉職にとって実践を行う際に理解していなければならない基本的な問題でした。「利用者主体」「求められる介護福祉士像」「社会福祉士及び介護福祉士法」は具体的な実践例から正解を選択する問題でした。**「意思決定支援」については最近、出題率が高い**です。

2 コミュニケーション技術

第36回の出題数は6問と、第35回と同じ出題数でした。傾向としては**「信頼関係の形成」「障害の特性に応じたコミュニケーション」「チームのコミュニケーション」**から出題されていますが、基本的な内容の色が強くなり、**事例の問題が増えています**。今後も複雑な問題ではなく、基本的な内容が出題される傾向が続くことが予想されますので、人間関係とコミュニケーションと関連づけて学習していきましょう。

3 生活支援技術

第36回の出題数は26問で、前年までと変化はありません。例年通り、広くまんべんなく出題されていますが、設問は複雑なものではなく基本的な考え、知識で解くことができるようなものが多くなっています。**疾病や疾患に関することは押さえておく必要はありますが、それにともなう対象者の心身の状態がどのようなものか**を理解しておきましょう。**アルツハイマー型認知症、片麻痺、関節リウマチは出題頻度が高い**ので、よく学ぶ必要があります。福祉用具の使い方、状態に応じた福祉用具の選択について改めて出題されているので、学んでおきましょう。全体的に基本的な内容が問われることが多いので、設問と選択肢の文章を丁寧に読み、想像して読み解くことが必要です。

4 介護過程

「介護過程」では、出題が３つのカテゴリに分けられます。１つ目は、介護過程を展開するための意義と目的、**「アセスメント」「介護計画の立案」「実施」「評価」からの基礎知識**の出題です。２つ目は、**介護過程を展開するためのチームアプローチの方法や技術**からの出題です。３つ目は、**実際の事例と事例研究等**です。

第36回は、介護過程を展開するための基礎知識からの出題は２問と少なく、チームアプローチと事例の実際からの出題となりました。第35回は、主に事例の中で介護過程を展開する際の各プロセスの留意点が出題されました。実際の事例では、事例研究について出題されました。

● 重要語句PICK UP ●

試験対策に重要と思われる語句をピックアップしました。試験までに、それぞれの語句を説明できるようにしておきましょう（科目別に、五十音順）。

1 介護の基本

□ＩＣＦ　□インフォームド・コンセント　□エンパワメントアプローチ
□介護サービスの種類　□介護福祉士の義務　□介護福祉職の健康管理
□感染予防の３原則　□危機管理　□虐待防止　□個別ケア
□自己選択と自己決定　□事故防止検討委員会　□多職種連携
□地域包括支援センター　□日本介護福祉士会倫理綱領　□ノーマライゼーション
□リスクマネジメント　□リハビリテーション　□利用者の主体性の尊重

2 コミュニケーション技術

□アドボカシー　□運動性失語症（ブローカ失語症）　□介護記録
□感覚性失語症（ウェルニッケ失語症）　□共感　□ケアカンファレンス
□傾聴　□言語・非言語コミュニケーション　□構音障害
□サービス担当者会議　□事故報告書　□受容　□焦点化　□SOLER
□直面化　□バイスティックの７原則　□ヒヤリ・ハット
□開かれた質問・閉じられた質問　□明確化

3 生活支援技術

□アドバンス・ケア・プランニング　□可処分所得　□起立性低血圧
□グリーフケア　□クロックポジション　□血清アルブミン値　□誤嚥
□残存能力　□支持基底面積　□姿勢反射障害　□シックハウス症候群　□褥瘡
□ストーマ　□生活習慣病　□蠕動運動　□脱健着患　□デスカンファレンス
□点字ブロック　□導尿　□トランスファーショック　□熱中症　□廃用症候群
□半側空間無視　□膀胱留置カテーテル　□ボディメカニクス
□ユニバーサルデザイン

4 介護過程

□アセスメント　□介護過程のプロセス　□介護実践
□科学的根拠　□課題の明確化　□ＱＯＬ　□記録と評価
□個別援助計画　□個別性　□思考過程　□自己実現
□情報の解釈　□生活課題　□チームアプローチ
□目標と目標達成度　□利用者の満足度

95 介護福祉士を取り巻く状況

- 家族機能のひとつとして考えられていた「介護」の歴史を見ることで、その特徴、課題を理解できるようになります。
- 介護問題とその背景にある社会状況を知ることで、社会から求められる介護福祉士について、より深く理解できるようになります。

学習のコツ！

介護の歴史を理解すると同時に、介護に従事する人についても理解を深めましょう。

用語 PICK！

恤救規則

恤救とは、哀れみ救うこと。日本ではじめての貧困者に対する公的な救済法。ただし、血縁・地縁などの相互扶助によって救済することが基本原則。

救護法

日本最初の公的扶助義務の救貧制度。近隣の家々が相互扶助によって救済することが原則。

老人家庭奉仕員

1956年長野県で「家庭養護婦派遣事業」がはじまり、全国に広まる。1963年「老人福祉法」が制定され、老人家庭奉仕員として制度化された。1人暮らし、低所得者、生活困難者が対象。

高齢化率

全人口に占める65歳以上の人口の割合のこと。

出題頻度 ★

■ 介護の歴史（相互扶助から社会全体で支えるしくみへ）

おもな法律や制度	特徴
1874年 **恤救規則※「人民相互の情誼」** **1929年** **救護法※「隣保相扶の情誼」**	●介護は家族・親族による「家族介護」と、**篤志家**による支援が中心。国の**救済制度**はその**補足**。
1950年 **新生活保護法**	●**養老施設**が設置される。「老衰のため独立して日常生活がおくれない要保護者」を「**収容する場**」とした。
1963年 **老人福祉法**	●特別養護老人ホーム、養護老人ホーム、軽費老人ホームが設置される。特別養護老人ホームは、65歳以上で常時介護を必要とする高齢者を「**収容する場**」とし、入所は「**措置**」とした。 ●老人家庭奉仕員※の派遣事業が開始された。 ●家族以外の「**非専門職**」として、寮母や老人家庭奉仕員が誕生した。
1972年 **『「老人ホームのありかた」に関する中間意見』**	●特別養護老人ホームを「収容する場」から「**生活の場**」としてとらえる。**生活の質**の向上が求められた。
1987年 **社会福祉士及び介護福祉士法** **1997年（※2000年施行）** **介護保険法**	●福祉の専門職である社会福祉士・介護福祉士が誕生。「**専門職**」による介護がはじまった。 ●「**自立支援**」が介護の基本理念となった。特別養護老人ホームの入所は「**契約**」となった。
2007年・2011年 **社会福祉士及び介護福祉士法改正**	●2007年、**定義規定**、義務規定などが見直された。 ●2011年、介護福祉士などが**喀痰吸引**と経管栄養を行うことができるようになった。
2017年9月1日施行 **出入国管理及び難民認定法改正**	●在留資格「**介護**」の創設。介護福祉士の資格のある外国人が、介護の業務に従事している場合、**在留資格**が得られる。

介護問題の背景

少子高齢社会では、家族による介護は困難となったため、介護を社会全体で支えることとなった。

家族の人数が少なくなり、家族介護力が低下した結果、家族だけでは十分な介護を行うことが難しくなってきました（P.26～29）

1994年　高齢社会
全人口に占める65歳以上の人口の割合が**14%**を超えた。

1997年　少子社会
14歳以下の人口が65歳以上の人口を下まわった。

介護の社会化!!

介護保険制度導入へ（P.44）

・措置制度から**契約**制度へ　・介護保険料支払いの義務化
・応益負担が原則となっていく

●日本の高齢化率の推移

(%)
30
高齢化率
0

年		
1970年	7%超	**高齢化社会**に突入
1994年	14%超	**高齢社会**に突入
2007年	21%超	**超高齢社会**に突入
2014年		
2025年		

世帯数と平均世帯人員の年次推移

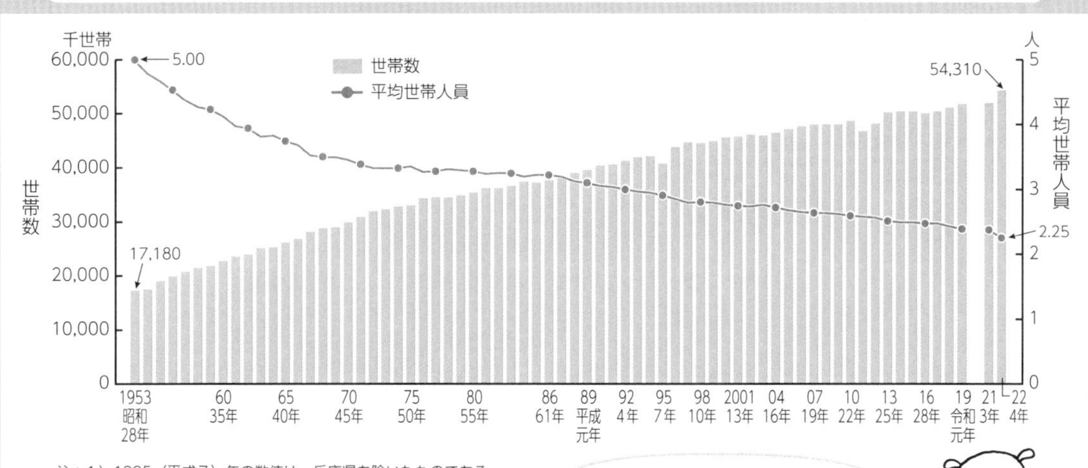

注：1）1995（平成7）年の数値は、兵庫県を除いたものである。
2）2011（平成23）年の数値は、岩手県、宮城県および福島県を除いたものである。
3）2012（平成24）年の数値は、福島県を除いたものである。
4）2016（平成28）年の数値は、熊本県を除いたものである。
5）2020（令和2）年は、調査を実施していない。

厚生労働省「2022（令和4）年 国民生活基礎調査の概況」より

2022年の全国世帯数は5,431万世帯で、世帯構造を見ると「単独世帯」が1,785万2千世帯（32.9%）でもっとも多くなっています

関連 過去問題
第33回 問題17より出題

正解 「2016年（平成28年）国民生活基礎調査」（厚生労働省）における、同居のおもな介護者の悩みやストレスの原因でもっとも多いのは、家族の病気や介護である。

96 尊厳を支える介護について

- さまざまな法制度に「尊厳」が規定されています。尊厳を理解することで、尊厳の保持を支えるケアを行えるようになります。
- 利用者主体の考え方を理解することで、利用者の自己決定権を尊重した介護が提供できるようになります。

出題頻度 ★

■ 介護の理念と法律

- 尊厳の保持を支える介護とは、高齢や心身の障害などのため**日常生活**に支障がある人も個人として**尊重**され、幸福に（日本国憲法第13条より）自立した生活を営み、**自己実現**ができるように支援することである。
- **介護福祉士としての実践①**
  ……利用者の心身の状況に応じて（社会福祉士及び介護福祉士法第２条第２項）、自立や**QOLの向上**に繋がる介護を実践する。
- **介護福祉士としての実践②**
  ……利用者の個人の尊厳を**保持**し、自立した生活が営めるよう、**誠実**にその業務を行わなければならない（社会福祉士及び介護福祉士法）。
- 日本介護福祉士会倫理綱領（P.219）では、上記①②のふたつの実践を行うために、「介護福祉士は専門職として専門的な知識や技術、**人権擁護**※や尊厳の保持、**倫理観**をもって介護を行うことが必要である」と明記している。

出題頻度 ★★

■ QOL（Quality Of Life）とノーマライゼーション

- **QOL**……日本語に訳すと「生活の質」「生命の質」「生存の質」など。福祉領域では、利用者の**幸福追求権**※を尊重することととらえている。
- **ノーマライゼーション（バンク・ミケルセンが提唱）**
  ………障害がある人も、ない人と同じように社会生活をおくる権利があるという考え方。現在の社会福祉の**基本理念**となっている。
- **ノーマライゼーションの実現（ニィリエが定義）**
  ………高齢者や障害者が尊厳を持って**地域の中**で生活できるように支援していくということ。日本介護福祉士会倫理綱領の前文においても明記。
- **ノーマライゼーションの発展（ヴォルフェンスベルガーの体系化から発展）**
  ………障害者などの価値を下げられた人々自身が価値がある役割を獲得することにより、**社会的イメージ**を高める。

出題頻度 ★★★

■ 利用者主体の考え方（利用者本位・自立支援）

- 利用者の主体性を尊重するためには、利用者が**自己選択**、自己決定ができる環境を介護福祉職が整えることが大切である。

学習のコツ！

介護実践をするときには、利用者の尊厳・QOL・ノーマライゼーションが重要です。ひとつひとつの意味をしっかりと覚えておきましょう。

出た！

第34回で「**利用者主体の考えに基づいた介護福祉職の対応**」、第32回で「**ノーマライゼーションの考え方**」について出題されました。

用語 PICK！

人権擁護
人が幸福に暮らすために必要な、社会によって認められている権利（自由・行動・地位など）が侵害されないように守ること。

幸福追求権
日本国憲法第13条に規定される「生命・自由及び幸福追求に対する国民の権利」のこと。

関連づけよう！

P.222「利用者の人権擁護」の具体的事例と併せて学習すると、より理解が深まります。

介護の理念とそれにかかわる重要な法律 4

❶ 社会福祉士及び介護福祉士法

第44条2に「個人の尊厳を保持し、自立した日常生活が営めるよう」と明記されている

❷ 介護保険法

第1条に「尊厳の保持」が明記されている

介護の理念

利用者の尊厳

❸ 日本国憲法

第11条　基本的人権の尊重
第13条　幸福追求権
第25条　生存権

❹ 社会福祉法

第3条「福祉サービスは、個人の尊厳を旨とし」と明記されている

利用者の尊厳を守るために、日本国憲法をはじめ、さまざまな法律があります（P.17）

QOL（Quality Of Life）に大切な要素 3

1. **利用者がおくりたいと思っている生活を実現させる**
2. **ADL※が自立していなくても利用者の意思を尊重する**
3. **利用者が自己選択、自己決定できる**

用語 PICK！

ADL
Activities of Daily Living（アクティビティズ オブ デイリー リビング）の略。日本語で日常生活動作。食事、排泄、入浴、移動、整容などのこと。

利用者のQOLが向上するためのケアは、この3つを大切にすることによって実現します

利用者の主体性を尊重するために

利用者は……
・どのような生活をおくりたいと思っているのかな？
・生活習慣や生活形態はどんな感じかな？
・ニーズはなんだろう？

介護福祉職

介護福祉職は
利用者とともに考えながら
介護サービスを提案

▼

利用者が自己選択、自己決定

▼

心身の自立支援 ＋ **人権の尊重**

・私は、毎朝7時に起きたいわ
・いつまでも元気で暮らしたい

利用者

関連 過去問題
第34回 問題18より出題

正解 1人で衣服を選ぶことが難しい利用者に対し、毎日の衣服を自分で選べるように声かけをすることは、介護福祉職として利用者主体の考えに基づいている。

97 介護福祉士の役割と機能を支えるしくみ

- 介護福祉士の定義を学ぶことにより、介護福祉士の役割を理解し、専門職の視点を持ってサービスを提供することができます。
- 介護福祉士の義務を学ぶことにより、専門職として責任をもってサービスを提供することができます。

出た！

第36回で「**介護福祉士の信用失墜行為の禁止**」について、第35回で「**介護福祉士の責任**」について、第31回、第29回で「**介護福祉士の義務・罰則**」について、第30回で「**介護福祉士の仕事の内容**」について出題されました。

用語 PICK！

名称独占資格
資格取得者のみが名称を名乗ることが許されている資格。資格がなくてもその業務は行えるが、「介護福祉士」と名乗ることはできない。

欠格事由
介護福祉士の登録を受けられない、あるいは免許が取り消される場合の事由。成年被後見人、被保佐人または不正に登録を受けた者、登録を取り消されてから2年を経過しない者など。

関連づけよう！

P.218「介護従事者の倫理（職業倫理）」と併せて学習することにより、介護福祉職の役割を担うために必要な倫理観を学ぶことができます。

出題頻度 ★

■ 社会福祉士及び介護福祉士法の制定から改正まで

- **1987年制定**……多様化する福祉ニーズに対応する**専門職**が求められた。介護福祉士は「入浴、排泄、食事その他の**介護等**を行う」と規定された。
- **2007年改正**……認知症の介護などは身体介護だけでは対応できない。介護福祉士は「**心身の状況**に応じた介護を行い」と規定され、**心理的支援**や社会的支援が求められた。
- **2011年改正**……在宅で過ごしたいが支援が不足している**医療ニーズ**を担う人材確保が求められた。介護福祉士は「**喀痰吸引**、その他のその者が日常生活を営むのに必要な行為」を行うことになった。

出題頻度 ★★★

■ 介護福祉士の定義と義務

- 介護福祉士という**名称**を使い（名称独占資格※）、専門知識、技術を活用し、心身の障害により日常生活に支援が必要な人に**介護**を行う。また、その家族に介護の**指導**を行う。
- 社会福祉士及び介護福祉士法には介護福祉士の**義務**が規定されている。
- 介護福祉士は義務規定に違反すると**罰則**を科せられる（右下表）。
- **介護福祉士になるには**
  ……介護福祉士国家試験に合格（資格を有する）し、**厚生労働大臣**の指定する指定登録機関（公益財団法人　社会福祉振興・試験センター）に**登録**する必要がある。
- 介護福祉士の**欠格事由**※に該当する者は、登録できない。

出題頻度 ★

■「公益社団法人 日本介護福祉士会」について

- 介護福祉士の全国的な職能団体として、1994年に設立、1995年**倫理綱領**を宣言。
- **目的**……………①介護福祉士の職業倫理の向上、**専門性の向上**、資質の向上、②介護に関する知識・技術の普及を図る、③国民の福祉の増進に寄与する、など。
- **活動**……………研修活動事業、**学術研究事業**（日本介護学会による）、広報、普及啓発に関する事業、調査研究など。
- **介護福祉士会**……各都道府県には、都道府県介護福祉士会がある。

介護福祉士の定義と義務、職能団体の歴史など

年	社会福祉士及び介護福祉士法		公益社団法人 日本介護福祉士会（職能団体）
	介護福祉士の定義規定	介護福祉士の義務など	
1987年	•入浴、**排泄**、食事その他の介護等を行う	•秘密保持義務・名称の使用制限・信用失墜行為の禁止・連携	
1994年	↓	↓	日本介護福祉士会を設立
1995年	↓	↓	日本介護福祉士会倫理綱領を宣言
2007年	•**改正**→心身の状況に応じた介護を行う •**追加**→利用者とその家族に対して介護に関する指導を行う	•**追加**→誠実義務・資質向上の責務 •連携については、医療関係者から福祉サービス関係者等との**連携**に範囲が拡大された	↓
2011年	•**追加**→喀痰吸引（かくたんきゅういん）その他のその者が日常生活を営むのに必要な行為であって、医師の指示の下に行われるもの（厚生労働省令で定めるものに限る）を含む	↓	↓

まる覚え！ 介護福祉士のおもな義務と罰則6

	義務など	違反した場合の罰則
❶ **秘密保持の義務（第46条）**	正当な理由なく、業務上知り得た人の情報や秘密について漏らしてはならない。介護福祉士でなくなったあとにおいても守らなければならない。	・1年以下の懲役または30万円以下の罰金 ・登録の取り消し、または期間を定めて介護福祉士の名称の使用停止
❷ **名称の使用制限（第48条第２項）**	介護福祉士の資格は、名称独占の国家資格。介護福祉士でない者は、介護福祉士という名称を使用してはならない。	・**30万**円以下の罰金
❸ **信用失墜行為の禁止（第45条）**	介護福祉士の信用を傷つけるような行為をしてはならない。	・登録の取り消し、または期間を定めて介護福祉士の**名称**の使用停止
❹ **連携（第47条第２項）**	認知症であることなどの心身の状況その他の状況に応じて、福祉サービス等が総合的かつ適切に提供されるよう、福祉サービス関係者等との連携を保たなければならない。	
❺ **誠実義務（第44条の２）**	利用者の尊厳を保持し、自立した日常生活が営めるよう、常に利用者の立場に立って誠実にその業務を行わなければならない。	
❻ **資質向上の責務（第47条の２）**	介護を取り巻く環境の変化による業務内容の変化に適応するため、介護等に関する知識および技能の向上に努めなければならない。	

関連 過去問題
第36回 問題65より出題

正解 介護福祉士は、信用を傷つけるような行為は禁止されている（信用失墜行為の禁止）。

98 介護従事者の倫理（職業倫理）

- 専門技術や知識を倫理※的に実践することにより、介護福祉士の専門性を示すことになります。
- 介護実践において、どうするべきかの判断や行動を求められたとき、倫理綱領※に照らし合わせることにより、実践方法が見いだせます。

学習のコツ！

介護福祉士が介護実践をするときに専門職としてどのように行動するべきか、それを具体的に示した介護福祉士会倫理基準（行動規範）を覚えましょう。

出た！

第34回、第33回、第31回で介護福祉職の「**職務上の倫理**」について出題されました。

用語 PICK！

倫理
人として守り行うべき道。道徳。

倫理綱領
倫理的に法令を遵守する方針を与えるための綱領。

生命倫理
生きているものすべての生命を大切にするための方法。

職業倫理
行動を律する基準や規範。何を目標としてどのようにはたらくべきか、ということ。

出題頻度 ★

■ 介護に携わる人が持つべき職業倫理

- 人間の生命、生活に直接かかわる専門職は、**生命倫理**※の視点から職業倫理※を考え、実践することが必要である。
- 日本介護福祉士会倫理綱領は、生命倫理、**職業倫理**に配慮して作成されている。
- 法令遵守はもちろん、自らを律し、**社会貢献**し、人の幸福を追求する姿勢が必要である。

出題頻度 ★★★

■ 日本介護福祉士会倫理綱領と日本介護福祉士会倫理基準（行動規範）

- 日本介護福祉士会倫理綱領（右ページを参照）をより具体的な行動指針として示すものが、日本介護福祉士会倫理基準（**行動規範**）である。

［**行動規範の代表例**］

- 介護福祉士は、自らの**価値観**に偏ることなく、利用者の自己決定を尊重します。
- 介護福祉士は、よりよい介護を提供するために**振り返り**、質の向上に努めます。
- 介護福祉士は、利用者が自らのプライバシー権を**自覚**するようにはたらきかけます。
- 介護福祉士は、記録の**保管**と廃棄について、利用者の秘密が漏れないように慎重に管理・対応します。
- 介護福祉士は、他職種との円滑な**連携**を図るために、情報を共有します。
- 介護福祉士は、利用者が望む福祉サービスを適切に受けられるように権利を擁護し、ニーズを**代弁**していきます。
- 介護福祉士は、社会に見られる不正義の改善と利用者の問題解決のために、利用者や他の専門職と連帯し、専門的な視点と**効果的**な方法により社会にはたらきかけます。
- 介護福祉士は、地域の社会資源を把握し、利用者がより多くの選択肢の中から支援内容を選ぶことができるよう努力し、新たな**社会資源**の開発に努めます。
- 介護福祉士は、職場のマネジメント能力も担い、よりよい**職場環境**づくりに努め、はたらきがいの向上に努めます。

介護に携わる人が持つべき職業倫理

倫理綱領だけではよい介護実践はできません！　介護福祉士としての知識・技術そして倫理的自覚が必要です

生命倫理 ＋ **職業倫理** ▶ **日本介護福祉士会倫理綱領**

日本介護福祉士会倫理綱領
1995年11月17日宣言

前文

私たち介護福祉士は、介護福祉ニーズを有するすべての人々が、住み慣れた**地域**において安心して老いることができ、そして暮らし続けていくことのできる社会の実現を願っています。

そのため、私たち日本介護福祉士会は、ひとり一人の心豊かな暮らしを支える介護福祉の専門職として、ここに**倫理綱領**を定め、自らの専門的知識・技術および**倫理的**自覚を持って最善の介護福祉サービスの提供に努めます。

(利用者本位、自立支援)

1. 介護福祉士は、すべての人々の基本的人権を**擁護**し、ひとり一人の住民が心豊かな暮らしと老後がおくれるよう利用者本位の立場から自己決定を最大限尊重し、**自立**に向けた介護福祉サービスを提供していきます。

(専門的サービスの提供)

2. 介護福祉士は、常に専門的知識・技術の研鑽に励むとともに、豊かな感性と的確な判断力を培い、深い洞察力を持って**専門的**サービスの提供に努めます。
また、介護福祉士は、介護福祉サービスの質的向上に努め、自己の実施した介護福祉サービスについては、常に**専門職**としての責任を負います。

(プライバシーの保護)

3. 介護福祉士は、プライバシーを保護するため、職務上知り得た個人の**情報**を守ります。

(総合的サービスの提供と積極的な連携、協力)

4. 介護福祉士は、利用者に最適なサービスを**総合的**に提供していくため、福祉、医療、保健その他関連する業務に従事する者と積極的な**連携**を図り、協力して行動します。

(利用者ニーズの代弁)

5. 介護福祉士は、暮らしを支える視点から利用者の真のニーズを受けとめ、それを**代弁**していくことも重要な**役割**であると確認したうえで、考え、行動します。

(地域福祉の推進)

6. 介護福祉士は、**地域**において生じる介護問題を解決していくために、専門職として常に積極的な態度で**住民**と接し、介護問題に対する深い理解が得られるよう努めるとともに、その介護力の強化に協力していきます。

(後継者の育成)

7. 介護福祉士は、すべての人々が将来にわたり安心して質の高い介護を受ける**権利**を享受できるよう、介護福祉士に関する教育水準の向上と**後継者**の育成に力を注ぎます

日本介護福祉士会倫理綱領は、介護福祉士の基本的な姿勢を述べています

前文では、ノーマライゼーションの実現をあらわしています

99 利用者の人権と介護

ねらい

- 介護福祉職が、虐待の定義とその対応策をしっかりと理解することが虐待防止に繋がります。
- 虐待防止法を理解することにより、利用者の尊厳を守ることができるようになります。また虐待から利用者を守ることができます。

学習のコツ！

①高齢者虐待防止法と障害者虐待防止法との違い、②一般市民、市町村、市町村長などの役割を区別する、このふたつをしっかり覚えましょう。

用語PICK！

養護者
身辺の世話や金銭の管理などを行う、対象者の家族、親族、同居人等。同居していなくても、現に身辺の世話をしている親族、知人などが該当することもある。

養介護施設従事者／障害者福祉施設従事者等
福祉サービス事業にかかる業務に従事する者。

使用者
障害者を雇用する事業主または事業経営担当者、その他その事業の労働者に関する事項を行う者。

関連づけよう！

P.18「尊厳の保持と自立支援」にある身体拘束や人権侵害がもたらす悪循環と併せて学習することにより、人権擁護の重要性が理解できます。

出題頻度 ★★

■ 人権と虐待、介護福祉職の実践

- 権利をもった個人であることを認めない、尊厳・人権を**侵す行為**のことを虐待という。
- 「したいことをさせない」（**拘束**するなど）、「したくないことをさせる」（**強制**するなど）のような尊厳・人権を侵す行為のことを虐待という。
- 虐待には、故意に行っているものと**無意識**の中で起こしているものがある。
- 介護福祉職は、専門職として**倫理観**をもち、虐待を防止し、人権擁護や尊厳の保持を実践することが職務である。

出題頻度 ★★★

■ 高齢者虐待防止法

- 2005（平成17）年、高齢者の**権利擁護**を目的とした「高齢者虐待の防止、高齢者に対する支援等に関する法律（高齢者虐待防止法）」が成立した。
- 虐待を受けた高齢者への対応（**保護措置**）だけでなく、養護者※・養介護施設従事者※への対応（**負担の軽減**）を図ることにより虐待防止措置が盛り込まれている。
- 虐待を受けている高齢者を発見した人は、**市町村**への通報義務がある。市町村は、高齢者の安全を確認する。
- 虐待により生命・身体に危険が生じているおそれがあるときは、市町村長は高齢者の居所を**立入調査**することができる。その際には、市町村長は必要に応じて所管の**警察署長**に支援を求めることができる。
- 市町村または市町村長は必要に応じ、施設入所などの**保護措置**を実施する。

出題頻度 ★★

■ 障害者虐待防止法

- 2011（平成23）年、障害者の**権利擁護**を目的とした「障害者の虐待防止、障害者の養護者に対する支援等に関する法律（障害者虐待防止法）」が成立した。
- 虐待を受けた障害者への対応（**保護及び自立支援措置**）だけでなく、養護者、障害者福祉施設従事者等※、使用者※への対応（負担の軽減）を図ることにより虐待防止措置が盛り込まれている。
- 虐待を受けている障害者を発見した人は、市町村または都道府県への**通報義務**がある。市町村は、障害者の安全を確認する。
- 市町村または**市町村長**は必要に応じ、施設入所などの保護措置を実施する。

虐待にあたる行為の定義

	区分	内容	具体例
見える虐待	**身体的**虐待	・暴力的行為などで、身体に痣(あざ)、痛みを加える。 ・外部との接触を意図的に継続的に遮断する。	・たたく・つねる。 ・無理やり食事を口に入れる。 ・身体拘束・抑制。
見えない虐待	介護・世話の放棄・放任（ネグレクト）	・介護や生活の世話を放棄または放任し、生活環境や心身の状態を悪化させている。	・水分や食事を十分与えない。 ・必要とするサービスを相当の理由がなく制限する。
	心理的虐待	・脅しや屈辱などの言動や威圧的な態度、無視、いやがらせなどによって精神的な苦痛を与える。	・怒鳴る・ののしる。 ・排泄などの失敗を嘲笑(ちょうしょう)し、人前で話し恥をかかせる。
	性的虐待	・わいせつな行為をすること、またはさせること。	・性器への接触。 ・セックスの強要。
	経済的虐待	・合意なしに財産や金銭を勝手に使用する。 ・希望する金銭の使用を理由なく制限する。	・年金や預貯金の搾取。 ・必要な金銭をわたさない。

虐待の種別の割合

●高齢者への虐待者別虐待種別の割合（複数回答）

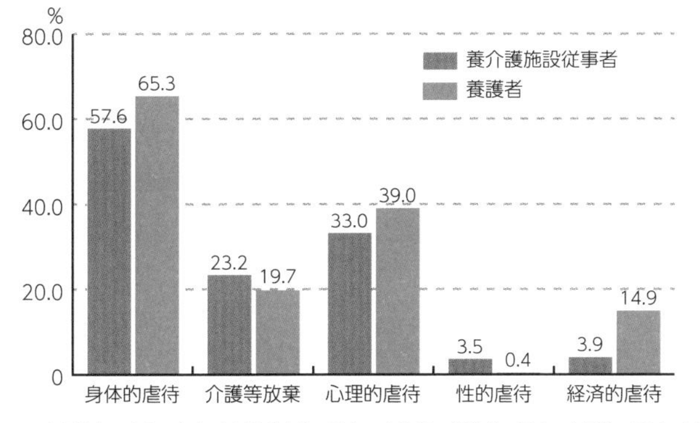

虐待が認められた事業所の種別では「特別養護老人ホーム」が、要介護施設従事者等による虐待の種別では「身体的虐待」がもっとも多くなっています。
また、養護者による高齢者虐待の続柄では、息子が39%でもっとも多く、次いで夫22.7%、娘19.3%の順で発生しています

厚生労働省：令和４年度「高齢者虐待の防止、高齢者の養護者に対する支援等に関する法律」に基づく対応状況等に関する調査結果より

●障害者への虐待種別の割合（延べ人数）

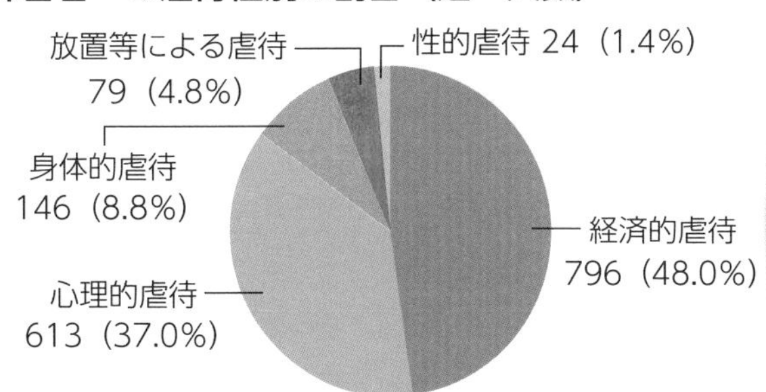

虐待が認められた障害者種別は
精神障害510人（35.8%）
知的障害422人（29.6%）
身体障害326人（22.9%）
発達障害127人（8.9%）
その他40人（2.8%）
となっています

厚生労働省：「令和４年度使用者による障害者虐待の状況等」の結果より

関連 過去問題
第29回 問題18より出題

正解 被虐待高齢者と虐待を行った養護者（虐待者）との同居・別居の状況は「虐待者とのみ同居」がもっとも多い。

100 利用者の人権擁護

- 介護実践において、どうすべきか判断や行動を求められたとき「人権的配慮」をすることにより、実践方法が見い出せます。
- 利用者の人権※を守る介護実践は、利用者の安心、安全、安楽に繋がります。

学習のコツ！

まず、人権や人権擁護について理解します。次に、利用者の状況を理解します。これらを理解したうえで、介護福祉職はどのような姿勢で介護を提供するのかを考えましょう。

用語PICK！

人権
すべての人は、人であるということだけで「かけがえのない大切な存在」であるということ。人間が人間らしく生きるための権利。

権利
自分の意志によって、なにかを自由に発信したり、他人に要求したりすることのできる資格や能力のこと。互いの自由を認め合うこと。

擁護
危害・破壊を加えようとするものから守ること。また、守ろうとする行動・機能のこと。

関連づけよう！

P.16「人間の尊厳と利用者主体のために」、P.18「尊厳の保持と自立支援」、P.214「尊厳を支える介護について」、P.220「利用者の人権と介護」を併せて学習することにより、利用者の尊厳を保持し、自立を支援する介護を理解することができます。

出題頻度 ★★★

■ 利用者の権利※・人権と介護福祉職の姿勢

［利用者の状況］
- 利用者の**権利**と**人権**を認めることが必要である。利用者は介護を必要としているが、権利と人権を持った個人である。
- 利用者は「したいことができる」自由があり、「されたくないことをされない」**自由**がある。

［介護福祉職の実践］
- 利用者のことを**平等**に、無条件に尊重する。社会的地位や人種、性別、障害、政治的な意見などの理由で**差別**しない。

出題頻度 ★★★

■ 利用者の権利擁護を支える介護福祉士

［利用者の状況］
- 利用者は、障害などから自分の思いなどを伝えることが困難なため、**権利**や利益を奪われたり、人間らしい**生活**ができない環境におかれたりしていることがある。
- 利用者は、生活に**課題**を抱え、さまざまな思いを持っている。

［介護福祉職の実践］
- 介護福祉職は、利用者の人権を**擁護**※しなければならない。
- 暮らしを支える視点から利用者の真のニーズを受けとめ、それを**代弁**していくことが重要。

出題頻度 ★★

■ プライバシーの保護

- 利用者の個人情報を適切かつ安全に管理するため、外部からの不正アクセスや不正使用、漏洩などを**予防**する対策が必要。
- 利用者の個人情報を**第三者**へ提供する場合は、その利用者の同意が必要。
- 利用者から保有する個人データの開示を求められた場合、開示の手続きによって開示できる。利用者や第三者などの権利を害する場合は、**開示**（全部、一部）しないこともできる。
- 厚生労働省が公表している「福祉分野における個人情報保護に関するガイドライン」では、社会福祉の実情や特性を踏まえ、具体的な**指針**を定めている。

介護福祉士に求められる態度３

1 利用者の立場に立った支援

本人の意思決定を導き出しながら尊重し、そして支援する。

3 数多くの選択肢を持ちながら、本人の意思を尊重する姿勢

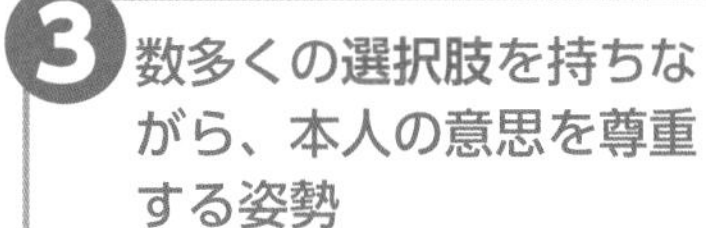

2 意思を引き出そうとする姿勢

本人のサインや周囲の人からの情報をヒントに、その人の潜在的な能力や自己決定する能力の可能性を信じる。エンパワメントの視点を持つ。

利用者の意思や意向を尊重すること、本人が持っている能力に配慮しながら権利擁護を行っていくことが重要です

権利、人権、擁護から介護実践を考える

山田さんの場合

山田さんは認知症のため、食事のとき、自分の食事と他の人の食事の区別がつかず、他の人の食事を食べてしまう。

▼

皆と離れて1人で食事をしてもらう

↑

NG

人権が不平等に扱われている……

▶

山田さんの立場に立った支援
山田さんは皆と食事がしたいと思っている。

▼

山田さんの意思を引き出そうとする姿勢
山田さんは、人と楽しく食事をすることができる。

▼

山田さんの意思を尊重する姿勢
山田さんといっしょに食事をする人との距離を少しつくり、皆と向き合って食事をする。

OK

佐藤さんの場合

佐藤さんは認知症のため、自分が病気と理解できず、薬はまずいので飲みたくないといっている。

▼

佐藤さんは服薬しない権利がある

↑

NG

しかし、介護福祉職は利用者の生命を守らなければならない……

▶

佐藤さんの立場に立った支援
佐藤さんは、からだの調子が悪いことは理解しているので、治したいと思っている。

▼

佐藤さんの意思を引き出そうとする姿勢
薬を飲むことでからだの調子がよくなることを、佐藤さんに理解してもらう。

▼

佐藤さんの意思を尊重する姿勢
医師や薬剤師に相談し、薬が飲みやすくなる方法を考えてもらう。

OK

大事なのは数多くの選択肢を持ちながら、本人の意思を尊重する姿勢

関連 過去問題
第36回 問題66より出題

正解 施設利用者の個人情報の保護については、個人情報保護に関する研修会を定期的に開催し、意識の向上を図る。

101 自立に向けた介護について

- 自立に向けた支援を実践することによって、利用者が自分の生活に意欲を持つことができます。
- ICFの視点、利用者理解を深めることにより質の高い自立支援ができます。

学習のコツ！

介護福祉職は介護実践において、尊厳の保持と同時に自立の支援をします。自立支援を理解し、その方法を学んでおきましょう。

出題頻度 ★★★

■ 自立支援

- **自立支援**……………利用者自身が自己選択・**自己決定**できるように、介護福祉職が環境を整えて**支援**する。ADLが全介助となっても、主体的に自己選択・自己決定をして日常生活をおくることが自立である。**QOL**の向上に繋がり、**生活意欲**が高まる。
- **自立支援の方法**……介護者は、利用者の「心身機能の状態」「**できること**」などを把握する。その際に**ICF**の視点を活用する。利用者の持っている力（エンパワメント）にはたらきかける（エンパワメントアプローチ※）。

出題頻度 ★★★

■ 個別ケア

- **個別ケア**………介護福祉職は、利用者の**個別性**（習慣、価値観、人生の歴史など）に配慮し、個人の状況に合わせた**介護サービス**を提供する。施設など集団で生活している場合であっても個別性に**配慮**し、その人に合わせた介護サービスを提供する。
- **利用者主体**……その人の生き方を**尊重**し、**個別性**を認めること（尊厳）。介護者は、その人とともに暮らし方を組み立て、支援していく。

出題頻度 ★★★

■ ICF（国際生活機能分類）

- **ICF**……………2001年５月に**WHO**（世界保健機関）総会で採択された。ICFは「健康の構成要素に関する分類」であり、新しい**健康観**を提起するもの。生活機能上の問題は誰にでも起こりうるものなので、ICFは**特定**の人々のためのものではなく、「すべての人に関する分類」とする。
- **ICFの特徴**……生活機能が**低下**している状態を**障害**とし、生活機能のできていることにスポットをあてている。「健康状態」「**生活機能**」「環境因子」から構成されている。「**活動**」を中心とし、それ以外の要素は**相互作用**をしているという考え方。「背景因子」の視点も取り入れ、**社会環境**の改善によって生活の向上が望めるという考え方。

出た！

第34回で「**利用者の自立支援の介護**」、第32回で事例問題として「**個別支援をするための具体的な支援方法**」について、第30回で「**自立に向けた支援とはどのような支援であるか**」について出題されました。第34回、第33回、第32回で「**ICFの生活機能・背景因子**」の相互関係図にわける問題が出題されました。

用語PICK！

エンパワメントアプローチ
利用者が持っている力に視点を定め、その力を引き出して積極的に活用し、援助すること。

介護の基本としての自立の考え方 3

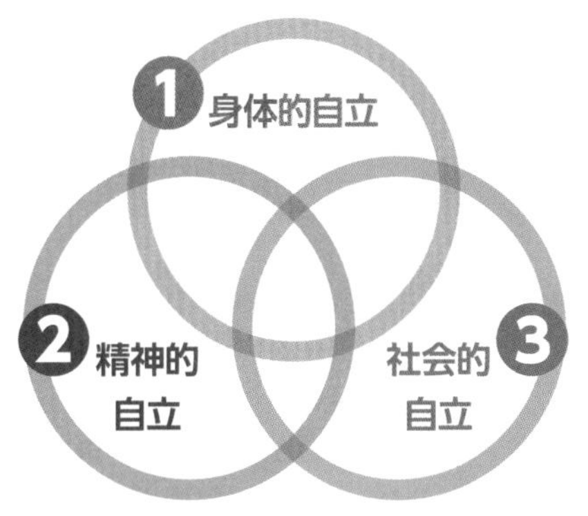

自立はお互いに相互影響の関係にある

自立の課題はそれぞれ違う

障害児の自立：身体的、精神的、社会的自立（総まとめとして「発達」）が課題。

障害者の自立：社会的自立（障害者自立生活運動）が課題となる。

高齢者の自立：長期にわたり3つ（身体的・精神的・社会的）の自立をおくってきたが、身体的自立を失っていく。ADLをもう一度できるように戻すことが課題。

ICIDHとICFの視点の違い

［77歳女性の事例から］

- 消極的な性格
- 脳梗塞後遺症から右片麻痺があり、右下肢が動きにくい
- 移動はウォーカーケイン（杖より安定性の高い歩行補助具）使用
- 息子から外出は危ないから控えるようにいわれている
- 坂の上にスーパーマーケットがある
- 買い物に行きたいが、行けないという気持ちがある

ICIDHでは、機能障害、能力障害、社会的不利を障害ととらえているよ！

●ICIDHの視点

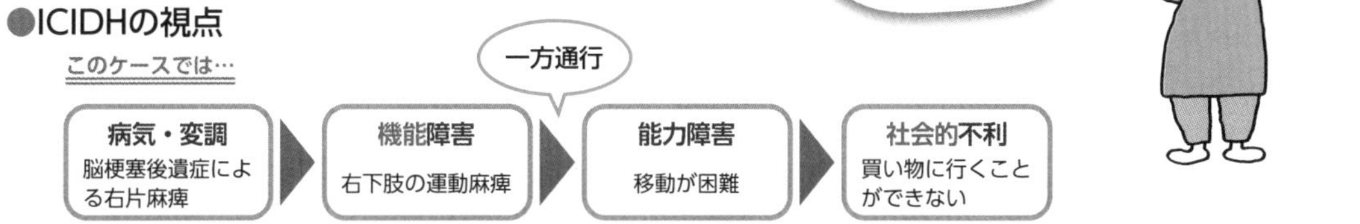

●ICFの視点

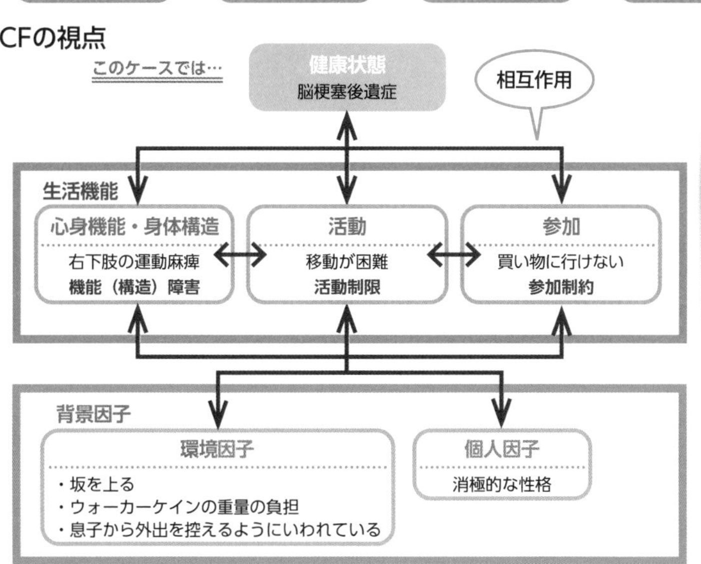

ICFでは、ひとつの側面が変化することにより、その他の側面も変化する可能性があると考えます。たとえば障害のある人が息子に「外出するときには、私もいっしょに行くよ」といわれたことで環境の変化が起こり、外出しやすくなり、買い物に行けるということに繋がる＝活動の制限がなくなります。具体的な事例をこの相互関係図に入れて考えましょう

関連 過去問題
第34回 問題19より出題

正解 利用者の自立支援とは、利用者の意見や希望を取り入れた介護を提供すること。

102 生活意欲に繋がるさまざまな活動

- 自立に向けた支援を実践することによって、利用者が自分の生活に意欲を持つことができます。
- ICFの視点、利用者理解を深めることにより質の高い自立支援ができます。

学習のコツ！

利用者が自立した生活をおくるためには、生活に対して意欲を持つことが重要です。生活の意欲に繋がる活動をしっかりと覚えておきましょう。

出た！

第33回で「**高齢者のリハビリテーション**」、第29回で「**リハビリテーションの考え方、理念、意味**」について出題されました。

用語 PICK！

全人間的復権

障害者が身体的・精神的・社会的・職業的・経済的に能力を発揮し、人間らしく生きる権利のこと。

関連づけよう！

P.168「障害者福祉の基本理念について」と併せて学習することにより、暮らしていくために必要な制度や考え方を理解することができます。

出題頻度 ★

■ 社会参加・アクティビティ

- **社会参加の必要性**
  ……孤立や**孤独**を防ぐためには、社会参加活動（就労、ボランティア、地域社会活動、趣味、けいこ事も含む）など、「人と人とがかかわり合う機会」が必要とされている。さらに**社会参加活動**を通じて、心の豊かさや**生きがい**が得られ、自身の**健康**にも繋がる。
- **レクリエーションへの参加**
  ……レクリエーションは、利用者の活動や参加という**生活機能**にはたらきかける。生活全体の楽しみが潤いとなり、**生活の質**の向上に繋がる。
- **就労**……働くことを通し、社会の**システム**の中に統合され、**人格**を形成し、成長させ、人間らしい生き方を実現する。社会との**繋がり**を築く。

出題頻度 ★

■ 介護予防

- **介護予防の意義**………高齢者がなるべく介護を必要とせず、自立した生活をおくれるよう、早期の**予防策**を講じることが目的。高齢者が健康に生きていける社会の実現を目指す。
- **介護予防システム**……食生活の見直しによる**栄養面**の改善、体操やレクリエーション、リハビリテーションなどによる**運動能力**低下の防止、口腔ケアによる**口腔機能**の向上を図り、日常生活の質（QOL）を高めるための**ケア**をする。

出題頻度 ★★★

■ リハビリテーションの考え方

- **リハビリテーションの理念**……人間としてふさわしい**権利**の状態に回復させる。「全人間的復権※」「生活の**再建**」。
- **リハビリテーション**……………さまざまな困難を抱えた人が**社会**の中で適合し、その人らしい生活を**再獲得**するために行う支援のこと。
- **リハビリテーションの実際**……身体構造へのリハビリテーションだけでなく、**意欲**の回復、**役割**の回復、**活動**に参加する、社会や役割参加へのリハビリテーションもある。

リハビリテーションの種類4

1 医学的リハビリテーション

理学療法、作業療法、言語療法などによる治療・訓練を施すことであり、障害者のリハビリテーションにおける治療等も含まれる。

2 教育的リハビリテーション

障害者の自立や社会参加を図るための教育的支援。特別支援教育による分離教育や健常児とともに教育を受ける統合教育（インテグレーション※）も整備されつつある。

3 職業的リハビリテーション

障害者の復職や就職に関するもので、障害者職業センターやハローワーク（公共職業安定所）等で行われる。

4 社会的リハビリテーション

障害者が自らの手で社会参加を達成する権利を実現せしめる力（社会生活力）を高めることを目的とした訓練、指導、支援。

リハビリテーションでは、からだを回復させるだけではなく、当事者の精神や、取り巻く環境を回復させることも求められます

用語 PICK！

インテグレーション
狭義としては、障害児も健常児も同じ場所で教育を受けられるようにすること。広義としては、社会福祉の対象者が他の人と差別なく、地域社会の中で生活できるように支援すること。

介護の視点に基づくリハビリテーション

リハビリテーション

医学的リハビリテーション
- 中心となるのは、機能障害改善の訓練

介護でのリハビリテーション
- 心身機能面への支援
- 日常生活面への援助
- 社会面（参加・役割など）への支援
- 生きがいづくりへの支援
- 多職種連携（P.238）

医学的リハビリテーションと介護でのリハビリテーションの融合を理想としています

関連 過去問題
第33回 問題21より出題

正解 高齢者の機能訓練は、１回の量を少なくして複数回にわけて行う。

103 介護を必要とする人の理解①（高齢者の暮らし）

- 高齢者※の経済状況、地域活動などについて、国民生活基礎調査※などの数字や統計から理解することが利用者理解に役立ちます。
- 利用者の心の課題には個人差があります。このことを理解することにより、かかわり方や介護の方法がわかります。

出た！

第31回で「**高齢者の意識調査の結果**」について出題されました。

用語 PICK！

高齢者
世界保健機関（WHO）の定義では、65歳以上を高齢者としている。

国民生活基礎調査
厚生労働省が実施している国民生活・福祉に関する総合的な実態調査。国民生活の基礎的問題を調査し、厚生行政の企画および運営に必要な基礎的資料を得ることを目的としている。

恩給
共済年金制度に移行する以前、公務員が一定年限勤務したのち退職、あるいは死亡したときに支給される年金または一時金。現在は、制度移行前に受給権が発生していた人に対してのみ支給されている。

出題頻度 ★★

■ 高齢者の暮らしの実際

［**経済生活**］（「2022年国民生活基礎調査」（厚生労働省）より）

- **高齢者世帯の１世帯あたりの所得**……平均で年額318.3万円。全世帯平均は545.7万円。
- **高齢者世帯のおもな収入源**……………公的年金と恩給※。収入全体の**62.8%**。
- 経済的な暮らし向きについて、高齢者世帯では**45.1%**が「普通」、**6.6%**が「ややゆとりがある」「たいへんゆとりがある」と考えている。

［**健康**］

- 日常生活に制限のない期間（**健康寿命**）は、令和元年時点で男性が72.68年、女性が75.38年となっており、それぞれ平成22年と比べて**延びている**。
- **運動習慣**のある者の割合（令和元年）は、65～74歳で男性38.0%、女性31.1%、75歳以上で男性46.9%、女性37.8%と、**男性**の割合が女性よりも**高い**。

■ 介護の状況［「2022年国民生活基礎調査（厚生労働省）」より］

- **要支援、要介護の認定**を受けた人の割合は、65～69歳では7.3%であるのに対して、75～79歳では19.2%となっており、**75歳以上**になると要介護の認定を受ける人の割合が大きく**上昇**する。
- **介護**が必要になったおもな**原因**について見ると、「**認知症**」が23.6%ともっとも多く、次いで「脳血管疾患（脳卒中）」が19.0%、「骨折・転倒」が13.0%となっている。
- 要介護者等から見たおもな介護者の**続柄**を見ると、同居している人が45.9%となっている。その内訳を見ると、**配偶者**22.9%、子16.2%、子の配偶者5.4%となっている。また同居のおもな介護者の性別は、男性31.1%、女性68.9%と女性が多くなっている。要介護者等と同居しているおもな介護者の年齢について見ると、60歳以上同士77.1%、65歳以上同士63.5%、75歳以上同士35.7%で「**老老介護**」のケースも相当数存在していることがわかる。

出題頻度 ★

■ 高齢者の心の課題

- 高齢者は、仕事・社会的役割、配偶者や友人、健康などを失いがちになる。失うものが重複することを**複合喪失**という。複合喪失から感情が不安定になりやすい。
- 高齢者になると生活環境が変化することが、**心理的な**負担になりやすい。そのことが心身の健康に影響をおよぼすことがある。

統計数字から高齢者の実際を知る

高齢者世帯の1世帯あたりの所得

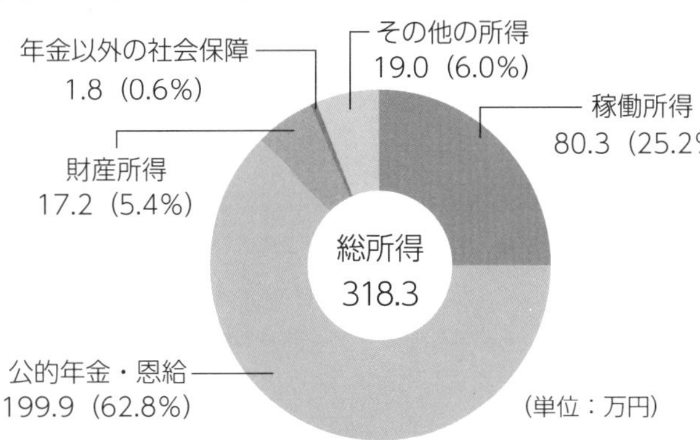

資料：厚生労働省「国民生活基礎調査」（2022年）より

高齢者世帯の生活意識

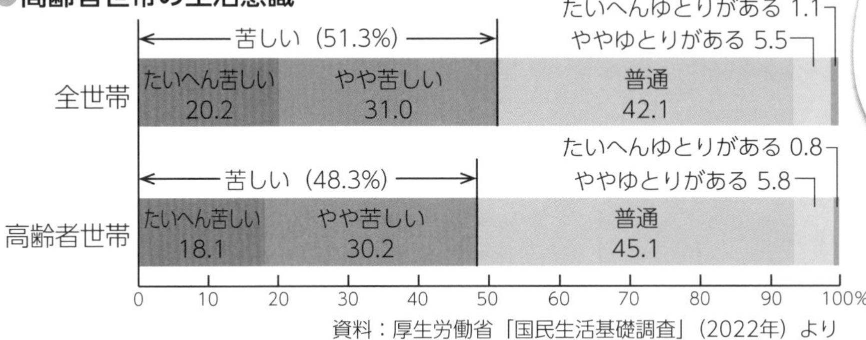

資料：厚生労働省「国民生活基礎調査」（2022年）より

グラフにはあらわれませんが、「苦しい」と答えた世帯の割合は平成25年から下降傾向にあります

65歳以上の者の就業状態

従業上の地位別高齢就業者及び雇用形態別高齢雇用者の内訳（2022年）

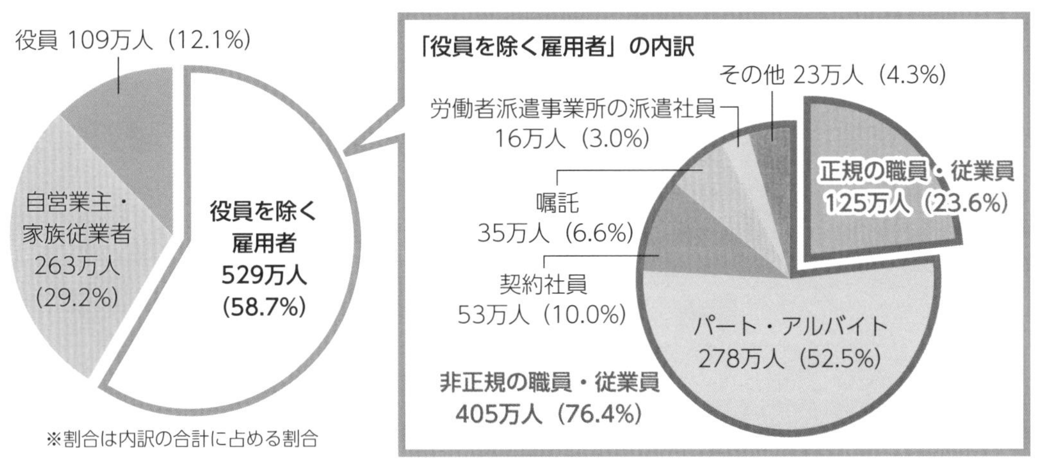

※割合は内訳の合計に占める割合

資料：総務省統計局「統計からみた我が国の高齢者」（令和５年）より

注：四捨五入の関係で、足し合わせても100%にならない場合がある。

関連 過去問題
第31回 問題17より出題

正解 介護を受けたい場所でもっとも多かったのは自宅である。

104 介護を必要とする人の理解②（障害のある人の暮らし）

- 障害者の障害の状況や雇用状況などについて、調査などの数字や統計から理解することが、利用者理解に役立ちます。
- 障害者を取り巻く環境を理解することにより、かかわり方や介護の方法がわかります。

学習のコツ！

各法律での障害の定義や特徴、交付される手帳の種類をしっかりと覚えましょう。

出題頻度 ★★

■ 障害者の定義

- **身体障害者福祉法第4条**
  ……視覚、聴覚・言語、肢体不自由、心臓呼吸器等の機能などに障害がある者で、**18**歳以上で**都道府県知事**から**身体障害者手帳**の交付を受けた人を身体障害者と規定している。
- 身体障害者の定義は、ICFの考え方とは異なり、**機能障害**によるとらえ方となっている。
- 知的障害者福祉法では、知的障害の定義をしておらず、障害の程度については、重度（**A区分**）とそれ以外の区分（**B区分**）と規定している。
  【区分判定】児童相談所または知的障害者更生相談所で行われるが、統一した定義規定はなく、各自治体に任されている。
- 知的障害者には、都道府県知事から**療育手帳**が交付される。
- **精神保健及び精神障害者福祉に関する法律第５条**
  ……統合失調症、精神作用物質による急性中毒またはその依存症、知的障害、精神病、その他の精神疾患を有する者と規定している。
- 精神障害者には、都道府県知事から**精神障害者保健福祉手帳**が交付される。

用語 PICK！

「平成28年 生活のしづらさなどに関する調査」

調査の目的は、在宅の障害児・者等（これまでの法制度では支援の対象とならない人を含む）の生活実態とニーズを把握すること。これまでの身体障害児・者実態調査および知的障害児（者）基礎調査を拡大・統合して実施。

出題頻度 ★★

■ 障害者数と各手帳所持者の内容とその特徴（「平成28年 生活のしづらさなどに関する調査」※より）

- **障害者（身体障害者、知的障害者、精神障害者）の総数（推計値）**
  ……約**936**万人（日本の総人口の約7.4%に相当）。
- **障害者手帳所持者**……推計559万人
  【内訳】身体障害者手帳所持者（約428万人：65歳以上が72.6%）
  療育手帳所持者（約96万人：０～17歳が22.2%）
  精神障害者保健福祉手帳所持者（約84万人）
- 精神障害者保健福祉手帳所持者の等級別では、**２級の手帳を持っている者**が全体の53.7%でもっとも多い。また、１級の手帳を持っている者の39.5%が65歳以上。
- **障害者手帳を所持していないが自立支援給付等を受けている者**……推計32万人。
- **身体障害の種類別割合**……**肢体不自由**がもっとも多い。以下、内部障害、聴覚・言語障害、視覚障害となる。

関連づけよう！

P.166「障害のとらえ方・定義」の障害のとらえ方と併せて学習すると理解が深まります。

身体・知的・精神障害者の内訳

		総数	在宅者	施設入所者
身体障害児・者	18歳未満	7.2万人	6.8万人	0.4万人
	18歳以上	419.5万人	412.5万人	7.0万人
	年齢不詳	9.3万人	9.3万人	−
	合計	**436.0万人**	**428.7万人**	**7.3万人**
知的障害児・者	18歳未満	22.5万人	21.4万人	1.1万人
	18歳以上	85.1万人	72.9万人	12.2万人
	年齢不詳	1.8万人	1.8万人	−
	合計	**109.4万人**	**96.2万人**	**13.2万人**

		総数	外来患者	入院患者
精神障害者	20歳未満	27.6万人	27.3万人	0.3万人
	20歳以上	391.6万人	361.8万人	29.8万人
	年齢不詳	0.7万人	0.7万人	0.0万人
	合計	**419.3万人**	**389.1万人**	**30.2万人**

内閣府：令和４年版障害者白書より

注１：精神障害者の数は、ICD10の「V精神及び行動の障害」から精神遅滞を除いた数に、てんかんとアルツハイマーの数を加えた患者数に対応している。
注２：身体障害児・者の施設入所者数には、高齢者関係施設入所者は含まれていない。
注３：四捨五入で人数を出しているため、合計が一致しない場合がある。

身体障害者は施設入所者が総数の1.7％、知的障害者は施設入所者が総数の12.1％、精神障害者は入院患者が総数の7.2％になっています

障害者の雇用状況

●民間企業における実雇用率と雇用されている障害者の数の推移

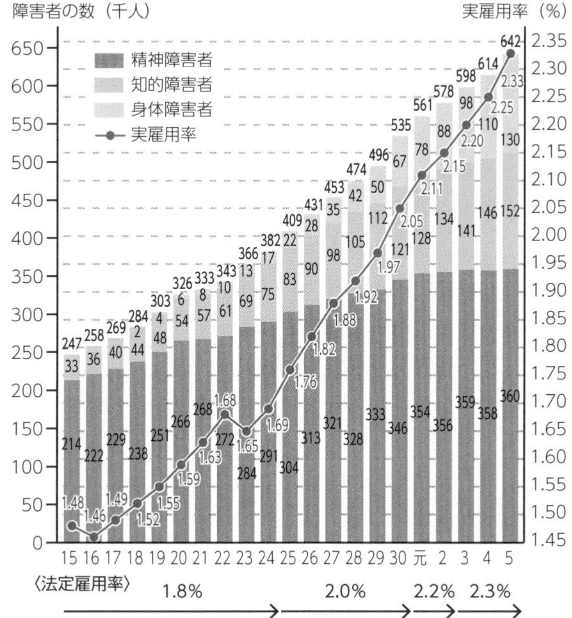

厚生労働省：令和５年 障害者雇用状況の集計結果より

●雇用先の割合

独立行政法人など 12,879.5人
教育委員会 16,999.0人
市町村 35,611.5人
都道府県 10,627.5人
国 9,940.0人
民間企業 642,178.0人

厚生労働省：令和５年 障害者雇用状況の集計結果より

「障害者雇用促進法」では事業主に対し、常時雇用する従業員の一定割合（法定雇用率）を2021年３月より2.3%に引き上げました。2021年は雇用障害者数、実雇用率ともに過去最高となり、雇用障害者数は59万7,786人で、前年より3.4%上昇しました

関連 過去問題
第28回 問題23より出題

正解 障害者基礎年金の障害等級は、１級と２級である。

105 地域の連携について

- 地域連携を理解することにより、専門職としての地域に対しての視点や活動方法がわかります。
- 地域での組織や職種の連携のしかたを理解していることにより、地域連携を速やかに行うことができます。

学習のコツ！

地域連携が必要な理由、国の政策や制度を理解し、その内容をしっかりと覚えておきましょう。

出た！

第27回、第26回、第25回で「**地域包括支援センターの機能と役割**」について出題されました。

用語 PICK！

福祉圏域
よりきめ細かな対応をするために、地域福祉の単位を日常生活圏としたもの。

地域包括ケア
高齢者が最後まで住み慣れた地域で暮らし続けられるように、利用者のニーズに応じて適切にサービスが提供されること。

関連づけよう！

P.34「地域社会における生活支援」にある自助・互助・共助・公助の関係と、P.46「介護保険制度の動向」の地域包括ケアシステムの記述と併せて学習すると理解が深まります。

出題頻度 ★★★

■ 地域連携とは

- **地域連携**……利用者や家族が生活している場や、その地域で利用者が求める生活を支援するもの。**多職種連携**を具体的にするための方法のひとつ。
- 2008年の「これからの地域福祉のあり方に関する研究会の報告」では、いくつもの層からなる「**福祉圏域**※」の設定を提唱している。

出題頻度 ★★★

■ 地域包括ケア※システム

［**地域包括ケアシステム構築の背景**］

- 団塊の世代（約800万人）が75歳以上となる**2025**年以降は、国民の医療や介護の需要がさらに増加することが見込まれている。
- 認知症高齢者の**地域**での生活を支えるためにも、地域包括ケアシステムの構築が重要。
- 高齢化の進展状況には、大きな**地域差**が生じている。

［**地域包括ケアシステム**］

- 重度な要介護状態になっても、住み慣れた地域で自分らしい暮らしを人生の最後まで続けることができるように、**住まい**・医療・介護・予防・生活支援が一体的に提供されるしくみをいう。
- 地域包括ケアシステムは、**保険者**である市町村や都道府県が、地域の自主性や**主体性**に基づき、地域の特性に応じてつくり上げていくことが必要である。
- 地域包括ケアシステムは、５つ（医療・介護・介護予防・生活支援・住まい）の構成要素と、「自助、**互助**、共助、公助」から考えられている。

出題頻度 ★★★

■ 地域包括支援センター

- **地域包括支援センター**
  ……介護保険法に基づき、地域の高齢者の総合相談、**権利擁護**や地域の**支援体制**づくりなどを行い、高齢者の**保健医療**の向上および福祉の増進を包括的に支援することを目的としている。
- 地域包括支援センターは、市町村、または市町村から**委託**を受けた法人などが運営していて、このことから市町村が**責任主体**となる。

地域包括ケアシステム

病気になったら

介護が必要になったら

医療ケア・
サービスの
提供

住まい

通所・入所

通院・入院

介護ケア・
サービスの提供

高齢者が住み慣れた地域で、自分らしく暮らしていけるようなシステムになっています

地域包括支援センター
ケアマネジャー

生活支援・
介護予防

自治会や
ボランティア
への参加

活躍の場の
提供

地域包括支援センターにおける専門職員の役割と業務

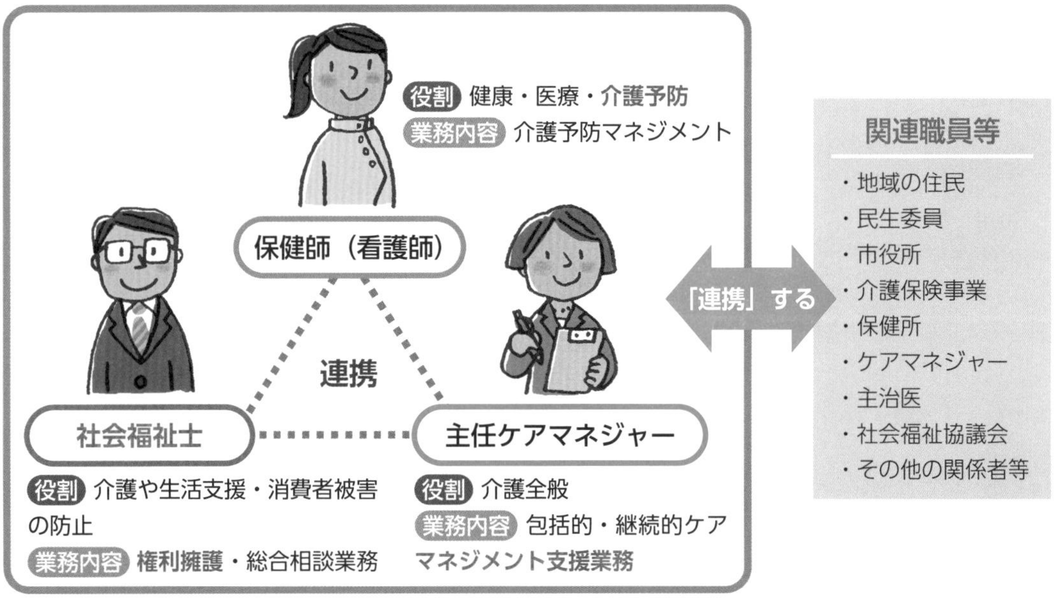

役割 健康・医療・介護予防
業務内容 介護予防マネジメント

保健師（看護師）

連携

社会福祉士

役割 介護や生活支援・消費者被害の防止
業務内容 権利擁護・総合相談業務

主任ケアマネジャー

役割 介護全般
業務内容 包括的・継続的ケアマネジメント支援業務

「連携」する

関連職員等

- 地域の住民
- 民生委員
- 市役所
- 介護保険事業
- 保健所
- ケアマネジャー
- 主治医
- 社会福祉協議会
- その他の関係者等

関連 過去問題
第27回 問題26より出題

正解 地域包括支援センターが、高齢者虐待防止ネットワーク構築の中心である。

106 生活を支えるフォーマルサービスとインフォーマルサービス

高齢者と障害者、それぞれの生活を支えるフォーマルサービスとインフォーマルサービスを理解することにより、質の高いサービスを提供できることを学びます。

学習のコツ！

介護サービスの種類と概要の特性を関連づけながら、いっしょに覚えましょう。また、サービス内容や運営基準も整理して覚えましょう。

出た！

第34回で「フォーマルサービスに該当するサービス」について出題されました。

関連づけよう！

P.48～51「介護保険制度のしくみの基礎的理解」、P58～61「障害者自立支援制度のしくみの基礎的理解①②」の具体的サービスと併せて学習することにより、理解が深まります。

出題頻度 ★

■ 介護サービスとは

- **介護サービス**……介護を必要とする人が利用できるサービス。介護サービスは、**フォーマルサービス**と**インフォーマルサービス**に分けられる。**フォーマルサービス**は、介護を必要とする人の支援で大きな役割を担っている。**インフォーマルサービス**との協働や地域連携をすることも重要。
- **介護の原則**………①対人援助技術の活用、②日常生活の継続、③その人らしい生活の**尊重**、④生活環境の**整備**、⑤多職種との**連携**、⑥社会資源の活用、⑦介護倫理の尊重。

出題頻度 ★★★

■ 高齢者を支える介護サービス（フォーマルサービス）

- **介護保険制度**……高齢者の生活を支援するサービスなどは、介護保険法に限定されている。介護保険法において提供されるサービスは、①**居宅**サービス、②**施設**サービス、③**地域密着型**サービス、④**地域支援事業**に分類される。

出題頻度 ★★★

■ 障害者を支える介護サービス（フォーマルサービス）

- **障害者総合支援法**

……障害者の生活と就労を支援するサービスなどは、**障害者総合支援法**に規定されている。障害者総合支援法において提供されるサービスは、①介護給付、②**訓練**給付、③**地域生活**支援事業に分類される。地域支援事業は、柔軟なサービスが提供できるように、都道府県地域生活支援事業と市町村地域生活支援事業に分けられる。また、障害の特性に応じてサービスが受けられるように**障害支援区分**を導入している。

出題頻度 ★★

■ 障害者を支える介護サービス（インフォーマルサービス）

- **インフォーマルサービス**……フォーマルサービス以外のサービスであり、**制度化**されていないサービスのこと。そのため、サービスの提供内容や方法などが地域によって異なる。

介護サービスの概要と種類

フォーマル（社会的）サービス

介護保険制度・医療保険制度・老人福祉法・障害者総合支援法などの法律や制度の規定に基づいて実施している公的なサービス。

●高齢者関係
- 訪問介護　• 訪問看護
- 訪問入浴　• 居宅療養管理指導
- 介護老人福祉施設
- 認知症対応型共同生活介護　など

●障害者関係
- 居宅介護　• 重度訪問介護
- 同行援護　• 施設入所支援
- 就労移行支援　• 自立生活援助

など

インフォーマル（私的）サービス

制度を使わないサービスで、有償・無償の場合がある。サービスに関する規定が存在するとは限らない。

●NPO法人やボランティアグループが行うサービス
- 見守り支援　• 話し相手

●家族、友人、地域の人などのサービス
- 安否確認　• 外出の付き添い　など

特定施設入居者生活介護
居宅サービスのひとつ。自宅ではなく、介護保険の指定を受けた介護付き有料老人ホーム、軽費老人ホーム、養護老人ホーム、サービス付き高齢者向け住宅などで暮らしている要介護者等が利用できるサービス。

居宅療養管理指導
居宅サービスのひとつ。通院が困難な利用者の居宅へ医師、歯科医師、看護師、管理栄養士などが訪問し、療養上の管理や指導、助言等を行うサービス。また、ケアマネジャー（介護支援専門員）に対して、ケアプラン（居宅サービス計画）の作成に必要な情報提供も行う。

居宅介護支援
居宅サービスのひとつ。介護が必要な人が、在宅で適切にサービスを利用できるように、ケアマネジャー（介護支援専門員）がケアプラン（居宅サービス計画）を作成し、事業所等との連絡・調整などを行う。施設への入所が必要な場合は、施設を紹介する。

夜間対応型訪問介護
地域密着型サービスのひとつ。夜間の定期巡回および利用者のニーズに応じた随時の訪問介護サービス。利用者の通報に応じて、調整・対応するオペレーションサービスがある。

定期巡回・随時対応型訪問介護看護
地域密着型サービスのひとつ。日中・夜間を通し、訪問介護と訪問看護が一体的に、または密接に連携しながら、定期巡回と随時の対応を行う。ひとつの事業所で、両者を一体的に提供する「一体型」と、いくつかの事業所が連携して提供する「連携型」がある。

看護小規模多機能型居宅介護（複合サービス）
地域密着型サービスのひとつ。小規模多機能型居宅介護と訪問看護とを組み合わせて提供するサービス。要介護度が高く、医療的ケアを必要とする人が、在宅で安心して生活ができるようにする。

介護医療院
施設サービスのひとつ。長期的な医療と介護ニーズを持つ高齢者を対象とし、日常的な医学管理・看取りやターミナルケア等の医療機能と生活施設としての機能とを兼ね備えた施設（平成30年4月創設）。

関連 過去問題
第34回 問題23より出題

正解 介護の相談を受ける地域包括支援センターは、フォーマルサービスである。

107 他の職種の役割と専門性の理解

- 介護福祉職として協働する職種について学びます。
- さまざまな職種がもっている専門性とその役割について理解し、協働するときの知識を学びます。

学習のコツ！

利用者の生活を支援するためには、さまざまな職種が協働します。それぞれの職種の役割と専門性を整理してまとめておきましょう。

出題頻度 ★★★

■ 保健・医療の役割と専門性

- **保健と医療の違い**
  ……保健の役割は病気を**予防**し、健康の保持･増進と疾病の**早期発見**を図り、生活の質を向上させること。医療の役割は、傷病者またはその可能性のある者を診察し、**治療**すること。
- **保健・医療職**
  ……保健・医療関係の業務に従事（医師や看護師だけではない）しているさまざまな職種がある。**厚生労働省**が限定している有資格者で、医療に携わる職業全体をさす。職種によって違いはあるが、患者の病気やけがを治すだけではなく、現状や今後の対応を伝える。患者の**不安**を取り除き、**心身**ともに健康な状態にすることも保健・医療職の役割。

出た！

第36回で「**民生委員・介護支援専門員の役割**」について、第35回で「**薬剤師・作業療法士・社会福祉士・介護支援専門員の役割**」、第32回で「**サービス提供責任者**」について出題されました。

出題頻度 ★

■ 福祉の役割と専門性

- **福祉**……福祉の役割は、地域でお互いを尊重しながら、安心して、**自立**して暮らすことができるようにすること。
- **福祉職**……福祉関係の業務に従事する人。さまざまな職種がある。厚生労働省が限定している**有資格者**と、それ以外の福祉に携わる職業全体をさす。職種によって違いがあるが、利用者の福祉のために、利用者といっしょに**生活課題**を解決するだけでなく、現状や今後の対応を伝える役割を担う。

出題頻度 ★

■ 栄養・調理の役割と専門性

- **栄養**………………栄養の役割は**食物**を得て、成長し、活力を保ち、身体の機能や健康を**保持**すること。また、病気の治療、**回復**にかかわる。
- **栄養・調理職**……栄養と健康の視点から、食を考える職種。厚生労働省が限定している**有資格者**と、それ以外の栄養に携わる職業全体をさす。職種によって違いがあるが、適切な栄養を摂れるように**食事**を工夫し、利用者の健康の維持・向上を支える。栄養についての**指導**、助言なども行う。

関連づけよう！

P.238「多職種連携について」、P.322「介護過程とチームアプローチ」と併せて学習することにより、専門職が具体的にどのような役割を担っているかを理解することができます。

まる覚え！

連携の主となる関係職種等

社会福祉関係者

- 介護福祉士
- 社会福祉士※
- 精神保健福祉士※
- 介護支援専門員（P.54）
- 訪問介護員
- 福祉用具専門相談員※
- 医療ソーシャルワーカー
- ケースワーカー
- 民生委員（児童委員）（P.32）
- ボランティアなど

医療関係者

- 医師
- 看護師※
- 保健師※
- 歯科医師
- 薬剤師※
- 義肢装具士※
- 視能訓練士
- 作業療法士
- 理学療法士
- 言語聴覚士※
- 管理栄養士※
- 臨床心理士など

※は下に解説あり。

理学療法士や作業療法士らは医師の指示に基づいて療法を行っている。介護福祉士は、医療関係者と連携を取るが、医師の指示にしたがって介護を行うのではない。

まる覚え！

社会福祉士（しゃかいふくしし）

ソーシャルワークの実践に取り組んでいる。具体的には、在宅・施設で生活している人たちの**相談**に応じ、必要な助言や利用可能な制度・サービスの紹介をはじめ、サービスの**利用調整**や関係者間の連絡など、相談者を支え、その抱える**課題**を解決する。

精神保健福祉士（せいしんほけんふくしし）

病院や施設に入院・入所中の精神障害者の**在宅生活**への移行や、その後の生活支援を行う。住まいや仕事・学校に関する手続き、各種の**支援制度**・サービスの紹介や利用調整、その他日常生活をおくるための支援を行っている。

福祉用具専門相談員（ふくしようぐせんもんそうだんいん）

福祉用具を貸与したり**販売**したりするときに、選び方や使い方について**助言**をする。利用者の病状や障害を適切に見極め、的確な福祉用具を**選定**し、わかりやすく指導する。

看護師（かんごし）

看護師の名称を用いて傷病者などの療養上の世話をする。医師の治療の**補助**や、指示のもとに病気やけがのケアを行う。

保健師（ほけんし）

保健師の名称を用いて保健指導に従事する。人々が病気になることを**予防**し、心身が健康な状態で生活できるように支援する。

薬剤師（やくざいし）

薬剤師の名称を用いて薬学の研究や実務に従事する。医師の**処方箋**をもとに薬を調合する。また服薬指導や医薬品の販売をする。

義肢装具士（ぎしそうぐし）

義肢装具士の名称を用いて義手や義足の採寸や製作を行う。医師の**処方**により、病気やけがで手足を失ったり身体に障害のある人に義手や義足の採寸、採型、製作、適合を行う。

言語聴覚士（げんごちょうかくし）

言語聴覚士の名称を用いて発声、言語、聴覚障害者に検査や**訓練**を行い、それらの障害がある人の言語能力や聴覚能力を回復させる。食べることや飲み込むことができないという課題にも対応する。

管理栄養士（かんりえいようし）

管理栄養士の名称を用いて**栄養**指導や給食管理を行う。人々に対して食事や栄養学から栄養指導を行い、健康な生活がおくれるよう支援する。

サービス提供責任者（ていきょうせきにんしゃ）

資格ではなく、「職種名・役割」。訪問介護事業所に配置が義務づけられている。訪問介護を利用するための必要な手続き（面接・面談）を行い、訪問介護計画を立案する。

関連 過去問題
第35回 問題71より出題

正解 介護保険施設での施設サービス計画の作成は、介護支援専門員が行う。

108 多職種連携について

- 他職種の役割を理解することにより、他職種と協働して利用者を支援できるようになります。
- 多職種が協働することにより、利用者に専門性の高いケアを提供することができます。

学習のコツ！

利用者の生活を支援するためには、さまざまな職種が協働します。どのようなことに留意して協働するのか、具体的な協働の方法を学びましょう。

出た！

第35回で「**チームアプローチ**」、第34回で「**サービス担当者会議**」、第33回で「**サービス担当者会議のサービス利用**」について出題されました。

関連づけよう！

P.322「介護過程とチームアプローチ」と併せて学習することにより、多職種連携を実践するときに、チームとしてどのようにアプローチすればよいのか理解が深まります。

出題頻度 ★

■ 多職種連携とは

- **多職種連携**……さまざまな専門職が専門性を発揮し、利用者の生活を**総合的**に支援する。民生委員やボランティアなども含まれる。
- **多職種連携の効果**
  ……①利用者の生活の質（**自立支援**・生活の安全・心身の安定など）が高められる。
  ②サービスが重複する、あるいは必要なサービスが行われない、などの無駄をなくし、**効率的**な支援をすることができる。
- **多職種連携を行うときに大切なこと**
  ……①チーム内で利用者のニーズを共有し共通の**目標**をもつ、②それぞれの専門職が**専門的視点**で情報収集、課題分析を行う、③情報交換および情報の**共有**をすることである。

出題頻度 ★★

■ 多職種連携の方法

- **情報を共有する方法**……口頭報告、記録（利用者の個人の記録・介護サービス記録・引き継ぎ記録など）、**ケアカンファレンス**（サービス担当者会議・ケース会議など）。
- **ケアカンファレンス**……よりよいサービスを提供するために、チームの関係者が情報の**共有**や共通理解を図ったり、問題の**解決**を検討したりするために開催されるさまざまな会議のこと。

出題頻度 ★★★

■ 連携の主となる関係職種

- 「介護福祉士は、福祉サービスを提供する者又は医師その他の保健医療サービスを提供する者、その他の関係者との**連携**を保たなければならない」と規定されている（社会福祉士及び介護福祉士法第47条）。
- 介護福祉士が経管栄養や留置カテーテル、喀痰吸引などを行えるようになったことからも、医師等医療関係者との**連携**は不可欠。
- **連携の職種**…………大きくわけて社会福祉関係職種と医療関係職種がある。
- **在宅介護の連携**……介護支援専門員が作成するケアプランに基づいてチームを組み、**共通の目標**を持ち、各専門職が専門性を発揮する。

多職種連携とは

それぞれの専門職が
専門性を生かした視点で
●情報収集
●課題分析
をする

多職種連携の目的は?

①利用者の自立支援
②利用者の生活の安全
③利用者の心身状態の安定

利用者を中心に多職種が取り囲み、各方面から利用者の生活を支援しています！ そのチームの支援が利用者の生活課題を解決し、生活の質を高めます！

チームが共有すること

・援助の目標
・援助の方針

介護福祉士の強みは、利用者と接する場面が多いこと。利用者のいつもの状態をよく知っているからこそ、変化にすぐ気づけるのが介護福祉士です！

医師
自宅などを訪問して、診察、病気の治療や薬の処方をする。

薬剤師
必要に応じて、自宅などを訪問し、薬の提供、服薬の確認をする。

歯科医師
自宅などを訪問して、口腔内の診察や治療をする。

訪問看護師
自宅などを訪問して、看護を行う。夜間や休日にも対応する。

訪問介護員
入浴、排泄、食事、調理、洗濯、清掃などの家事援助をする。

理学療法士
医師の指示で自宅などを訪問して、リハビリテーションをする。

福祉用具専門相談員
必要に応じて、自宅等を訪問し、福祉用具に関する相談や助言をする。

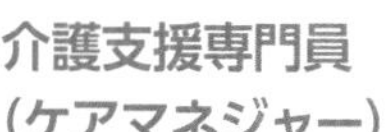

介護支援専門員（ケアマネジャー）
本人や家族と相談しながら、ケアプランを作成したり、事業所との連絡・調整をしたりする。

関連 過去問題
第35回 問題72より出題

正解 介護の現場におけるチームアプローチでは、チームメンバーの役割分担を明確にする。

109 介護における安全の確保とリスクマネジメント

- リスクのしくみを理解し、リスクの防ぎ方を学ぶことによって利用者の生活の安全に配慮した介護に繋がります。
- 利用者の状態を理解する手法を学ぶことによって、その利用者に合った介護が提供できます。そしてそのことが、利用者を守る介護に繋がります。

出題頻度 ★★

■ 介護における安全な生活

- 利用者の質の高い生活は、安全が確保され「**事故がない**」ことが重要。
- **利用者の事故**……介護事故には転倒、転落、**誤嚥**、脱水、誤薬などがある。**社会的対策**を求められる事故には詐欺や**消費者被害**などがある。

出題頻度 ★

■ リスクマネジメント（危機管理）とは

- **リスクマネジメント**
  ……人間は**失敗**を起こすということを前提に、以下のようなことを考える。①起こりうる事故を予測して事故を**防止**する、②事故が起きたときには被害を**最小限**にする、③起きた事故を分析し再発を防止する。リスクマネジメントは、これらの**問題解決**のプロセスである。
- 介護の提供の場においても、リスクマネジメントは重要である。

出題頻度 ★★★

■ リスクマネジメントの取り組み

- 介護福祉職は事故を防ぐために、安全に介護を提供できる**知識**と技術が必要。
- 介護福祉職は事故を防ぐために、①利用者の心身の状況を**把握**する、②起こりそうな事故を**予測**し、**回避**するための適切な介護を実践する。
- 施設や事業所は、リスクマネジメントの体制づくり（事故防止検討委員会※／事故防止マニュアル／ヒヤリ・ハット※事例の分析など）、施設設備の整備、職種間連携、事故発生時の対応や**情報共有**、再発防止などの取り組みが必要。

出題頻度 ★★★

■ 介護保険制度などでの取り組み（施設や事業所に対して）

- 事故発生の防止のための指針の整備、事故防止検討委員会の設置、事故防止に関する職員の定期的な**研修**への参加などを規定している。
- 2021年４月より、すべての施設系サービスで安全対策を担当する職員の選定が義務化された。
- 事故が起きたときには、状況や対応などを**記録**する義務を規定している。国が作成する報告様式を活用する。
- 市町村や家族などへの**報告**が義務づけられている。

学習のコツ！

安全な生活を提供するために国、事業所、介護福祉職などが、それぞれの立場でリスクマネジメントを行っています。それぞれのマネジメントを理解しておきましょう。

学習のコツ！

事故の防止・安全対策のため、介護職員、多職種連携、施設や事業所のそれぞれの取り組みを整理してみましょう。

出た！

第35回で「**利用者の危険を回避する対応**」が出題されました。「**ヒヤリ・ハット**」は、第33回と、第26回から第31回まで、１問は必ず出題されています。

用語 PICK！

事故防止検討委員会
委員会の目的は組織的に事故を防止し、安全対策を講じること。情報の収集と共有を行う。

ヒヤリ・ハット（インシデント）
思いもしなかったミスや行っていた行為にヒヤリとしたり、ハッとしたりしたことなど、事故には至らなかった事柄をいう。

リスクマネジメントの取り組み

介護保険制度
・事故の発生防止のための指針の整備
・事故防止検討委員会の設置および従業員に対する定期研修

他の職種
情報共有

施設や事業所
・リスクマネジメントの体制づくり
・施設設備の整備
（段差解消など、福祉用具活用）
・職種間連携（会議など）
・事故発生時の対応や情報共有
・再発防止などに取り組む

介護職員
・観察（状況の把握→予測→回避）
・安全な介護の提供（介護技術）

介護の提供

利用者

事故が起きないように、利用者を、介護職員や他の職種、施設や事業所そして介護保険制度などが何重にも取り囲んでいます

介護事故が起きたときの対応

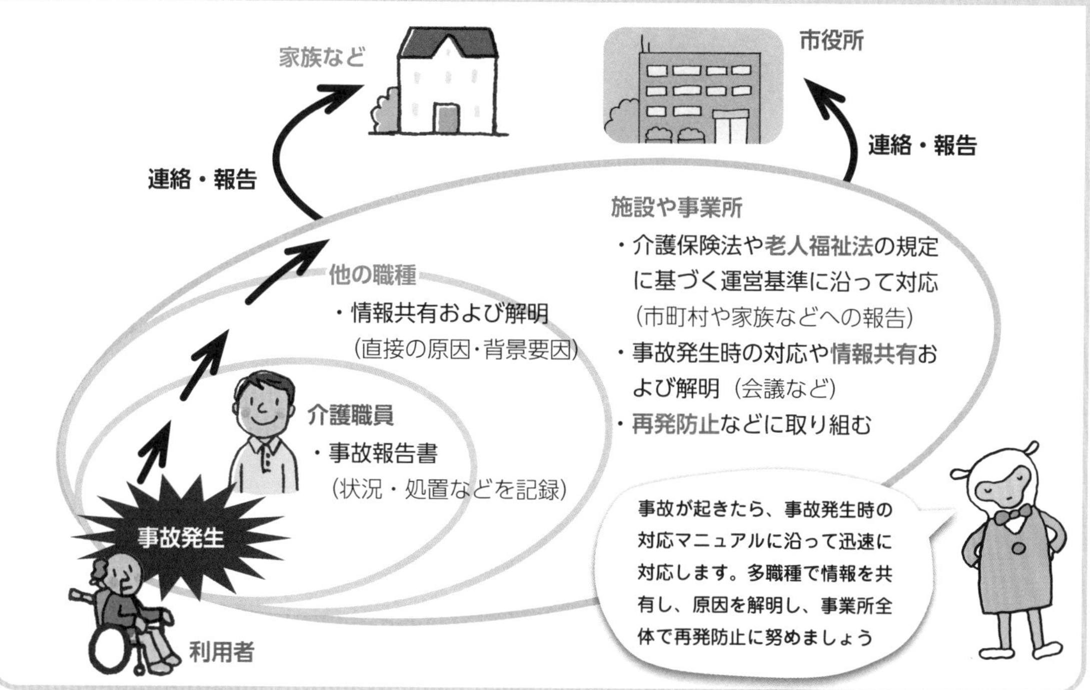

家族など

市役所

連絡・報告

連絡・報告

施設や事業所
・介護保険法や老人福祉法の規定に基づく運営基準に沿って対応
（市町村や家族などへの報告）
・事故発生時の対応や情報共有および解明（会議など）
・再発防止などに取り組む

他の職種
・情報共有および解明
（直接の原因・背景要因）

介護職員
・事故報告書
（状況・処置などを記録）

利用者

事故が起きたら、事故発生時の対応マニュアルに沿って迅速に対応します。多職種で情報を共有し、原因を解明し、事業所全体で再発防止に努めましょう

関連 過去問題
第35回 問題73より出題

正解 食事介助をしていた利用者の姿勢が傾いてきたので、危険を回避するために姿勢を直した。

110 感染対策と薬剤の基礎知識

感染症の特徴を理解し、感染症の予防対策を行うことにより、利用者の安全な生活を守ることができます。また、介護者自身の健康を守ることができます。

出た！

第36回、第32回、第31回、第30回、第28回で「**感染症の対策**」について、第36回で「**服薬の介護**」について出題されました。

用語 PICK！

感染症対策委員会

施設長、事務長、医師、看護師、介護福祉職などで構成される。会議は定期と緊急時に開催される。

媒介

両者の間に立って、仲立ちをすること。たとえば、感染したA利用者に介護福祉職が接触し、介護福祉職がA利用者の病原体を保有したまま感染していないB利用者の介護を行うと、B利用者を感染させてしまう。このとき、介護福祉職は感染病の媒介になっている。

関連づけよう！

P.146「感染症について」、P.198「清潔保持と感染予防」と併せて学習すると感染症についての理解が深まります。

出題頻度 ★★

■ 感染症と利用者

- **感染症**……環境の中に存在するウイルスや細菌などの**病原体**が体内に侵入して増殖し、発熱や下痢、咳などの症状がでることをいう。
- 感染症には、感染しても症状もなく終わってしまうもの、症状があらわれるもの、死に至るものがある。
- 利用者は、免疫力や体力が**低下**していることが多く、感染症に感染しやすい。
- 高齢者の場合、感染症において一般的に見られる**症状**が乏しいこともあるので、介護福祉職は十分注意し、利用者が感染症に感染しないように配慮する。
- 利用者に感染症が疑われるような症状（発熱・下痢・咳など）があらわれたときには、介護福祉職が勝手に**判断**してはいけない。速やかに**医師**の診察を受けられるようにする。

出題頻度 ★★★

■ 感染症の予防と対策

- **感染予防の３原則**……①感染源の**排除**、②感染経路の**遮断**、③抵抗力の**向上**。
- 施設や事業所などは、感染症対策委員会※などを設置し、**感染症予防**や感染症が発生したときにその対応に取り組む。
- 介護福祉職は、自身が媒介※とならないように、感染症の特徴を理解し、手洗いや**うがい**、マスクや**エプロン**の着用、使用物品の正しい後始末や**管理**をする。
- 介護福祉職は、利用者が感染したときには、速やかに対応するとともに、感染症がその他の人に感染しないように配慮する。
- 介護福祉職は、**感染経路**の遮断（感染者からの排泄物、あるいは血液や感染者が触れた物などの排除など）をする。
- **スタンダード・プリコーション（標準予防策）**
  ……感染症の有無にかかわらず、患者の排泄物はもちろん、血液や体液などすべての湿性のものは**感染症**のおそれがあると見なす対応のこと。具体的には手洗いや**手袋**を着用することなどをさす。
- **感染症対策専門家会議**
  ……2020年に新型コロナウイルスによる感染症が世界に拡大し、世界保健機関（WHO）は緊急事態宣言をした。日本政府は当該感染症を「指定感染症」に指定し、「感染症対策専門家会議」で**感染予防対策**などについて議論された。その中には、イベント開催の取り扱いなどの考え方も示されている。

感染経路

● **接触感染（経口感染も含む）**

手指、食品、器具などを介して伝播する。頻度の高い伝播経路。

ノロウイルス、腸管出血性大腸菌、メチシリン耐性黄色ブドウ球菌（MRSA）、緑膿菌など

● **空気感染**

咳やくしゃみなど飛沫核として伝播する。空中に浮遊し、空気の流れにより飛散する。

結核菌、麻疹ウイルスなど

● **血液媒介感染**

病原体に汚染された血液や体液、分泌物が針刺し事故等により体内に入ることにより感染する。

B型肝炎ウイルス、C型肝炎ウイルス、ヒト免疫不全ウイルス（HIV）など

● **飛沫（ひまつ）感染**

咳やくしゃみなど飛沫粒子により伝播する。空中を浮遊し続けることはない。

インフルエンザウイルス、マイコプラズマ肺炎など

おもな内服薬の種類

散剤 細粒剤		粉末状ですぐに溶けるので、腸からの吸収が速やかに行われる。水やぬるま湯といっしょに服用する。先に口の中に少し水を含んでおくと、飛散せず、むせずに飲める。苦みのあるものはオブラートに包むとよい。
顆粒剤		口の中についたり、苦みを残したりしないように、飲みやすい粒状にしている。徐々に溶けるように表面処理をほどこしているものもあり、溶ける時間を調節することができる。噛み砕かずに、水といっしょに飲む。
丸剤	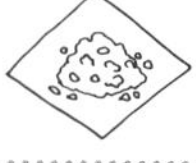	飲みやすいように球形にしたもので、噛まずに水やぬるま湯といっしょに服用する。
錠剤		固形状にし、さらにその上に糖衣をほどこして飲みやすくしている。混ぜると変質してしまう性質や薬のはたらきなどを考えて、何層かに重ねたものもある。 薬が体内の必要な部位に届いてから溶けるように工夫されたものもある。 通常、錠剤は噛んだり、砕いたりしないで、水やぬるま湯といっしょに服用する。
カプセル錠		ゼラチンのカプセルに薬を入れたもの。胃か腸か、必要な場所で薬が溶けて効力を発揮できるようにつくられている。カプセルを噛み砕いたり、切り開いたりしないで、水やぬるま湯で服用する。
液剤・ シロップ剤		液体状の薬で、主に１びんを何回かにわけて飲む。軽く振って中の成分を均一にしてから、１回量を別の容器に取って服用する。
ドリンク剤		滋養強壮や栄養補給、肩こりの改善、眠気防止などの内服の液剤。用法·用量を守って、１回につき１本を服用する。
トローチ剤・ ドロップ		少しずつ溶かすことによって、口やのどについた細菌を殺菌し、増殖を防ぐ作用がある。口腔に長くとどまることで、薬効成分がゆっくり溶け出す。その薬効成分が粘膜に作用して効き目を発揮する。噛み砕くと、薬効成分が溶けずに消化管に吸収されてしまい、トローチ本来の効果を発揮することができない。

関連 過去問題
第36回 問題73より出題

正解 介護福祉士が服薬の介護を行う際は、副作用の知識をもって行う。

111 介護従事者の心身の健康管理

- 介護者自身で心身の健康管理ができ、健康でいることにより、利用者に質の高い介護を安定的に提供できます。
- 介護者自身が、自分に合ったストレスや悩みの解消法を見つけておくことで、健康に働くことができます。

出た！

第31回、第30回で「**こころの健康管理**」について、第29回で「**からだの健康管理**」について出題されました。

用語 PICK！

労働基準法
労働者の保護を目的とした法律。労働条件の最低基準を規定している。

労働安全衛生法
事業者に対し、職場の安全と健康の確保と快適な職場環境をつくることを目的とした法律。安全衛生管理体制を義務づけている。

衛生管理者
事業所内において労働者を災害や疾病から守るため、安全と健康などの処置を講じる。衛生管理者資格を取得している者が就く。

産業医
労働者の健康管理などを行う医師。衛生管理者に指導や助言を行い、従業員の相談に応じる。

介護労働者法
介護労働者について雇用管理の改善、能力開発および向上等に関する措置をとることにより介護労働者の福祉の増進を目的とした法律。

出題頻度 ★

■ こころの健康管理

- こころの健康管理を維持するためには、次の4つが大切。
  ①自分の感情に気づいて表現ができる（**情緒的**健康）。
  ②状況に応じて適切に考え、現実的な問題解決ができる（**知的**健康）。
  ③他人や社会とよい関係を築ける（**社会的**健康）。
  ④規則正しい日常生活をおくる。
- **燃え尽き症候群（バーンアウト症候群）**
  ……今まで熱心に仕事に取り組んでいた人が、突然、燃え尽きたように仕事への気力を失って、心身ともに**無気力**な状態になってしまう症状。
- **うつ病**……憂うつ感や**意欲**の低下、倦怠感などの症状がある。生活の中で起こるさまざまな環境要因（人間関係のトラブルなど）が複雑に絡み合って発症する。

出題頻度 ★

■ からだの健康管理

- 感染症のある利用者を介護するときには、**感染防止対策**をきちんと取る。
- 自分の体調を知る。介護は、利用者の生活に合わせるため**変則的**な勤務体制もあることから、からだを休める時間も確保する。
- 介護職で一番多い健康障害は**腰痛**。
- 腰痛のおもな原因として重量物の持ち上げ、立ち仕事などが関係しているといわれている。その予防として、**ボディメカニクス**の活用やコルセットなどの着用、作業前の体操、**福祉用具**を活用する介護などがある。

出題頻度 ★★

■ 安全にはたらくための法律

- **労働基準法**※…………労働時間は1日**8**時間、1週間**40**時間を超えてはならない。
- **労働安全衛生法**※……労働災害の防止のため、危害防止基準の確立や責任体制の明確化などを推進。従業員が**50**人以上の事業所には、衛生管理者※および産業医※の配置が義務づけられている。
- **介護労働者法**※………介護労働者の福祉の増進を図ることを目的とする、**介護労働安定センター**を規定している。

こころとからだの健康管理

こころが健康でないと

・自分の感情に気づけず表現ができない。
・状況に応じて適切に考え、現実的な問題解決ができない。
・他人や社会とよい関係を築けない。

からだが健康でないと

・利用者に適切な身体介護を提供できない。

利用者に質の高い介護を提供できない

・利用者の感情を受け入れられない。
・利用者の人権を守ることができない。
・利用者に安全な介護を提供できない。
・利用者に感染させてしまう。

腰痛発生に影響を与えるおもな要因4

① 動作要因	② 環境要因	③ 個人的要因	④ 心理・社会的要因
・重量物の取り扱い ・福祉用具の整備 ・人力による人の抱き上げ作業 ・長時間の静的作業姿勢 ・不自然な姿勢 ・急激な不用意動作　など	・寒冷などの温湿度 ・作業空間、設備の配置 ・勤務条件　など	・年齢および性別 ・体格 ・筋力 ・既往症および基礎疾患　など	・上司などからの支援不足 ・過度な長時間労働 ・職務上の心理負担や責任　など

職場で問題になる腰痛は、これらが単独の要因となって発生することは少なく、いくつかの要因が複合的に関与して発生する。

安全にはたらくためのさまざまな法律4

① 労働基準法
キーワード
・労働者の賃金
・労働時間
・休憩時間
・産休

② 労働安全衛生法
キーワード
・労働災害防止の基準
・衛生管理者
・産業医
・安全管理者
・ストレスチェック制度

③ 介護労働者法
キーワード
・介護雇用管理改善計画
・介護労働安定センター

④ 育児・介護休業法
キーワード
・育児休業
・介護休業
・介護休暇

関連 過去問題
第31回 問題26より出題

正解 燃え尽き症候群（バーンアウト）の特徴としては、無気力感、疲労感や無感動が見られる。

112 介護を必要とする人とのコミュニケーション

対人支援関係におけるコミュニケーションの意義と役割を理解することで、介護福祉職に求められるコミュニケーション技術の基本を理解することができます。

出題頻度 ★★

■ 介護を必要とする人とのコミュニケーションの目的

- 介護福祉職がよりよい対人支援を行うためには、自分自身をよく理解し、感情や態度を意識的にコントロールする**自己覚知**※が必要。
- コミュニケーションで扱われる情報には年齢や性別、家族構成といった**客観的**情報と、感情や意見といった**主観的**情報がある。
- **情報の伝達方法**
  ……言語コミュニケーション※と非言語コミュニケーション※の2種類がある。言語コミュニケーションが約**3**割、非言語コミュニケーションは約**7**割を占める。
- **雑音**とは…コミュニケーションを阻害する要素のこと。**物理的**雑音、**身体的**雑音、**心理的**雑音の3種類がある。
- **転移と逆転移**
  ……利用者が支援を行う者に対して過去の経験等から無意識に抱く感情を「**転移**」、支援を行う者が利用者に対して過去の経験等から無意識に抱く感情を「**逆転移**」という。転移感情には、信頼や好意的な感情を持つ「**陽性転移**」と恨みや憎悪を持つ「**陰性転移**」がある。
- **アサーティブ・コミュニケーション**とは、相手を尊重しながら、適切に自己主張するコミュニケーションの技法のことである。
- 利用者の意欲を引き出す心理的な過程を、**動機づけ**と呼ぶ。
- 動機づけには、他者からの評価や賞罰により行動を促す「**外発的動機づけ**」と、自分が「そうしたい」と思って行動する「**内発的動機づけ**」がある。

出題頻度 ★★

■ 利用者・家族との関係づくり

- **自己開示とは**………自分の情報を特定の相手にありのままに言葉で伝えること。
- ジョハリの窓（右ページ下右の図）を活用して、**自己理解**と**自己開示**を深めることが、円滑な関係づくりの第一歩となる。
- 家族間の関係性を把握し、これまでの努力を**肯定的**に認めることが大切。
- 家族との良好な関係づくりのためには、家族の**関係性**、**個性**、**生き方**を尊重し、相手のペースに合わせてコミュニケーションを取ることが大切である。
- 意欲の低下が見られる利用者とのコミュニケーションでは、無理に会話などを促すのではなく、その**理由**・**背景**を考えることが重要である。

出た！

第36回で「**非言語コミュニケーション**」について、第36回、第35回、第33回で「**利用者の家族との信頼関係の形成**」について、第34回で「**介護福祉職によるアサーティブ・コミュニケーション**」について、第33回で「**利用者との信頼関係の形成**」について出題されました。

用語 PICK！

自己覚知
自分自身の性格や価値観を知ることで、利用者に対し先入観・偏見などをもつことなく援助すること。

言語コミュニケーション
言葉や文字を使ったコミュニケーション。

非言語コミュニケーション
表情やしぐさなどで相手に伝えるコミュニケーション。

関連づけよう！

P.20「人間関係（対人関係）とコミュニケーション」とP.22「コミュニケーション技法の基礎」、P.80「社会的な行動のしくみ」と関連づけて覚えましょう。

非言語コミュニケーションの種類と内容

表情
怒り、悲しみ、喜び、楽しみ、不安、緊張などの表情

視線
目を見て話す、上目遣い、視線を合わせない

話し方
声の抑揚、声の大きさ、速さ

身ぶり・手ぶり
動作、腕の組み方、足の動き

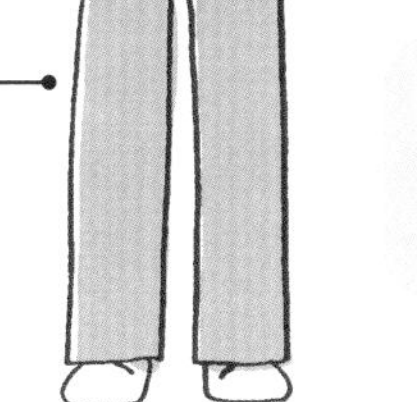

姿勢
立ち方、身を乗り出す

距離
物理的な距離、心理的な距離

声の大きさや高低、速さや抑揚は、言葉を使っていることから「準言語」ともいわれます

転移感情

無意識
過去の経験に影響を受ける

陽性転移
信頼、尊敬、好意等の肯定的感情

陰性転移
憎しみ、敵意、非難等の否定的感情

アサーティブ・コミュニケーションの4つの柱

アサーティブなコミュニケーションを取るための大事な心構えとは…

誠実
自分に対しても、相手に対しても、「誠実」であること。

率直
自己の考え・思いを伝える際には、「率直」に伝えること。

対等
相手と接する際には、相手を尊重し、「対等」であること。

自己責任
自己の発言・行動はすべて、「自己責任」として引き受けること。

ジョハリの窓

コミュニケーションを円滑に進めるための手法のひとつ。自分と他人との認識のズレを理解することで、他人に歩み寄ることが可能になる。

	自分でわかっている	自分でわかっていない
他人にわかっている	**開放の窓** 公開された自己	**盲点の窓** 自分は気がついていないものの、他人からは見られている自己
他人にわかっていない	**秘密の窓** 隠された自己	**未知の窓** 誰からもまだ知られていない自己

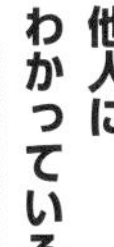

開放の窓を広げていくことが信頼関係に繋がります

関連 過去問題
第34回 問題28より出題

正解 介護福祉職によるアサーティブ・コミュニケーションとは、利用者の思いを尊重しながら、介護福祉職の主張を率直に伝えることである。

113 介護場面における利用者・家族とのコミュニケーション

ねらい

- 受容・共感・傾聴といったコミュニケーション技術の基本を理解することによって、利用者や利用者の家族との信頼関係を築けるようになります。
- バイスティックの７原則を理解することで、対人支援者として利用者や家族に適切な支援をすることができるようになります。

学習のコツ！

受容・共感・傾聴とバイスティックの7原則を理解しておけば、事例問題を解くこともできるようになります！

出た！

第35回で「**閉じられた質問**」、第34回で「**コミュニケーションを取るときの基本的な態度**」、第33回で「**共感的な言葉かけ**」「**開かれた質問**」「**利用者と家族の意向の調整**」、第32回で「**直面化**」について出題されました。

関連づけよう！

受容、共感といった概念はP.20「人間関係（対人関係）とコミュニケーション」と関連させて理解しましょう。

出題頻度 ★★★

■ 利用者・家族とのコミュニケーションの実際

- **受容**………相手の価値観や考え方をそのまま受け入れて認め、尊重すること。
- **傾聴**………相手の言葉と感情に関心をもち、耳を傾け意思と目的をもって話を聴いて、感情を**推察**すること。相手の言葉を妨げないことが重要。
- **共感**………相手の考え方や経験、思いや感情を**積極的**に感じ、理解すること。「気持ちをわかってもらえた」と相手が思える姿勢や言葉が必要。
- **明確化**……相手自身まだはっきりしていないこと、まとまりがついていないことが、確かなことかどうかを言語化して確認すること。
- **焦点化**……相手の話す内容を受け止めて理解し、大切な部分に絞って返答することで、話の方向づけを行うこと。
- **直面化**……相手の行動や、その行動がもたらす影響を指摘することで、相手が自分の行動と向き合い見直せるようにすること。
- **リフレーミング**……新たな視点で状況をとらえ、解決行動を見つける方法。

出題頻度 ★★★

■ 質問

- 質問形式には、「**開かれた**質問」と「**閉じられた**質問」がある。

	特徴	メリット
開かれた質問	相手に自由に答えてもらう質問で、自身の考えや選択から答えを見つけてもらうような質問方法。	●自由な会話の発展。 ●考えや会話の内容が深いものになる。 ●相手の気持ちが理解できる。 ●相手の考えを**明確**にできる。
閉じられた質問	「はい」「いいえ」など二者択一で答えられる、または2～3の単語で答えられる質問。	●答えやすく、相手の**意思**を確認しやすい。 ●初対面でも質問することができる。 ●会話が**困難**な人に対して有効。

出題頻度 ★★

■ 利用者と家族の意向の調整

- 利用者と家族が話しやすい状況をつくり、それぞれの意見を聞くことが必要である。
- 利用者が自らの意向を話すことが難しいときは、介護福祉職がその権利や意向を代弁（**アドボカシー**）する。

バイスティックの7原則

❶ 個別化	利用者の問題は人それぞれであり、「同じ問題はない」として、その人に合った支援を行う。
❷ 意図的な感情表出	支援者は、利用者が自由に感情を表現できるように意図的に働きかける。
❸ 統制された情緒的関与	支援者は、自分の感情を制御して、相手の気持ちに流されることなく理解、共感する。
❹ 受容	支援者は、利用者のありのままを受け入れる。
❺ 非審判的態度	支援者は、利用者の言動に対して一方的に非難せず、善悪の評価もしない。
❻ 自己決定	あくまでも利用者の行動を決めるのは利用者自身である。
❼ 秘密保守	支援者は、利用者から知り得た情報を、第三者に漏らしてはならない。

バイスティックの7原則とは、支援者が、利用者と個別にかかわるときに身につけておくべき必須の技術、態度の原則のことです。アメリカの社会福祉学者、バイスティックが提唱しました

リフレーミング

その人がもっている枠組み（フレーム）を変えること。

×
・行き詰まった状態
・ネガティブな事柄

○

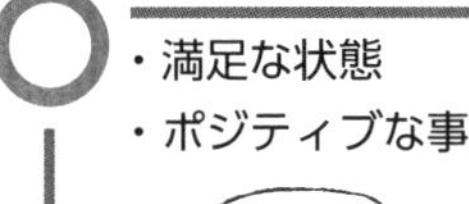

SOLER（ソーラー）…会話の基本動作

S (Squarely)
相手とまっすぐに向き合う。

O (Open)
開いた姿勢・相手に関心をもつ・うなずく。

L (Lean)
相手へ少しからだを傾ける。

E (Eye Contact)
視線の高さを適切に相手に合わせる。

R (Relaxed)
緊張しないでリラックスして相手の話を聴く。

SOLERの提唱者はアメリカの心理学者、イーガンです。「あなたに十分関心を持っています」と相手に自然に伝える身体面の動作に言及しました

関連 過去問題
第35回 問題74より出題

正解 「この本は好きですか」というような「はい」か「いいえ」で答えられる質問は、閉じられた質問として適切である。

114 障害の特性に応じたコミュニケーション

ねらい

利用者の抱えるコミュニケーション障害の状態を理解することで、利用者の生活支援に必要とされるコミュニケーションの技術を身につけることができます。

出題頻度 ★★★

■ 脳の障害によるコミュニケーション障害

- 高次脳機能障害によるコミュニケーション障害
  半側空間無視……自分の正面を境にして、左右どちらかの物や人を認識できない。
  実行機能障害……目標を決める、段取りを立てる、行動を開始して調整しながら目的を達成する、これらの**機能**や**意欲**が低下すること。
  →自発的な行動ができない場合、具体的なスケジュールをつくる。
- **失語症**……脳の言語機能を司る領域が損傷されることで起こる。
- 失語症には、**運動性**失語症（**ブローカ失語症**）と**感覚性**失語症（**ウェルニッケ失語症**）がある。

出題頻度 ★★★

■ 視覚障害、聴覚障害、構音障害のある人とのコミュニケーション

- 視覚障害のある人とのコミュニケーションでは、話の区切りや終わりがわかるようにする。**代名詞**を使っても伝わりにくいので、**具体的**な言葉を使用する。
- 視覚障害のある人とのコミュニケーションに使用できる物に、**点字**、視覚障害者用パソコンなどがある。視覚以外の**感覚機能**を活用することが重要。
- 聴覚障害のある人とのコミュニケーションに役立つ機器として、**補聴器**がある。
- 聴覚障害のある人とのコミュニケーションでは、手話や筆談、**読話**※や**空書き**が有効である。また、顔や口が見えるように正面に向き合って話しかけるとよい。
- 手話は一般的に、**先天性**の聴覚障害のある人に有効である。
- 手話や筆談など、言葉や文字を用いるものは**言語**コミュニケーションに分類される。
- **構音障害**は脳の運動中枢が障害されて、構音器官の運動障害により、話すことがうまくできない状態をいう。

出題頻度 ★★★

■ さまざまな状況・状態にある人とのコミュニケーション

- 自閉症のある人とはパニックを起こすような場所を避け、間違いや不適切な行動を指摘しない。複数の情報を一度に提示せずに、話を聴く。
- うつ状態の人には、安易に**励まさず**に受容・共感的姿勢でかかわりを持つ。
- **統合失調症**の人には、相手の考え方、意思を尊重するかかわり方が大切である。
- **妄想**がある人の訴えは否定も肯定もせずに話を聴いて受け止めることが重要である。

学習のコツ!

障害や疾病の特徴と関連づけて対応方法を理解しましょう。

出た!

第36回で「**言語障害のある利用者への対応**」「**抑うつ状態の利用者への言葉かけ**」「**受容的な対応**」について、第35回で「**老人性難聴のある人とのコミュニケーションの方法**」「**アルツハイマー型認知症のある人とのコミュニケーション**」について、第34回で「**全盲**」「**高次脳機能障害**」について、第33回で「**運動性失語症**」が出題されました。

用語 PICK !

読話

相手の口の動きから言葉を読み取るもの。言語・聴覚障害のある人とのコミュニケーション手段として有効。

関連づけよう!

疾病や障害はP.170「視覚障害」、P.172「聴覚障害・言語機能障害」、P.180「精神障害」を参考にして理解しましょう。

失語症のある人とのコミュニケーション

種類		症状	対応方法
運動性失語症（ブローカ失語症）		・言語の理解はできる ・書くことは難しい ・言葉が不明瞭で聞き取りにくい	・「はい」「いいえ」で答えられる問いかけをする ・絵や写真などを使う
感覚性失語症（ウェルニッケ失語症）		・流暢（りゅうちょう）に話せるが、意味がない単語の羅列になる ・言語の理解が難しい	・非言語コミュニケーションを用いる ・表情をよく観察する ・身ぶりやジェスチャーを使う

半側空間無視

全体の半分が認識できない。

それぞれの物体の半分が認識できない。

半側空間無視の症状のあらわれ方には、おもにこの２パターンがあります

聴覚障害のある人とのコミュニケーション方法4

❶ 手話

手の動きや形で言葉を表現する方法。

❷ 筆談

会話を紙に書いて行う方法。

❸ 指文字

手話にない言葉を指の形で表現する方法。

❹ 補聴器

周囲の音をキャッチして音を大きくする機械。

補聴器は伝音性難聴の人に有効です！

関連 過去問題
第35回 問題76より出題

正解 老人性難聴のある人とのコミュニケーションでは、口の動きや表情がわかるように正面で向き合って話しかけることが適切である。

115 介護におけるチームのコミュニケーション

- 介護におけるチームのコミュニケーションの目的と方法を理解することで、チームによる介護を実践することができます。
- 報告や連絡の留意点を理解しておくことで、チームによる介護を円滑に進めることができるようになります。

出た！

第36回で「**事例検討の目的**」について、第35回で「**勤務交代時の申し送りの目的**」について、第35回、第34回で「**ケアカンファレンス**」について、第33回で「**介護記録**」「**報告**」について出題されました。

出題頻度 ★

■ チームのコミュニケーション

- 介護におけるチームには、**介護福祉職**によるチームと**多職種**によるチームの2種類がある。介護を行う場合、チーム内で**情報**を共有し連携する必要がある。

出題頻度 ★★★

■ 記録による情報の共有化

- 記録は、**客観的**で**具体的**な表現で行うことが望ましい。
- 記録を職員間で**共有**することで、統一した介護実践が展開できる。
- ICT※化には情報共有の効率化、迅速化のメリットがある。
- 利用者と家族は、**記録**を閲覧することができる。
- 利用者や家族の情報を使用する際は、必ず**同意**を得る。
- 利用者や家族の個人情報を取り扱うときは、**匿名化**する。
- **客観的事実**と**主観的情報**は区別して書く。
- 事故報告書とは、実際に起こった事故の詳細を記録したもので、事故の**再発防止**に利用する。
- 「ヒヤリ・ハット報告書」とは、事故には至らなかったが、危険な状態であったことを記録したもので、**事故予防**に利用する。

出題頻度 ★★★

■ 報告・連絡・相談

- 報告は**結論**を先に述べて、簡潔、客観的、具体的に伝える。
- 連絡は簡潔に行い、連絡経路、方法を確認しておく。

出題頻度 ★★

■ ケアカンファレンス

- 利用者に関係する職種が集まり、よりよいケアを提供するために行う会議。
- 利用者のプランの検討や施設内のリスクマネジメントについて話し合うときなど、多くの意見を集めたい場では、ブレインストーミング※が用いられる。
- ケアカンファレンスでは、介護福祉職は自身の**客観的**な意見を述べ、利用者の**主観的**な意見を代弁する。
- ケアカンファレンスを**スーパービジョン**（P.24、25）の実践の場としてよい。
- 事例検討の目的は、チームで課題を**共有**して解決策を検討することである。

用語 PICK！

ICT
情報通信技術のこと。ITに通信コミュニケーションの価値を加えている。

ブレインストーミング
自由な発想と意見をたくさん集めることで、問題解決を図る技法のことである。

関連づけよう！

P.318～321「介護過程を展開するための一連のプロセスと着目点」と併せて学習するとより深く理解できます。

チームのコミュニケーションの目的・方法 5

❶ 連携・チームワーク

- 情報と目的を共有
- 報告・連絡・相談
- 専門用語の共通認識
- メンバー同士の尊重

報告
・指示を受けた仕事は指示者に報告する。
・結論から先に伝える。
・トラブルや事故はすぐに伝える。

連絡
・適切な連絡相手を判断する。

相談
・誰にいつ伝えるのか考える。
・自分の考えをまとめてから相談する。

❷ 記録の種類

- 介護記録
- 事故報告書
- ヒヤリ・ハット報告書
- 業務日誌
- 生活記録
- 身体拘束に関する記録

❸ 記録の目的

- 生活の質の向上と適切なサービス提供
- 介護福祉職のスーパービジョン
- リスクマネジメント
- 介護福祉職の教育

記録には2～5年間の保存義務があります

❹ リスク対策

- 書類は、鍵のかかる場所に保管する
- USBフラッシュメモリは紛失に注意する
- データのバックアップはこまめに行う
- データにはパスワードをかけて定期的に変更する

❺ ケアカンファレンスの目的

- 情報交換と共有
- 介護目標や方針の決定と共有
- 参加メンバーの知識や技術、経験を集結する
- 各職種や家族の意見交換と役割分担

ブレインストーミング 4 つのルール

ブレインストーミング

チーム内でひとつのテーマに対し、メンバーがお互いに自由に意見を出し合うことで、たくさんのアイデアを生み、問題の解決に結びつける方法のこと。

❶ みんなで自由に意見を出し合う。
❷ 意見の質よりも、たくさん意見を出すことを重視する。
❸ 人の意見に便乗する。
❹ 人の意見を批判しない。

関連 過去問題
第36回 問題79より出題

正解 事例検討の目的は、チームで事例の課題を共有し、解決策を見いだすことである。

116 生活支援の理解

- 介護福祉士が利用者に対して行う生活支援の基本を学んでおくことで、生活とは何かということの理解に繋がります。
- 生活の構成要素や側面を理解することで、その人らしい生活や暮らしについて考えることができるようになります。

学習のコツ！

「生活」が個別的であることを踏まえて、支援の留意点を理解しましょう！

出た！

第36回で「**レクリエーション活動**」について、第35回で「**聴覚障害者標識**」「**レクリエーション活動の計画作成**」、第31回で「**オストメイトマーク**」について出題されました。

用語 PICK！

残存能力
障害等のある者が、残された機能を生かして発揮できる能力。

廃用症候群
不活発な生活や安静状態が続くことによって引き起こされる、さまざまな心身の機能低下。

関連づけよう！

ノーマライゼーションについては、P.168「障害者福祉の基本理念について」を確認しましょう。

出題頻度 ★

■ 生活の理解

- **生活とは**……………生命を維持するための営みで、**個別的**かつ**多様性**がある。
- **生活の構成要素**……人間、健康、社会、環境や福祉といった要素が絡み合って人々は生活している。
- **生活活動の種類**……1次、2次、3次活動の3つにわけることができる（右下図）。
- **生活空間**……………**家庭**、**職場**、**地域**など、広い範囲のことをさしている。
- **生活時間**……………その人の行動を時間によってとらえたものであり、人それぞれで**個別的**なものである。

出題頻度 ★

■ 生活支援の基本的な考え方

- 生活支援においては、その人が生きてきた**歴史**や**生活背景**を尊重する。
- 利用者の有する能力に応じた、**自立**した日常生活をおくれるように支援する。
- 利用者のできないことよりも、**残存能力**※に注目することが大切である。
- 個別性を尊重した支援を行い、**ノーマライゼーション**を実現する。

出題頻度 ★★

■ 生活支援の内容と留意点

- **生活支援の種類**……**身体介護**と**生活援助**の2種類。
- ICFの視点は、利用者の**QOLの向上**を目的としており、具体的な生活支援に繋がる。
- **介護予防とは**………高齢者が要介護状態にならないようにすることと、仮に要介護状態になっても悪化を予防することである。
- **介護予防の目的**……**廃用症候群**※と**生活習慣病**を予防すること。
- 街で見かける**障害者に関係するシンボルマーク**（右上図）を理解して、高齢者や障害者への配慮を忘れてはならない。
- **レクリエーション活動**には、調理や買い物など日常生活の要素も取り入れる。

出題頻度 ★

■ 生活支援と福祉用具

- 介護保険法における福祉用具は、貸与が**13**種類、購入が**6**種類ある。
- 使用者の皮膚が直接触れる**入浴**・**排泄**に関するものは、購入対象となる。

障害者に関係するシンボルマーク

	**障害者のための国際シンボルマーク** 障害者が利用できる建物、施設であることをあらわす世界共通のシンボルマーク。
	**盲人のための国際シンボルマーク** 盲人のための世界共通のマークで、視覚障害者の安全やバリアフリーに配慮した建物や設備、機器などにつけられている。
	**身体障害者標識（身体障害者マーク）** 肢体不自由であることを理由に運転免許に条件を付されている人が運転する車に表示する。
	**聴覚障害者標識（聴覚障害者マーク）** 聴覚障害であることを理由に運転免許に条件を付されている人が運転する車に表示する。
	**耳マーク** 聞こえが不自由なことをあらわすマークで、日本国内で使用されている。
	**ほじょ犬マーク** 身体障害者補助犬法の啓発マークで、公共施設や交通機関、レストランなどの民間施設は、身体障害のある人が身体障害者補助犬を同伴するのを受け入れる義務があることをあらわす。
	**オストメイトマーク** オストメイト（人工肛門・人工膀胱）・オストメイト用設備マーク。オストメイトであることと、そのための設備があることをあらわす。
	**ハート・プラスマーク** 身体内部（心臓・呼吸機能・腎臓・膀胱・直腸・小腸・肝臓・免疫機能）に障害がある人をあらわしているマーク。

生活活動の種類 3

3次活動 …… ① 生きがいやリフレッシュのために必要な活動（休養・くつろぎ・趣味・スポーツ・交際）

2次活動 …… ② 社会的に必要な活動（仕事・学業・家事・介護・育児・買い物）

1次活動 …… ③ 生理的に必要な活動（睡眠・食事・身のまわりの用事）

関連 過去問題
第36回 問題80より出題

正解 レクリエーション活動のプログラムには、買い物や調理も取り入れる。

117 居住環境整備の意義と目的

- 介護と密接に関係している居住環境の整備の意義と目的を学ぶことで、住まいに求められる役割を理解することができます。
- 住まいに求められる役割を理解することで、高齢者や障害者に健康で安全な生活支援を行うことができます。

学習のコツ！

高齢者や障害者が、自宅で生活をしていくことを目標にして考えることが大切です。

出た！

第32回で「**一戸建て住宅に暮らす利用者の地震対策**」について、第30回で「**介護老人福祉施設における環境整備**」について出題されました。

用語 PICK！

バリアフリー
当初は公共の建物や道路、個人の住宅で高齢者や障害者の利用に適した設計のことをいっていたが、現在では、社会の制度や人の意識などに生じるさまざまな障壁を取り除くことをさすようになっている。

トランスファーショック
リロケーションダメージともいう。なじみのない環境へと生活の場が変わることにより心理的な不安や混乱が高まり、それまでになかった行動・心理症状などが生じること。

出題頻度 ★★

■ 居住環境の整備の意義と目的

- 高齢者介護の目標として、住み慣れた地域の中で生活を続けることが求められている。
- 利用者本人の意思を尊重し、これまでの**ライフスタイル**や**価値観**を大切にすることが重要。
- **バリアフリー**※**とは**……誰もが**社会参加**できることが可能になるように、さまざまなバリア（障害）を取り除こうとする考え方。

出題頻度 ★

■ 生活空間と介護

- 利用者が、安心できる居場所をつくることが大切である。
- 介護施設でも利用者が使い慣れた家具を使用することが、住みやすく安心できる環境に繋がる。
- 自分好みの家具、レイアウトでつくられた空間は安心できる場所になる。
- 住み慣れた場所や家に住み続けることは、高齢者にとって重要な意味を持つ。

出題頻度 ★

■ 居住環境のアセスメント

- 居住環境は、ICFにおいて、環境因子の中の**物的環境**に含まれる。
- 物的環境には、自宅、施設、建物の設計、用具、資産などがある。
- 居住環境に関してのアセスメントでは、利用者の**個人因子**も重要な因子である。

出題頻度 ★

■ 住み慣れた地域での生活保障

- 安全で健康な生活の確保に向けて、**環境整備**を行うことが重要である。
- 居住環境の整備は、高齢者の**自立生活**の維持・促進と、介護者の**負担軽減**に繋がる。
- その人の**生活歴**に配慮した、その人らしい生活の実現に向けた環境整備が必要である。
- 特別なことではなく、普通の生活がおくれるような環境整備が求められている。
- 環境が変わることにより、認知症が悪化することもある。このような事象を**トランスファーショック**※という。

家具・家電の地震対策

高齢者向け住宅施設

形態	サービス付き高齢者向け住宅	有料老人ホーム	養護老人ホーム	軽費老人ホーム	認知症高齢者グループホーム
根拠となる法令	高齢者住まい法 (高齢者の居住の安定確保に関する法律)	老人福祉法	老人福祉法	老人福祉法	老人福祉法 介護保険法
基本的な性格	高齢者のための住居	高齢者のための住居	環境的・経済的に困窮した高齢者の入居施設	低所得高齢者のための住居	認知症高齢者のための共同生活住居
対象者	・60歳以上の者 ・要介護／要支援認定を受けている60歳未満の者	高齢者	65歳以上の者であって、環境上および経済上、居宅において養護を受けることが困難な者	身体機能の低下等により自立した生活を営むのに不安があり、家族による援助が困難な60歳以上の者	要介護／要支援認定を受けている認知症である者

介護保険法におけるサービス

形態	介護老人福祉施設	介護老人保健施設	介護医療院
特徴	要介護高齢者（原則要介護３以上）のための生活施設	要介護高齢者にリハビリ等を提供し、在宅復帰を目指す施設	要介護高齢者の長期療養・生活施設

関連 過去問題
第30回 問題36より出題

正解 介護老人福祉施設における居室の環境整備で留意すべき点として、利用者が使い慣れた家具を置くことが適切。

118 居住環境整備の視点①

- 環境づくりの基本を学ぶことで、安全に生活してもらうための基礎知識を身につけることができます。
- アレルギーやシックハウス症候群の予防、住宅改修の知識を学ぶことで、安全な生活環境をつくることができます。

出題頻度 ★★★

■ 安全な居住環境の整備

- 障害のある人の居住環境として、**バリアフリー**住宅を考えることが重要。
- 高齢者は、はっきりわかる段差よりも、**わずかな段差**のほうがつまずきやすい。
- 足を引っかけることでの転倒予防のため、**目の粗い**じゅうたんの使用は避ける。
- 車いすを使用する居室の床は、**フローリング**がよい。
- 脱衣室やトイレに小型のヒーターなどを置くことは、**ヒートショック**を防ぐことに繋がる。
- 関節の痛みや変形がある人の住まいは、握らずに利用できる**平手すり**が望ましい。
- 夜間の転倒防止などの安全のため、**手元照明**や**足元照明**などの局部照明が必要。
- 高齢者は明暗に慣れるのに時間がかかるので、夜間目覚めたときの部屋の照明は**間接照明**がよい。
- **熱中症**※は、高温の屋内にいても発症する危険があるため、適切な室温を保つ。
- 介護を要する利用者には、和式の布団より**立位**が取りやすいベッドが好ましい。
- ベッドの高さは、端座位になったときに**足底**が床につく高さが適切。
- トイレは1日に何度も利用することを踏まえて、居室から**近い**ほうがよい。
- ダニの死骸やフンなどでアレルギーを起こさないために、また、シックハウス症候群※を起こさないために、こまめな**掃除**と**換気**が必要。
- ハウスダストは、喘息や**アレルギー性皮膚炎**（**アトピー性皮膚炎**など）の原因となる。
- 扉の取っ手はレバーハンドルが、引き戸の取っ手は棒状のものがよい。

出題頻度 ★★★

■ 住宅改修

- **住宅改修の支給対象**……………在宅で生活している要介護、または要支援認定を受けた者。
- **ユニバーサルデザインとは**……すべての人が共通して利用できるような物や環境をつくることを目指した考え方。
- 介護保険の給付対象となる住宅改修として、段差の解消や洋式便器への取り換えなどがあげられる。
- **住宅改修**は介護が必要になった被保険者の**在宅生活**を継続することを目的としているので、必要のない改修は該当しない。

出た！

第36回で「**関節リウマチで関節の変形や痛みのある人の住環境**」「**高齢者の住環境の改善**」について、第33回で「**ヒートショックを防ぐ環境整備**」「**使いやすい扉の工夫**」について出題されました。

用語 PICK！

熱中症
高温環境にいることで、体内の水分や塩分（ナトリウムなど）のバランスや体内の調整機能が崩れて発症する障害のこと。

シックハウス症候群
住宅建設時に使用される住宅建材や、揮発性化学物質等によって引き起こされる健康障害。

関連づけよう！

P.48「介護保険制度のしくみの基礎的理解」やP.240「介護における安全の確保とリスクマネジメント」と関連させて理解しましょう。

ユニバーサルデザインの7原則

❶ 公平性
誰でも公平に利用できる

❷ 自由度
使いやすいほうを選んで利用できる

❸ 単純性
使い方が簡単で直感的に分かる

❹ わかりやすさ
必要な情報がすぐにわかる

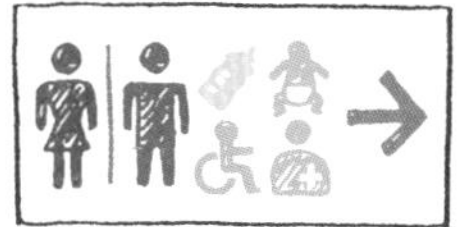

❺ 安全性
事故の心配がなく、ミスや危険に繋がらない

❻ からだへの負担の小ささ
無理な姿勢や強い力が必要でない

❼ スペースの確保
十分な大きさや広さがある

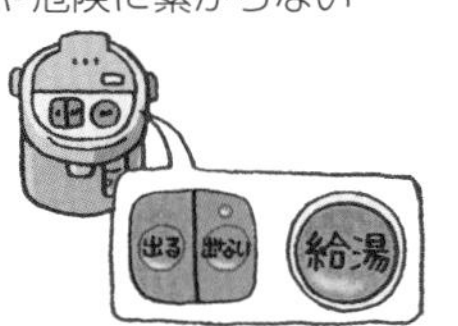

出る! 介護保険の支給の対象となる住宅改修6

❶ **手すりの取りつけ** トイレ、居室、廊下など
❷ **段差の解消** 玄関、廊下、トイレなど
❸ **滑りの防止および移動の円滑化のための床または通路面の材質の変更** 廊下、玄関まわりなど
❹ **引き戸等への扉の取り換え** トイレ、浴室など
❺ **洋式便器等への便器の取り換え**
❻ **❶～❺に付帯して必要となる工事**

関連 過去問題
第36回 問題81より出題

正解 関節の変形や痛みがある人の住まいでは、握らずに利用できる平手すりを勧める。

119 居住環境整備の視点②

- 転倒事故や溺水に繋がりやすい階段や浴室の環境整備を理解することで、高齢者の事故予防について理解することができます。
- また、浴室やトイレの環境整備は、自立支援と同時に尊厳やプライバシーを守ることにも繋がります。

学習のコツ！

トイレ、浴室などは環境整備において共通する部分が多数あるので、いっしょに覚えましょう。

出題頻度 ★★★

■ トイレの環境整備

- 寝室に近い場所が望ましい。
- 緊急時のことも考え、**引き戸**や**外開き**のドアが好ましい。
- 便器は、立位や座位の動作を考慮して和式よりも洋式が好ましい。
- Ｌ字型手すりは**縦**の手すりが便座の先端から**20～30㎝前方**になるように設置。
- 手すりの直径は**30㎜**程度が適当である。
- 就寝時は、寝室の照明よりもトイレの照明を**明るく**する。
- トイレ内で車いすを使用する場合、車いすが回転できるスペースを確保する。

出題頻度 ★★★

■ 浴室の環境整備

- 浴室の床は滑らない材質を検討し、転倒防止に努める。
- 脱衣室と浴室（湯温）との温度差から、**ヒートショック**（P.288）を起こすことがあるので、寒暖の差をできる限りなくす工夫が必要。
- 浴室の出入りを安全にするために、扉は**引き戸**が好ましい。
- 浴槽の縁の高さは、洗い場から**40㎝**程度が適当。
- 浴槽の縁の厚みは、出入りの際に足を引っ掛けないよう**10㎝**以下とする。
- 浴槽には３タイプある。高齢者には浴槽の出入りがしやすく、姿勢を保ちやすい**和洋折衷**タイプが適している。
- 下肢の機能低下のある人や車いすを使用している人の入浴では、**移乗台**を使用するとよい。

出た！

第35回で「**高齢者の安全な移動に配慮した階段の要件**」について、第34回で、「**老化にともなう機能低下のある高齢者の住まい**」について出題されました。

出題頻度 ★★★

■ 階段・廊下の環境整備

- 廊下は段差をなくし、滑らない材質を検討する。
- 廊下の壁には**連続的**に手すりを取りつけたほうがよい。
- 車いすを使用する場合、廊下幅は**85㎝**必要になる。
- 階段に手すりを設置する場合は、下りるときの**利き手側**に設置する。
- 階段には、最上部と最下部に照明を、途中には足元灯を設置するとよい。
- 夜間、床が見えるように**足元灯**を廊下の壁に設置するとよい。
- 高低差がある場所には、**スロープ**の設置を検討する。

関連づけよう！

生活支援技術の他の項目で、移動・排泄・入浴の介助と関連づけて理解しましょう。

トイレの環境整備

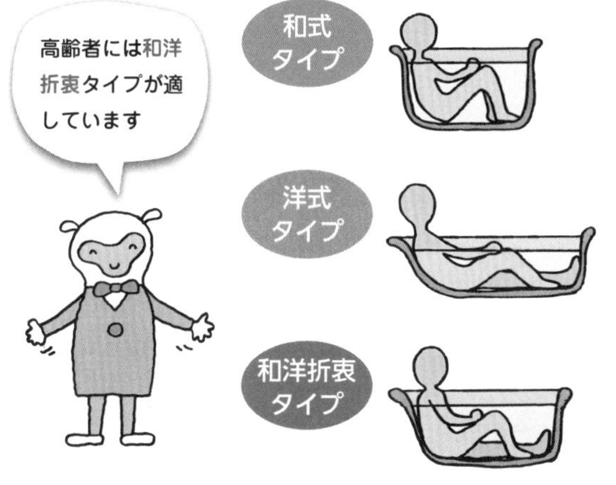

浴室の環境整備

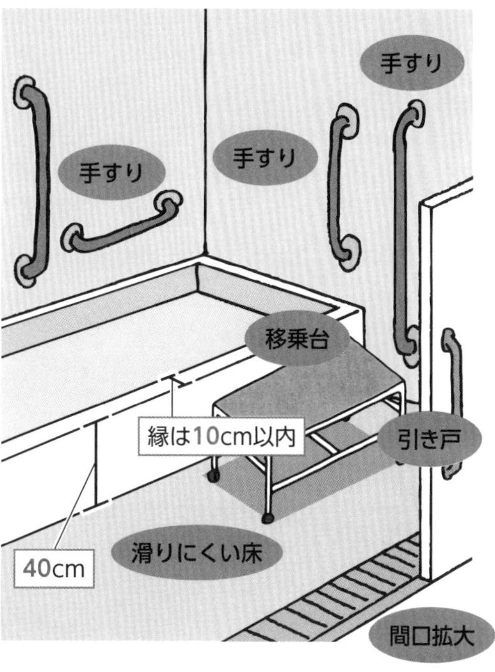

階段の環境整備

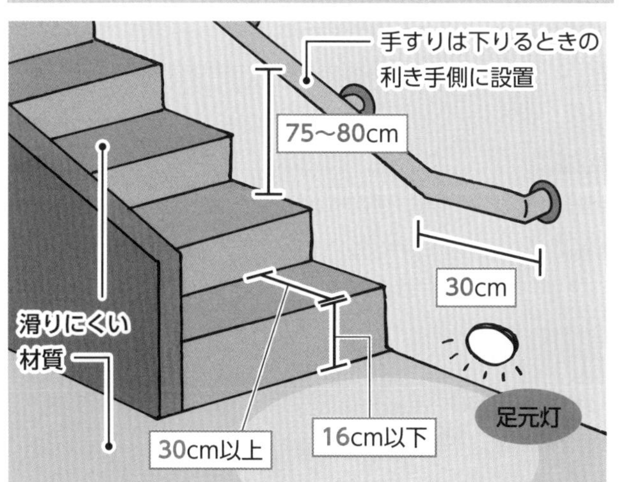

関連 過去問題
第35回 問題81より出題

正解 高齢者の安全に配慮して、階段には手すりを設置する。

120 移動の意義と目的

移動という行為は、単に買い物や旅行するといったものだけではなく、食事、入浴、排泄など、生活上の基本的欲求を満たす際に必要となるものです。それを学習し、深く理解することは、利用者の生活意欲を高めることに繋がります。

出題頻度 ★

■ 移動の意義と目的

- 移動・移乗は、日常の生活行為を遂行するための基本動作である。
- 移動の自立は、ひとり一人の生活機能に大きな影響を与えることができる。
- ベッド上で1週間安静にしていると、筋力は約**10〜15%**低下する。3〜5週間で半減し、立つことが困難になる。
- からだを動かさない状況が続くと、骨や筋肉の**萎縮**、関節の**拘縮**に繋がる。
- 寝たきりなどで身体活動、精神活動を行わないことによって生じる、**廃用症候群**（P.254）を予防することが介護福祉士には求められている。

出題頻度 ★★

■ 移動介護の視点

- **麻痺の4分類**……①片麻痺：片側上下肢の麻痺、②対麻痺：両側下肢の麻痺、③四肢麻痺：左右、両上下肢の麻痺、③単麻痺：上下肢のうち、1肢だけの麻痺。
- **関節可動域**………動かすことができる関節の一定範囲のこと。
- 関節の拘縮や筋萎縮などに対して、日常の生活行為におよぼす影響を最小限にするために、**良肢位**※を保つことは重要。

アセスメント項目	①利用者の疾病や障害の有無、程度、場所 ②利用者の認知機能、理解力・判断能力 ③利用者の体格

- **ボディメカニクス**※を活用して、介護者自身の腰に負担のかからない介護をすることも大切である。
- 杖を使用することで、**支持基底面積**※が広くなり、からだが安定する。
- どのような利用者でも、その人が「できる」わずかなことを生かしていく姿勢が大切。
- 移動の介護の際のおもな留意点は
  ①必要な物品、用具を理解し、準備しておく。
  ②利用者に説明し、**同意**を得ること。
  ③介護者と利用者で移動の**目的**を共有しておく。
- 福祉用具を活用することで、利用者にも介護者にも負担の小さい介護ができる。

出た！

第36回で「**立位の基本的な介護方法**」について、第35回で「**安定した歩行に関する助言**」について、第34回で「**スライディングボードを用いた、ベッドから車いすへの移乗介護**」、第30回で「**立ち上がりの基本的な介護**」について出題されました。

用語PICK！

良肢位
関節拘縮をきたし、その位置で動かなくなっても日常生活、ADLにおよぼす影響が小さい肢位のこと。

ボディメカニクス
身体機能や運動機能の、力学的な相互関係の総称。

支持基底面積
介護者の姿勢を支持するときに基盤となる面のこと。通常は両足によってつくられる。

関連づけよう！

P.84「移動に関するこころとからだの基礎知識」と関連づけて理解しましょう。

立位の介護方法

立位補助

介護者は患側に位置し、膝を支持する。

立位動作の基本

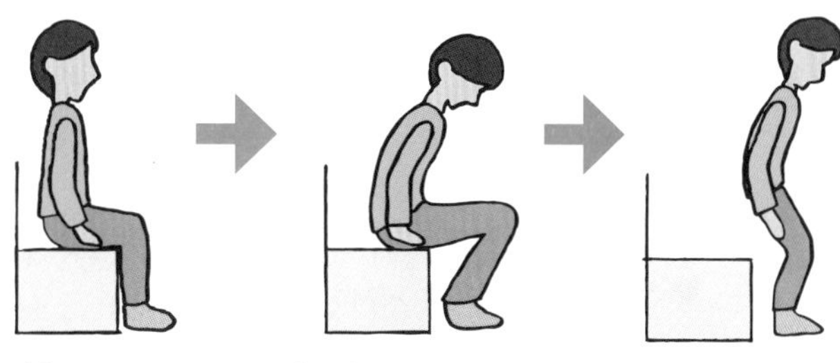

足底が床についている。　浅く座り、前傾姿勢になる。　立ち上がる。

ボディメカニクスの理解5

❶ 支持基底面積を広くする

支持基底面積を広くして重心を低くすれば、からだが安定する。

支持基底面積

❷ 利用者に近づく

利用者と介護者の重心を近づけるほど、余計な力を使わずにすむ。

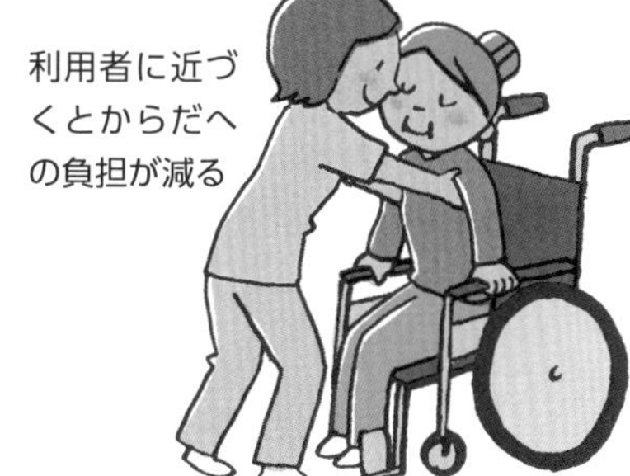

❸ てこの原理を利用する

肘や膝を支点にするなど、**てこの原理**を利用すると動かしやすくなる。

支点

❹ 利用者のからだの接地面を小さくする

❺ 介護者自身のからだをねじるような無理な体勢はとらない

移動・移乗のための福祉用具

トランスファーボード

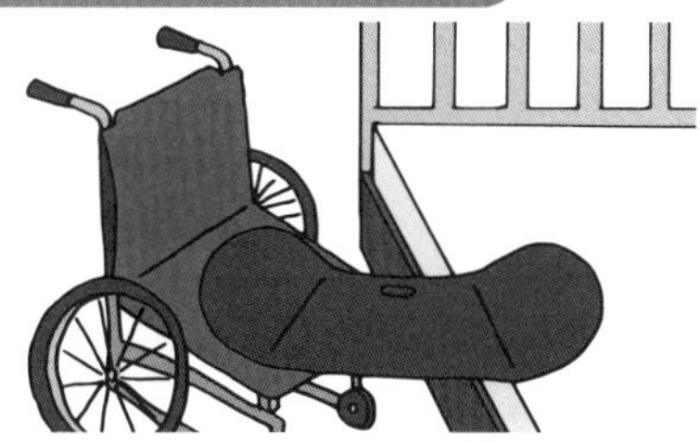

車いすからベッドなどに橋渡しで、移乗を行うための板。

リフト式移乗器具（起立型）

立位はとれるが、自力での移動が困難な人のための起立補助リフト。

関連 過去問題
第36回 問題84より出題

正解 左片麻痺の利用者の立位になるときの介護では、利用者の左の膝頭を保持し、膝折れを防ぐ。

121 移動・移乗の介護の基本となる知識と技術①（歩行）

- 歩行の介護の基本的な知識を学ぶことで、利用者に適した介護ができるようになります。
- 歩行に関する福祉用具を知ることで、生活範囲の拡大と自立支援に繋げることができます。

学習のコツ！

歩行介護の基本として、介護者は、利用者が転倒するリスクがある位置から行うことを理解して、それぞれの場面に応用しましょう。

用語 PICK！

膝折れ
歩行中に膝が「ガクッ」と折れてしまうこと。

尖足
アキレス腱などの萎縮により、足関節が底屈位に変形している状態。

出た！

第35回で「**杖歩行**」について、第32回で「**手すりを利用して階段を昇降するときの介護**」について出題されました。

関連づけよう！

P.86「姿勢・体位・歩行のしくみ」と関連づけて理解しましょう。

出題頻度 ★★★

■ 歩行の介護

- **歩行とは**……重心の移動による左右の下肢の相互運動をいう。
- 膝折れ※、尖足※が見られる場合は、装具を用いる。
- **杖の長さ**…………利用者の**大転子**（**太もものつけ根**）から床までの長さの杖を使用することが好ましい。
- **杖をつく位置の目安**
……足先から前に15cm、外側に15cmのところに杖をつく。このとき、肘関節が30度曲がる高さに合わせて使用する。
- **杖歩行を安全にするには**
……杖を健側に持ち、杖が患側のつま先より前に出ないようにする。
- **杖先ゴム**…………杖が滑るのを防ぐ。ゴムの減り具合を確認する必要がある。
- **杖歩行の介助**……介護者は利用者の**患側後方**から介護を行う。
- 杖歩行で段差や溝を越える場合は、段差や溝の向こう側に**杖**を出し、**患側**の足、**健側**の足を出して障害物を乗り越える。

出題頻度 ★★★

■ 階段における杖歩行のポイント

●患側が右の場合

階段を上る
介護者は患側**後方**から介護する。

①杖を上段に置く。　②**健側**の足を上段に上げる。　③**患側**の足を出し、両足をそろえる。

階段を下りる
介護者は患側**前方**から介護する。

①利用者は杖を下段に置く。　②**患側**の足から階段を下りる。　③次に**健側**の足を下ろして、両足をそろえる。

杖歩行のポイント

※２動作歩行（杖＋**患側**の足→**健側**の足）もあるが、３動作歩行のほうが安定性がよい。

段差や溝を越えるときの杖歩行

①両足をそろえて、できる限り段差に近づいて立つ。

②杖を段差の向こう側につく。

③杖に体重をかけながら、患側の足から段差をまたぐ。

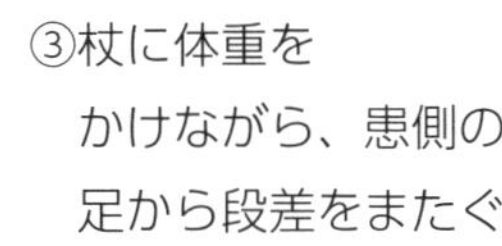

④健側の足も段差をまたぎ、患側の足にそろえる。

歩行を支援するための福祉用具

出る!

歩行に関するさまざまな福祉用具がある中で、利用者の状態や疾患に応じて適切な用具を選択して、自立支援に繋げることが必要である。

ロフストランドクラッチ

握力の弱い人に適している。

プラットホームクラッチ

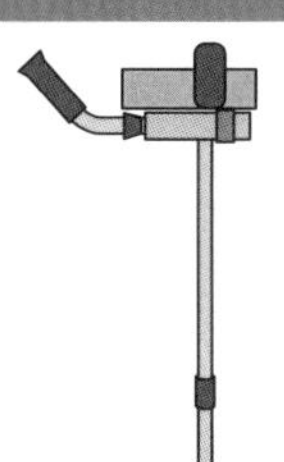

手指や**手関節**への負担が小さい。

ウォーカーケイン

バランスを取るのが難しい人に適している。

歩行器

足や**腰**への負担が小さい。

関連 過去問題
第32回 問題43より出題

正解 右片麻痺の利用者が手すりを使って階段を下りるとき、介護者は利用者の右前方に立つ。

122 移動・移乗の介護の基本となる知識と技術②（車いす）

- 車いすの基本構造などの基本的な知識と介護の留意点を知ることで、安全に車いすの介護を行うことができます。
- 日常生活の中のさまざまな環境における介護方法を理解することで、利用者の生活範囲を広げ、社会参加を可能にします。

実際に車いすを使ってみると理解しやすいでしょう。

出た！

第36回で「**標準型車いすを用いた移動の介護**」について、第33回で「**踏切を渡る車いすの移動**」について、第32回で「**ベッドから車いすへの移乗介護**」について、第31回で「**車いすでの外出時の計画・準備**」「**ベッドから車いすへの移乗**」について出題されました。

用語PICK！

斜方接近法

ベッドから車いすへ移乗する際の方法。車いすを利用者の健側に斜めに接近させることで、健側の上下肢が使いやすくなる。

関連づけよう！

P.84「移動に関するこころとからだの基礎知識」と関連づけて理解しましょう。

出題頻度 ★★★

■ 車いすの介護

［車いすでの移動介護のポイント］

①両足がフットサポートに乗っていることを確認する。

②歩行速度よりも遅いスピードで押す。このとき、タイヤの**空気圧**が低いとブレーキの利きが悪くなるので注意する。

③下り坂では**後ろ向き**で下りる。

④砂利道やでこぼこ道では**キャスタ**を上げて進む。

⑤エレベーターの乗降時、キャスタが扉の溝に挟まらないようまっすぐ進む。

⑥外出するときは、外出先の経路情報を集める。

⑦踏切を渡るときは、**キャスタ**を上げてレールを越えて進む。

［ベッドから車いすへの移乗介護のポイント］

①介護者は利用者の**患側**に立つ。

②車いすは利用者の**健側**に置く。

③ベッドから車いすへの移乗の介護をするときに、斜方接近法※ではベッドに対して**斜め**に車いすを置く。

④高さが調節できる場合、ベッドの高さは車いすのシートと同じ高さにする。

出題頻度 ★

■ 車いすの構造

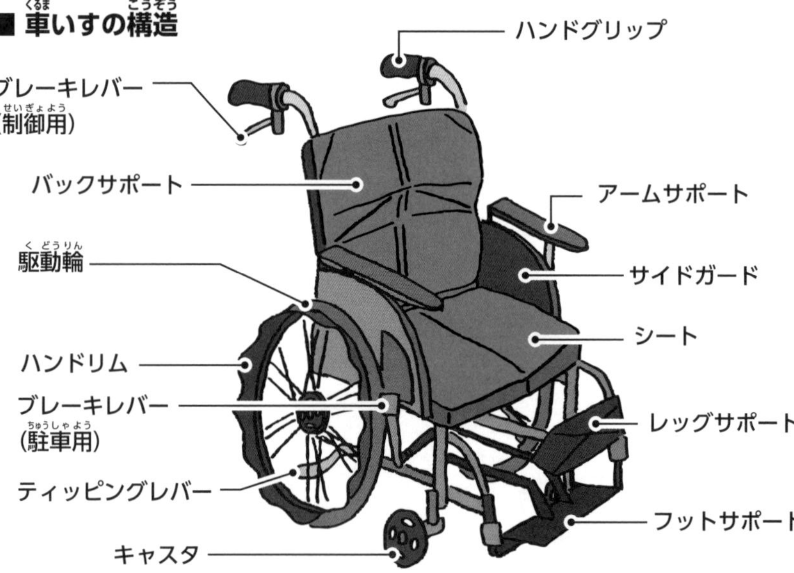

ベッドから車いすへの移乗

右片麻痺の場合

①車いすを準備し、移乗することを**説明**、**同意**を得る。

②車いすを、利用者のベッドの**健側**に斜めに配置する。

③利用者の右膝を押さえて、**患側**の足の膝折れや滑りを防止する。

④背中を前方へ軽く押して、**前かがみ**になって、立ち上がってもらう。

⑤介護者は腰を落とし、利用者をシートにゆっくり座らせる。

出る! 坂道やでこぼこの道

上り坂

足を開いてしっかり脇を締め、ゆっくり進む。

下り坂

進行方向の安全を確認して、**後ろ**向きでゆっくり進む。

でこぼこ道

ティッピングレバーを踏んで、**キャスタ**を浮かせて進む。

関連 過去問題
第36回 問題85より出題

正解 エレベーターに乗るときは、正面からまっすぐに進む。

123 移動・移乗の介護の基本となる知識と技術③（体位）

- 安楽な姿勢、体位変換の方法を理解することで、利用者の安眠や褥瘡※の予防に繋がります。
- 体位変換の技術を理解することで、介護者のからだに負担をかけずに行うことができるようになります。

出題頻度 ★

■ 安楽な体位の保持

- **ベッド上での体位の種類**
  ……**仰臥位**、**側臥位**、**腹臥位**、**長座位**、**半座位**、**端座位**などがある。
- ベッド上で仰臥位の人を移動させるには、ボディメカニクスの原則から、持ち上げずに**水平**に移動させることで、介護者の負担を軽減できる。
- **褥瘡**……………皮膚の**発赤**が起こり、疼痛、壊死、潰瘍へと繋がる。
- **褥瘡の予防**……最低でも、約**2**時間ごとに体位変換を行う必要がある。
- **褥瘡のできやすい部位（仰臥位の場合）**
  ……**後頭部**、**肩甲骨部**、**後肘部**、**仙骨部**、**踵部**
- **ベッドの背上げ**をするときは、利用者の臀部をベッド中央の曲がる位置に合わせる。
- ベッドの背上げをした後は、背部の圧抜きを行う。

出題頻度 ★

■ 動作の基礎となっている理論

- 重心は**高く**すると不安定になり、**低く**すると安定する。
- 重心は近づけると力を入れやすく安定し、離れると力が入りにくい。
- 介助の際は押すのではなく、**引くこと**で、力のベクトルを集めて意図した方向に動かすことができる。
- **トルクの原理**とは、物体を回転させる力のこと。利用者の膝を立てて、肩と腰を回転させることで、小さな力で利用者を回転させることができる。

出題頻度 ★

■ 安楽な体位保持のための物品

物品	目的
エアマット	電動のポンプで、エアが膨張と収縮を繰り返し、体圧の分散を図る。
褥瘡予防マット	体圧分散機能の素材を使用したマット。
ビーズマット	ビーズを使用したマット。部位の除圧、姿勢の保持を目的とする。

学習のコツ！

ボディメカニクスの原則を踏まえて、体位変換の方法も理解しましょう。

出た！

第36回で「**ギャッチベッドの背上げを行う前の介護**」について、第34回で「**トルクの原理を応用した介護方法**」について、第33回で「**仰臥位から側臥位への体位変換**」、第31回で「**安楽な姿勢**」について出題されました。

用語PICK！

褥瘡
長時間の臥床などにより、血液の循環障害が生じて組織が壊死すること。

関連づけよう！

P.84「移動に関するこころとからだの基礎知識」と関連づけて理解しましょう。

出る! 体位の種類とその名称

仰臥位

あおむけの姿勢。支持基底面積が広いので安定している。

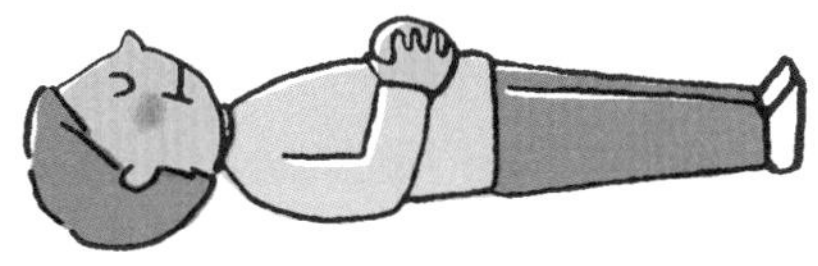

側臥位

横向きの姿勢。右半身が下の場合は右側臥位、左半身が下の場合は左側臥位。

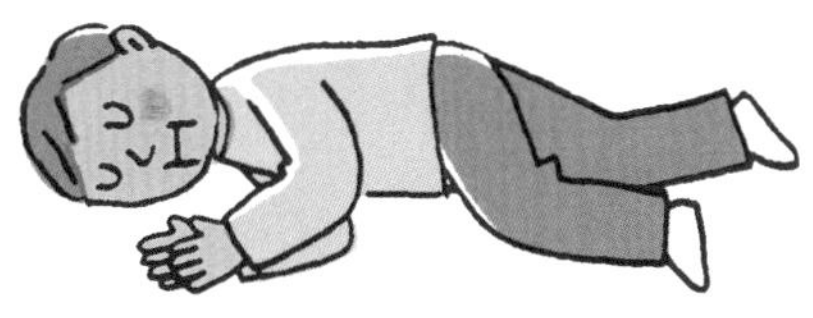

腹臥位

うつぶせのこと。支持基底面積は広い。顔を横へ向けるようにする。

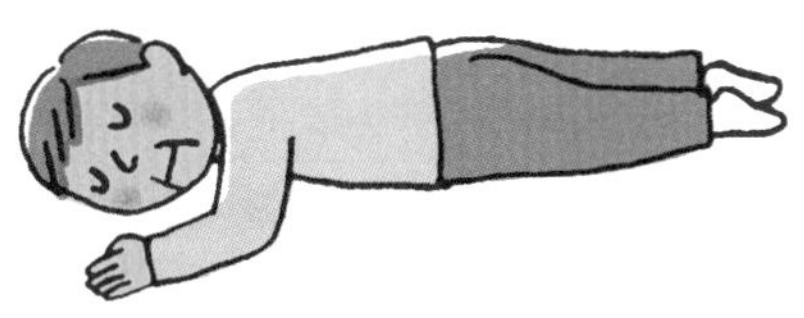

長座位

背が90度起きていて、両脚を前に投げ出して座っている体位。

半座位

背を45度起こした状態。ベッドで食事を取る際などの姿勢。**呼吸**や**嚥下**がしやすく、安定している。

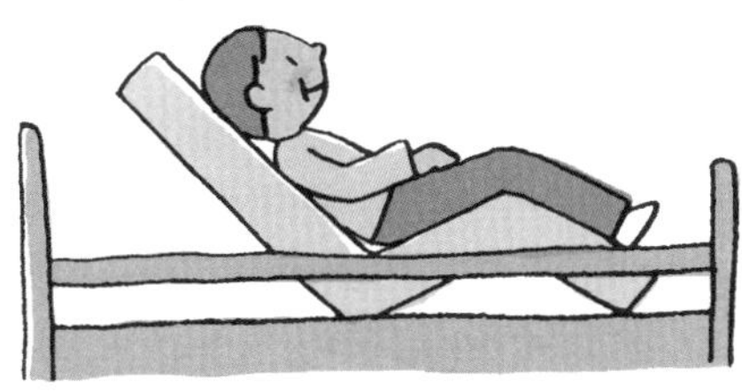

端座位

ベッドの端などを利用し、足底が床についている姿勢。

呼吸苦時の姿勢。上半身を起こすことで**呼吸**が楽になる。

関連 過去問題
第36回 問題86より出題

正解 ベッドの背上げをするときは、利用者の臀部をベッド中央の曲がる位置に合わせる。

よく褥瘡が起こる部位

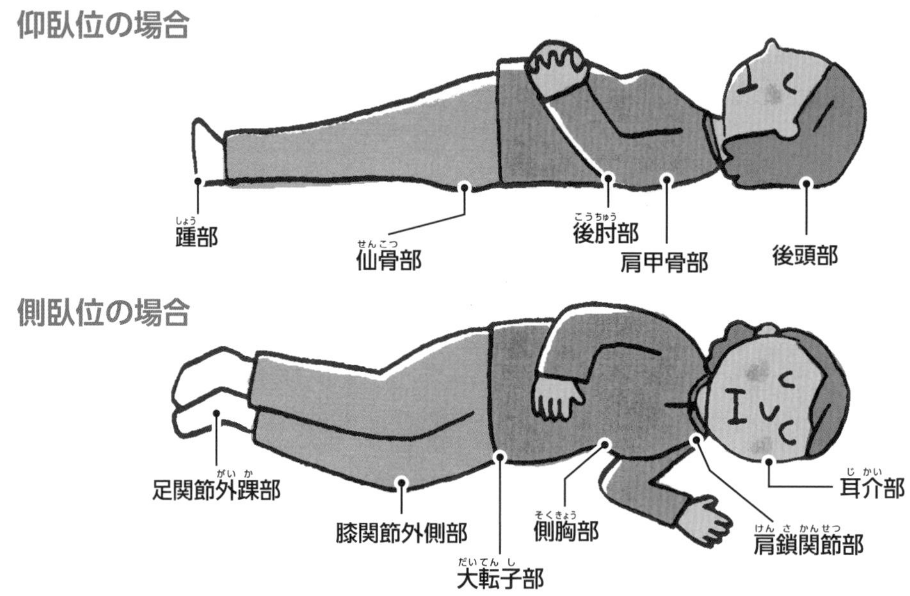

ベッド上での移動介護

上方移動の例

ベッド上に長くいると知らず知らず下方に行き、脚を伸ばせなくなる場合がある。その際、上方移動の介護をする。

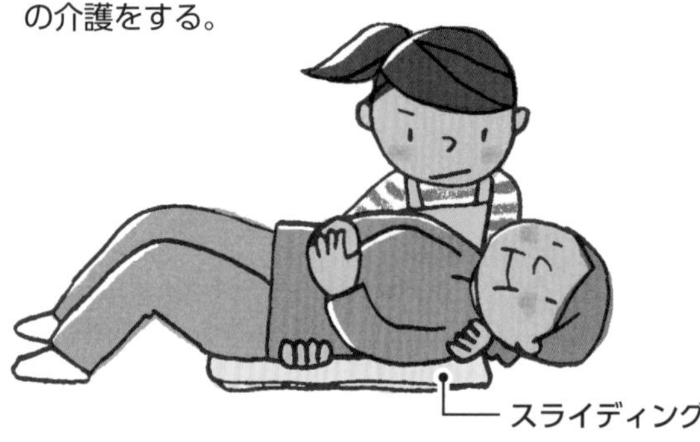

①利用者に**腕**を組んでもらい、**膝**を立てる。
②腰部（または大腿部）と肩を支える。
③利用者に近づき、重心移動で上方へ移動する。

水平移動の例

端座位になるときなど、ベッドの中央から端に移動してもらうときなどに水平移動の介護をする。

①利用者に**腕**を組んでもらい、**膝**を立てる。
②肘関節で首を支えながら、手のひらで肩を支える。
③反対側の腕で支えながら、利用者の上半身を持ち上げて手前に移動させる。
④腰部と大腿部に手を入れて手前に引く。

ポイント
①介護者は両膝をベッドの端につけ、てこの原理を利用して移動させる。
②利用者とベッドが接している面をなるべく小さくする。

仰臥位から側臥位への移動介護の例（対面法）

①利用者の**顔**を寝返りをうつ側に向ける。

②右に向く場合は右腕を広げて下に下ろし、左腕は胸の上にして膝を立てる。

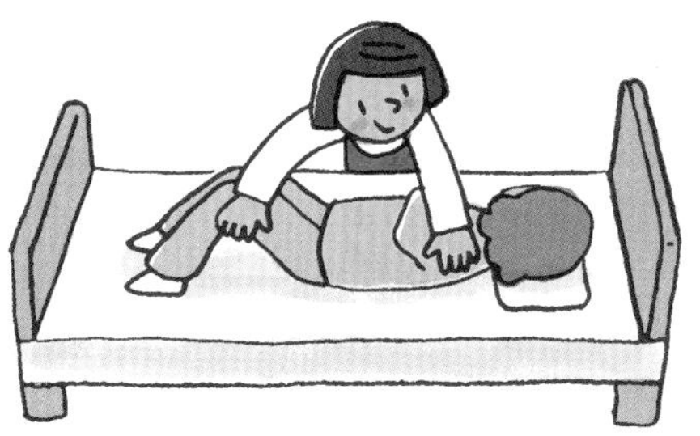

③利用者の**膝**と**肩**を持つ。

④**膝から倒し**、骨盤を回転させて肩を引き上げる。

仰臥位から端座位への移動介護の例

利用者がポータブルトイレを利用するときや立位になるときなどに必要になる。

①利用者に腕をからだの上で組んでもらい、両膝を立てる。

②からだを介護者の手前に横向きにする。

③利用者の頭を手前に引きつつ、半円を描きながら上体を起こす。

④介護者は利用者の足が床につくようにベッドの高さを調整し､座位を安定させる。

124 対象者の状態・状況に応じた移動の介護の留意点

- 利用者の障害や、状態に応じた介護方法を理解することで、安全な移動介護ができるようになります。
- 障害や状態に加え、利用者個人の特徴を知ることで、その人の「できる力」を活用した移動介護が可能になります。

出た！

第34回、第30回、第28回で「**視覚障害者の外出の支援**」、第33回で「**脊髄損傷後の移動の自立支援**」、第27回で「**視覚障害のある利用者の歩行介護**」について出題されました。

用語 PICK！

姿勢反射障害
からだのバランスが崩れたときに、反射的にからだをもち直すことができない障害。

日内変動
体内時計でつくられた血圧や脈拍などの一定のリズムが1日の中で変動すること。

関連づけよう！

P.170「視覚障害」、P.172「聴覚障害・言語機能障害」、P.174「肢体不自由」と関連づけて理解しましょう。

出題頻度 ★★★

■ 視覚障害者の移動介護の留意点

- 視覚障害のある利用者の支援は、利用者の見え方を把握しておくことが必要。
- 視覚障害者の介護時には、はっきりと明確に言葉で状況を説明する。
- 視覚障害者の手引き歩行は、**ガイドヘルプ**といわれる。
- **点字ブロック**……視覚障害者が移動するための補助的な役割を果たす。
- **白杖**………………視覚障害者の歩行補助具として使われる。**直杖式**、**折りたたみ式**、**スライド式**がある。
- 視覚障害者のバスの乗降では、介護者が**先**に乗り、介護者が**先**に降りる。
- 視覚障害者のタクシーの乗降では、**利用者**が先に乗り、**介護者**が先に降りる。
- 視覚障害者の外出の支援では行く場所、利用する場所の情報を提供することが必要である。

出題頻度 ★★

■ 聴覚障害者の移動介護の留意点

- そもそも高齢者は**高音域**の音が聞き取りにくいので、声を低く抑える必要がある。
- 介護者の声が届いていない場合があるので、ゆっくりはっきりと話すことが大切。
- 聴覚機能の低下で**視覚**に頼ることがあるので、ジェスチャーなども取り入れる。

出題頻度 ★★★

■ 運動機能障害のある人の移動介護の留意点

- 片麻痺のある人の、バスの乗降車の場合
  ①乗車前に、からだが不自由なことを運転手に伝える。
  ②乗車口の階段を昇る際には、介護者は**1段下**に位置する。
  ③降車口の階段を降りる際には、介護者は**1段下**に位置する。
- 短下肢装具を使用する場合、足が**尖足**にならないように注意して装着する。
- パーキンソン病の人は**姿勢反射障害**※があるので、転倒に注意する。
- パーキンソン病は**日内変動**※があるので、そのときの状態や症状に応じて介護を行うことが必要。
- パーキンソン病の人は動作に時間がかかるので、移動ができるまで見守ることが必要。
- 脊髄損傷の場合、あらわれる障害が部位により異なるため、**残存機能**に応じた支援方法を選択することが必要である（P.175）。

視覚障害者の介護

基本姿勢

介護者は、声かけを忘れずにし、利用者の半歩ほど、斜め前に立つ。利用者は、介護者の肘の少し上を軽く握る。

イスに座る

背もたれや座面に手を誘導し、触れてもらいながら説明する。

狭い通路など

介護者が腕を後ろに回して利用者の前に立つ。

タクシーに乗る

開いているドア、屋根、座席、それぞれに触れてもらいながら、誘導する。

視覚障害者誘導用ブロック（点字ブロック）

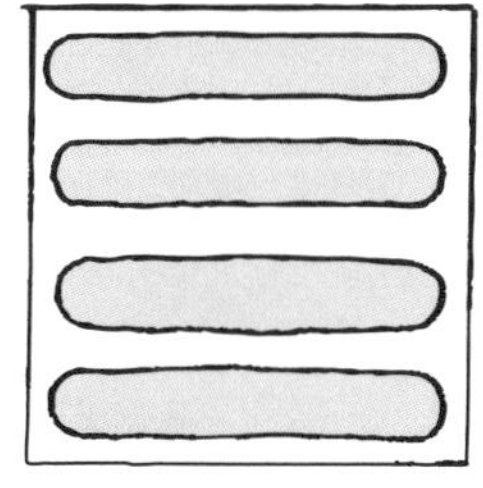

誘導ブロック（線状ブロック）

方向を示して誘導するもの。

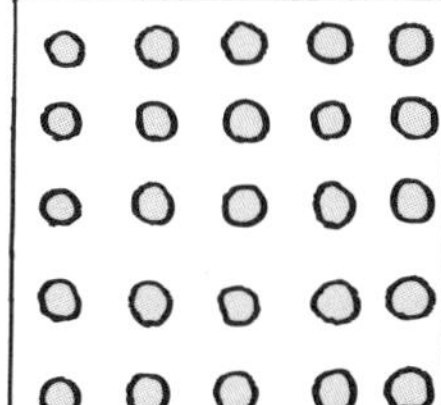

警告ブロック（点状ブロック）

位置を示して、注意を促すもの。

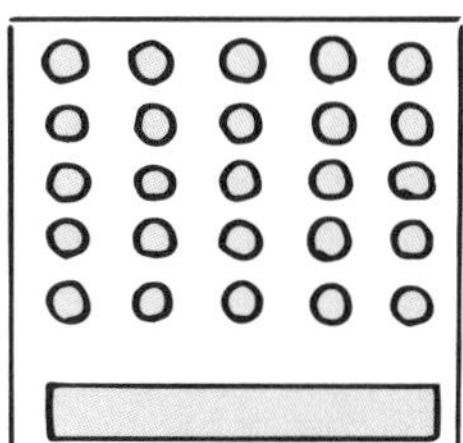

内方線つき点状ブロック

駅のホームの外側、内側を示している。

関連 過去問題
第28回 問題46より出題

正解 視覚障害者との外出時、利用者から一時離れるときは、柱や壁に触れられる位置まで移動する。

125 自立に向けた身じたくの介護①（整容）

- 身じたくとは、社会性を維持したり、生活意欲を高めたりするものであり、その意義と目的、適切な支援を理解することで、その人らしい生活をおくるための重要な役割を担います。
- 整容は、利用者のQOLによい影響を与えます。

出た！

第36回で「**医学的管理の必要がない高齢者の爪の手入れ**」について、第35回で「**爪切りの介護**」「**目の周囲の清拭の方法**」、第34回で「**耳の清潔**」、第32回で「**利用者の身じたくに関する専門職の役割**」について出題されました。

用語PICK！

爪肥厚
おもに足の爪で見られる。白癬菌の感染などで爪の一部が変色したり、厚く盛り上がったりすること。

耳垢塞栓
耳垢は耳あかのこと。耳あかが外耳道をふさぐほど大きくなった状態をいう。

関連づけよう！

P.92「身じたくに関連したこころとからだの基礎知識②」と関連づけて理解しましょう。

出題頻度 ★

身じたくの意義と目的、アセスメント

- **身じたくの意義**……自分らしさを表現するひとつの方法。
- **身じたくの目的**……身を守ることや**体温調節**、**清潔保持**、精神的な満足感など。

出題頻度 ★★★

整容

［洗顔］

- **洗顔の効果**………………清潔を保持するとともに、血流を促進する。
- 洗顔ができない場合は、顔の**清拭**を行う。
- 顔の清拭を行うときは、**50～55℃**のお湯を準備して、タオルが皮膚にあたるときに40～42℃になるように調整する。

［整髪］

- 整髪は気分転換、頭髪・頭皮の健康維持、社会性の維持のために大切である。
- 髪のブラッシングは、**血行の促進効果**もある。

［ひげ剃り］

- **ひげ剃りの介護**…………１日１回行うのが一般的である。
- 電気かみそりによるひげ剃りの介助は、皮膚を伸ばし、軽くかみそりをあて、ひげの**流れに逆らって**滑らせるように剃る。

［爪切り］

- 爪は、まめに手入れをしないと、**巻き爪**や**爪肥厚**※などの原因となる。
- **高齢者の爪の切り方**……爪が割れやすいため、**少しずつ**切るようにする。
- 爪は入浴後、やわらかくなった状態で切るとよい。
- 爪は、先端の白い部分を**1㎜**ほど残して切る。
- 爪切りは、①爪そのものに異常がない、②爪のまわりの皮膚に異常がない、③**糖尿病**などの疾患に対する専門的な管理が必要でない場合、介護福祉職も行うことができる（**医行為**ではない）。
- 爪やすりは、**端の角**になっている部分からかけていく。

［耳垢の除去］

- 耳垢の除去は耳かきや綿棒を使用する（**医行為**ではない）。
- 耳の中は傷つきやすいので、無理をせずよく見える範囲に留め、奥まで綿棒を入れない。
- **耳垢塞栓**※は医療職に報告し、**介護福祉職**は耳垢の除去をしてはならない。

顔の拭き方

□ 顔を拭くときは、中心から外に向かって拭くのが基本となる。
□ 一度拭いたタオルの面で、再度拭かない。

目を拭くときは、目頭から目尻にかけて拭いていきます

ひげ剃り……電気かみそりの場合

□ あたっている角度が肌に対して直角になるようにし、それを保ちながら剃る。
□ 湾曲している部分は、もう一方の手で皮膚を伸ばすようにしながら剃る。

かみそり負けを起こしやすいので、ひげ剃りのあとにはクリームや化粧水で皮膚を保護しましょう

爪の構造と爪切り

爪の構造

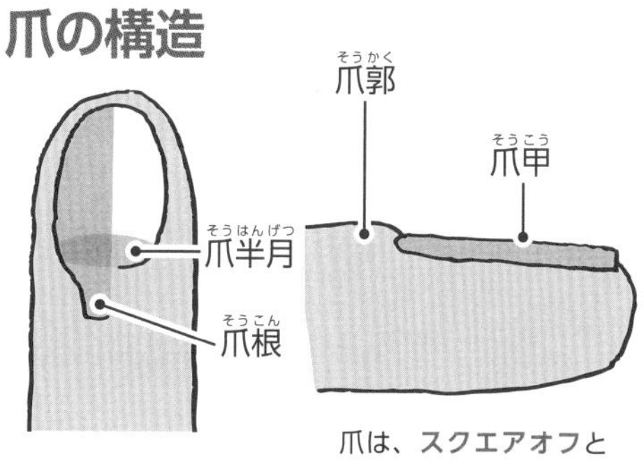

爪は、スクエアオフという切り方にする。

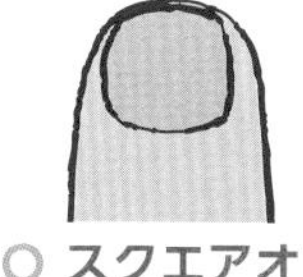

○ スクエアオフ
爪の先端をまっすぐに切った状態。

×深爪

×バイアス切り
爪の先端を丸く切って、両端を深く切りすぎた状態。

整容に関する自助具の例

長柄ブラシ
柄を長くした整髪用ブラシ。腕がうまく上がらない場合に使用する。

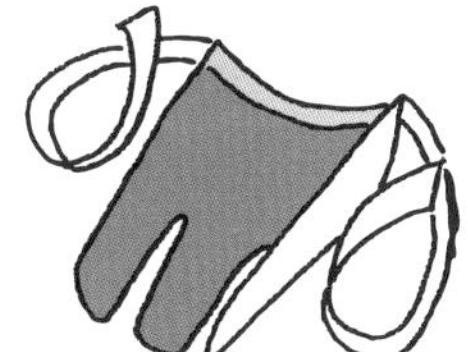

ストッキングエイド
かがんでストッキングをはくことが困難な場合に使用する。

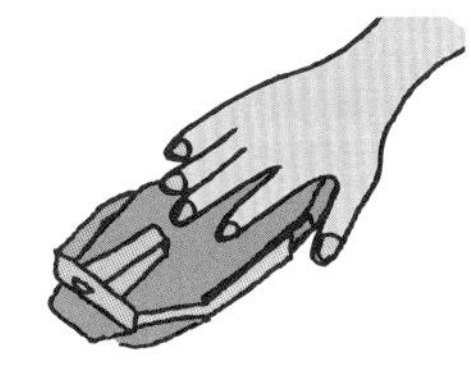

ワンハンド爪切り
手指がうまく使えない人や、片麻痺の人でも爪切りについている台座を押すことで、片手で爪を切ることができる。

ボタンエイド
ボタンエイドの先端をボタンに引っかけて引くだけで、手指がうまく使えない人でも簡単にボタンをかけることができる。

関連 過去問題
第36回 問題80より出題

正解 爪切り後は、やすりをかけて滑らかにする。

126 自立に向けた身じたくの介護②（口腔ケア）

口腔ケアの基本的な知識と方法を理解することで、口腔内の清潔を維持するだけでなく、感染症の予防や、ADLを維持することにも繋がります。また、口腔ケアは歯周病によるからだへの影響を回避するためにも重要な意味を持っています。

出た！

第35回で「**総義歯の取り扱い**」、第34回で「**歯ブラシを使用した口腔ケア**」、第33回で「**口腔ケア**」「**口腔内乾燥への対応**」、第31回で「**ベッド上での口腔ケアに使用する道具**」「**総義歯の洗浄**」、第29回で「**義歯の取り扱い**」について出題されました。

出題頻度 ★

■ 口腔ケアの目的

- 齲歯（むし歯）や、**歯周疾患**、**口腔粘膜疾患**などを予防する。
- 口臭を予防する。**唾液**の**分泌**を促し、食欲を増進する。
- 口腔内は細菌が繁殖しやすく、炎症や**肺炎**の原因となることもある。口腔ケアをすることで、**感染予防**に効果がある。
- **誤嚥性肺炎を防ぐ**……誤嚥性肺炎とは、**口腔細菌**を誤嚥して発症する肺炎。

出題頻度 ★★★

■ 口腔の清潔

- 高齢になると**唾液**の分泌が減少し、口腔内が乾燥して細菌が繁殖しやすくなる。
- ドライマウス※の利用者には、唾液腺マッサージや飲み込みやすい食形態にするなどの配慮が必要。
- **義歯の種類**…………**全部床義歯**（総義歯）と**部分床義歯**（部分義歯）がある。
- 全部床義歯は、**上**から装着し、**下**から外す。
- **義歯の役割**…………**咀嚼機能**や咬合機能の維持・向上、**発声機能**の維持など。
- 基本的に、**就寝時**以外は義歯を着用する。
- 義歯の清掃では、**熱湯**や**歯磨き粉**は使用しない。
- 義歯の清掃は**流水**で行い、ブラシは普通の硬さが適している。
- 義歯は**水**、または**義歯洗浄剤**に浸して保管する。
- ベッド上での口腔ケア…
  ①ベッドをギャッジアップする。上半身を起こす。
  ②上半身を起こせなければ、**側臥位**にする。
  ③うがいができるなら、**ガーグルベースン**を使って行う。

出題頻度 ★

■ 口腔ケアの方法

- **ブラッシング法**……歯ブラシを鉛筆を持つように握り、軽く歯や歯肉、舌を磨く方法。舌苔※も取り除く。
- **バス法**………………歯ブラシの毛先を、歯と歯ぐきの境目に斜めにあてて磨く方法。
- **含嗽法**………………うがいをして、口腔内に残っている食物残渣を除去する。
- **口腔清拭法**…………スポンジブラシや綿棒、ガーゼで口腔内を清掃する。

用語 PICK！

ドライマウス
唾液の分泌減少によって、慢性的に口腔内が乾燥した状態のこと。

舌苔
口腔内の細菌が固まって舌の表面に付着したもの。

関連づけよう！

P.130「歯・口腔内の疾患」、P.94「機能低下・障害がおよぼす身じたくへの影響」と関連づけて理解しましょう。

義歯の取り扱い

❶ 水、またはぬるま湯で清掃する。

❷ 変形を防ぐため、**熱湯**や**歯磨き粉**は使用しない。

❸ 義歯は毎食後に洗う。

❹ 歯肉を傷つけることを防ぐなどの理由から、寝る前には外し、水または**義歯洗浄剤**に浸して保管する。

全部床義歯（総義歯）

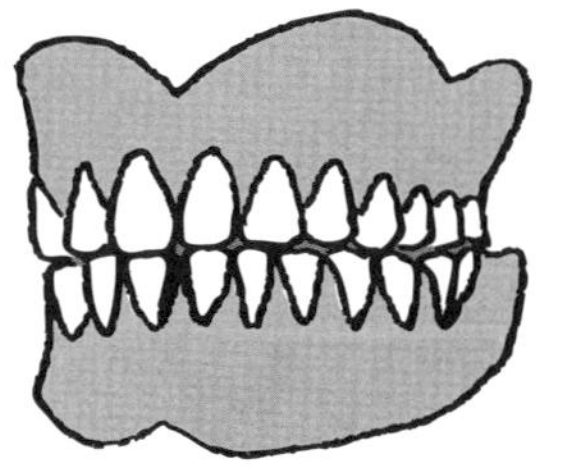

部分床義歯（部分義歯）

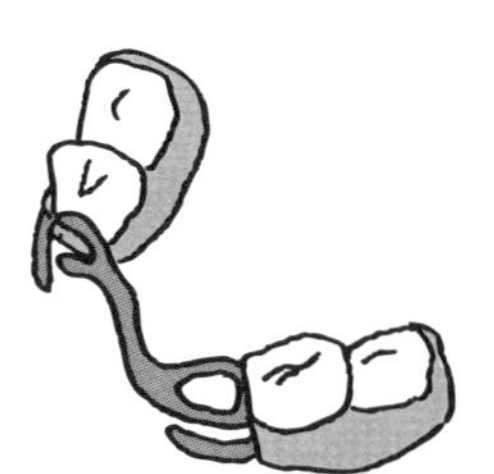

全部床義歯は、上→下の順に装着し、下→上の順に外します。

口腔ケアのポイント

❶ 歯ブラシはふつうの硬さのものを使い、ペングリップ（鉛筆持ち）で持つと扱いやすい。

❷ うがいができる場合、ブラッシング前に**うがい**をする。

❸ 歯と歯肉のブラッシングだけでなく、粘膜もスポンジブラシなどを使用して清掃する。

❹ 歯ブラシを**小刻み**に動かしながら磨く。

❺ 舌の表面に付着した**舌苔**を奥から手前に向かって取り除く。

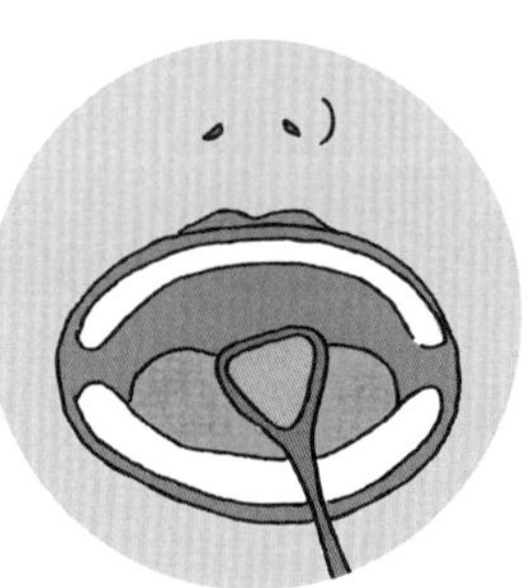

❻ 歯ブラシが使用できないときは、ガーゼや綿棒などで、口腔内を清掃する。

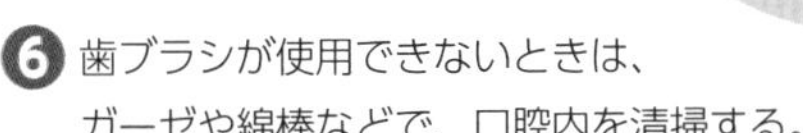

義歯の外し方

全部床義歯（総義歯）の場合

前歯の部分をつまみ、利用者の頭に軽く手を添えて固定する

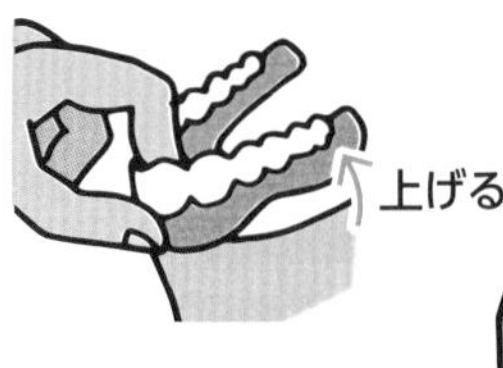

後ろの部分を浮かす感覚で力を入れる

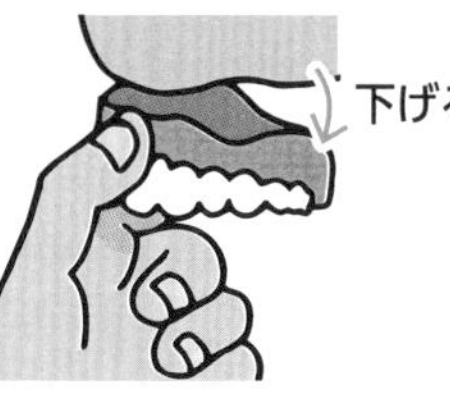

部分床義歯（部分義歯）の場合

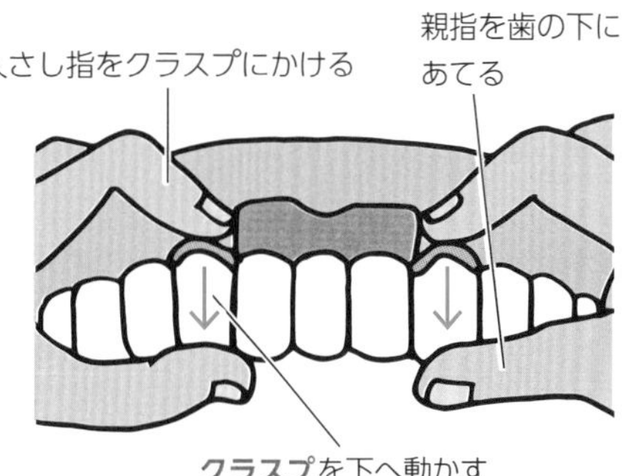

関連 過去問題
第34回 問題38より出題

正解 歯ブラシを使用した口腔ケアの際は、歯ブラシを小刻みに動かしながら磨く。

127 自立に向けた身じたくの介護③（衣服着脱）

毎日の着替えは、利用者の生活リズムを整えることに繋がります。衣服の着脱の目的、介護のポイントを理解することで、安全な生活支援を行うことができます。

出た！

第33回で「**つまずきやすくなった高齢者に適した靴**」について、第28回で「**高齢者の衣服と支援**」について、第27回で「**片麻痺のある利用者が着脱できる衣服の選択**」について出題されました。

用語 PICK！

不感蒸泄
呼吸と皮膚から発散される水分の量のこと。

疥癬
ヒゼンダニの寄生による皮膚感染症。

関連づけよう！

P.92「身じたくに関連したこころとからだの基礎知識②」と関連づけて理解しましょう。

出題頻度 ★★

■ 衣服の着脱について

- **脱健着患**……………「脱ぐときは**健側**から脱ぎ、着るときは**患側**から着る」という介護における着脱の原則のこと。
- **衣服の着脱の目的**……**体温調節**、**皮膚の保護**、社会生活への適応など。
- 生活のリズムを保つために、昼と夜で衣服を着替えることが適切。
- 動作がゆっくりでも、自分で着脱が可能なら、自力でできるように支援する。
- 一部介護の利用者については、できること、できないことを見極め、できない部分を介護する。
- 臥床したままの着脱の介護では、**前開き**の上衣が適している。
- 下着は、からだの代謝によって汚れるため、毎日着替えることが基本。
- **肌着に適切な素材**……木綿や絹は、**吸湿性**、**通気性**に優れるので適切である。
- 成人は眠っている間に発汗や**不感蒸泄**※が約200mlあるため、それらは寝具に吸収されている。寝具は数日に１回は日光に当てて干すことが適切である。
- 寝具の日光消毒は、**疥癬**※の発生を減少させることができる。
- 靴は、軽くて履きやすく、つまずかないようにつま先がやや上がっているものがよい。
- 着脱の際に高齢者は転倒の危険がともなうので、安定した**座位**が取れているか確認を行う。
- 着脱の際にはプライバシーに配慮して、皮膚の露出を避けることを心がける。
- 保温効果を高めるために、衣類の間に薄手の衣類を重ねて着るとよい。

出題頻度 ★

■ 衣服の選択

- **生活習慣での選択**…………利用者の今までの生活を踏まえた選択をする。
- **状態での選択**………………利用者の今の健康状態、心身機能、身体状態を踏まえた選択をする。
- **着脱のしやすさの選択**……利用者の**ADL**や負担を踏まえた選択をする。
- 季節や気候を考えた選択をする。
- **自己選択**……………………衣服は可能な限り、利用者といっしょに選択をする。
- 視覚に障害がある人の場合、色や形など、**口頭**で説明をして選択をしてもらう。
- 認知機能が低下している人の場合、着る順番や季節に合うものを選択できる環境を整える。

着替える際の基本手順 6

1. 介護者は室温やカーテンなど、更衣の環境を整える。
2. 麻痺や拘縮、皮膚の状態、痛みの有無などを確認する。
   →皮膚の状態の異常や痛みなどがあれば、医療職に報告する。
3. 衣服は基本的に利用者に選んでもらう。
   →利用者の状態や必要に応じて、目的に沿った衣服を介護者が選ぶ。
4. できるだけ、利用者が自分で行えるように支援する。
5. 時間がかかっても利用者の意思を尊重し、自立を促す。
6. 衣服の片づけをする。

着脱しやすい衣服選びのおもなポイント 4

1. 前開き
2. 大きめのサイズ
3. 肩口や袖ぐりがゆったりしている
4. ボタンやファスナーの開閉がなくてもいいよう、ウエストにゴムを使用したもの

衣服の素材を選択する目安 4

❶ 吸湿性が高い	❷ 通気性がよい	❸ 含気性が高い	❹ 肌触りがよい
素材 木綿、ガーゼ、メリヤス	素材 木綿、ガーゼ、絹、毛	素材 木綿、ガーゼ、毛	素材 木綿、ガーゼ

関連 過去問題
第28回 問題45より出題

正解 生活のリズムを保つために、昼と夜とで衣服を着替えるように勧める。

128 対象者の状態・状況に応じた身じたくの介護の留意点

- 利用者の障害や、状態に応じた介護方法を理解することで、安全な着脱介護と自立支援ができるようになります。
- 可能な限り利用者の力で身じたくを整えるよう支援をすることで、生活意欲の向上やQOLの向上に繋がります。

出た！

第36回で「**左片麻痺の利用者のズボンの着脱介護**」について、第35回で「**臥床したままでの着脱介護**」、第34回で「**片麻痺のある利用者の上着の着脱介護**」「**経管栄養を行っている利用者への口腔ケア**」、第32回で「**着衣失行のある人に対する着衣の介護**」「**更衣の介護**」について出題されました。

用語 PICK！

無歯顎
歯が1本もない状態の顎のこと。

着衣失行
運動麻痺などがないにもかかわらず、衣服を正しく着る動作ができなくなる症状。

関連づけよう！

P.94「機能低下・障害がおよぼす身じたくへの影響」と関連づけて理解しましょう。

出題頻度 ★★★

■ 対象者の状態に応じた身じたくの介護の留意点

[整容]

- **視覚障害**のある人は汚れがわからないので、洗顔の際に介護が必要になる。
- 運動機能が低下している人の洗顔では、できること、できないことのアセスメントが必要である。

[口腔ケア]

- 片麻痺のある利用者は、**患側**に食べ物がたまってしまうことがあるので、口腔清掃の際は意識してもらうことが大切。
- 経管栄養の利用者は、口腔機能が全般的に低下していることが多い。そのため、口腔内の**自浄作用**の低下、**口腔乾燥**を招きやすく、**口臭**も発生しやすいので注意する。
- 経管栄養の利用者の口腔ケアを行う際には、**誤嚥**しないように姿勢を考慮する。
- 利用者にスポンジブラシを使用する場合は、水をよくしぼってから使用する。
- 無歯顎※の利用者の場合、**全部床義歯**との接触面に多くの口腔細菌が繁殖しているため、**誤嚥性肺炎**等の全身疾患の原因になる。
- 口腔内の感覚が麻痺している人は、口腔内の傷や出血の確認を行う。
- 認知症のある利用者には、言動を**否定**せず、温かく見守ることが大切。
- 意識障害のある利用者は、脳機能の低下から一般的に**反射機能**（嚥下・嘔吐・咳嗽反射）障害が認められる。
- 意識障害のある利用者は運動機能の低下などの全身的な機能低下が認められるために、**免疫力**の低下、**脱水**、**感染症**を招くことがある。
- 意識障害のある利用者には、**誤嚥**や**窒息**に細心の注意を払うことが大切。

[衣服の着脱]

- 片麻痺のある利用者の衣服着脱時には、介護者は**患側**を下から支える。
- 片麻痺のある利用者が臥床したまま上着を脱ぐときは、患側上肢の肩口を広げてから上肢を抜いてもらう。
- ゆかたの着脱介護では、**右前身頃**の上に**左前身頃**を重ねる。
- ゆかたの腰ひもは**横結び**にする。
- ゆかたの内側のすそは、下肢の間に落とすか、三角に折る。
- **着衣失行**※のある利用者の衣類は、わかりやすいように左右に印をつける。
- マグネット式のボタンがついた衣類は、**手指**がうまく使えない人の着脱に適している。

片麻痺の利用者の衣服着脱（脱健着患の方法）

前開きの衣服の場合

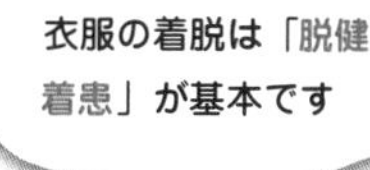

着る

①まず**患側**を着る→②**健側**を着る→③終了

✕**健側**から着てしまうと、衣服にゆとりがなくなり、動かしにくい**患側**が着づらくなってしまう。

脱ぐ

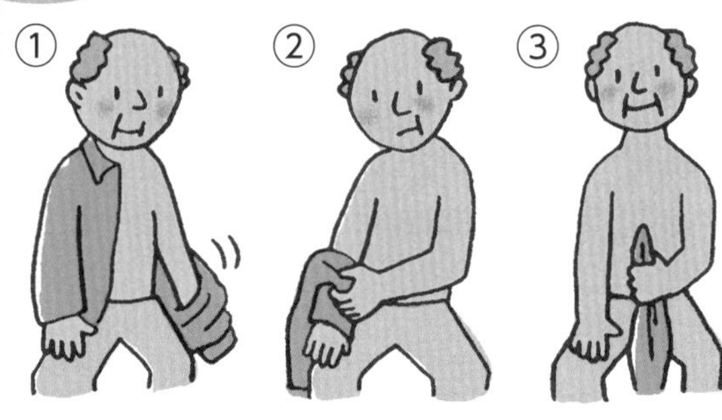

①**健側**を脱ぐ→②**患側**を脱ぐ→③終了

✕**患側**から脱ごうとすると、衣服にゆとりがないため、動かしにくい**患側**が脱ぎづらい。

ゆかたの着脱方法

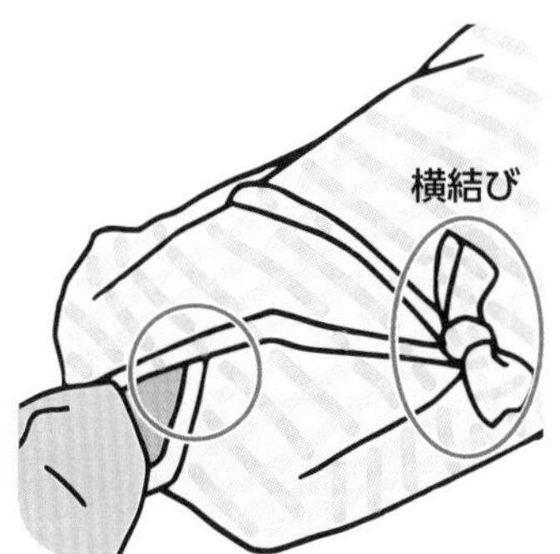

右前（左前身頃が上）

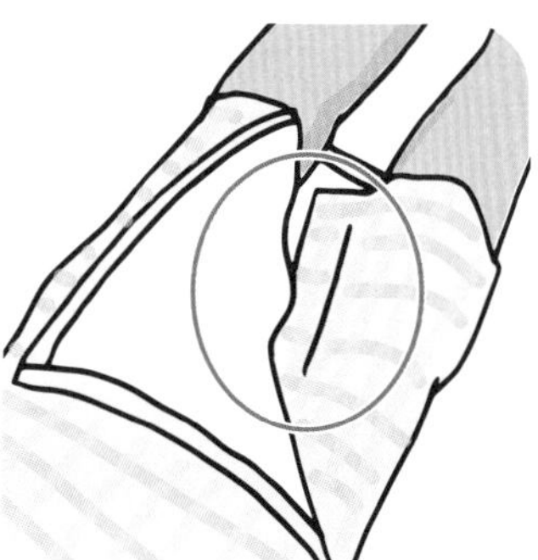

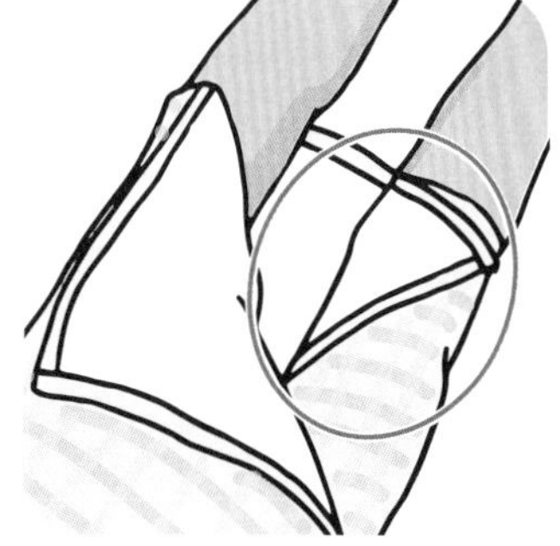

すそは下肢の間に落とすか、三角に折る。

関連 過去問題
第35回 問題86より出題

正解 前開きの上着をベッド上に仰臥したまま交換するときは、着ている上着の患側上肢の肩口を広げておく。

129 食事の意義と目的

- 食事の意義や目的を理解することで、介護者中心ではない利用者主体の食事介護を考えることができるようになります。
- 食事介護の基本的な進め方について理解することで、安全で安心した食事介護が行えるようになります。

出た！

第36回で「**管理栄養士と連携することが必要な利用者の状態**」について、第35回で「**食事中にむせ込んだときの介護**」「**食事の介護の留意点**」、第34回で「**食事支援に関する介護福祉職の連携**」、第32回で「**食事バランスガイドを用いた食事の支援**」「**いすに座って食事をする利用者の姿勢**」について出題されました。

用語 PICK！

血清アルブミン値
アルブミンとは血漿たんぱくのひとつで、肝機能が低下した場合または低栄養の場合に血液中のアルブミン値が低下する。

アイスマッサージ
嚥下反射を誘発させるための方法。凍らせた綿棒などに水を含ませ、嚥下反射誘発部位（前口蓋弓、軟口蓋、奥舌）の表面を軽くなでるようにし、2～3秒したらすぐに引き抜くというもの。

関連づけよう！

P.96「食事に関連したこころとからだの基礎知識」と関連づけて理解しましょう。

出題頻度 ★

■ 食事の意義と目的

- 食事は**栄養素**を摂取して、健康の維持・増進をすることが目的のひとつ。
- 生活の視点から考えると、食事を楽しむことも大切な目的のひとつ。
- **生活習慣病**の予防のために、食生活の改善が必要になる。

出題頻度 ★

■ 食事に関する利用者のアセスメント

- 加齢にともない、消化機能の低下や運動不足から、**便秘**傾向になる。
- **生活習慣病**のある利用者には、食事療法として**治療食**が提供されることがある。
- たんぱく質・エネルギー低栄養状態（PEM：Protein Energy Malnutrition）が疑われる状態は下記の通り。
  血清アルブミン値※：**3.5**g/dl以下　体重減少：**3**%以上減少/月　BMI**18.5**未満

出題頻度 ★★

■ 食事介護の工夫

- 食事の介護では、利用者がおいしく食べることができるよう、**嗜好性**を尊重することが大切。
- 利用者の状態に応じて、食形態や食べるための道具・食器を工夫することも大切。

出題頻度 ★★★

■ 食事介護の基本となる知識と技術

- 食事の介護では、**姿勢**を整えることが大切。
- 食事のはじめにはお茶や汁物で口の中を湿らせると、食べやすくなる。
- どのような状態の利用者であっても、ベッド上ではなく、食事にふさわしい場所で取るようにすることが、支援の基本。
- 味覚が低下している利用者には、**塩分**や糖分を多くするのではなく、**うまみ**や**出汁**を利かせる。
- 利用者が食事中にむせ込んだときは、しっかりと咳を続けてもらう。
- 車いすで食事をするときは、足をフットサポートから下ろして床につける。
- 腸の蠕動運動の低下に対しては、**食物繊維**や**乳酸菌**の多い食品を取り入れる。
- 食前に**アイスマッサージ**※をすることで、嚥下反射を促すことができる。
- 座位の保持が困難なときは、体幹訓練を理学療法士に依頼する。

食事バランスガイド

食事バランスガイドとは、「1日に」「何を」「どれだけ」食べたらよいか考える際に、食事の組み合わせとおおよその量をわかりやすく示したものです

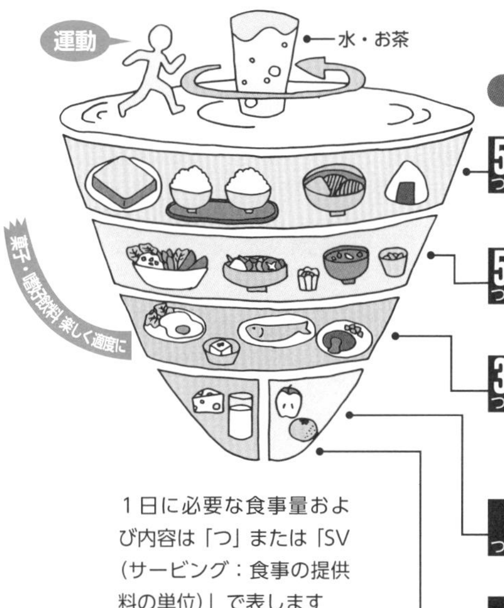

1日に必要な食事量および内容は「つ」または「SV（サービング：食事の提供料の単位）」で表します

1日分		料理例
5~7つ(SV)	主食（ご飯、パン、麺） 例：ご飯中盛りの場合は4杯程度	1つ分＝ご飯小盛り1杯＝おにぎり1個＝食パン1枚＝ロールパン2個 1.5つ分＝ご飯中盛り1杯　2つ分＝うどん1杯＝もりそば1杯＝スパゲッティー
5~6つ(SV)	副菜（野菜、きのこ、いも、海藻料理） 例：野菜料理5皿程度	1つ分＝野菜サラダ＝きゅうりとわかめの酢の物＝具だくさんのみそ汁＝ほうれん草のおひたし 2つ分＝野菜の煮物＝野菜炒め＝芋の煮っ転がし
3~5つ(SV)	主菜（肉、魚、卵、大豆料理） 例：肉、魚、卵、大豆料理から3皿程度	1つ分＝冷ややっこ＝納豆＝目玉焼き1皿 2つ分＝焼き魚＝魚の天ぷら＝まぐろとイカの刺身 3つ分＝ハンバーグステーキ＝豚肉のしょうが焼き＝鶏肉の唐揚げ
2つ(SV)	牛乳・乳製品 例：牛乳の場合は1本程度	1つ分＝牛乳コップ半分＝チーズ1かけ＝スライスチーズ1枚＝ヨーグルト1パック 2つ分＝牛乳1本分
2つ(SV)	果物 例：みかんの場合は2個程度	1つ分＝みかん1個＝りんご半分＝柿1個＝梨半分＝ぶどう半房＝桃1個

（農林水産省：食事バランスガイドをもとに作成）

一部介護を要する利用者の食事介護のポイント

①利用者が、安全で適切な姿勢を保てるようにする

②麻痺の程度や、有無によって自助具を使いわける

握りやすくしたスプーン

ホルダーつきコップ

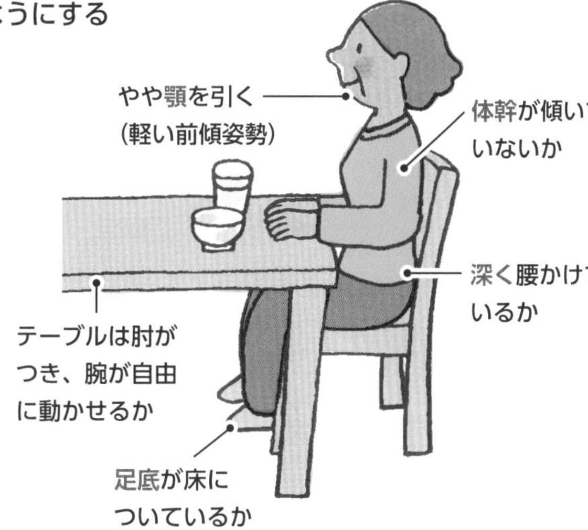

③一口の量は、利用者のペースに合わせる

④最初は、利用者が飲み込みやすくするため汁物やお茶を勧める

⑤やけど、誤嚥に注意し、食べ進めてもらう

⑥一口ごとに飲み込みを確認する

関連 過去問題
第35回 問題87より出題

正解 利用者が食事中にむせ込んだときは、しっかりと咳を続けてもらう。

130 対象者の状態・状況に応じた食事介護の留意点

- 利用者の障害や、状態に応じた介護方法を理解することで、安全な食事介護と自立支援ができるようになります。
- 高齢者に起こりやすい誤嚥※や脱水について理解することで、予防対策ができるようになります。

出た！

第36回で「**嚥下機能の低下している利用者に提供するおやつ**」「**血液透析を受けている利用者への食事の介護**」について、第35回で「**逆流性食道炎の症状がある利用者への助言**」、第34回で「**嚥下障害のある利用者の食事介護**」「**慢性腎不全の利用者の食材や調理方法**」、第33回で「**嚥下機能の低下**」「**慢性閉塞性肺疾患のある利用者の食事**」について出題されました。

用語PICK！

誤嚥
本来、胃に入る食物や飲み物が食道でなく、気管に入ってしまうこと。

半側空間無視
視覚的に見えていないのではなく、認識できない状態。

喘鳴
呼吸をする際に、ゼーゼー、ヒューヒューと音がすること。

関連づけよう！

P.96「食事に関連したこころとからだの基礎知識」と関連づけて理解しましょう。

出題頻度 ★★★

■ 対象者の状態に応じた食事介護

- **片麻痺の利用者の介護**…………**健側**から行う。**患側**の口腔内に食物が残りやすいため、注意する。
- **クロックポジション**……………視覚障害者に、食卓上の料理の位置を説明する方法。
- **慢性腎不全の人の食事**…………**塩分**、**たんぱく質**、**カリウム**、**リン**を取りすぎないように注意する。
- **糖尿病の人の食事**………………決められたエネルギー量の範囲にする。献立は、利用者の嗜好に配慮することも大切。
- **視野欠損**や**半側空間無視**※がある場合、食器が視野に入るように配置する。
- **骨粗鬆症の人の食事**……………**カルシウム**や**ビタミンK**、**ビタミンD**を多く含む食品を摂取する。
- **高血圧症の人の食事**……………ナトリウムを尿中に排出する**カリウム**を含む野菜・海藻・果物を摂取する。
- **慢性閉塞性肺疾患の人の食事**
  ……呼吸にエネルギーを使うので、**高たんぱく**の食事をしっかり摂る。お腹が膨らむと苦しいので、1回量を減らして食事回数を増やす。
- **逆流性食道炎の人の食事**
  ……1回の食事量を減らし、回数を増やす。ゆっくりと食べて、食後すぐに横にならないようにする。

出題頻度 ★★★

■ 嚥下障害

- 嚥下機能が低下している人には、**食前**に嚥下体操を勧める。
- 食事中に咳き込んで**喘鳴**※が聞かれたときは、**誤嚥**の危険性がある。
- 嚥下障害のある利用者は、食形態を**ムース**や**ペースト状**などに工夫する。

出題頻度 ★

■ 脱水

- **脱水とは**……水分や**ナトリウム（Na）**などの電解質が不足した状態。
- 1日の水分摂取量は**2500**ml程度。食事から**1000**ml摂取し、体内でつくられる水分は**300**ml程度のため、飲水としては**1000～1500**ml程度が必要。

ベッド上の食事介護のコツ

利用者が食事を取りやすい位置（ベッドの角度は約30度）に上体を起こす。

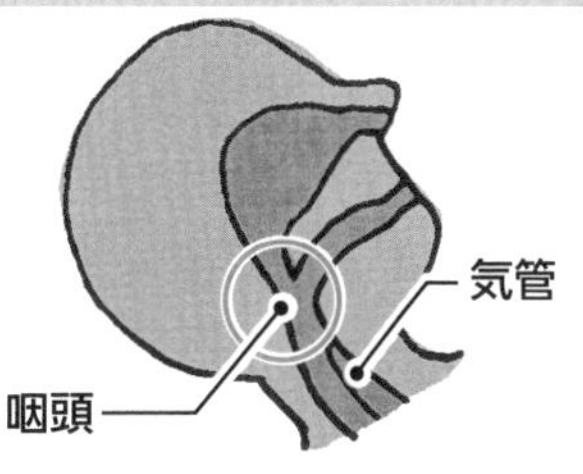

咽頭（いんとう）と気管に角度をつけ、誤嚥しにくくする。

クロックポジション

物の位置を時計に見立てて説明する方法。このとき、利用者の手前の位置を6時にたとえて説明する。

嚥下しやすい食品と誤嚥しやすい食品

嚥下しやすい食品

やわらかく口の中でまとまりやすいものや、とろみがついたものは、嚥下障害のある人でも飲み込みやすい。

誤嚥しやすい食品

口腔内に付着するもの、パサついているもの、かみにくいもの。また、味噌汁などの水分も気道に入りやすく、むせやすい。

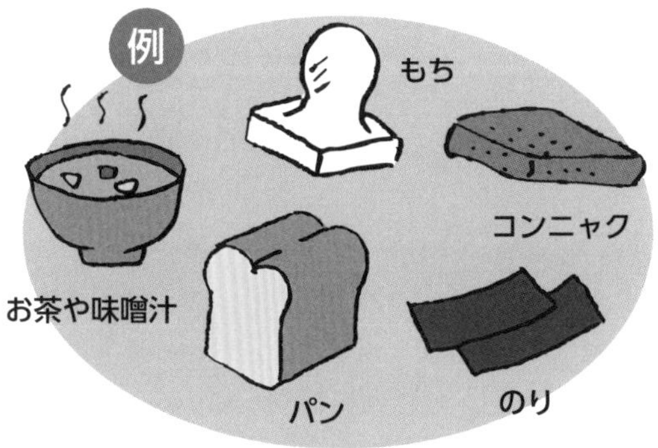

関連 過去問題
第33回 問題44より出題

正解 慢性閉塞性肺疾患のある利用者は、満腹になりお腹が膨らむと横隔膜が上がり苦しいので、１回の食事量を減らして、回数を増やすことが必要である。

131 入浴・清潔保持の意義と目的

- 入浴の意義や目的を学ぶことで、からだを清潔※に保つだけでなく、さまざまな効果について理解することができます。
- 入浴の効果を理解することは、利用者の自立支援に繋がります。

学習のコツ！

入浴の作用と入浴補助道具について理解しておきましょう。

出た！

第34回で「**入浴関連用具の使用方法**」、第33回で「**入浴の身体への作用**」について出題されました。

用語PICK！

清潔
新陳代謝によって生じた汗や分泌物、皮膚の角化によってできた落屑や垢を取り除いたきれいな状態のこと。

溺水
水没して窒息する状態。

関連づけよう！

P.102「入浴・清潔保持に関連したこころとからだのしくみの基礎知識」と関連づけて理解しましょう。

出題頻度 ★

■ 入浴・清潔保持の意義と目的

- 入浴の意義には、以下のようなものがある。

［**身体的意義**］
  - 皮膚を清潔に保つことでその機能を維持し、**褥瘡**や**感染予防**に繋がる。
  - **浮力作用**を利用して、無理のない機能訓練を行うことで、機能低下の予防になる。
  - **血行促進**、**保温効果**、**疲労回復**を促す。
  - 適度な疲労から**安眠効果**が期待できる。

［**心理的意義**］
  - 気分転換や、ストレス解消になる。
  - **食欲**の増進。

［**社会的意義**］
  - 清潔にしていることで、円滑な人間関係を形成しやすい。
  - 入浴は、浴槽内で温めた四肢を動かし、小さくなった可動域を広げるリハビリテーションとして活用もされる。

- 入浴時の注意点には、以下のようなものがある。

①転倒事故や**溺水**※などで事故が起きやすい。
②発汗などによって血液粘度が増す。→**心臓**に負担がかかる。
③**血圧低下**により、立ちくらみを起こすことがある。
④エネルギーを使うため、疲れてしまう。

出題頻度 ★

■ 入浴・清潔保持の介護の視点

- 入浴の介護では、利用者が安全で楽しく入ることができる工夫、環境づくりを考える。
- 浴室の設備が身体機能と合わない場合は、補助具等を活用する。
- 入浴の介護方法は**寝台浴**、**チェアインバス**など利用者の状態に合わせて選択する。
- 裸になる行為が含まれるため、羞恥心に配慮し、自尊心を傷つけないように注意する。
- 自立度が高い利用者には、できるだけ1人で入浴してもらうようにする。
- 着替えの衣服は、可能な限り利用者に選んでもらう。

いろいろな入浴時の補助具

入浴補助用具

バスボード
入浴の際、いったん腰かけて使用する移乗台。

シャワーチェア
浴室で使用するイス。

入浴用介護ベルト
入浴の際の起立時や、移乗の介護負担を軽減するベルト。

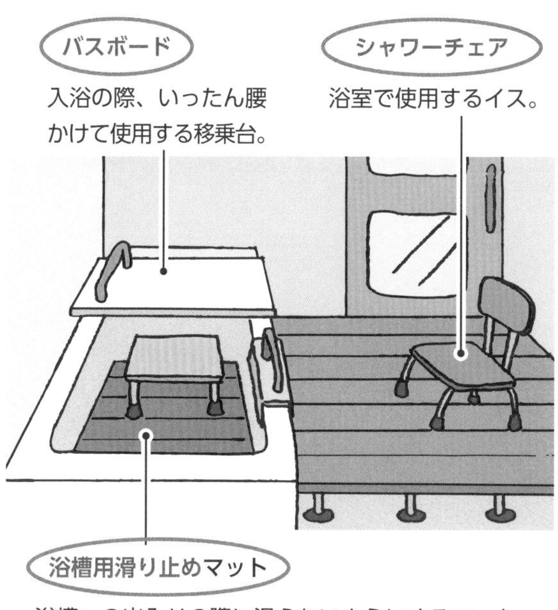

浴槽用滑り止めマット
浴槽への出入りの際に滑らないようにするマット。

ベルトを装着することで、安全に介護することができます

入浴の作用

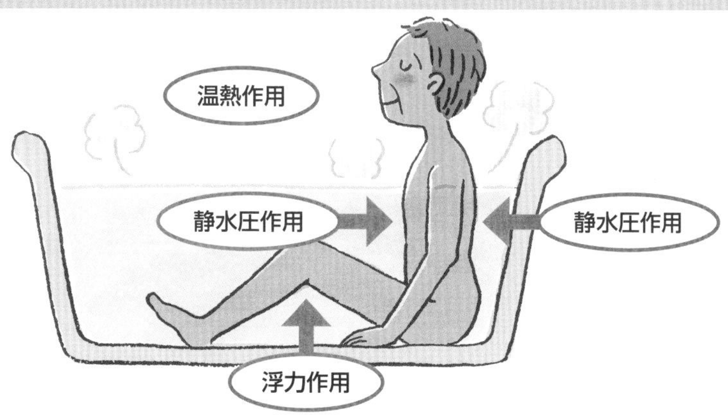

温熱作用……からだが温まり、毛細血管が開く。**血流**が促進される。筋肉も温まりほぐれる。腎臓の機能が高まり、**利尿作用**をもたらす。

静水圧作用……からだに水圧がかかり、血流が心臓へと押し出され**血液循環**が促される。一方で**心臓**に負担がかかるため、**心疾患**のある利用者は半身浴が適切である。

浮力作用……筋肉が重力から解放され、リラックスできる。筋肉や関節への負担が減るため、**関節運動**（肩を回す、肘や膝の曲げ伸ばしなど）をするとよい。

関連 過去問題
第33回 問題45より出題

正解 入浴時は浮力作用がはたらき、筋肉への負担が小さく、普段よりも関節が動かしやすくなるので、関節運動を促すことは適切である。

132 入浴・清潔保持の介護の基本となる知識と技術①（入浴・シャワー浴）

- 入浴は、たくさんのリスクをともないます。介護のポイントを押さえておくことで、事故を起こすことなく、安全で安楽な入浴を行えるようになります。
- 入浴・清潔保持の方法を理解することは、皮膚の生理的機能の維持と自立支援に繋がります。

出た！

第36回で「**一般浴での安全な入浴**」「**ストレッチャータイプの特殊浴槽での入浴介護**」について、第34回で「**入浴の介護**」「**シャワー浴の介護**」、第29回で「**入浴の介護**」、第28回で「**入浴時のヒートショック**」について出題されました。

出題頻度 ★★★

■ 入浴介護の注意点

- 消化能力の低下を招かないように、**食後**（飲酒含む）の入浴に関し、1時間以内は避ける。
- 低血圧にならないように、**空腹時**の入浴は避ける。
- 排泄は、事前にすませておく。
- 入浴前後に**バイタルサイン**の測定、体調の確認を行う。
- 入浴前に普段より血圧が高ければ、**医療職**に報告して入浴は控える。
- 脱衣場にはカーテンなどを用いて、プライバシーを保護する。
- 脱衣場と浴室は暖めておく（22～26℃程度）。
- 浴槽の湯やシャワーの温度は、**介護者**が直接手で触れて必ず確認しておく。
- シャワーやかけ湯は、心臓から**遠い**部分（足元、手先など）から行う。
- 麻痺がある利用者は、患側の**知覚**が低下しているので、かけ湯は**健側**で行う。
- 介護者が利用者のからだを洗うときは、上半身から下半身の順に行う。
- 陰部や臀部を洗うときは、からだを洗うものとは別のタオルやスポンジを使用する。
- 脱衣場と浴室の温度差が大きい場合、**ヒートショック**※を起こして、血圧が急激に上昇したり、下降したりすることがある。
- 浴槽の湯の温度は、**40℃**程度（39～41℃）とする。
- 急に熱い湯に入ると、血管が**収縮**して血圧が**上昇**する。
- ぬるい湯に長時間つかっていると、血管が**拡張**して血圧が**低下**する。
- 浴槽への出入りにシャワーチェアを使うときには、浴槽と同じ高さにする。
- 入浴中は、浴槽の端に足をしっかりとついて姿勢を安定させる。
- 寝台浴のストレッチャー上で背部を洗うときは、**側臥位**で行う。

用語 PICK！

ヒートショック
急激な温度変化によって、血圧が急上昇し、心臓などに負担がかかって、心疾患や脳血管疾患などを引き起こす変化のこと。

出題頻度 ★★

■ シャワー浴

- **シャワー浴**…………入浴よりも体力の消耗が小さく、からだへの負担が小さい。
- **シャワーの湯温**……基本的には40℃程度、冬場は1～2℃高めにする。
- 室温や湯温に気をつけて湯冷めを防ぐ。
- シャワー浴では、すぐに**体温**が下がるため、乾いたタオルですぐに拭く。
- シャワーは、湯温が急に変化することがあるので、介護者の指にかけながら介護する。

関連づけよう！

P.104「機能低下・障害が入浴・清潔保持に与える影響」と関連づけて理解しましょう。

入浴介護の基本

①入浴前に**体調**確認、**バイタルサイン**（血圧・脈拍・体温）の確認をする。

②脱衣場と浴室は暖めておく（22～26℃程度）。

③湯温（40℃程度）を確認する。

④シャワーの温度を**介護者**が確認。**利用者**にも確認してもらう。

⑤シャワーを**足元**からゆっくりかける。

⑥利用者自身で洗えないところは介護する。

⑦入浴中は目を離さない。

⑧入浴後に**体調**確認をする。

⑨**水分**を補給する。

入浴時の血圧の変化

暖かい部屋から寒い脱衣室や寒い浴室に入ると、**血管**が縮み、**血圧**が上がる。その後、湯につかると、**血管**が広がって**血圧**が下がるため、発作などが起こることがある。

関連 過去問題
第36回 問題93より出題

正解 特殊浴槽のストレッチャー上で背部を洗うときは、側臥位にして行う。

133 入浴・清潔保持の介護の基本となる知識と技術②（清拭・陰部洗浄）

- 清拭の方法と注意点を理解することで、体調不良や状態の低下で入浴できない利用者にも、清潔を保持し、爽快感を感じられる介護ができます。
- 適切な清拭を行うことで血行促進やマッサージ効果による褥瘡の予防に、関節を動かすことで拘縮の予防に繋がります。

学習のコツ！

入浴や手浴・足浴のからだの洗い方は清拭と同じなので、いっしょに覚えましょう。

出た！

第32回で「**清拭の介護**」について、第25回「**全身清拭の介助方法**」について出題されました。

出題頻度 ★★★

■ 清拭・陰部洗浄

- **清拭**………………入浴できないときに、タオルなどを用いてからだを拭くこと。
- **清拭の種類**………**全身清拭**、**部分清拭**、**陰部洗浄**がある。
- 清拭は、入浴やシャワー浴よりも疲労感が小さく、爽快感が得られる。
- 清拭は皮膚を刺激するので、**血行促進**、**新陳代謝**を促す。
- 湯は冷めやすいのでタオルの温度が適温になるように、つける湯の温度は**55～60**℃程度がよい。
- 手足を拭くときは、近くの関節を下から保持する。
- **四肢の拭き方**……**末梢**から**中枢**に向けて拭くのが原則。
- 汚れがたまりやすい皮膚の密着している箇所（腋窩、乳房の下側など）は、丁寧に行う。
- 腋窩など、発汗しやすい部分や、褥瘡ができやすい背部、臀部などは毎日清潔にする。
- **発赤**が見られる場合は、その部位を刺激せずに医療職に報告する。
- ぬれたタオルで清拭すると皮膚が冷えるので、その都度バスタオルで拭く。

［**部分清拭の目的**］

①寝たきり状態で発汗が多い人や、部分的に汚れた箇所を清潔にするため。
②褥瘡になりやすい**背部**や**仙骨部**の血液循環を改善するため。

- 陰部は女性の場合、感染予防のために**尿道口**から**肛門**に向けて汚れを拭き取る。
- **臀部の拭き方**……まわりの清潔なところから汚れを集め、円を描くように汚れを取る。

出題頻度 ★

■ 目・耳・鼻の清潔保持

- 鼻汁が固まった鼻づまりは、綿棒・ベビーオイルなどで取る。
- 鼻毛は抜かずに、長くなった部分を切る。
- 耳掃除では、温かいぬれタオルで耳全体を拭く。
- 耳垢は、内側から自然に排出されるので、外耳の耳介と外耳道の手入れを行う。
- 綿棒で耳垢を取るときは、鼓膜を傷つけないよう、入り口から1cm程度の範囲に入れる。
- 目やには、ガーゼやタオルでやわらかくしてから綿棒などで拭く。

関連づけよう！

P.104「機能低下・障害が入浴・清潔保持に与える影響」と関連づけて理解しましょう。

全身清拭における拭く手順

全身清拭の順番のポイントは？

①上半身を下半身より先に拭く
②**末梢**から**中枢**に向けて拭いていく
③汚染部位の臀部、足、陰部はあとにする

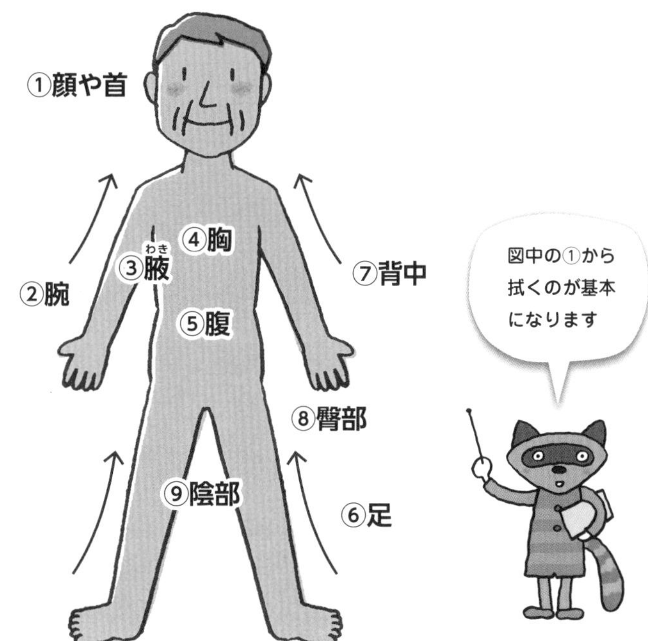

部位別 拭くときのポイント

腕

- □ **末梢**から**中枢**に向けて拭く。
- □ 前腕を拭くときは**手関節**を支えて拭く。
- □ 上腕は**肘関節**を支えて拭く。

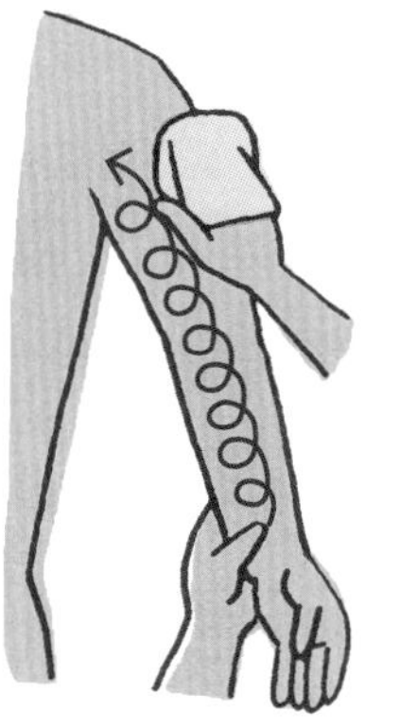

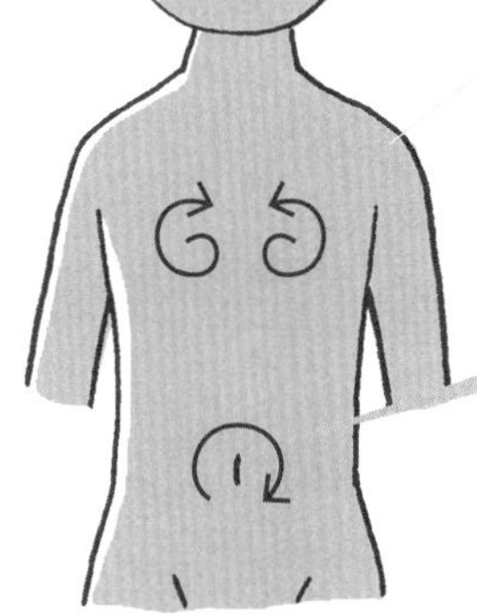

胸部

- □ **中心**から**外側**へ、円を描くようにして拭く。

腹部

- □ おへそを中心に「の」の字を描く。

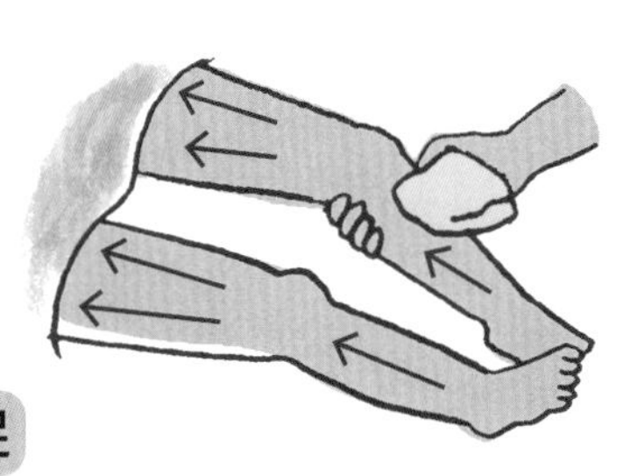

足

- □ 利用者の足を支えながら、足首のほうから膝、太ももに向かって拭く。

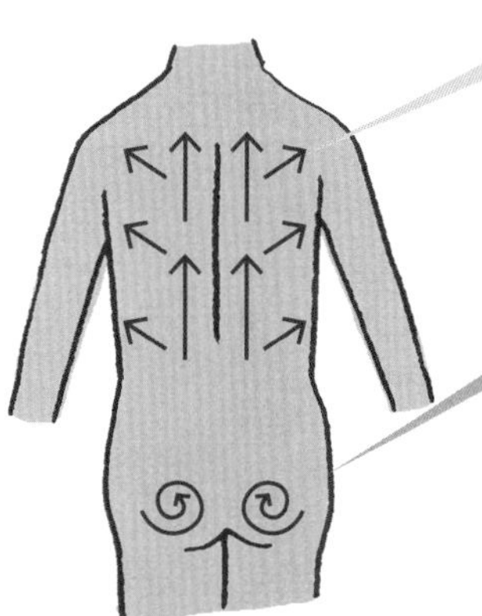

背中

- □ 下から上に向かって拭く。

お尻

- □ **外側**から**内側**に向かって円を描くようにして拭く。

関連 過去問題
第32回 問題48より出題

正解 清拭の介護で、両下肢は末梢から中枢に向かって拭く。

134 入浴・清潔保持の介護の基本となる知識と技術③（足浴・手浴・洗髪）

- 足浴や手浴の効果と介護のポイント、洗髪介護や洗髪以外に頭部の清潔を保つ方法を学ぶことで、利用者に負担をかけない清潔保持ができます。
- ベッド上での手浴や足浴の方法を理解することで、安静が必要な利用者の清潔保持ができるようになります。

出た！

第36回で「**足浴の介護方法**」について、第35回で「**ベッドで臥床している利用者の洗髪の基本**」、第33回で「**四肢麻痺の利用者の手浴**」について出題されました。

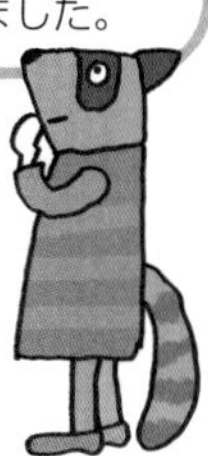

出題頻度 ★★

■ 手浴・足浴

- 手浴や足浴は、**清潔**効果に加え、**温熱**作用により、**拘縮**の予防や精神的な安定をもたらす効果もある。
- 足浴は、膝に近い下肢全体を湯につけて洗うと爽快感を得られ、安眠を促す効果がある。
- 足浴の湯温は、**37～39℃**のぬるめがよい。
- 足浴は、**血液の循環**を促進する効果がある。
- **座位**での足浴は、足底が足浴用容器の底面についていることを確認する。
- 手浴、足浴は近い関節（**手関節**、**足関節**）を支えながら洗う。
- 座位が取れない寝たきりの人の場合などは、ベッド上（半座位）で手浴や足浴を行う。
- 手浴・足浴は、利用者の状態を確認しながら、目安は５～10分程度で行う。
- 手浴や足浴を行った際には、**爪**や**皮膚**の状態の観察を行う。

用語 PICK！

オイルシャンプー
植物油が原料のシャンプー。髪の毛が脂などで固まっている場合に使用する。

ドライシャンプー
湯と石けんを使用しないシャンプー。

出題頻度 ★

■ 洗髪

- **洗髪**……………頭部の皮膚と髪の毛を洗うことで汚れを取り、頭皮の適度な刺激によって**血行**の促進、爽快感をもたらす。
- 洗髪の前に、くしで髪をすき、汚れやふけを浮き上がらせておく。
- 湯は温度を確認してから、頭部全体にかける。
- 洗髪は、**指の腹**で頭皮をもむようにシャンプーをする。
- シャンプーは、直接頭皮につけるのではなく、手で泡立ててからつける。
- 洗髪後にドライヤーをかけるときは、頭皮から**20cm**以上離して、同じ場所に３秒間以上ドライヤーをあてない。
- **ケリーパッド**……ベッドからの移動が困難な利用者に使用する。
- **洗髪車**……………ケリーパッドよりしっかりと後頭部が洗えて、湯温を保つことができる。
- **通常の洗髪以外の方法**
  ……①湯で湿らせたタオルで拭く。
  ②オイルシャンプー※を使用する。
  ③ドライシャンプー※を使用する。
  ④ヘアトニック、ヘアローションクリームを使用する。

関連づけよう！

P.102「入浴・清潔保持に関連したこころとからだのしくみの基礎知識」と関連づけて理解しましょう。

ベッド上の仰臥位での手浴

注意点 □ベッドをギャッジアップ（約15～30度）すると手を入れやすくなる。

ベッド上の仰臥位での足浴

注意点 □利用者の**足関節**から踵（かかと）を支えて洗う。

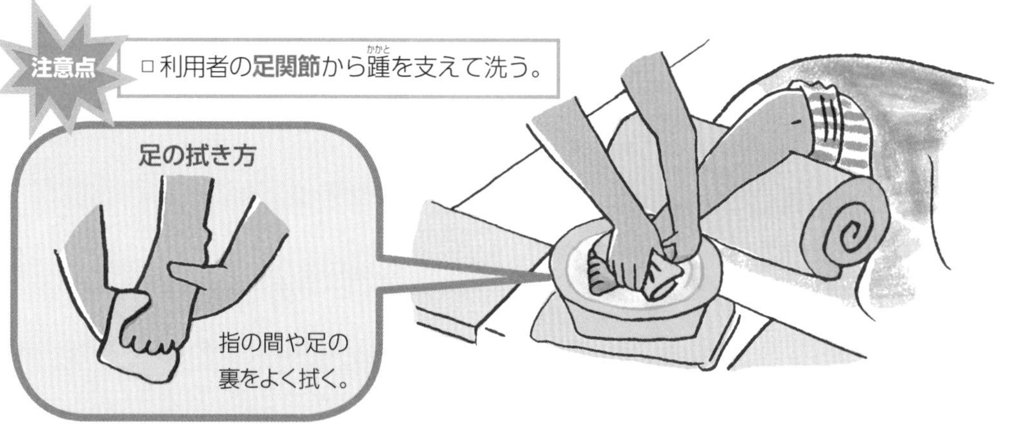

ベッド上での洗髪

注意点

①利用者の**膝**を立て、枕を入れて姿勢保持をする。
②湯は頭皮や髪には**直接**かけずに、介護者の手を伝ってかかるようにする。
③湯は髪の生え際に当たるように近づけてすすぐ。
④すすぐ前に、余計な泡を**タオル**で拭き取る。

関連 過去問題
第36回 問題92より出題

正解 椅座位で足浴を行うときは、足底が足浴用容器の底面についていることを確認する。

135 対象者の状態・状況に応じた入浴・清潔保持の介護の留意点

- 利用者の障害や、状態に応じた介護方法を理解することで、安全で安楽な入浴介護ができるようになります。
- 入浴の事故防止の留意点を理解することで、異常があった場合の対応ができるようになります。

学習のコツ！

さまざまな疾病があっても入浴は不可能ではありません。そのことを踏まえて、それぞれの対応を理解しましょう。

出た！

第35回で「**アルツハイマー型認知症の利用者の入浴介護**」、第34回で「**片麻痺のある利用者の浴槽の出入り**」、第33回で「**利用者の状態に応じた清潔の介護**」、第32回で「**利用者の状態に応じた入浴の介護**」について出題されました。

用語 PICK！

起立性低血圧
臥位からの起立時に血圧が低下する状態。

パウチ
ストーマから不随意に出てくる便や尿を受ける袋のこと。

腹水
腹腔内の液体が病的に増加した状態。

関連づけよう！

P.104「機能低下・障害が入浴・清潔保持に与える影響」と関連づけて理解しましょう。

出題頻度 ★★★

■ 対象者の状態に応じた入浴・清潔保持の介護の留意点

- **低血圧の人** ………………入浴後の**起立性低血圧**※に注意する。
- **高血圧の人、心疾患のある人**
  ……浴室と居室との室温差による急激な血圧変動に注意する。
- **心疾患**がある場合、浴槽内の水位は心臓より**下**にして半身浴にする。
- **老人性皮膚掻痒症の利用者**
  ……**ぬるめ（37～39℃）**の湯で皮膚に刺激を与えない。
- **老人性皮膚掻痒症の利用者が使用するもの**
  ……皮膚の脂肪分を保つ入浴剤が好ましい。石けんは**弱酸性**のものが好ましい。こすらないように洗い、保湿剤は水分を軽く拭き取ったあとに塗る。
- **ストーマのある利用者**
  ……**パウチ**※を装着したままでも入浴は**可能**。パウチを外して入浴しても、腹腔内圧により湯が体内に入ることはない。
- **腹水**※**がある場合**…………呼吸が楽になるように、水圧がかからないようにして入浴する。
- **酸素療養中の利用者**……鼻カニューレを**つけたまま**入浴する。
- 埋込式ペースメーカーを装着していても、通常の入浴は**可能**である。
- **糖尿病の人**…足の皮膚からの感染は、**潰瘍**や**壊死**を生じさせる原因となるので、入浴時には皮膚の状態を必ず観察する。
- **胃ろうを造設している利用者**……入浴は可能である。
- **人工透析を受けている利用者の場合**
  ……人工透析後は**出血**や**血圧**の変化を考え、入浴は控える。針部から出血や雑菌が入る可能性があるため、やわらかいタオルでからだを拭く程度にする。

出題頻度 ★

■ 事故防止の留意点

- 高温の湯によるやけど、石けんや床のぬめりによる転倒に注意する。
- **脱水**・**熱中症**などの意識障害に注意する。
- 発汗による血液濃度の変化、皮膚の乾燥や体調の変化に注意する。
- 浴槽で溺れたときは、顔を持ち上げて**気道**を確保し、浴槽の栓を抜く。
- 感染症の予防のために、浴槽はしっかりと**洗浄**と**消毒**を行う。

片麻痺のある人の入浴介護

1 介護者は利用者の**患側**(かんそく)につき、腕と腰を支え、いっしょに浴室へ移動する。

2 シャワーチェアを利用し、いったん座ってもらう。入浴の際は、**健側**(けんそく)から入るとよい。

3 湯から出るときは、健側の手で手すりなどにつかまり、前傾姿勢を取って立ち上がる。その後、いったん浴槽の縁や移乗台に座ってもらう。

心疾患のある人の入浴

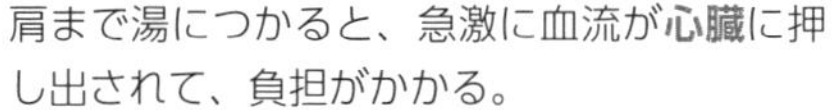

肩まで湯につかると、急激に血流が**心臓**に押し出されて、負担がかかる。

イスなどを使って水位は**心臓**より下げる(みぞおちくらい)。

酸素療養中の人の入浴

鼻カニューレはつけたまま入浴します!

鼻カニューレとは酸素を吸入する道具。短い管の先端から、鼻腔に向かって酸素が流れるしくみになっている。洗った際は、十分に乾燥させること。

関連 過去問題
第33回 問題47より出題

正解 人工透析をしている場合、針部からの出血や雑菌が入る可能性があるため、やわらかいタオルでからだを洗う。

136 排泄の意義と目的

排泄の意義と目的を理解することで、排泄と健康状態との関係、排泄の心理的・社会的影響を考え、利用者のプライバシーを考慮した自立支援を考えることができるようになります。

学習のコツ！

排泄の介助は、利用者のADLを踏まえて適切な方法を選択しましょう。

出た！

第36回で「**尿路感染症を予防する介護**」について、第35回で「**胃・結腸反射を利用した生理的排便**」「**失禁が見られた後の利用者への対応**」、第33回で「**トイレで排泄をするために必要な情報**」について出題されました。

用語 PICK！

頻尿
24時間で８回以上、夜間は２回以上の排尿があること。

尿閉
膀胱に尿がたまっているのに、自分で排出できない状態。

関連づけよう！

P.106「排泄に関連したこころとからだの基礎知識」と関連づけて理解しましょう。

出題頻度 ★

■ 排泄の意義と目的

- 排泄は生命を維持し、健康な生活をおくるための基本的な条件。
- 排泄は、人間の**尊厳**にかかわるきわめてプライベートな行為。
- 失禁するからといって、すぐに**おむつ**にしてはならない。失禁の原因を検討することがまず必要。
- 利用者に恥ずかしい思いをさせず、排泄可能な環境を整えることが大切。
- 排泄の自立は、日常生活の自立に結びつく基本。

出題頻度 ★

■ 排泄の介護の視点

- 排泄の介護にあたって、利用者の排泄動作のどこに課題があるのかを把握する必要がある。
- 正常に排泄できるための条件は、以下の通り。
  ①排泄に関する連続した**ADL（日常生活動作）**が行えること。
  ②食事、水分が取れ、尿や便をつくるメカニズムが正常であること。
  ③尿や便をしっかりためて、しっかり出すための**臓器**や**脳神経系**が正常であること。
- 排泄の動作のポイントは以下の通り。
  ①**尿意・便意**を感じることができる。
  ②トイレまで**移動**することができる。
  ③立ち上がることができる。
  ④衣服の**着脱**ができる。
  ⑤座る、**座位**を保つことができる。
  ⑥紙で拭く、水を流す、手を洗うといった後始末ができる。

出題頻度 ★

■ 気持ちよい排泄を支える介護

- 排泄行為の介助は、トイレを使用することを前提として検討することが基本。
- 利用者の生活リズム、**排泄習慣**を維持するように介助することが必要。
- **プライバシー**が保護され、利用者の尊厳に配慮した介護が重要。
- 陰部や臀部の清潔を保持して、**感染症**の予防をする。
- **尿路感染症**の予防には、可能な限りおむつを使わずにトイレを使用する。

排泄介護のポイント3

① 生命維持の観点から!
- 排泄物の色、量、性状を知る。
- 排泄パターン・リズムを知る。
- 排泄障害(頻尿※、多尿、尿閉※など)の有無を確認する。

② 安全・安楽の観点から!
- 利用者の尊厳を保持する。
- 排泄動作を確認する。
- 清潔を保持し、感染症を予防する。

③ 自立支援の観点から!
- 排泄習慣・生活リズムを尊重する。
- 利用者に合った福祉用具を提供する。

便意を感じるしくみ

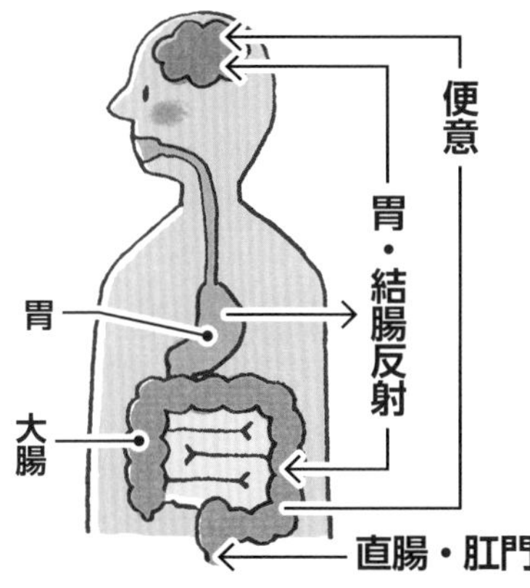

胃・結腸反射

胃に食べ物が入ると、その刺激で大腸の蠕動運動が起こり、便が直腸におくられる。

直腸・肛門反射

便が直腸に達すると、シグナルが大脳におくられて便意となり、外肛門括約筋がゆるみ、便が通るようになる。

排泄の介護方法のフローチャート

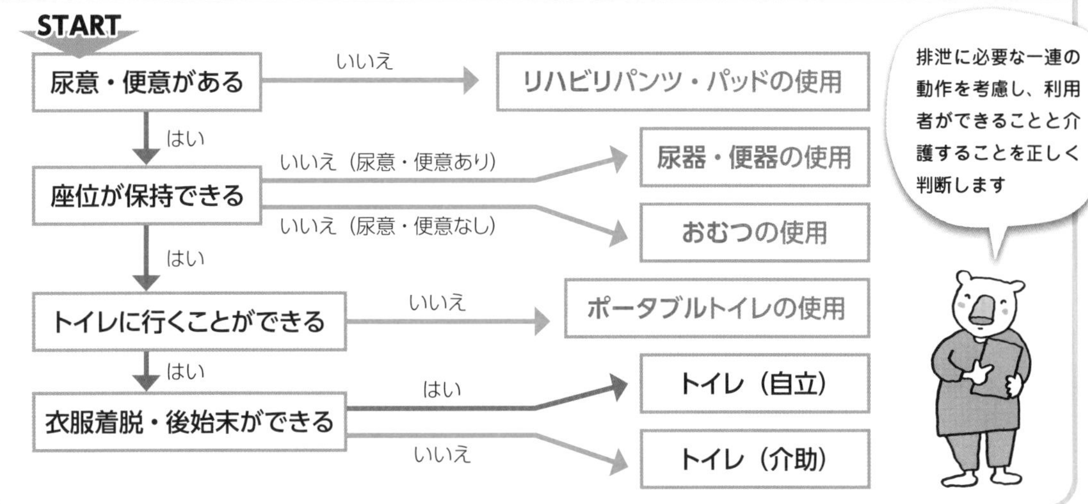

関連 過去問題
第35回 問題93より出題

正解 胃・結腸反射を利用して生理的排便を促す方法として、起床後に冷水を飲んでもらうとよい。

137 排泄介護の基本となる知識と技術①（トイレ・ポータブルトイレ・尿器・差し込み便器）

- 利用者の身体状況などを考えたトイレの介護を理解することで、利用者の意思を尊重した排泄の介護を行うことができます。
- ポータブルトイレや尿器、差し込み便器の使用方法を理解することで、可能な限りおむつに頼らない排泄介護が行えます。

出た！

第36回で「**トイレでの排泄が間に合わず失敗してしまう高齢者の介護**」について、第33回で「**下肢筋力が低下した車いすの利用者のトイレの排泄**」について、第32回で「**ポータブルトイレの設置場所**」について、第31回で「**差し込み便器による排泄介護の方法**」について出題されました。

出題頻度 ★★★

■ トイレ・ポータブルトイレ

- 尿意や便意があり、**座位**が可能、介護すれば移動が可能な人は、トイレでの排泄を行う。
- トイレでは**足底**が床にしっかりとついて、**前傾姿勢**が取れることを確認する。
- 筋力低下がみられる利用者は、とくに**座位**の安定を確認する。
- 陰部を拭くとき、女性は感染症の予防のため、**尿道口**から**肛門**に向けて拭く。
- トイレからの立ち上がりが困難な利用者には、**補高便座**※などを使うとよい。
- 歩行は可能であるが、移動に不安のある利用者や夜間にトイレに行くことに不安がある利用者には、**ポータブルトイレ**を使用する。
- ベッドサイドで**ポータブルトイレ**を使用する際は、**介助バー**を使用するとよい。
- ベッドとポータブルトイレは、**同じ高さ**にする。
- 急に立ち上がると立ちくらみを起こすことがあるので、排泄前後には体調確認を行う。
- ポータブルトイレの排泄物は、**1回**ごとに片づける。
- 利用者の体調確認のため、排泄物の量や色、性状などに異常があれば、医療職に報告する。

用語PICK！

補高便座
洋式便座の上に置いて、便座の高さを補うもの。便座からの立ち上がりが困難な人に使用する。

出題頻度 ★★

■ 尿器・差し込み便器

- **尿器**……………………………尿意はあるが、立位やトイレへの移動が難しい利用者に使用する。
- 安易におむつを使用するのではなく、可能な限り**尿器**や**便器**を使用した排泄の介護を行う。
- **男性の尿器使用の場合**……性器を受尿口に入れて**側臥位**で排尿をしてもらう。
- **女性の尿器使用の場合**……尿器の縁を陰部にあてて**仰臥位**で排尿をしてもらう。
- **差し込み便器の利用**………便意はあるが、トイレへの移動が難しい利用者に使用する。差し込み便器は、使用前に温めておく。
- 差し込み便器を使用するときは、ベッドの上部を上げて利用者を**前屈み**にすることで、**腹圧**をかかりやすくする。両膝は曲げてもらう。
- 男性が差し込み便器を使用する場合は、**尿器**も準備しておく。女性が差し込み便器を使用するときは、トイレットペーパーを**陰部**にかける。
- 差し込み便器を使用するときは、開口部の**中央**に肛門がくるようにする。

関連づけよう！

P.106「排泄に関連したこころとからだの基礎知識」と関連づけて理解しましょう。

尿器を使った排泄のポイント

男性

利用者自身でできる場合は、座位や臥位など、やりやすい方法で行ってもらう。基本的には**側臥位**。

女性

受尿口を密着させ、さらにトイレットペーパーをかけるなど、飛び散らない工夫をする。

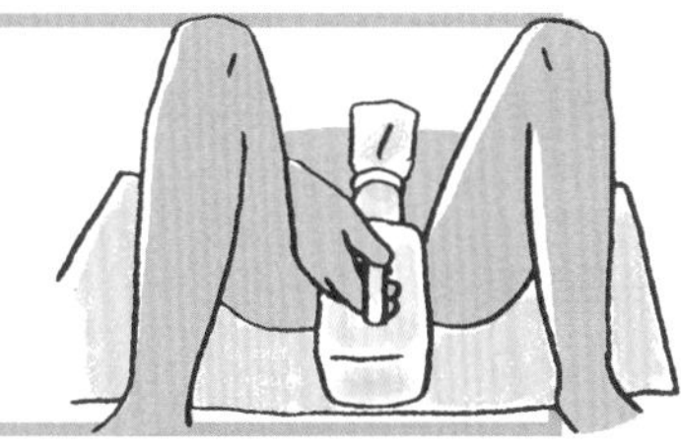

ポータブルトイレの介護／ポータブルトイレの種類

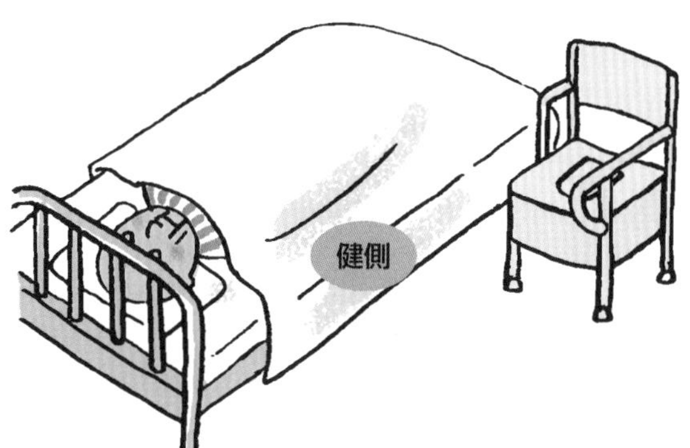

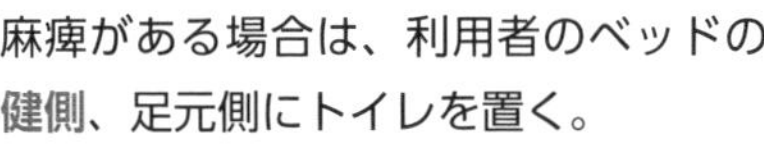
麻痺がある場合は、利用者のベッドの**健側**、足元側にトイレを置く。

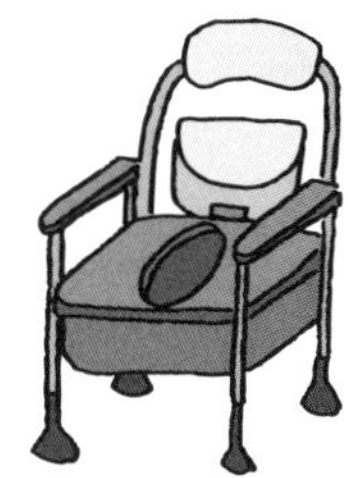

プラスチック製

利点：軽量で持ち運びしやすい。
難点：安定性を欠くものがある。

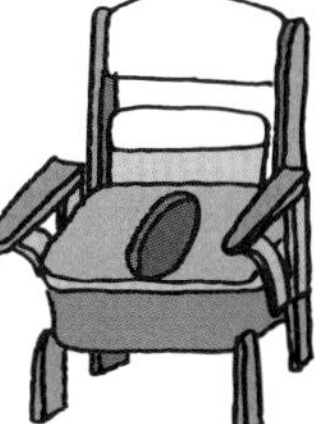

木製いす型

利点：**安定性**はある。足を引けるため、立ち座りが楽。
難点：重量があり、持ち運びしにくい。

差し込み便器の使用方法

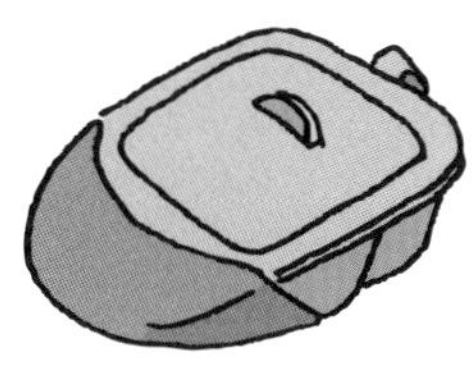
差し込み便器

介護しても**座位**が保持できない場合などに、ベッドなどで利用できる。

関連 過去問題
第33回 問題50より出題

正解 下肢筋力が低下した利用者が車いすから便座に移乗したら、座位が安定していることを確認する。

138 排泄介護の基本となる知識と技術②（おむつ）

- おむつ交換の留意事項や、基本的技術を理解することで、利用者のプライバシーの保護、感染症の対策を踏まえた介護が行えるようになります。
- 適切な技術と知識でおむつ交換を行うことで、利用者のADLの低下予防や尊厳の保持、安全で安楽な排泄の支援に繋がります。

出た！

第35回で「**女性利用者のおむつ交換**」について出題されました。

出題頻度 ★

■ おむつの種類と長所・短所

	長所	短所
布おむつ	●安価である。 ●吸汗性に優れている。 ●ゴミが出ない。 ●排泄の感覚を保ちやすい。	●洗濯・乾燥・組み合わせの準備がいる。 ●重ねて使用するため、かさばる。 ●ぬれたときに不快感がある。
紙おむつ	●吸水性に優れている。 ●種類が豊富である。 ●使い捨てで衛生的である。	●ゴミが出る。 ●経済的負担になる。 ●排泄の感覚が鈍くなる。

出題頻度 ★★

■ おむつ交換の基本

- 尿意・便意がわからず、立位・座位が取れないときにおむつを使用する。
- **汚れたおむつ**………………できるだけ早く交換する。
- **片麻痺がある人のおむつ交換をするとき**
  ……**患側**を下にしないなどの配慮が必要。
- **おむつの種類を選ぶ際**……おむつの特徴や利用者の状況に応じて選定する。
- **陰部や臀部に発赤などを発見した場合**
  ……使用している物品の変更なども考える。
- **スタンダード・プリコーション**※の原則を踏まえて、おむつ交換の際には使い捨ての手袋を使用し、その都度交換する。
- 水様便や泥状便の場合は、便失禁用のパッドを使用する。
- 女性の陰部清拭は尿路感染などの予防のため、**尿道口**から**肛門**に向かって拭く。
- 布おむつの装着方法は下記の通り。

  ［**女性の場合**］臀部に尿が流れやすいので、臀部の部分をふたつ折りにして厚くする。

  ［**男性の場合**］尿道付近を厚めにする。
- 男女いずれも、おむつカバーから布おむつがはみでていないか確認する。

  ［**紙おむつの装着方法**］
  - おむつと腹部との間は、指2本分程度余裕を持たせる。
  - 腹部のテープは、上は**下向き**、下は**上向き**に留めるとずれにくい。

用語 PICK！

スタンダード・プリコーション

病院や介護施設などで、患者や利用者と施設従事者を感染事故の危険から守るために取られる、標準感染予防策のこと。

関連づけよう！

P.106「排泄に関連したこころとからだの基礎知識」と関連づけて理解しましょう。

ベッドの上でのおむつ交換の手順

1 利用者の同意を得たあと、カーテンなどを使ってプライバシーに配慮しながら、環境を整える。

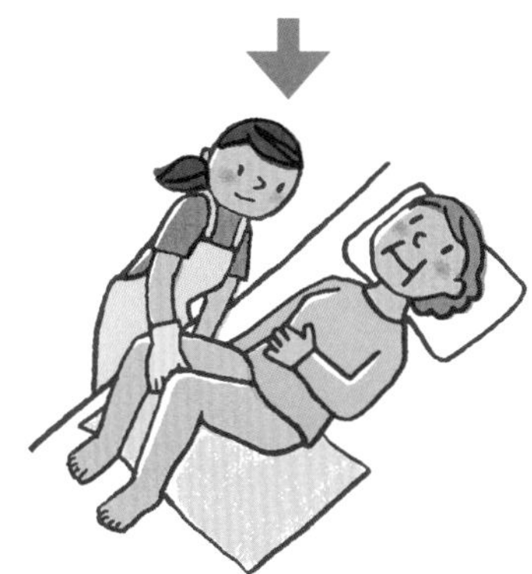

2 利用者を仰臥位にして、ズボンを下ろして、おむつカバーを外す。

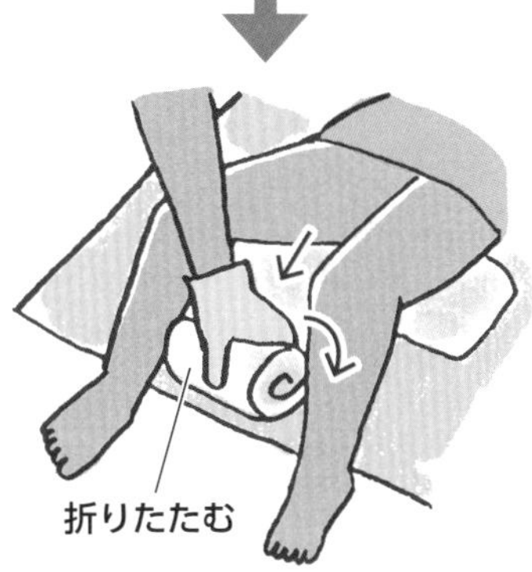

3 おむつを手前に引き出し、汚れが漏れないように内側に折りたたむ。

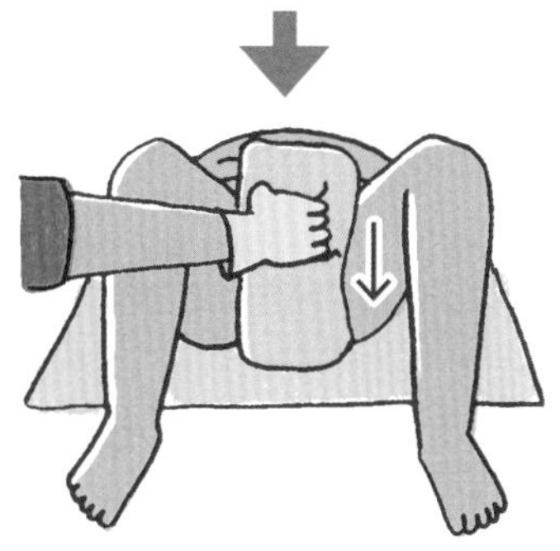

4 陰部やお尻をぬるま湯で洗浄し、清拭する。終了したら、乾いたタオルでよく拭き取る。

5 体位を側臥位に変えて、古いおむつを引き出し、汚物入れに入れ、新しいおむつを、お尻の下に入れる。

6 再び利用者を仰臥位に戻し、左右からテープを留めていく。

最後は、おむつの位置、腹部や鼠径(そけいぶ)部のゆるみが適切か確かめます

紙おむつのテープの留め方

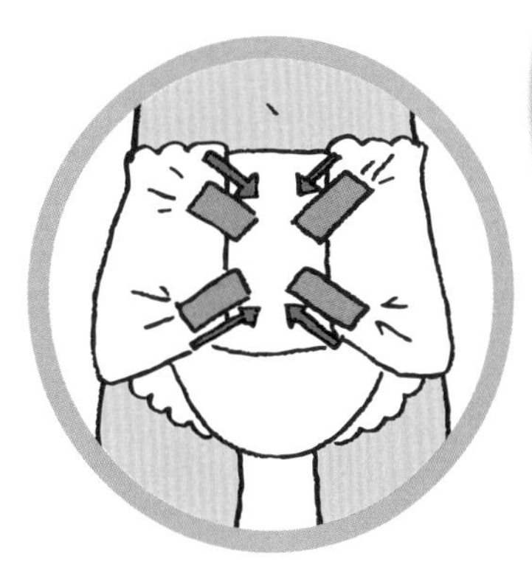

上のテープは腸骨にかけるように下向きに、下のテープは上向きに留めます

関連 過去問題
第25回 問題95より出題

正解 女性利用者の場合、おむつ交換をするときは尿道口から洗い、最後に肛門部を洗う。

139 対象者の状態・状況に応じた排泄介護の留意点

利用者の障害や状態に応じた介護方法を理解することで、安全で安楽な排泄介護ができるようになります。そうすることで可能な限りトイレでの排泄が可能になり、尊厳の保持にも繋がります。

出た！

第36回で「**市販のディスポーザブルグリセリン浣腸器を用いた排泄介護**」について、第35回で「**便失禁を改善するための介護福祉職の対応**」、第34回で「**便秘**」「**機能性尿失禁**」「**認知症利用者への対応**」、第33回で「**自己導尿を行っている利用者への対応**」について出題されました。

出題頻度 ★★★

■ 便秘・下痢の予防のための日常生活の留意点

- 高齢者に多い便秘の原因のひとつは、**食物繊維**の摂取が少ないこと。
- マッサージは**上行**結腸、**横行**結腸、**下行**結腸の順に「の」の字を書くように行う。
- 便秘の予防には以下のような支援を行う。
  ①**水分**の摂取量を保持する。
  ②**排便反射**※による便意を見逃さないように支援し、排泄習慣をつける。
  ③**腹圧**をかけやすいよう踵を上げ、やや上体を前傾させて、座位姿勢を取る。
  ④適度な運動を促す。
- 下痢は**水分**と**電解質**が失われるため、**脱水**になりやすい。
- 下痢への対応として以下のような支援を行う。
  ①下腹部を温める。
  ②経口摂取が可能であるならば、**白湯**や常温の**スポーツドリンク**を補給する。
  ③排便後は肛門を洗浄、またはぬれたやわらかいティッシュで押し拭く。

出題頻度 ★

■ 尿失禁・便失禁

- 腹圧性尿失禁の場合は、**骨盤底筋訓練**※を行う。
- 機能性尿失禁の場合、**運動機能**低下や**認知機能**の状態を把握し、トイレの場所をわかりやすくして早めにトイレ誘導を行う。

出題頻度 ★★★

■ 対象者の状態に応じた介護の留意点

- **導尿とは**…………尿道から膀胱内に**カテーテル**を挿入して排尿を促す医行為。
- **導尿の種類**………一時的導尿と**膀胱留置カテーテル**による持続的導尿がある。
- 膀胱留置カテーテルは、女性は**下**方向に向けて**大腿部**で固定する。男性は**上**向きで**下腹部**で固定する。
  膀胱留置カテーテルの蓄尿袋は、膀胱よりも**低い**位置に置く。
- **自己導尿とは**……利用者が一定時間ごとに**間欠的導尿**※を実施すること。
- **浣腸とは**……便秘による苦痛があるときに、直腸や結腸に刺激を与えて**蠕動運動**を促し、排便を促す方法。薬液は39～40℃に温めておく。
- 市販のディスポーザブル浣腸器を用いた**グリセリン浣腸**や、**座薬**の挿入は医行為ではないと解釈されている。

用語 PICK！

排便反射
便を排出するために、人体に備わっている機能のこと。

骨盤底筋訓練
失禁を改善するために骨盤底筋（膀胱や子宮を支える筋肉）の強化を図ること。

間欠的導尿
膀胱に尿がたまるたびにカテーテルを挿入して導尿すること。

関連づけよう！

P.106「排泄に関連したこころとからだの基礎知識」と関連づけて理解しましょう。

自己導尿の介護方法

1 必要な物品を準備する。

2 イスやベッド上でむりのない**座位姿勢**を取ってもらう。

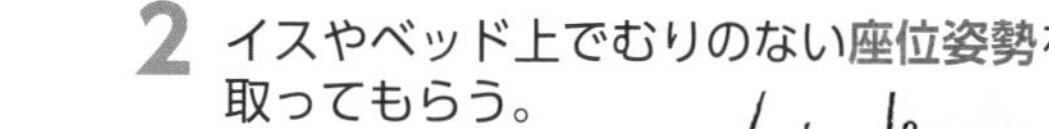

3 **消毒液**を利用者に渡して、陰部を消毒してもらう。

4 **カテーテル**を利用者に渡して、排尿。

5 計量カップなどで尿を受ける。

ストーマ装具の交換（人工肛門）

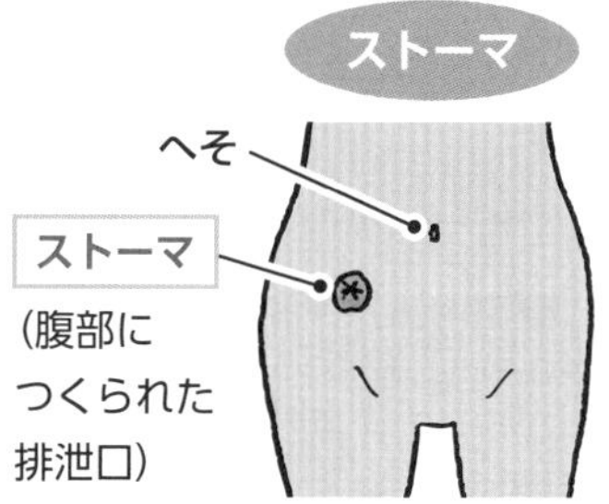

- パウチを装着して便を受け止める。
- 排泄物がパウチの1/3から1/2ほどたまったら処理する。

座薬・浣腸の挿入

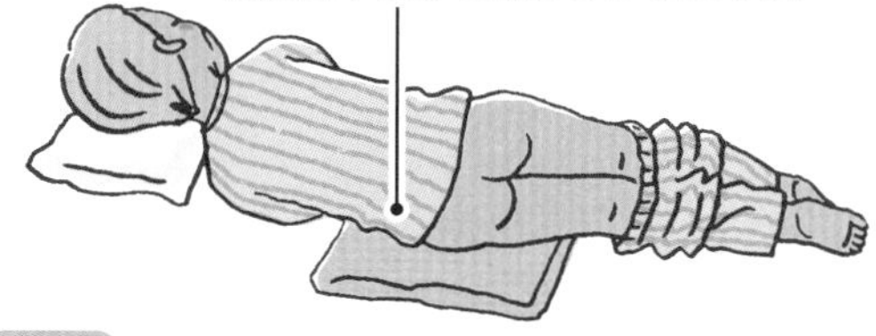

座薬を挿入するときのポイント

- 折りたたんだトイレットペーパーを用意しておく
- 利用者に息を吐くように声をかけ、息を吐くのに合わせて挿入する
- 指の腹で押し込む
- 挿入後は、座薬が排出されないことを確認する

座薬

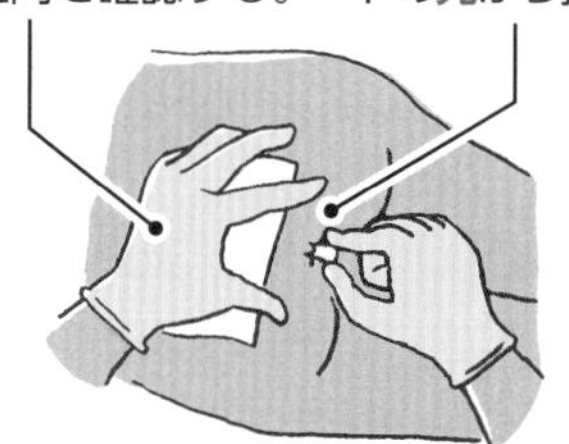

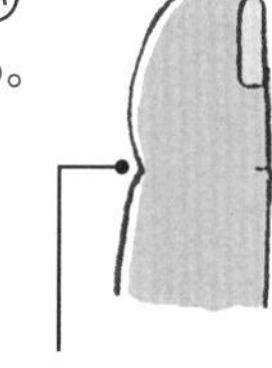

浣腸

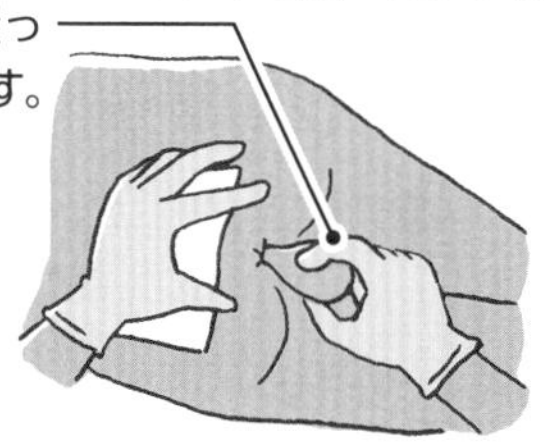

ボディを握ったまま手をゆるめると、注入した薬液が容器に戻ることがあるので注意。

関連 過去問題
第32回 問題51より出題

正解 膀胱留置カテーテルを使用している利用者に対応するときは、カテーテルが折れていないことを確認する必要がある。

140 家事支援の基本となる知識と技術①（食生活・調理）

- 調理の基本を理解することで、利用者の希望を取り入れながら、必要な栄養を摂取できるようにするための、支援をすることができます。
- 状態に応じて凝固剤を使用したり、調理を工夫したりすることで、安全に利用者へ食事を提供することができます。

学習のコツ！

調理は普段行っていないとイメージがわきにくいので、知識を覚えるとともに、実践してみると理解がしやすくなります。

出た！

第35回で「**ノロウイルスによる感染症の予防のための介護福祉職の対応**」「**弱視の人の調理と買い物の支援**」、第33回で「**食中毒の予防**」、第32回で「**食中毒の原因菌**」について出題されました。

用語PICK！

夜盲症

「とりめ」。夕暮れ時から夜が明けるまで物が見えにくくなる。ビタミンAの欠乏により起こることがある。

関連づけよう！

P.282「食事の意義と目的」とP.284「対象者の状態・状況に応じた食事介護の留意点」と関連づけて理解しましょう。

出題頻度 ★

■ 食生活と５大栄養素

- **炭水化物**、**脂質**、**たんぱく質**、**無機質**、**ビタミン**を５大栄養素という。
- **炭水化物**……………糖質と食物繊維にわけられる。
- **食物繊維**……………ほぼ消化されず、エネルギー源にならない。**腸**をきれいにするはたらきがある。
- **脂質**…………………水に溶けない油脂のことで、コレステロール、中性脂肪、リン脂質などを含んでいる。
- **たんぱく質**…………筋肉、臓器などの**体組織**を形成するうえで重要な成分。
- **たんぱく質の構成**……約20種類の**アミノ酸**から構成される。
- 体内で合成されにくい９種類のアミノ酸を**必須アミノ酸**といい、食事から摂取をしなければならない。
- **ミネラル**……………無機質ともいい、エネルギー源にならないが、**骨**や**歯**を形成する。
- **ビタミン**……………エネルギー源にはならないが、重要な**生理機能**を果たす。

出題頻度 ★

■ 調理の基本

- **たんぱく質**は加熱しすぎると硬くなる性質がある。
- **魚や肉**……焼くことで表面のたんぱく質を固め、うまみを保持することができる。
- 布巾は食べ物に触れる部分に接するため、**洗剤**を使って洗浄して消毒する。
- **生肉**を切ったまな板は使用後すぐに洗浄して、**熱湯**をかける。

出題頻度 ★

■ 状態に応じた調理

- **減塩食の工夫**……汁物のだしを利かせ、具を多くして**うまみ**を増す。
- **心疾患予防の食事**
  ……食塩・砂糖や**コレステロール**、**アルコール**の摂りすぎに注意する。
- **動脈硬化予防の食事**……**動物性脂肪**の摂りすぎに注意する。
- **糖尿病予防の食事**
  ……脂肪や砂糖、菓子、清涼飲料水などの糖分の摂りすぎに注意する。
- **腎機能が低下している人の食事**
  ……**たんぱく質**、**食塩**、**水分**、**カリウム**などの制限がある。

高齢者に不足しやすい栄養素

高齢者は加齢にともなう能力・食欲低下などにより、栄養不足になりがちです

どうしてもやわらかくて食べやすいものに偏る傾向があるため、栄養的にも偏った食事になりがちです

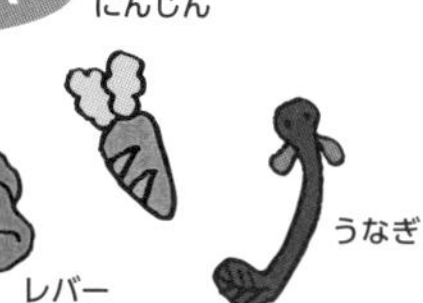

牛乳、いわし、ひじき、チーズ

欠乏すると →
- □骨や歯がもろくなる
- □頭痛を起こしやすくなる

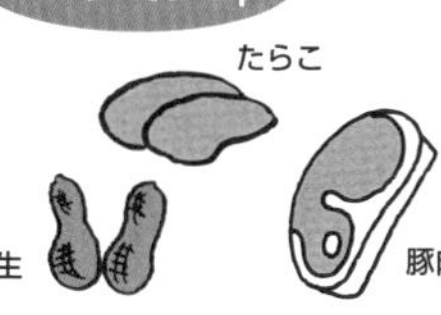

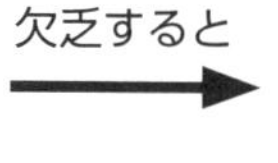

レバー、うなぎ

欠乏すると →
- □夜盲症※になりやすくなる
- □皮膚が角質化する

落花生、こんぶ

欠乏すると →
- □疲れやすくなる
- □食欲が低下して、体重が減少する

ビタミンD：さけ、ちりめんじゃこ、サンマ、干しシイタケ

ビタミンK：モロヘイヤ、鶏もも肉、ほうれん草、納豆

欠乏すると →
- □骨がもろくなる

ビタミンDはさけやにしんなど、魚介類に多く含まれていて、骨を丈夫にするカルシウムの吸収を高めるはたらきをしてくれます

食中毒予防のポイント

菌名	症状	おもな原因食品	予防法
腸炎ビブリオ菌	激しい腹痛、下痢、発熱	魚介類の生食	真水で洗浄する。火をよく通す
サルモネラ	腹痛、下痢、発熱	加熱が不十分な食肉、生卵	熱に弱いため、75℃以上で1分間以上の加熱をする
カンピロバクター	腹痛、下痢、発熱	鶏肉	75℃以上で1分間以上の加熱をする
ウェルシュ菌	腹痛、下痢、嘔吐	カレー、シチュー	加熱調理ずみ食品は冷蔵庫で保存する
ノロウイルス	腹痛、下痢、嘔吐	生がきなどの二枚貝	85〜90℃で90秒間以上加熱をする。手洗いを行う

関連 過去問題
第32回 問題53より出題

正解 肉入りのカレーを常温で保存し、翌日加熱調理したときの食中毒の原因菌として、注意しなければならないのはウェルシュ菌である。

141 家事支援の基本となる知識と技術②（洗濯・掃除・衣類や寝具の管理）

高齢者には着慣れたものを着たい、衣類を大切にしたいという思いがあります。適切な洗濯方法を理解して行うことで、長くきれいに衣類を着続けることができます。

出た！

第34回で「**次亜塩素酸ナトリウムの衣類用漂白剤**」、第33回で「**洗濯表示記号**」「**バターのしみの落とし方**」「**喘息のある利用者の自宅の掃除**」、第32回で「**ノロウイルスに感染した人の嘔吐物のついた衣類の処理**」、第31回で「**防虫剤の種類**」「**洗濯表示記号**」について出題されました。

出題頻度 ★★

■ 洗濯

- 衣類に用いられている素材は多様化し、**天然繊維**と**化学繊維**が用いられている。
- **洗濯方法**…………①手洗い、②洗濯機洗い、③ドライクリーニング※がある。
- ドライクリーニングは、**油性**の汚れを落とすことに有効である。
- 血液などのたんぱく質はすぐに**水洗い**する。
- バターのしみは洗剤をしみ込ませて、布の上に置いて叩くとよい。
- チョコレートなどの油性の汚れは**ベンジン**を使うこともよい。
- 衣類にほころびや破れがあるときは、修理してから洗濯をする。
- **便や嘔吐物**で汚染された衣類は、感染症予防のため、わけて洗濯をする。
- ノロウイルスに感染した人の嘔吐物がついた衣類は、嘔吐物を取り除き、**次亜塩素酸**ナトリウム溶液につけて消毒する。色・柄物には使えない。
- 毛や絹の衣服はアルカリ性に弱いため、**中性洗剤**を使用する。
- 合成洗剤は、**弱アルカリ性**のものが汚れ落ちがよい。
- 漂白剤には**酸化型漂白剤**と**還元型漂白剤**がある。酸化型漂白剤は、**塩素系漂白剤**と**酸素系漂白剤**にわけられる。
- アイロンかけは化学繊維は**低温**で行い、天然繊維は**中・高温**で行う。

出題頻度 ★★

■ 掃除

- 湿った茶殻で床や玄関を掃除すると、ほこりを吸収し、**抗菌・消臭**作用も期待できる。
- 畳は、目に沿って拭く。
- 窓ガラスは、はじめにぬれた雑巾で拭いてから、乾いた布で拭くとよい。
- **喘息**のある利用者の居室を掃除するときは、掃除機の排気でほこりが舞わないように、先にほこりを取るとよい。

用語 PICK！

ドライクリーニング

洗剤を溶かした有機溶剤による洗濯のことで、乾式洗濯ともいう。水を使う洗濯に比べて油汚れをよく落とし、衣類の伸縮も生じにくい。

出題頻度 ★

■ 衣類・寝具の管理

- 裾や袖口のほつれは、まつり縫いで直す。縫い目のほつれを直すときは、コの字縫いで縫い合わせる。
- 布団干しは３日に１回くらいがよい。
- ダニアレルゲンを除去するには、**掃除機**で吸い取るとよい。

漂白剤・防虫剤の種類

●漂白剤の種類

種類		形状	特徴
酸化型漂白剤	塩素系漂白剤	液体	漂白力が強い。**白物**にしか使えない。 綿、麻、アクリル、ポリエステル、キュプラの衣類に使える。
	酸素系漂白剤	液体	色・柄物にも使える。ほぼすべての繊維に使える。
		粉末	色・柄物にも使える。**毛・絹**には使えない。
還元型漂白剤		粉末	鉄分による黄ばみを落とせる。**白物**にしか使えない。ほぼすべての繊維に使える。

●防虫剤の種類

種類	特徴
パラジクロロベンゼン	揮発が速く、効力は**強い**が、効用期間が**短い**。ラメ、合成皮革などには使えない。
ナフタレン	効力は**弱い**が、効用期間が**長い**。ラメ、塩化ビニールなどには使えない。
しょうのう	すべての衣類に使用できる。
合成ピレスロイド系	他の**防虫剤**と併用することができる。においがない。

洗濯表示記号の例

洗濯処理

 ……洗濯機で洗濯ができる。

 ……記号下の線は衣類の弱さを示し、線が多いほど弱い。この場合、液温50℃を限度として、洗濯機で弱い洗濯が可能。

 ……液温40℃を限度に手洗いができる。

自然乾燥

 ……吊り干しがよい。

 ……日陰の吊り干しがよい。

 ……平干しがよい。

アイロン仕上げ

 ……底面温度200℃を限度としてアイロン仕上げができる。

 ……アイロン仕上げ禁止。

ドライクリーニング

 ……パークロロエチレンおよび石油系溶剤によるドライクリーニングが可能。

関連 過去問題
第34回 問題54より出題

正解 次亜塩素酸ナトリウムを主成分とする衣類用漂白剤には、衣類の除菌効果がある。

142 家事支援の基本となる知識と技術③（家庭経営・家計の管理）

- 家庭経営や家計に関する知識を理解することで、生活の基盤を維持することに繋がります。
- 悪質商法、クーリングオフ制度を理解することで、高齢者や障害者の生活を守ることができます。

出た！

第36回で「**テレビショッピングで高額の支払いが発生しているもの忘れのある利用者と家族への発言**」について、第32回で「**クーリング・オフの手続きを相談する相手**」について、第30回で「**エンゲル係数**」について出題されました。

出題頻度 ★

■ 家庭生活の基本

- 家庭は家族が共同生活を営む場であり、基本的な生活活動が行われる。
- **生活時間**……人の行動を、時間でとらえたものをいう。
- 生活時間は、睡眠・食事などの**1次**活動、仕事や家事といった労働時間の**2次**活動、趣味などの**3次**活動にわけられる。
- 高齢者の生活時間は、**1次**活動と**3次**活動が長くなっている。

出題頻度 ★

■ 家庭経営・家計の管理

- **家庭経営とは**……家族員が欲求を満たすためにどのように収入を得て、家事労働をどのように行うのか、役割分担をどうするのか決めることを意味している。
- 高齢者の消費支出は、**可処分所得**※を上回っている。
- **エンゲル係数とは**…世帯ごとの家計の消費支出に占める**飲食費**の割合のこと。

出題頻度 ★★★

■ 家計の管理

- 認知症が進行すると、金銭管理が難しくなるので、介護福祉職は、家計簿をつけることや不必要なものの購入を控えるように助言することが必要。
- 金銭管理が困難な場合、「**成年後見制度**」や「**日常生活自立支援事業**」の利用も考える。
- **高齢者のおもな収入源**……年金などの「社会保障給付費」であり、おもな支出は交際費を含むその他の支出である。
- 消費者として商品を購入する際には、**消費者基本法**※やクーリングオフ制度によって守られている。
- **クーリングオフ制度とは**……消費者が結んだ契約について、冷静に考えてその契約を解除したい場合、一定期間なら可能な制度のこと。
- 最近の高齢者による消費者問題は、**販売**や**勧誘**に関するものが多い。
- 消費者問題の相談窓口として、「**国民生活センター**」や「**消費生活センター**」がある。

用語 PICK！

可処分所得
実収入から、税金や社会保険料などの非消費支出を差し引いた手取り収入を、「家計が自由に処分することができる所得」という意味で、可処分所得という。

消費者基本法
消費者の利益の擁護および増進に関する総合的な施策の推進を図って、国民の消費生活の安定と向上を目的とした法律。

関連づけよう！

P.64「個人の権利を守る制度の概要」、P.254「生活支援の理解」と関連づけて理解しましょう。

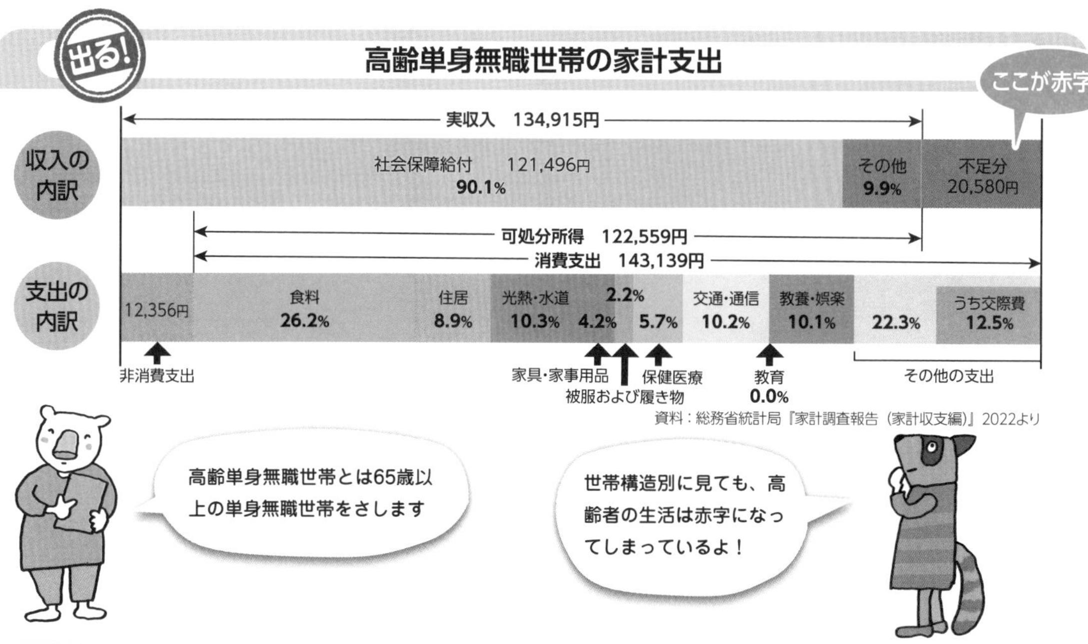

悪質商法のいろいろ5

① マルチ商法

買い手を増やすとマージンが入るネズミ講式の取引。

② 電話勧誘商法

強引な電話勧誘によって商品やサービスを契約させる。

③ 訪問販売

消費者宅を訪れて、商品やサービスを契約させる。

④ ネガティブ・オプション（送り付け商法）

商品を一方的に送りつけて代金を請求する。

⑤ 点検商法

点検作業を行い、不安をあおって商品を購入させる。

クーリングオフには、店舗や通信販売（自分から買い物をする場合）は含まれていません

関連 過去問題
第28回 問題56より出題

正解 利用者が送り付け商法の被害にあわないために、介護福祉職は、注文した覚えのない商品は断り、受け取らないよう助言する。

143 休息・睡眠の介護

- 日常生活を、健康で安全に過ごすために欠かせない睡眠について理解することで、利用者が意欲的に生きていくことへの支援をすることができます。
- 夜間の安眠は生活リズムを整えることができ、認知症の進行の予防、機能低下の予防に繋がります。

出た！

第36回で「**消化管ストーマを造設した利用者への睡眠の介護**」「**大きないびきをかいている利用者**」について、第35回で「**睡眠の環境を整える介護**」「**入眠に向けた介護福祉職の助言**」、第34回で「**睡眠環境を整備するためのベッドメイキング**」「**施設職員の良質な睡眠をとるための生活習慣**」、第33回で「**畳の上の布団の利点**」「**睡眠の環境**」「**眠れないと訴える利用者への対応**」について出題されました。

用語 PICK！

メラトニン
脳の松果体というところから分泌されるホルモン。眠気を誘導するホルモン。

関連づけよう！

P.108「休息・睡眠に関連したこころとからだのしくみ」と関連づけて理解しましょう。

出題頻度 ★

■ 休息・睡眠の意義と目的

- **睡眠の種類**……………………**レム**睡眠と**ノンレム**睡眠があり、成人の場合、90分に1度の周期で4～5回繰り返されている。
- **レム睡眠**……………………からだは深く眠っているが、脳が活動状態にある睡眠。
- **ノンレム睡眠**………………脳が眠っている状態の睡眠。
- **睡眠の役割**…………………脳の休息、身体の成長と疲労回復、健康の維持があげられる。
- **高齢期の睡眠の特徴**……リズムが小刻みになり、眠りが浅くなる。
- **睡眠中の室温**………………**25℃**前後（冬は**15℃**）、湿度は**50～60%**がちょうどよいとされる。

出題頻度 ★★★

■ 休息・睡眠の介護

- 安眠を促す介護として、起床時には**日光**を浴びるように勧める。
- 夜間は、**メラトニン**※の分泌を促進するために部屋を暗くするとよい。
- **寝床内の環境**………………温度は**32～34℃**、湿度は**50%**がよいとされる。
- **夜間の照明の明るさ**……30ルクス程度が目安。
- 風呂はぬるめの湯温にして、入浴できない場合は手浴や足浴をするとよい。
- 生活リズムを整えて、**適度な運動**をするとよい。
- 眠る前の食事は控える。
- **温かい**飲み物（カフェインやアルコールを含まない）を飲むとよい。
- 清潔で乾燥した寝具は、心地よい眠りにとって重要である。
- 寒い時期は、**湯たんぽ**などを使用して、寝具を温めておくとよい。
- 湯たんぽは**低温やけど**を防止するために、直接肌に触れないようにする。
- **枕の高さ**……………………**15**度くらいの高さが頸部の緊張を取り除き、寝返りにも支障がない。
- 就寝時にやわらかいマットを使用するとからだの緊張が高まり、腰痛や不眠の原因となることもある。
- 自分で寝返りができない人にはエアマットの使用も選択肢のひとつであるが、身体の動きは抑制されてしまうので、注意が必要である。
- 牛乳には**トリプトファン**が含まれており、安堵感を与えて、安眠に繋がる。
- 心不全で呼吸苦がある利用者は、**半座位**で就寝するとよい。

レム睡眠とノンレム睡眠

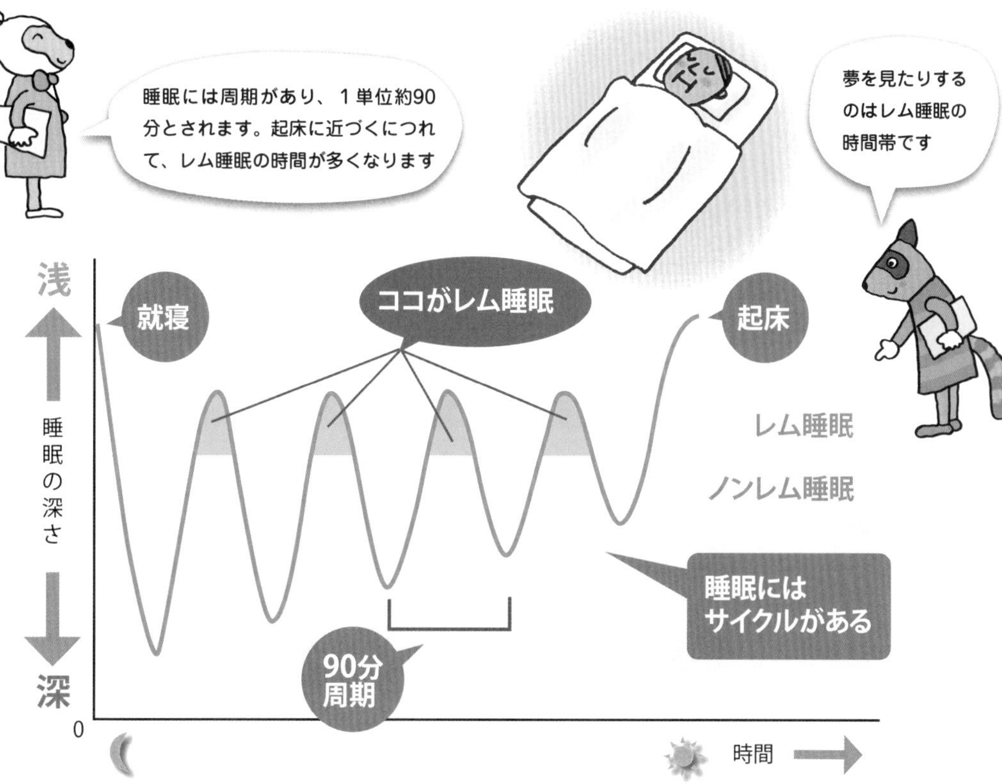

対象者の状態に応じた睡眠の介護　ポイント6

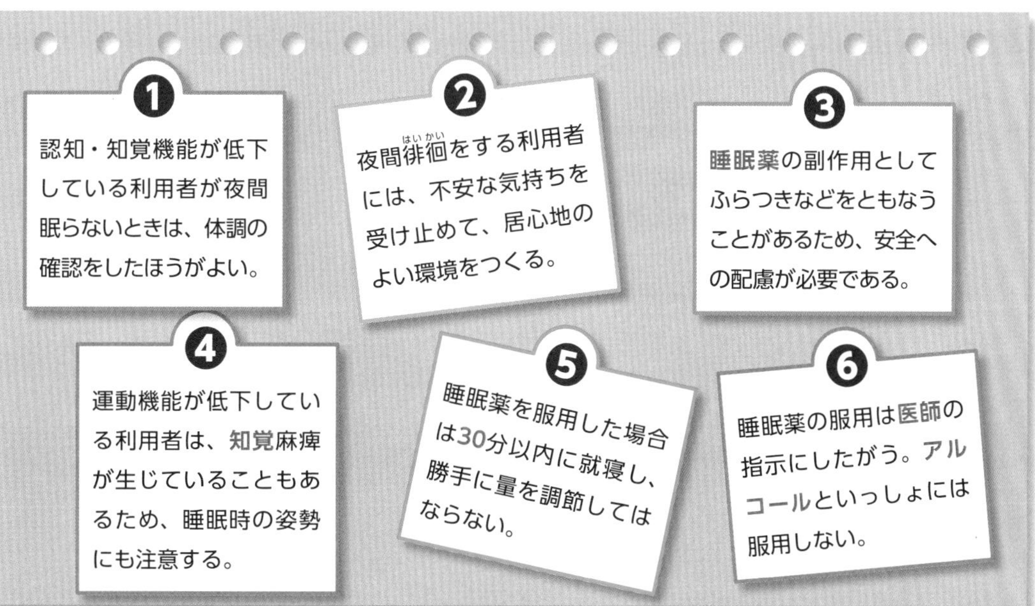

関連 過去問題
第32回 問題56より出題

正解 眠れないと訴える高齢者に介護福祉職が行う助言として、起床時に日光を浴びるように勧めることは適切である。

144 人生の最終段階における介護

- 人生の最終段階における介護は、これからの高齢者介護の大きなテーマのひとつとなります。
- 高齢者とその家族が、可能な限り苦痛が少なく、尊厳のある最期を迎えることができるように支援をする方法を考えていきましょう。

出た！

第36回で「**誤嚥性肺炎を繰り返す利用者の終末期の介護**」「**デスカンファレンス**」、第35回で「**介護福祉施設に入所している利用者の看取りにおける、介護福祉職による家族への支援**」、第34回で「**看取りに必要な情報**」「**終末期の利用者の家族支援**」「**死亡後の介護**」、第33回で「**アドバンス・ケア・プランニングを踏まえた介護福祉職の言葉かけ**」「**死期が近づいたときの介護**」「**デスカンファレンス**」について出題されました。

用語 PICK！

リビング・ウィル
一定の判断能力のある患者が、意思決定能力を失った場合における、医療ケアに関する希望を表明した文書や意思表明。

温罨法
蒸しタオルなどで患部を温めて、痛みの緩和などの効果をもたらす。腸の蠕動運動が改善されて、排便を促す効果もある。

関連づけよう！

P.38「日本の社会保障制度の発達」で学んだ歴史的な背景も関連させながら学びましょう。

出題頻度 ★★

■ 人生の最終段階にある人への介護の視点

- **アドバンス・ケア・プランニング**（**ACP**）とは、自らが望む人生の最終段階における医療・ケアについて前もって考え、医療・ケアチームと繰り返し話し合い共有する取り組みをいう（愛称として「人生会議」とも呼ぶ）。
- 終末期の介護は**リビング・ウィル**※を明らかにしておくことも大切である。

出題頻度 ★★★

■ 人生の最終段階を支えるための基本となる知識と技術

- 安楽な体位や姿勢が取れるように支援する。
- 口腔内が乾燥しているときは、水を含ませたガーゼなどで口腔内を湿らせる。
- 看取り期に入るときに改めて、**意思確認**を行う。
- 人生の最終段階における意思確認の合意内容は、**書面**に残しておく。
- 便秘予防として腹部マッサージや**温罨法**※を行うとよい。
- 食欲が減退するため、食べやすく、好きなものを少量でも食べてもらう。
- 入浴は**医療職**と相談し、全身清拭、部分清拭、手浴や足浴を選択する。
- **デスカンファレンス**とは、介護福祉職および他職種で、利用者の死後にケースを振り返り、悲しみを共有し、今後のケアの向上を図るために行うものである。

■ 死を迎えた人の介護

- 家族が希望すれば、いっしょに死後のケアを行う。
- 死後のケアは、死後硬直が起こる**1～2**時間前までに終了する。
- **さかさ水**を使用して、遺体の清拭を行う。
  ＊**さかさ水**…遺体を清めるためのぬるま湯。水に湯を注いでつくる。
- 義歯を使用していた場合は、義歯を装着する。
- 死後の衣服は選んでもらう。
- 着物を着用する場合は、**左前**に合わせて、帯ひもは**縦結び**にする。

出題頻度 ★★★

■ 遺族へのケア

- **グリーフケア**……喪失体験をした人が悲しみを乗り越え、新たな生活をおくることができるように支援するもの。
- 介護福祉職は、家族が**グリーフワーク**（**悲嘆作業**）を十分に行えるように、ねぎらいの言葉をかけ、助言者でなく、よい聞き手となることが大切。

終末期の介護にかかわるおもな苦痛4

❶精神的苦痛

不安、おそれ、孤独感など

❸社会的苦痛

経済上の問題や人間関係、遺産相続など

❷身体的苦痛

純粋なからだの痛みや日常生活動作に対しての支障など

❹霊的苦痛

死に対する恐怖や人生の意味への問いなど

ポイント 終末期の介護は❶精神的、❷身体的、❸社会的、❹霊的の４つの痛み（トータルペイン）を全人的にとらえる必要がある。

身体的苦痛を緩和する介護として、①安楽な体位を取って、呼吸を楽にしてもらう、②意識が低下していても、聴力は最後まで残るので、声かけを行う、などがあります

精神的・社会的・霊的苦痛を緩和する介護には、利用者のそばで、共感的なコミュニケーションを取ったり、手を握る、からだをさするなどのスキンシップを取ったりします

アドバンス・ケア・プランニングとは

❶ 治療をする際に大切にしたいことを考える
- 家族のそばにいたい。
- 好きなことを続けたい。
- 家族に負担をかけたくない。

❷ 自分の意思を伝えることができなくなった場合
- 代わりに伝えてくれる信頼できる人を選ぶ。

❸ かかりつけ医に質問してみる
- 健康状態や今後予想される医療やケアを質問してみる。

❹ 希望する医療やケアについて話し合う
- 希望や思いを、家族、代理人、医療者などと話し合う。

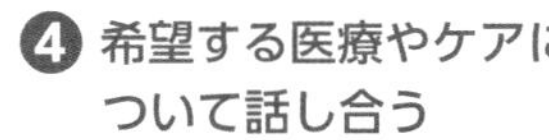

❺ 話し合いの内容を書き留めておく
- 記録として残し、周囲の人と共有する。

死後の寝かせ方について

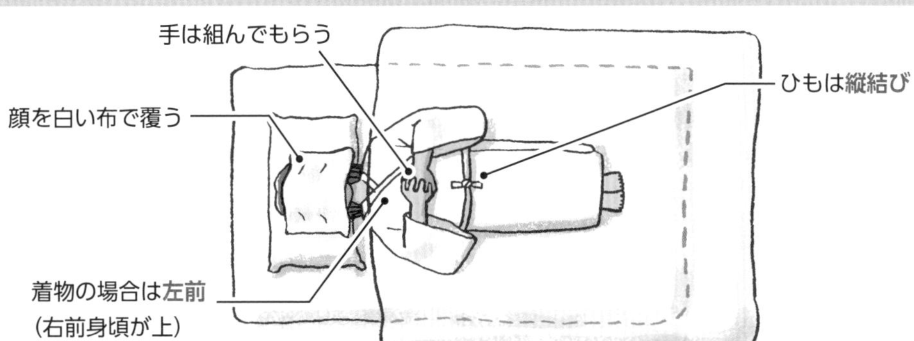

関連 過去問題
第36回 問題103より出題

正解 デスカンファレンスの目的は、亡くなった利用者の事例を振り返り、今後の介護に活用することである。

145 福祉用具の意義と活用

- 福祉用具の定義と範囲を理解して、その意義と目的を理解しましょう。
- 介護ロボットの動向など、これからの福祉用具の可能性について理解しましょう。

学習のコツ！

福祉用具サービスの種類と目的を理解しましょう。

出た！

第36回で「**福祉用具を活用するときの基本的な考え方**」「**握力の低下がある利用者が使用する杖**」について、第35回で「**利用者の障害特性に適した福祉用具の選択**」「**福祉用具等を安全に使用するための方法**」について、第34回で「**胸髄損傷のある人の浴槽に入るための福祉用具**」について出題されました。

用語PICK！

補装具

障害者等の身体機能を補完し、代替し、長期間にわたり継続して使用されるもの。

関連づけよう！

P.44〜55の「介護保険制度」と、P.56〜63の「障害者自立支援制度」と関連づけて覚えましょう。

出題頻度 ★

■ 福祉用具の意義と目的

- 福祉用具は補装具※や自助具など、幅広い範囲で日常生活の自立や、生活の質の向上を目的として使用されるものである。
- 福祉用具を活用することで、生活の幅を広げることができる。
- 日常生活の自立や**介護負担**の軽減にも繋がる。
- **社会参加**や**雇用の促進**にも繋がる。
- 自己実現や生きがいをつくり出すことに繋がる。

出題頻度 ★★

■ 福祉用具活用の視点

- 福祉用具は課題を解決するための手段であり、総合的な**アセスメント**が必要である。
- 福祉用具には事故のリスクもともなうため、事前のアセスメントを行い、福祉用具選定の理由を明確にする必要がある。
- 事故の多い福祉用具は、サイドレールと電動車いすである。
- 介護保険法に基づく福祉用具を提供する際には、**福祉用具サービス計画書**の作成が義務づけられている。

出題頻度 ★

■ 適切な福祉用具の選択の知識と留意点

- 利用者の自立支援や介護者の負担軽減を目的に、介護ロボットの開発・活用が進められている。
- 介護ロボットの開発では、**移乗支援**、**移動支援**、**排泄支援**、**認知症の人の見守り**、**入浴支援**が重点分野とされている。
- 介護保険法における福祉用具サービスには、**福祉用具貸与**と**特定福祉用具販売**の2種類がある。
- 身体状況の変化、介護状況の変化に合わせて用具の交換が可能なように、福祉用具は貸与が原則と考えられている。
- 障害者総合支援法における福祉用具サービスは、自立支援給付における**補装具費の支給制度**と地域生活支援事業における**日常生活用具給付等事業**がある。
- 65歳以上の障害者で要介護または要支援の人の場合、福祉用具サービスは**介護保険制度**によるサービスが優先される。

福祉用具の提供までの流れ

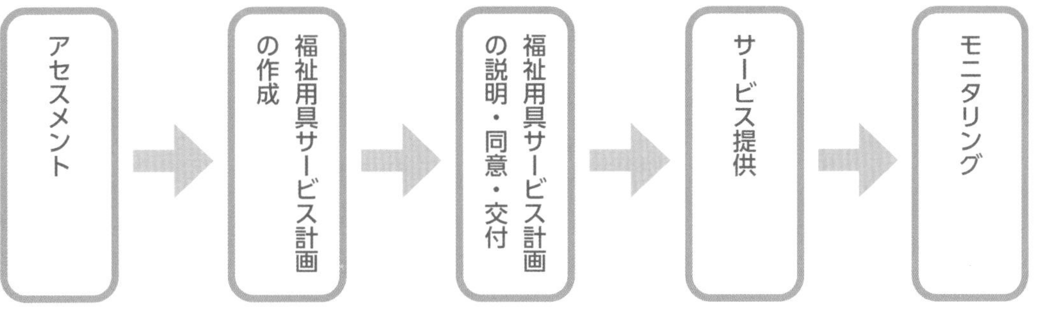

福祉用具の活用による移動・移乗支援

移動支援

電動歩行アシストカート

歩行支援機器。上り坂ではアシストがはたらいて楽に上ることができ、下り坂ではブレーキがはたらいて安全に下ることができる。

移乗支援

装着型のアシストスーツ

中腰姿勢を保つ、人を抱え上げる、重い物を持ち上げるなどの作業時に、腰の負担を低減する装着型のロボット。

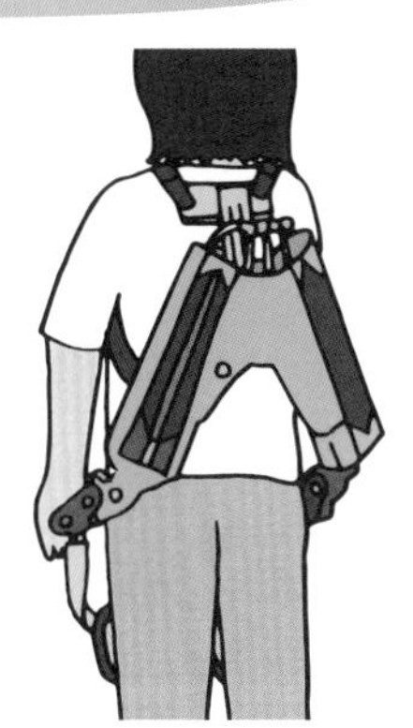

障害者総合支援法における福祉用具サービス例

補装具費の支給制度（利用者負担：応能負担）

義肢

装具

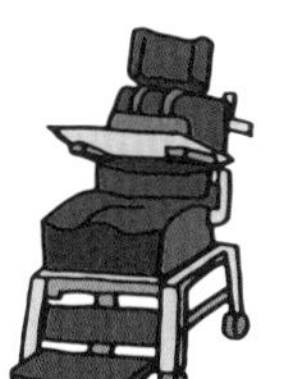
座位保持装置

歩行器

歩行補助杖

義眼

日常生活用具給付等事業（利用者負担：市町村が決定）

特殊寝台

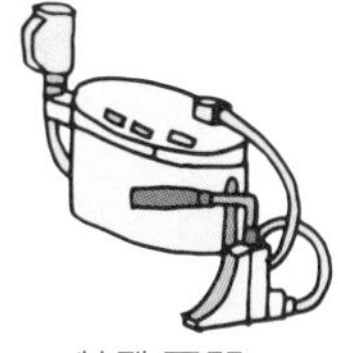
特殊尿器

移動用リフト

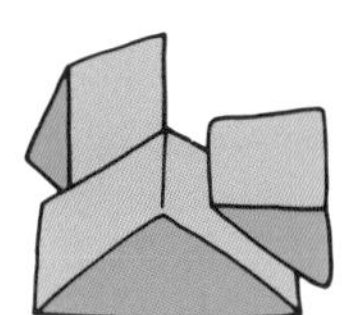
体位変換器

関連 過去問題
第36回 問題104より出題

正解 複数の福祉用具を使用するときは、状況に合わせた組み合わせを考える。

146 介護過程の意義と目的

- 介護過程の展開を理解して、実践することにより、客観的で科学的根拠※に基づいた介護実践ができるようになります。
- 利用者に提供している介護がなぜ必要なのか、介護者自身が根拠を理解することで、介護に対する専門性が高まります。

学習のコツ！

介護過程の意義と目的は、介護過程を展開するときの指針となります。そして、国家試験には必ず出題されますので、しっかりと覚えておきましょう。

学習のコツ！

介護過程の目的は、利用者のよりよい生活、よりよい人生、その人らしい生活、QOLの向上などで表現されています。すべて同義語と考えましょう。

出た！

第35回、第34回、第33回、第32回、第31回、第30回で「**介護過程の意義と目的**」について出題されました。

用語 PICK！

科学的根拠（介護）

提供している介護サービスの根拠のこと。たとえば、介護福祉職がAさんの排泄介護をした場合、Aさんに排泄介護が必要な理由（根拠）、その時間に排泄介護をする理由（根拠）を明確にすること。

生活課題

利用者の望む生活を実現するために、解決すべき課題のこと。

出題頻度 ★★★

■ 介護過程とは

- 利用者が望む生活を実現するために取り組む、**科学的思考**と実践のプロセス。
- 介護過程は、介護実践の**根拠**（エビデンス）となるものであり、利用者の生活支援において、**個別ケア**の方向性や具体的な介護方法を示すもの。
- 対象者が１人の人間として、**自分らしく**日常生活を営むための支援方法を探求する過程であることを意味している。

出題頻度 ★★★

■ 介護過程の意義

- 介護福祉職は利用者に対し、利用者の**心身**の状況に応じた介護を提供できる。
- 介護福祉職は利用者に対し、なぜその介護を提供したのかを**明確**に説明できる。
- 介護過程の展開によって、利用者の心身の状況に応じた**質の高い**個別ケアを提供でき、利用者の**QOL**の向上に繋がる。

出題頻度 ★★★

■ 介護過程の目的

- 「アセスメント」によって個別の利用者が抱えている真のニーズを発見し、**生活課題**※を明確化する。
- 利用者の望む**生活**を実現するために、利用者の生活課題を解決する。
- 利用者の**自己実現**を支援する。
- 利用者の**自立**を支援する。
- 保健、医療、福祉によるチーム内の協働、連携を図ることにより、関係職種が共通の**目的**と活動の目標に向かって、介護を行うことが可能になる。

出題頻度 ★★★

■ 介護過程を展開するときの大切な視点

- ICFの視点に基づき、**利用者像**を把握すること。
- 利用者の尊厳の保持、**基本的人権**の尊重、自立支援、**自己実現**ができること。
- 利用者の生活の**継続性**、個別性が尊重され、意欲を持てる生活が望めること。
- 多職種と**連携**すること。
- 根拠に基づく介護実践と的確な**記録**を書くこと。

利用者の課題解決

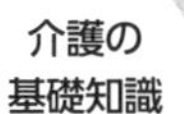

2 自立支援

介護の基礎知識 / 介護の理論 / 介護の技術 / 介護の経験値

1 利用者の生活課題

3 利用者の意欲

4 利用者の生活課題が解決

利用者にとってよりよい生活になる。

利用者の生活課題に、介護福祉職が専門性の高い支援をすることで利用者の意欲も高まり、生活課題が解決すると、利用者の生活の質の向上に繋がります

介護過程を展開させるときの視点

座る・立つ・歩くなどの機能回復訓練のみでなく、食事・排泄・着替えなどのADLへの働きかけや、地域における居場所づくりなど、社会参加を支援することで、利用者の生活の質の向上を図ります

[前提]

身体の障害がある佐藤さんと山田さんは、洋服の着脱に1時間程度かかる。
2人ともグランドゴルフをすることが趣味で、今でもグランドゴルフを楽しみたいと思っている。

佐藤さん

介護福祉職に着脱介助をしてもらい、10分程度で着替えが終わった。その後、グランドゴルフに出かけた。

[結果]
佐藤さんは
- 着脱は自立していなかった。
- 自分がしたいグランドゴルフができたので、自分が「望む生活ができた」。

山田さん

介護福祉職には介助してもらわず、自分で着替えた。着替えに40分かかった。着替えで体力を使ってしまい、出かけられなかった。

[結果]
山田さんは
- 着脱は自立していた。
- 自分がしたいグランドゴルフができなかったので、自分が「望む生活ができなかった」。

関連 過去問題 第35回 問題106より出題

正解 介護過程を展開する目的は、根拠のある介護実践をすることである。

147 介護過程を展開するための一連のプロセスと着目点（アセスメントと計画立案）

- アセスメントの方法を学ぶことにより、利用者理解が深められ、利用者の課題を明確にできるようになります。
- 計画立案の方法を学ぶことにより、利用者の支援の方向性が定まり、質の高い支援を実践できます。

アセスメントの過程をしっかり覚えましょう。そして、アセスメントの過程に沿って情報収集から課題の明確化まで、具体的な事例で学んでおきましょう。

出た！

第33回、第32回で「**介護目標の設定**」について、第34回、第33回、第31回、第30回で「**情報の収集と解釈**」「**アセスメントの実践的対応**」「**介護計画の立案**」について出題されました。

関連づけよう！

P.224「自立に向けた介護について」のICF（国際生活機能分類）と併せて学習することにより、アセスメントを実施するときの視点の理解が深まります。

出題頻度 ★

■ 介護過程のプロセス

- 介護過程とは、アセスメント、計画の立案、**実施**、評価という一連の流れを介護福祉職の**専門的視点**で展開し、実践に繋げていくこと。

出題頻度 ★★★

■ アセスメント

- **アセスメント**………利用者の状態や取り巻く状況に関する情報を**収集**・分析・解釈し、関連づけ、**統合**し、利用者が求めていることや解決すべき**課題**を明確にするために行う。
- **情報の種類**…………①主観的情報：利用者の**考え方**や期待感など、利用者の主観に基づく情報
  ②客観的情報：行動などの観察、記録、**測定**した数値、家族や他職種などの話から得られた情報
- **情報収集は**…………利用者の希望、**価値観**、生活歴、現在できていること・できていないことなどについて、**ICF**の視点を活用して利用者理解を深める。
- **情報取集の目的**……課題の**明確化**。現在の生活の問題や、**解決**しなければならない課題が明確になる。

出題頻度 ★★

■ 計画立案（介護計画）

- **介護計画とは**……生活課題を解決するために**目標**を決定する。その目標（長期目標・短期目標）を達成するための具体的な**実施**（支援）方法。
- **目標とは**…………アセスメントで明確になった生活課題を解決するために設定。
  ①長期目標：**最終的**な課題の解決を目標とする。
  ②短期目標：長期目標を実現するため、ひとつずつ解決していく**段階的**な目標。
- **設定の留意点**……利用者の個別性の**尊重**、自己実現の尊重、**実現可能**なもの。目標の書き方は、利用者が**主語**、評価が可能な表現、**目標達成時期**を明確にする。

介護過程のプロセス4

① アセスメント
- 情報収集
- 情報の解釈、分析、統合、関連づけ
- 課題の明確化

必要に応じてこの過程を繰り返す

② 計画の立案
- 目標の設定
- 具体的な支援内容および方法の決定

③ 実施
- 実施状況の把握
- 計画に基づく実施
- 利用者の状態の確認
- 新たなニーズ（課題）の発見

④ 評価・修正
- 目標到達度の確認
- 支援内容、方法の適切性の確認
- 今後の支援についての検討

収集する情報の種類と目標設定までのプロセス

1 主観的情報と客観的情報の収集

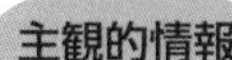

主観的情報

山田さんからの物の見方
- 思っていること
- 考えていること
- 感じていること

などの発した言葉

2 情報の解釈や関連づけ、統合

これらの**情報**の意味を考え、情報と情報を関連づけて、**統合**する。

客観的情報

- 山田さんのからだや行動の観察をして
- 体重計などで測定した数値
- 生活歴や経済状況などの記録を読んで
- 家族や他職種などからの話を聞いて　など

3 課題の明確化

現在の**生活**の問題や、解決しなければならない課題が**明確**になる。

4 目標の設定
- 長期目標は、最終的な課題の解決を目標とする。
- 短期目標は、**長期目標**の課題を解決するための**段階的**な目標とする。

関連 過去問題
第34回 問題62より出題

正解 介護過程における情報収集は、利用者の生活に対する思いを大切にしながら行う。

148 介護過程を展開するための一連のプロセスと着目点（実施と評価）

- 介護計画を実施することにより、適切な介護とは何かを理解することができます。
- 介護計画の実施を評価することは、実践の検証になり、今後の利用者を支援するときに、より質の高いケアが提供することができます。

学習のコツ！

介護計画の実施と評価の留意点をしっかりと覚えましょう。また、評価は、次の介護実践に繋がることから、評価方法をしっかりと覚えておきましょう。

出題頻度 ★★★

■ 介護計画の実施（介護サービスの提供）

- **実施とは**……介護計画の**内容**を意識し、根拠の明確性に基づき介護を行うこと。
- **実施の手順**……実施する介護の内容を利用者に説明し、**同意**（インフォームド・コンセント）を得たのちに、介護計画の支援内容に基づき介護を行う。
- **実施の留意点**……利用者の自立支援、尊厳の保持、**安全**と安心に留意しながら介護を行う。介護計画の**目標**を意識し、行った介護の状況については必ず**記録**をとる。客観的に記録する。利用者の**主観的情報**も記録する。
- **実施時のアセスメント**……実施しながら、その介護目標に向かっているのか、利用者にとって**苦痛**がないかなどの評価をする。

出題頻度 ★★

■ 評価

- **評価とは**……介護計画で設定した長期目標や**短期目標**の利用者の達成状況や、介護の実践状況などについて評価する。この評価の結果が計画や目標の**修正**、次に行う支援、再アセスメントの必要性などの**判断基準**になる。
- **評価の視点**……①計画通り実施しているか、②目標に対しての**達成度**はどの程度か、③援助内容・方法・**頻度**・期間は適切か、④新たな課題が生じていないか、⑤利用者に新たな**可能性**があるか。

出た！

第36回で「**介護過程の評価**」について、第35回で「**短期目標の評価**」について、第34回、第32回で「**介護計画の作成・実施**」について、第31回で「**介護計画実施の際の留意点**」について出題されました。

出題頻度 ★★

■ 評価の結果から次回へ

- **目標達成時**……援助内容終了または**継続**。再アセスメントをし、新たな介護計画、介護目標の設定。
- **目標未達成**……原因を探求し、改善策を**検討**。介護計画、介護目標の**見直し**。再アセスメントの実施。
- **目標達成不明**……目標期間の**延長**。同様の目標と援助内容を実施。**評価方法**や記録方法などを検討。

関連づけよう！

P.214「尊厳を支える介護について」の介護の理念と法律、P.224「自立に向けた介護について」と併せて学習するとより深く理解できます。また、実践にも繋がります。

介護計画を実施する際の視点3

自立支援

・利用者の自己選択と自己決定を尊重する。
・現状保持している生活機能(残存機能)を活用する。

尊厳の保持

・人権擁護の視点を持つ。
・利用者の自尊心やプライバシーなどに配慮する。

安全・安心

・事故防止を心がける。
・感染予防を心がける。
・心理的なアプローチを行う。

短期目標の評価

短期目標：ベッドからリビングまで安全に歩けるようになる

計画	評価	評価の視点
食事をとるときに歩いていく。	朝食時以外は実施できた。	計画通りに実施しているか。
朝・昼・夕食時にリビングまで歩いていく。	朝食時以外は安定して歩行していた。	目標に対してどの程度達成しているか。
杖を使用する。介護者は右側について介助する。	歩行状態は安定している。本人は隣に人がいると安心して歩けるといっている。適切だった。	援助内容、援助方法は適切か。
	朝は起きたばかりなので、歩行が不安定になり、本人が「歩くのが怖い」といっている。朝の歩行は困難。	新たな課題があるか。
	リビングでテレビを見るときも歩行していく。	利用者について新たな可能性や能力があるか。

長期目標：トイレに行けるようになる

評価は、次の介護計画に繋がっていきます。評価の視点を活用してしっかりと評価しましょう。そのためには、介護実践中も利用者の表情や言葉などをしっかりと観察し、介護記録を正確に書くことが大切です

客観的情報と主観的情報の記録

なんとなく気持ちが悪い

Nさんが発した言葉 → 主観的情報の記録

正確に記録すること！

熱が37.5℃
気分が悪そう

介護福祉職が観察して得た情報 → 客観的情報の記録
⇨ 介護福祉職の主観的記録

記録には、主観的情報（利用者の発言）の記録と、客観的情報（介護福祉職が利用者のからだや行動を観察したこと、測定した数値など）と、介護福祉職の主観的記録（顔が赤く、熱がありそうだなど）があります

関連 過去問題
第36回 問題107より出題

正解 介護過程の評価は、利用者の満足度を踏まえて評価する。

149 介護過程とチームアプローチ

- 介護サービス計画（ケアプラン）と介護過程（介護計画）の関係を理解することにより、利用者に質の高い介護サービスを提供できます。
- チームで連携することの重要性を学ぶことで、利用者の生活課題に対し、効果的で質の高いサービスを提供できます。

出題頻度 ★★

■ 介護サービス計画（ケアプラン）と介護過程の関係

・ケアマネジメントとは

……生活課題を解決するために、利用者の生活を**多面的**に考慮し、利用可能な**社会資源**※（フォーマル・インフォーマル）から適切なサービスを利用できるように**調整**する。その際、利用者が質の高い、その人らしい**自立**した生活がおくれるようになるのかを考えて、サービスを組み合わせる。介護保険制度においては、**介護支援専門員**が行う。

・介護サービス計画（ケアプラン）とは

……介護サービス（フォーマル・インフォーマル）を組み合わせた**計画書**。**介護保険サービス**を利用するときに必要。ケアプランでは、要介護者を対象とした①居宅サービス計画書、②**施設**サービス計画書、要支援者を対象とした③介護予防サービス計画書の３種類がある。

・介護過程（介護計画）とは

……介護過程での**介護計画**は「個別サービス計画書」などと呼ばれており、ケアプランとは内容が異なる。介護過程における介護計画書は、主に**介護福祉職**がアセスメントを行って作成する。介護計画は、ケアプランをもとに、利用者の**生活課題**の解決のために、どのような介護サービスを提供するかを**具体的**に決める。

・関係性

……介護計画は、**介護支援専門員**（ケアマネジャー）や相談支援専門員が作成するケアマネジメント(ケアプラン)を基盤とし、**連動**して機能する。ケアプランのプロセスは介護職の介護計画だけでなく、他職種の支援過程やインフォーマルサービスを含む総合的なもの。そのため、ケアプランなどにおける介護計画の位置づけと**役割**を理解して、実践することが重要。

出題頻度 ★★★

■ 多職種連携（チームアプローチ）

・チームアプローチとは

……利用者を中心として、異なる専門性を持つ**多職種**がチームとして連携し、それぞれの**専門職**の能力を活用することにより、効果的で質の高いサービスを提供すること。目標と支援方法を**共有**する。

学習のコツ！

介護サービス計画（プラン）と介護過程（介護計画）の違いと関係について、整理しておきましょう。どのようなカンファレンスが行われるのかも学んでおきましょう。

出た！

第35回で「**居宅サービス計画と訪問介護計画の関係**」について出題されました。

用語 PICK！

社会資源

日常生活を送るうえで起こる、さまざまな課題を解決するために活用される各種の制度、施設、機関、設備、資金、情報、集団、個人の持っている知識や技術などのこと。

関連づけよう！

P.324「事例で読む介護過程の展開」は、「介護過程とチームアプローチ」を具体的に展開しています。いっしょに学ぶことにより、実践への理解が深まります。P.238「多職種連携について」と併せて学習することにより、チームのメンバーや多職種と共有しなければならないことが理解できます。

介護サービス計画（ケアプラン）と介護過程の関係

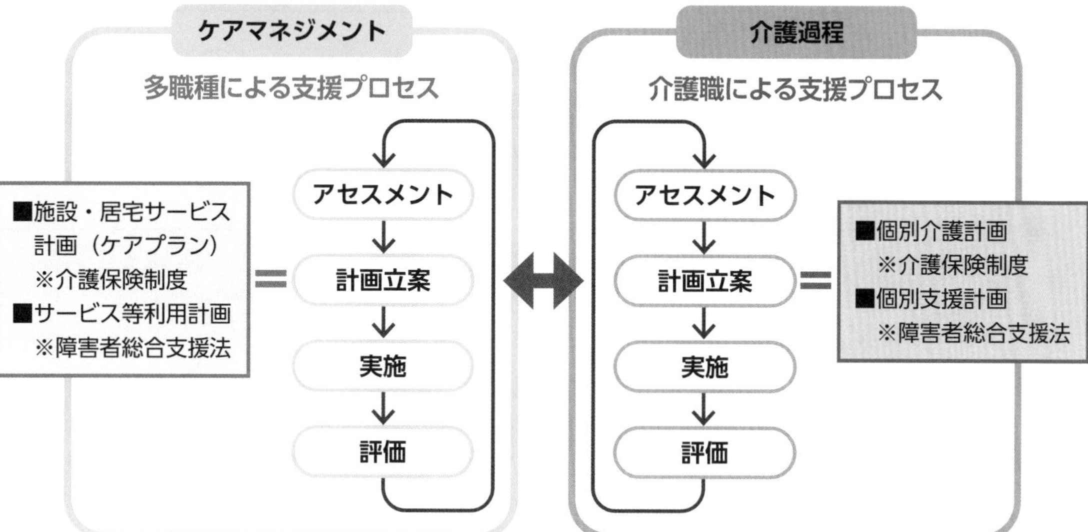

チームアプローチのメンバーと介護福祉職のチーム

介護福祉職間でのチームワーク形成は、他の職種よりは困難ではありません。理由は、基礎となる知識が同じで、使用する用語も同じだからです

サービス担当者会議のポイント

主催者	介護支援専門員
参加者	利用者、家族、サービスを提供する・している専門職など
目的	①作成した**介護計画**通りに実施しているか ②目標に対してどの程度達成しているか ③援助内容、援助方法は適切か ④サービスの質などについて利用者や家族は**満足**しているか ⑤新たな**課題**があるか ⑥利用者について新たな可能性や**能力**があるか ⑦その他
介護福祉職の役割	介護福祉職は、他の職種より利用者とかかわる頻度が高い。 そのため、利用者の日常生活に関する情報を提供する。 また、利用者の権利を代弁（**アドボカシー**）することが求められている。

関連 過去問題
第35回 問題108より出題

正解 居宅サービス計画と訪問介護計画については、居宅サービス計画の方針に沿って訪問介護計画を作成するという関係である。

事例で読む介護過程の展開

ねらい

- 対象者の状態や状況に応じた介護過程の展開について、理解できるようになります。
- ケアプランと介護過程の関係、介護過程の展開の中で登場する多職種とそれぞれの役割について理解できるようになります。

事例

Kさん(87歳、女性)は、誤嚥性肺炎から入院した。完治したが、心身状態は低下し、活動量も減少した。生活のほとんどは、ベッド上となった。本人は、「自分の家で暮らしたい」と希望している。

①アセスメント～ケアプランを立案する(居宅介護事業所)

自宅復帰の準備として、**介護支援専門員**(**ケアマネジャー**)による**ケアプラン**(**居宅サービス計画書**)の作成を行うため、Kさんのアセスメントと家族の希望などの情報収集を実施。Kさんの**生活課題**が明確になった。

Kさんの**自宅での暮らし方**の方向性として、**「安心して自宅で暮らすこと」**が決まった。

	課題	解決のための依頼事業所など
医療	健康管理(訪問診療)	………クリニック
福祉用具	ギャッジベッド、ベッドサイドレール、ベッドサイドテーブル	………福祉用具貸与事業所
生活支援	排泄、食事、清拭	………**訪問介護事業所**

②アセスメント～介護計画を立案する(訪問介護事業所)

依頼を受けた訪問介護事業所の**サービス提供責任者**は、**訪問介護計画**(**個別援助計画**)の作成を行うため、Kさんの**アセスメント**と家族の希望などの情報収集を実施。Kさんの生活課題が明確になった。

Kさんの**自宅での生活のしかた**の方向性として、**「安心して生活ができるように、できることを増やす」**ことが決まった。

生活の種類	生活の課題	長期目標	短期目標
排泄	おむつ交換(ベッド上)	ポータブルトイレを活用する	・尿器を活用する
食事	食事を用意して一部介助(ベッド上)	食堂で食事をする	・ベッドに端座位して食事をする
清拭	蒸しタオルで拭く(ベッド上)	洗面所で手や顔を洗う	・手浴をする ・自分で拭く

訪問介護員は、

- Kさんを**観察**して、できることを把握する。
- 介護に協力してくれたときは**感謝**の言葉を述べる。
- Kさんの居室以外の環境についての**コミュニケーション**を図る。

③実施～評価(短期目標)

訪問介護員は、**訪問介護計画書**に沿ってサービスを提供。Kさんの気分や状態がよいときには、端座位を促し、訪問介護員が左側で見守りをしながら、食事を摂取するようにした。 **短期目標は達成に近づく**

④実施～評価（長期目標）

1か月が経過し、「車いすに座って、食堂で食事をしてみたい」と意欲的な発言があった。訪問介護員はそのことを記録に書き、訪問介護事業所にKさんの思いを伝えた。**長期目標の達成**

サービス担当者会議の開催

サービス提供責任者が**介護支援専門員**に連絡し、サービス担当者会議が開催された。現在のKさんの状態を共有し、以下のことが決定された。

福祉用具貸与事業所➡車いすを貸与する。
訪問介護員➡車いすで食堂へ行って食事ができるようにする。

⑤アセスメント～介護計画の見直し

Kさんが自分でタオルを使い、顔や手を拭くようになった。その後、洗面所で洗顔するようになった。**訪問介護計画（個別援助計画）**の内容を見直した。**長期目標の達成**

⑥アセスメント～ケアプランの見直し

Kさんの自宅での生活は安定してきており、心身状態も向上してきた。**介護支援専門員**による**ケアプラン（居宅サービス計画書）**も内容を見直すことになった。

ケアプランと介護過程の展開

ケアプラン

①アセスメント～ケアプランを立案する

居宅介護事業所 介護支援専門員

- 利用者のアセスメント、家族からの情報収集。
- **多職種に対し、課題解決のための依頼を行う。**
- ケアプランの作成。
- サービス担当者会議を開催。

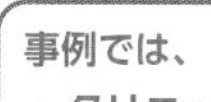

事例では、
- クリニック（医師）
- 福祉用具貸与事務所
- 訪問介護事業所と連携

サービス提供責任者

訪問介護員の報告を受け、連絡。

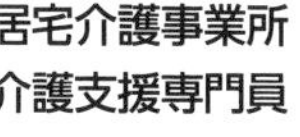

居宅介護事業所 介護支援専門員

- サービス担当者会議を開催。

事例では、「車いすを貸与する」「車いすで食堂へ行って食事ができるようにする」ことが決定。

⑥アセスメント～ケアプランの見直し

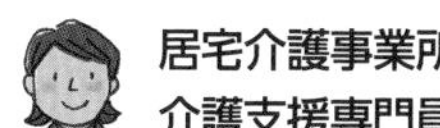

居宅介護事業所 介護支援専門員

- ケアプラン（居宅サービス計画書）の内容を見直す。

事例では、自宅での生活は安定してきており、心身状態も向上。

介護過程

②アセスメント～介護計画を立案する

訪問介護事業所 サービス提供責任者

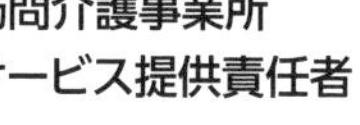

- 利用者のアセスメント、家族からの情報収集。
- 訪問介護計画（個別援助計画）の作成。
- 介護計画を見ながら、訪問介護員と情報共有。

③④実施・評価（短期・長期目標）

訪問介護員

- 計画に沿って、介護を実施。
- 利用者の観察。
- 目標到達度のアセスメント。

事例では、
- ベッド上での食事介助→端座位での食事、見守り。
- 1か月後、利用者から「車いすに座って、食堂で食事をしてみたい」との発言。

訪問介護事業所 サービス提供責任者

- 利用者のアセスメント、家族からの情報収集。
- 介護計画を見ながら、訪問介護員と情報共有。

⑤実施・評価

訪問介護員

- 計画に沿って、介護を実施。
- 利用者の観察、アセスメント。

事例では、
- 自分でタオルを使い、顔や手を拭くようになった→洗面所で洗顔するようになった。

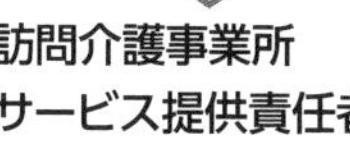

訪問介護事業所 サービス提供責任者

- 訪問介護計画（個別援助計画）の内容を見直した。

さくいん

い

う

え

お

か

き

く

け

こ

さ

し

す

せ

そ

た

ち

つ

て

と

な

に

ね

の

は

ひ

ふ

へ

ほ

ま

み

む

め

も

や

ゆ

よ

ら

り

れ

ろ

わ

■著者紹介

秋草学園福祉教育専門学校

平成７年に学校法人秋草学園が開校した介護福祉士の養成校。
〝長期的視野に立った介護スペシャリストのオリジナル総合教育〟
をスローガンに、多くの介護人材を養成している。

介護福祉士テキスト作成委員会

町田 晴美／髙橋 幸弘／齊藤 晋助／長島 隆行
「もっとわかりやすくしたい」「もっと学習しやすい参考書を」をテーマに、
新しい介護福祉士国家試験対策テキストを作成するため、
現役講師により組織した委員会。執筆者は全員が介護現場の出身。

STAFF

本文デザイン＆組版●チャダル108／スタジオポルト
イラスト●すみもと ななみ／くぼ ゆきお／チャダル108
編集協力●パケット
編集担当●遠藤 やよい（ナツメ出版企画）

ナツメ社Webサイト
https://www.natsume.co.jp
書籍の最新情報（正誤情報を含む）は
ナツメ社Webサイトをご覧ください。

本書に関するお問い合わせは、書名・発行日・該当ページを明記の上、下記のいずれかの方法にてお送りください。電話でのお問い合わせはお受けしておりません。
・ナツメ社webサイトの問い合わせフォーム
https://www.natsume.co.jp/contact
・FAX（03-3291-1305）
・郵送（下記、ナツメ出版企画株式会社宛て）
なお、回答までに日にちをいただく場合があります。正誤のお問い合わせ以外の書籍内容に関する解説・受験指導は、一切行っておりません。あらかじめご了承ください。

2025年版　オールカラー
図解でスッキリ！ 介護福祉士テキスト

2024年6月5日　初版発行

著　者　秋草学園福祉教育専門学校
　　　　介護福祉士テキスト作成委員会

発行者　田村正隆

発行所　株式会社ナツメ社
東京都千代田区神田神保町1-52 ナツメ社ビル1F（〒101-0051）
電話　03（3291）1257（代表）　FAX　03（3291）5761
振替　00130-1-58661

制　作　ナツメ出版企画株式会社
東京都千代田区神田神保町1-52 ナツメ社ビル3F（〒101-0051）
電話　03（3295）3921（代表）

印刷所　図書印刷株式会社

ISBN978-4-8163-7560-6　Printed in Japan
<定価はカバーに表示してあります>
<落丁･乱丁本はお取り替えいたします>